이토록 심플한 영문법

미다스북스

이토록 심플한 영문법
가장 쉽게 익히는 중고등 핵심 개념 120

초 판 1쇄 2025년 08월 25일

지은이 진해수
펴낸이 류종렬

펴낸곳 미다스북스
본부장 임종익
편집장 이다경, 김가영
디자인 윤가희, 임인영
책임진행 안채원, 이예나, 김요섭, 김은진

등록 2001년 3월 21일 제2001-000040호
주소 서울시 마포구 양화로 133 서교타워 711호
전화 02) 322-7802~3
팩스 02) 6007-1845
블로그 http://blog.naver.com/midasbooks
전자주소 midasbooks@hanmail.net
페이스북 https://www.facebook.com/midasbooks425
인스타그램 https://www.instagram.com/midasbooks

ⓒ 진해수, 미다스북스 2025, *Printed in Korea*.

ISBN 979-11-7955-376-9 13740

값 38,000원

※ 파본은 구입하신 서점에서 교환해드립니다.
※ 이 책에 실린 모든 콘텐츠는 미다스북스가 저작권자와의 계약에 따라 발행한 것이므로 인용하시거나 참고하실 경우 반드시 본사의 허락을 받으셔야 합니다.

미다스북스는 다음세대에게 필요한 지혜와 교양을 생각합니다.

지은이의 말

많은 학습자가 영문법을 공부하면서 설명이 길고 복잡한 교재들에 부담을 느끼고, 영어 공부 자체를 어렵게 여기곤 합니다.

"문법은 공부해도 이해가 안 돼요."
"문법 때문에 영어 공부를 포기했어요."

이런 말을 들을 때마다, **핵심을 한눈에 정리하면서도 이해가 쉬운 교재**가 필요하다는 것을 절실히 느꼈습니다. 그래서 이 책을 만들었습니다. 문법 개념의 틀을 이해하면, 문법은 단순한 암기 대상이 아니라 **언어를 이해하는 흥미로운 도구**가 됩니다.

이 책에는 중·고등학교 핵심 영문법 120개 개념이 표로 정리되어 있어 **개념을 한눈에 파악**할 수 있습니다. **문법 PLUS**를 통해 개념을 확장하고, **해수쌤의 점검 QUIZ**를 풀며 스스로 이해도를 점검할 수 있습니다. 또한, 이 책의 개념 설명은 **유튜브 '해수토리 영어' 채널**에서도 제공되어, 강의와 함께 교재를 활용하면 더욱 효과적인 학습이 될 것입니다.

이 책을 가장 효과적으로 활용하는 방법 중 하나는, **학습하면서 알게 된 모든 내용을 직접 정리**해 채워 넣는 것입니다. 개념을 스스로 정리하고, 중요하거나 헷갈리는 부분을 옆에 메모하며 채워 나가면, 이 책은 언제든 꺼내 볼 수 있는 '**나만의 맞춤형 문법 사전**'이 됩니다.

영어 문법을 자신만의 방식으로 책 한 권에 정리해 두는 '**단권화**'를 실천할 수 있도록, 이 책은 각 UNIT마다 '해수쌤의 문법 정리 TIPS' 파트를 포함하고 있습니다. 개념을 스스로 정리하고 적용해 보는 습관을 들이면, 영어 문법이 훨씬 명확하게 이해되고, 학습의 효율도 높아질 것입니다.

영문법이 막연하고 어렵게만 느껴졌던 분들, 오랜 시간 공부했음에도 핵심을 파악하기 어려우셨던 분들께 이 책이 **여러분의 영어 학습을 쉽고 효과적으로 만들어 줄 든든한 길잡이**가 되길 바랍니다.

P.S. 이 책이 완성되는 모든 과정에서 힘이 되어 준 사랑하는 가족에게 깊은 감사의 마음을 전합니다.

더 이상 영어가 장벽이 아닌,
세상을 향한 창이 되기를 바라며,

저자 진해수 올림

이토록 심플한
학습 로드맵

문법 개념을 이해하는 데 꼭 필요한
핵심 포인트를 정리해둔 부분입니다.
실수를 줄이고 효과적으로
학습할 수 있도록 도와줍니다.

각 단원의 우측 상단에 모양으로
중요도와 난이도가 표시돼 있습니다.
학습 우선순위를 정하는 데
도움을 받을 수 있습니다.

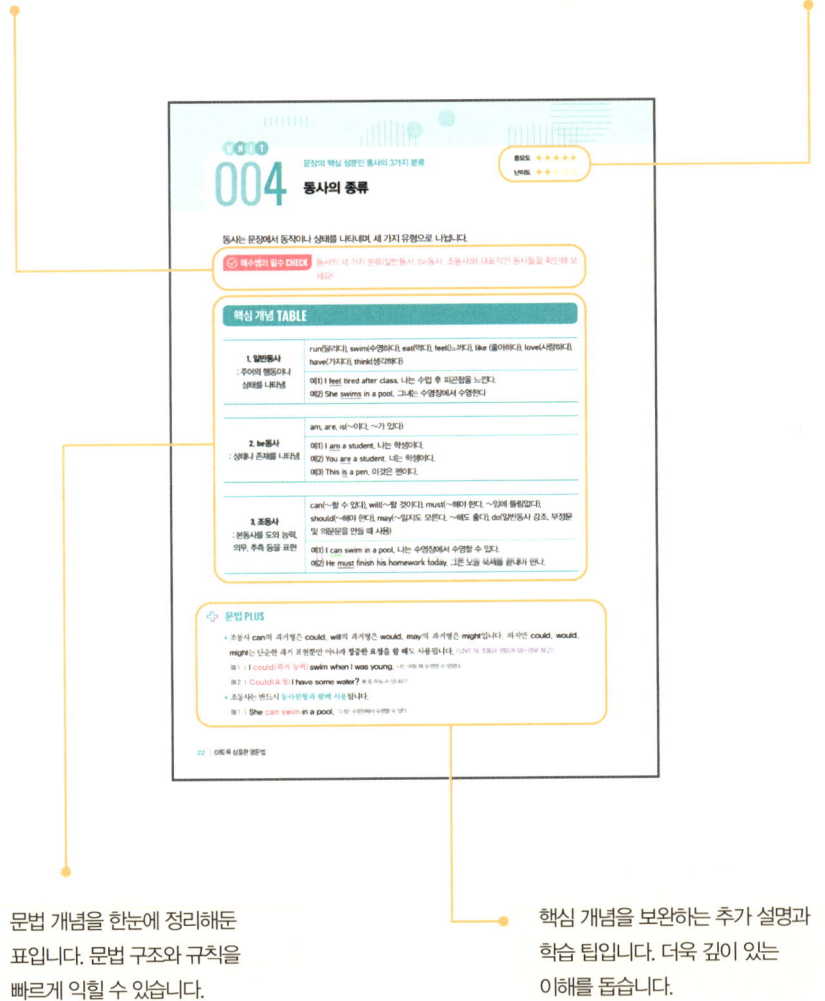

문법 개념을 한눈에 정리해둔
표입니다. 문법 구조와 규칙을
빠르게 익힐 수 있습니다.

핵심 개념을 보완하는 추가 설명과
학습 팁입니다. 더욱 깊이 있는
이해를 돕습니다.

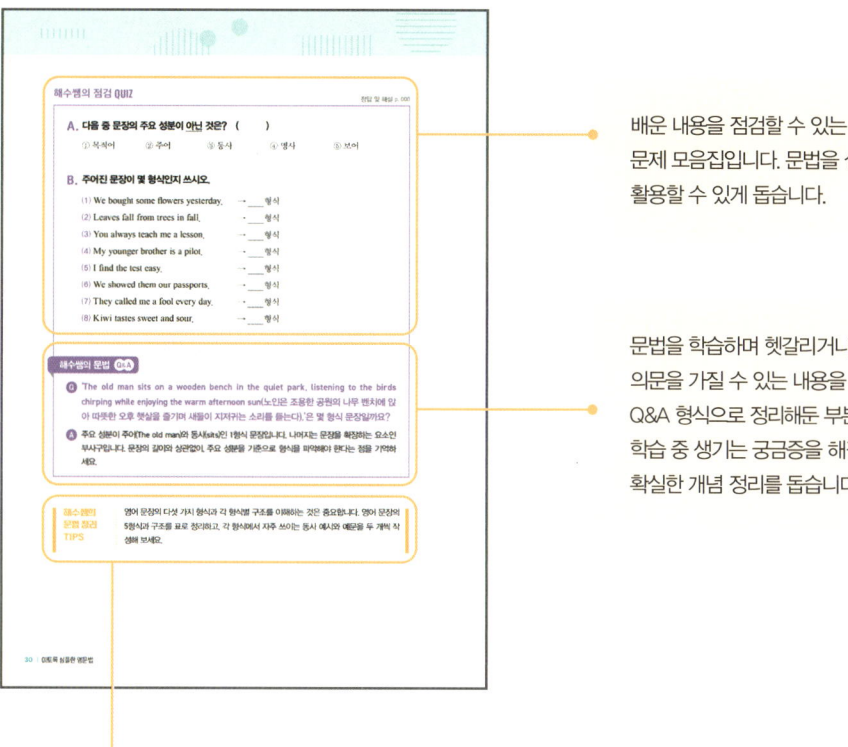

배운 내용을 점검할 수 있는 문제 모음집입니다. 문법을 실전에서 활용할 수 있게 돕습니다.

문법을 학습하며 헷갈리거나 의문을 가질 수 있는 내용을 Q&A 형식으로 정리해둔 부분입니다. 학습 중 생기는 궁금증을 해결하고, 확실한 개념 정리를 돕습니다.

문법 노트를 효과적으로 작성하고 복습하는 방법이 적힌 파트입니다. 핵심 개념을 체계적으로 정리하고 오래 기억할 수 있도록 돕습니다.

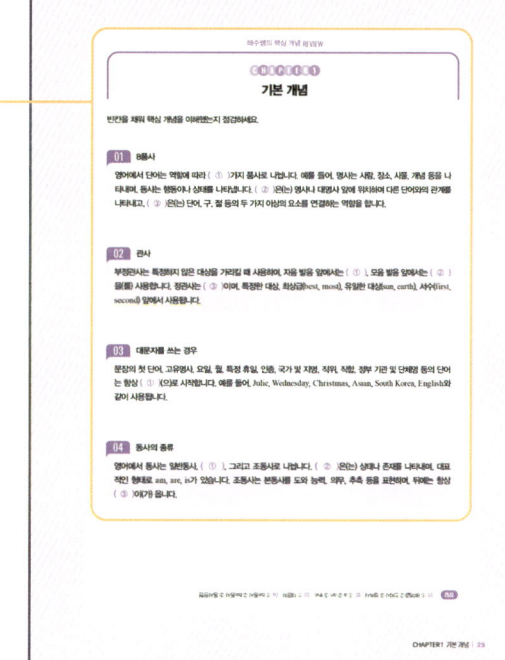

각 CHAPTER의 마지막에 있는 빈칸 채우기 문제입니다. 핵심 개념을 다시 한번 점검할 수 있습니다.

책의 구성과 특징

이 책은 효과적인 문법 학습을 돕기 위해 다양한 구성 요소로 이루어져 있습니다. 각 항목은 개념 이해부터 실전 적용까지 학습의 흐름을 자연스럽게 이어갈 수 있도록 설계되어 있으며, 이를 잘 활용하면 보다 체계적이고 효율적인 학습이 가능합니다.

① 중요도 및 난이도

- 각 단원의 우측 상단에 중요도와 난이도가 ✦모양으로 표시되어 있습니다. 참고한다면 학습의 우선순위를 정하는 데 도움을 받을 수 있습니다.
- 중요도: 실생활 및 시험에서의 출제 빈도와 활용도를 반영한 수치이며, 별이 많을수록 필수 개념입니다.
- 난이도: 개념의 이해와 적용 난이도를 고려한 수치이며, 별이 많을수록 심화 학습이 필요한 개념입니다.

학습 TIP

- 학습 시간이 부족하다면 중요도가 별 세 개(✦✦✦✧✧) 이상인 개념부터 학습하세요.
- 초급 학습자는 난이도가 낮은 개념부터 시작한 후, 점차 난이도가 높은 개념으로 확장해 나가는 것이 좋습니다.

② 해수쌤의 필수 CHECK

- 문법 개념을 효과적으로 이해하기 위해 반드시 확인해야 할 핵심 포인트를 제공합니다.
- 학습자가 실수를 줄이고 효율적으로 개념을 익힐 수 있도록 정리된 내용입니다.

학습 TIP

- 단원을 학습하기 전, 먼저 해수쌤의 필수 CHECK를 읽고 학습할 때 주목해야 할 포인트를 파악하세요.
- 개념을 학습한 후, 필수 CHECK를 다시 읽으며 이해한 내용을 스스로 점검해 보세요.

③ 핵심 개념 TABLE

- 이 책의 문법 개념을 모두 표로 정리해둔 부분입니다. 복잡한 내용을 구조화하여 보다 쉽게 이해할 수 있습니다.
- 특히 비슷하거나 헷갈리기 쉬운 개념은 표로 비교해서 차이를 명확히 확인해 보세요.

학습 TIP

- 학습 후 표를 직접 다시 정리하거나 말로 설명해 보며 내용을 자연스럽게 익혀 보세요.
- 유튜브 '해수토리 영어' 채널의 무료 개념 설명 강의와 함께 활용하면 학습 효과를 극대화할 수 있습니다.

④ 문법 PLUS

- 문법 개념을 더 깊이 이해할 수 있도록 추가 설명과 학습의 방향을 제시하는 파트입니다.
- 핵심 개념 TABLE에서는 핵심 개념을 요약, 문법 PLUS에서는 심화 개념과 예외 사항을 다룹니다.

학습 TIP

- 핵심 개념 TABLE에서 핵심 개념의 틀을 익힌 후, 문법 PLUS를 활용해 내용을 더 깊이 이해해 보세요.

⑤ 해수쌤의 점검 QUIZ

- 문법 개념을 확인하고 적용해 볼 수 있도록 퀴즈 형식으로 구성된 파트입니다.
- 문제를 풀며 개념을 확실히 이해하고, 실전에서 활용할 수 있도록 연습해 보세요.

학습 TIP

- 반드시 문제를 풀어본 후에 정답과 해설을 확인하세요.
- 틀린 문제가 있다면 관련된 개념을 복습해 보세요. 복습을 통해 취약한 부분을 보완할 수 있습니다.

⑥ 해수쌤의 문법 Q&A

- 학습자들이 자주 헷갈리는 문법 개념을 질문(Q)과 답변(A) 형식으로 쉽게 설명한 파트입니다.
- 핵심 문법 개념을 자연스럽게 익히고, 실수를 줄이는 데 도움이 됩니다.

학습 TIP

- 문법 개념을 학습한 후, Q&A를 보며 헷갈리거나 의문을 가질 수 있는 부분을 확인하고 개념을 더욱 정확히 이해해 보세요.

⑦ 해수쌤의 문법 정리 TIPS

- 학습한 내용을 확실히 내 것으로 만들 수 있도록, 스스로 정리하고 복습하는 방법을 제시합니다.

학습 TIP

- 개념을 자신의 말로 풀어 써 보거나, 핵심 표현만 간단히 정리해 보는 습관을 들여 보세요.
- 개념을 스스로 정리하면 학습 효과가 높아지고, 복습할 때 큰 도움이 될 수 있습니다.

⑧ 해수쌤의 핵심 개념 REVIEW

- 각 CHAPTER의 마지막에 있는 빈칸 채우기 문제입니다. 핵심 개념을 다시 한번 점검할 수 있습니다.
- 배운 내용을 정확히 이해했는지 확인하고, 복습하는 데 활용하세요.

학습 TIP

- 각 CHAPTER에 포함된 UNIT의 개념을 학습한 후, REVIEW를 통해 전체 내용을 정리해 보세요.
- 틀린 개념은 관련 설명이나 표를 다시 확인하면서 반복 학습해 보세요.

목차

CHAPTER 1 기본 개념
UNIT 001 8품사 014
UNIT 002 관사 017
UNIT 003 대문자를 쓰는 경우 020
UNIT 004 동사의 종류 022

CHAPTER 2 문장의 형식
UNIT 005 문장의 5형식 028
UNIT 006 문장의 보어: 2형식 문장 031
UNIT 007 문장의 보어: 5형식 문장 034

CHAPTER 3 시제
UNIT 008 현재완료 042
UNIT 009 과거완료 045
UNIT 010 대과거 048
UNIT 011 시제 총정리 050

CHAPTER 4 동사의 활용
UNIT 012 지각동사 056
UNIT 013 사역동사 060
UNIT 014 자동사와 타동사: 개념과 형태 063
UNIT 015 자동사와 타동사: 서로 혼동하기 쉬운 경우 066
UNIT 016 자동사와 타동사 둘 다 쓰이는 경우 069
UNIT 017 일반동사의 s 활용 072
UNIT 018 s 활용의 다양한 경우 075

CHAPTER 5 조동사
UNIT 019 조동사: 의미가 있는 경우 082
UNIT 020 조동사: 문법적인 기능을 하는 경우 085
UNIT 021 조동사+have+p.p. 088

CHAPTER 6 형용사 및 부사
UNIT 022 음절 094
UNIT 023 형용사 vs. 부사 096
UNIT 024 빈도 부사 099

CHAPTER 7 화법
UNIT 025 의문문: 의문사가 없는 경우 104
UNIT 026 의문문: 의문사가 있는 경우 107
UNIT 027 부가의문문 110
UNIT 028 의문문에 대한 대답 113
UNIT 029 부정문: 기본 형태 116
UNIT 030 부정문: 부분 부정과 전체 부정 118
UNIT 031 감탄문 121
UNIT 032 간접의문문: 의문사가 있는 경우 124
UNIT 033 간접의문문: 의문사가 없는 경우 127
UNIT 034 간접의문문: 의문형용사와 의문사 주어 129
UNIT 035 간접의문문: 생각을 나타내는 동사 132

CHAPTER 8 수동태
UNIT 036 수동태: 개념과 형태 140
UNIT 037 수동태: 4형식 문장 143
UNIT 038 수동태: 5형식 문장 147

CHAPTER 9 비교급 및 최상급
UNIT 039 비교급: 규칙 변화, 불규칙 변화 154
UNIT 040 비교급 강조 표현 157
UNIT 041 the 비교급, the 비교급 구문 160
UNIT 042 비교 표현: 원급 비교 163
UNIT 043 최상급: 규칙 변화, 불규칙 변화 166

CHAPTER 10 전치사 및 접속사

UNIT 044	전치사	172
UNIT 045	전치사 vs. 접속사	175
UNIT 046	to부정사의 to vs. 전치사 to	178
UNIT 047	접속사: 등위접속사	181
UNIT 048	접속사: 상관접속사	184
UNIT 049	접속사: 종속접속사	186
UNIT 050	접속사: if와 whether의 차이점	189

CHAPTER 11 준동사의 활용

UNIT 051	to부정사: 개념과 형태	196
UNIT 052	to부정사: 부정 표현	199
UNIT 053	to부정사: 의미상 주어 표현	202
UNIT 054	동명사: 개념과 형태	205
UNIT 055	동명사: 부정 표현	207
UNIT 056	동명사: 의미상 주어 표현	209
UNIT 057	동명사 vs. to부정사: 동사에 따라 달라지는 경우	211
UNIT 058	완료 부정사, 완료 동명사	215
UNIT 059	준동사	218
UNIT 060	의문사+to부정사	221

CHAPTER 12 가정법

UNIT 061	가정법 과거	228
UNIT 062	가정법 과거완료	231
UNIT 063	혼합 가정법	234
UNIT 064	가정법: I wish, as if 활용	237
UNIT 065	가정법: without, but for 활용	240
UNIT 066	가정법: 도치 구문	243

CHAPTER 13 관계사

UNIT 067	관계대명사: that, which, who	250
UNIT 068	관계대명사: 주격·목적격·소유격	253
UNIT 069	관계대명사: 소유격 관계대명사	256
UNIT 070	관계대명사: that vs. which	259
UNIT 071	관계대명사: 계속적 용법 vs. 제한적 용법	262
UNIT 072	관계대명사: that vs. what	265
UNIT 073	의문사 what vs. 관계대명사 what	268
UNIT 074	관계대명사 that vs. 접속사 that	271
UNIT 075	접속사 that vs. 동격의 that	274
UNIT 076	that의 다양한 활용	277
UNIT 077	what의 다양한 활용	280
UNIT 078	관계부사: where, when, why, how	283
UNIT 079	관계대명사 vs. 관계부사	286
UNIT 080	관계부사: where의 다양한 선행사	289
UNIT 081	복합관계사: 개념과 형태	291
UNIT 082	복합관계사: 복합관계대명사	294
UNIT 083	복합관계사: 복합관계부사	297

CHAPTER 14 분사

UNIT 084	분사: 개념과 형태	308
UNIT 085	분사: 분사구의 후치 수식	315
UNIT 086	후치 수식의 다양한 활용	318
UNIT 087	with 부대 상황	321
UNIT 088	분사구문: 개념과 형태	324
UNIT 089	분사구문: 독립 분사구문	328
UNIT 090	분사구문: 완료 분사구문	331
UNIT 091	분사구문: 부정과 생략	334
UNIT 092	분사 vs. 분사구문	337
UNIT 093	–ed의 활용 총정리	341
UNIT 094	–ing의 활용 총정리	344

CHAPTER 15 구와 절

UNIT 095	구와 절	352
UNIT 096	부사구	355
UNIT 097	부사절	358
UNIT 098	명사구	362
UNIT 099	명사절	365
UNIT 100	형용사구	368
UNIT 101	형용사절	371

CHAPTER 16 일치

UNIT 102	수 일치	378
UNIT 103	시제 일치	382
UNIT 104	시제 일치의 예외	385
UNIT 105	병렬구조	388

CHAPTER 17 생략되는 요소들

UNIT 106	관계대명사 that의 생략	394
UNIT 107	접속사 that의 생략	397
UNIT 108	주격 관계대명사와 be동사의 생략	400
UNIT 109	접속사 뒤 주어와 be동사의 생략	403
UNIT 110	관계부사의 생략	406
UNIT 111	should의 생략	409

CHAPTER 18 특수 구문

UNIT 112	도치 구문: 부정어 및 장소 부사	416
UNIT 113	도치 구문: 보어 및 가정법	420
UNIT 114	도치 구문: there, here	423
UNIT 115	강조 구문: It~that	427
UNIT 116	재귀대명사	430
UNIT 117	동격	433
UNIT 118	가주어와 진주어	436
UNIT 119	가목적어와 진목적어	439
UNIT 120	be to 용법	442

정답 및 해설	447

CHAPTER 1

기본 개념

꼭 알아야 할 기초 개념

영어 문장의 기본 개념을 익히면 문장을 더 쉽게 분석하고 구성할 수 있습니다. 8품사는 단어의 문장 내 역할을 구분하는 기준이 되며, 관사는 명사의 특정성과 수량을 판단하는 데 도움을 주고, 동사는 문장의 중심이 되어 행동이나 상태 등을 나타냅니다. 또한, 대문자는 문장의 시작을 알리거나 고유명사를 구분하는 데 사용됩니다.

UNIT 001 8품사

UNIT 002 관사

UNIT 003 대문자를 쓰는 경우

UNIT 004 동사의 종류

문장을 이루는 여덟 가지 단어의 종류

8품사

영어에서 단어는 역할에 따라 여덟 가지 품사로 나뉩니다. 이를 정확히 이해하면 문장의 구조를 쉽게 파악할 수 있습니다.

해수쌤의 필수 CHECK 각 품사의 기본 기능과 대표적인 예시를 확인해 보세요!

핵심 개념 TABLE

1. 명사 : 사람, 장소, 사물, 개념 등을 나타내는 단어(이름)	**5. 동사** : 행동이나 상태를 나타내는 단어
예: book(책), car(자동차), air(공기), happiness(행복), sound(소리), Tom(사람 이름)	예: run(달리다), look(보다), swim(수영하다), read(읽다), eat(먹다), am(~이다), are(~이다), is(~이다), can(~할 수 있다)
2. 대명사 : 명사를 대신하는 단어	**6. 전치사** : 명사나 대명사 앞에 쓰이며 다른 단어와의 관계를 나타내는 단어(장소, 방향, 방법 등)
예: this(이것), that(저것), it(그것), I(나), my(나의)	예: in(~안에), on(~위에), at(~에서), from(~로부터), by(~옆에), with(~와 함께)
3. 형용사 : 명사나 대명사를 꾸미기도 하며, 성질 및 상태를 설명하는 단어	**7. 접속사** : 단어, 구, 절 등 두 가지 이상의 요소를 연결하는 단어
예: fast(빠른), expensive(비싼), hot(뜨거운), kind(친절한)	예: and(그리고), or(또는), but(하지만), because(~때문에)
4. 부사 : 명사를 제외한 형용사, 동사, 다른 부사 및 문장 전체를 꾸미는 단어	**8. 감탄사** : 감정을 표현하는 단어
예: kindly(친절하게), fast(빨리), slowly(천천히), well(잘), very(매우)	예: Oh!(오!), Wow!(와!), Oops!(어머!), Hey!(야!), Bravo!(잘했어!, 브라보!), Ah!(아!)

🔷 문법 PLUS

▶ 8품사는 단어를 역할에 따라 여덟 가지로 분류한 것입니다.

▶ 모든 단어가 한 가지 품사로만 쓰이는 것은 아닙니다. 단어를 검색할 때 품사와 의미를 함께 확인하고, 예문을 통해 다양한 쓰임을 익혀 보세요.

예 1 | **sound** (명사) 소리, (동사) ~하게 들리다

예 2 | **taste** (명사) 맛, (동사) 맛보다

예 3 | **study** (명사) 학습, (동사) 공부하다

▶ 8품사의 영어 명칭을 확인해 보세요. 괄호 안에는 약칭이 포함되어 있습니다.

: Noun**(N)** 명사, Pronoun**(Pron)** 대명사, Adjective**(Adj)** 형용사, Adverb**(Adv)** 부사, Verb**(V)** 동사, Preposition**(Prep)** 전치사, Conjunction**(Conj)** 접속사, Interjection**(Int)** 감탄사

해수쌤의 점검 QUIZ

정답 및 해설 p. 3

A. 다음 제시된 단어의 품사를 쓰시오.

(1) nice → _____

(2) with → _____

(3) slowly → _____

(4) run → _____

B. 다음 중 단어의 품사가 나머지 셋과 <u>다른</u> 것을 고르시오. ( )

① hot   ② dark   ③ very   ④ expensive

해수쌤의 문법 Q&A

Q fast의 품사는 무엇일까요?

A fast는 형용사와 부사로 모두 쓰입니다. 형용사일 때는 '빠른', 부사일 때는 '빠르게'라는 의미입니다. 이처럼 하나의 단어가 여러 품사로 쓰일 수 있습니다. early(형용사: 이른, 부사: 일찍), high(형용사: 높은, 부사: 높이), near(형용사: 가까운, 부사: 가까이, 전치사: ~의 가까이에), hard(형용사: 단단한/힘든, 부사: 열심히)도 문장에 따라 다른 품사로 쓰일 수 있으니 함께 익혀 두세요!

**해수쌤의
문법 정리
TIPS**

각 품사의 정의를 이해하고, 단어가 어떤 품사에 속하는지 파악하는 것이 중요합니다.
8품사의 정의를 정리하고, 품사별로 예시 단어를 네 개씩 적어보세요.

UNIT 002 관사

명사의 범위를 정하는 작은 단서

중요도 ★★★★★
난이도 ★★☆☆☆

관사는 명사 앞에 붙어 특정하거나 불특정한 대상을 나타내며, 부정관사 a 또는 an은 주로 불특정한 대상을, 정관사 the는 특정한 대상을 가리킵니다.

✅ 해수쌤의 필수 CHECK 부정관사 a, an과 정관사 the의 쓰임 차이를 확인해 보세요!

핵심 개념 TABLE

구분	부정관사 a/an	정관사 the
해석	하나의, 어떤 ~	그 ~
사용 상황	- 정해지지 않은 대상 앞 - 상대가 모르는 대상 앞 - 처음 언급되는 대상 앞	- 정해진 대상 앞 - 상대가 이미 아는 대상 앞 - 이미 언급된 대상 앞 - 유일한 대상(sun, earth) 앞 - 최상급(best, most) 앞 - 서수(first, second) 앞
명사 형태	단수 명사 앞 (셀 수 있는 명사 앞만 가능)	단수 및 복수 명사 앞 (셀 수 있는 · 없는 명사 앞 모두 가능)
발음 및 형태 정보	자음 소리 앞에는 a, 모음 소리 앞에는 an 사용	the는 자음 소리 앞에서는 '더(the)', 모음 소리 앞에서는 '디(thee)'로 발음

예시 문단

In 1880, there lived ① **a** young boy. ② **The** boy had ③ **x** dogs.

① a → young boy는 처음 언급되는 불특정한 한 명의 소년이므로 부정관사 a 사용
② The → 이미 앞에서 언급된 young boy를 다시 가리키므로 정관사 the 사용
③ x → dogs는 일반적인 의미의 복수형 명사이므로 관사 불필요

One day, he wanted to buy ④ **an** apple. So, after ⑤ **an** hour, he went

④ an → apple은 모음 발음('애')으로 시작하므로 an 사용
⑤ an → hour는 h가 묵음이어서 모음 발음('아')으로 시작하므로 an 사용

to ⑥ **the** most famous market. ⑦ **The** market owner was playing the violin.

⑥ the → most famous market은 최상급(most) 표현이 포함되어 있으므로 the 사용
⑦ The → 앞에서 언급된 market을 다시 가리키므로 the 사용

His ⑧ **x** friend said he plays ⑨ **the** violin and ⑩ **x** soccer after

⑧ x → his, her과 같은 소유격이나 this, that과 같은 지시형용사 뒤에는 관사 불필요
⑨ the → violin 같은 악기 앞에는 the 사용
⑩ x → soccer 같은 운동 경기 앞에는 관사 불필요

⑪ **x** breakfast twice ⑫ **a** month. ⑬ **The** sun was shining in the sky.

⑪ x → breakfast 같은 식사 용어(lunch, dinner) 앞에는 일반적으로 관사 불필요
⑫ a → '~마다'의 의미를 나타낼 때 a 사용 (twice a month: 한 달에 두 번)
⑬ The → sun은 유일한 존재이므로 the 사용

예시 문단 해석

1880년에, 한 어린 소년이 살고 있었다. 그 소년은 개들을 키웠다. 어느 날, 그는 사과 하나를 사고 싶었다. 그래서 한 시간이 지나, 그는 가장 유명한 시장으로 갔다. 그 시장 주인은 바이올린을 연주하고 있었다. 그의 친구는 그가 아침 식사 후에 한 달에 두 번씩 바이올린을 켜고 축구를 한다고 말했다. 해는 하늘에서 빛나고 있었다.

문법 PLUS

▶ 정관사(the)는 정해진 대상을 가리킬 때 사용됩니다. 즉, 이미 언급된 대상이나 유일한 것 앞에 씁니다.
▶ 부정관사(a/an)는 정해지지 않은 대상을 가리킬 때 사용됩니다. 즉, 처음 언급되는 대상이나 하나의 일반적인 대상을 지칭할 때 쓰입니다.
▶ 부정관사는 일반적으로 a를 사용합니다.
  예 | **a** book 책   **a** car 자동차   **a** university 대학교
▶ 부정관사 뒤 단어의 스펠링이 자음으로 시작하더라도, 발음이 모음이라면 a가 아닌 an을 사용해야 한다는 점에 유의하세요.
  예 | **an** honest man 정직한 남자   **an** FBI agent FBI 요원   **an** hour ago 한 시간 전
  : honest는 '어', FBI는 '에', hour는 '아'와 같은 모음 소리로 시작하므로 a가 아닌 an을 씀.
▶ 정관사 뒤 단어의 스펠링이 자음으로 시작하더라도, 발음이 모음이라면 발음을 더[ðə]가 아닌 디[ði:]라고 해야 합니다.
  예 | **the**[ði:] honest man, **the**[ði:] FBI agent
▶ 최상급뿐만 아니라, only, very, same, 서수(first 등) 앞에서도 the를 씁니다.
  예 | **the** only way 유일한 방법   **the** very book 바로 그 책   **the** same reason 같은 이유   **the** first step 첫 번째 단계

해수쌤의 점검 QUIZ

정답 및 해설 p. 3

A. 빈칸에 알맞은 관사 순서대로 써넣으시오.

→ One day, I saw ____ dog on my way home. ____ dog had short ears and a long tail.
　　　　　　　　　(1)　　　　　　　　　　　　　　(2)

어느 날, 나는 집에 오는 길에 개 한 마리를 봤다. 그 개는 짧은 귀와 긴 꼬리를 가졌다.

B. 다음 중 관사의 쓰임이 옳지 <u>않은</u> 것을 고르시오. (　　　)

I have ① **a** girlfriend. Her name is Julie. She is ② **the** smartest girl in our class, and she really loves to play ③ **the** tennis.

나는 여자친구가 한 명 있다. 그녀의 이름은 Julie이다. 그녀는 우리 반에서 가장 똑똑한 소녀이고 테니스 치는 것을 정말로 좋아한다.

해수쌤의 문법 정리 TIPS

영어에서 부정관사 a와 an, 그리고 정관사 the의 사용법을 이해하는 것이 중요합니다. 예시 문단을 옮겨 쓰고, 각 관사의 사용 이유를 메모해 보세요. 관사를 익히는 가장 좋은 방법은 많은 예문을 읽고 익숙해지는 것입니다. 예시 문단을 반복해서 읽으며 관사의 쓰임을 자연스럽게 익혀 보세요.

문장의 시작과 명사를 돋보이게 하는 방법
대문자를 쓰는 경우

영어에서는 문장의 첫 단어와 고유명사 등에 대문자를 사용합니다. 정확한 대문자 사용은 문장의 가독성과 표현의 정확도를 높여 줍니다.

✓ 해수쌤의 필수 CHECK 예시 문단을 보면서, 어디에 대문자가 필요한지 하나씩 짚어보세요. 문장의 첫 단어, 사람 이름, 요일·월·국가명 등 대문자가 쓰이는 경우를 자연스럽게 익히는 것이 중요합니다.

핵심 개념 TABLE

예시 문단

① ~~my~~ friend ② ~~julie~~ called me last ③ ~~wednesday~~ . ④ ~~since~~ it was ⑤ ~~christmas~~ .

① My → 문장의 첫 단어이므로 대문자 사용
② Julie → 특정한 이름(고유명사)이므로 대문자 사용
③ Wednesday → 요일, 월은 대문자로 시작 (단, 계절을 나타내는 'spring, summer, fall, winter'은 대문자로 시작하지 않아도 됨)
④ Since → 문장의 첫 단어이므로 대문자 사용
⑤ Christmas → 특정한 휴일(Halloween, Thanksgiving 등)이므로 대문자 사용

⑥ ~~i~~ was so busy. ⑦ ~~julie~~ is an ⑧ ~~asian~~ and she's from ⑨ ~~south korea~~ .

⑥ I → 'I(나)'는 항상 대문자로 씀
⑦ Julie → 특정한 이름(고유명사)이므로 대문자 사용
⑧ Asian → 인종(White, Black 등)을 나타내므로 대문자 사용
⑨ South Korea → 국가 및 지명이므로 대문자 사용

⑩ ~~she~~ studied ⑪ ~~english~~ so hard and graduated from ⑫ ~~harvard university~~ .

⑩ She → 문장의 첫 단어이므로 대문자 사용
⑪ English → 언어 및 학문 명이므로 대문자 사용
⑫ Harvard University → 대학, 정부 기관, 부서 등은 대문자로 시작

⑬ ~~she~~ is a big fan of ⑭ ~~dr. miller~~ and her dream is to be a member of ⑮ ~~nasa~~ .

⑬ She → 문장의 첫 단어이므로 대문자 사용
⑭ Dr. Miller → 직위, 직함(Dr., St., Mr.) 앞에는 대문자 사용
⑮ NASA → 정부 기관 및 단체명(ASEAN, EU 등)이므로 대문자 사용

예시 문단 해석

내 친구 Julie가 지난 수요일에 나에게 전화했다. 크리스마스였기 때문에, 나는 매우 바빴다. Julie는 아시아인이고, 그녀는 한국 출신이다. 그녀는 영어를 열심히 공부했고, 하버드대학교를 졸업했다. 그녀는 Dr. Miller의 열렬한 팬이며, 그녀의 꿈은 NASA의 일원이 되는 것이다.

문법 PLUS

▶ 한국어에는 대문자와 소문자의 구분이 없지만, 영어에서는 대문자를 사용하여 **가독성을 높이고 의미를 명확히 전달**합니다. 평소에 영어 문장을 읽을 때 대문자가 언제 쓰이는지 유심히 살펴보세요.

▶ 문장의 첫 글자, 대명사 I, 고유명사(이름, 지명 등), 요일과 월, 특정한 휴일, 국적과 언어, 직위 및 호칭, 정부 기관 및 단체명 등에 대문자가 사용됩니다.

▶ 대부분의 경우, 대문자 사용 여부는 문법 규칙에 따라 정해지지만, 문맥이나 사용 목적에 따라 **대소문자가 모두 가능한 단어**들도 있습니다.

예 | **e**arth 흙, 땅 / **E**arth 지구, **p**resident 일반적인 대통령직 / **P**resident 특정 대통령, **g**od 여러 신들 중 하나 / **G**od 유일신, **u**niverse 막연한 우주 개념 / **U**niverse 하나뿐인 우주 강조, **u**niversity 보통 대학교 / **U**niversity 특정 대학명

해수쌤의 점검 QUIZ

정답 및 해설 p. 3

A. 다음 중 일반적인 문장에서 대문자의 쓰임이 옳지 않은 것을 고르시오. (   )

① Mr. Kim   ② Summer   ③ Halloween   ④ Swiss

B. 다음 글에서 첫 글자를 대문자로 고쳐야 하는 단어들을 모두 골라 동그라미 치시오.

> i have a dog, and his name is bingo. My older sister goes to the park with him every sunday. The park is one of the most famous places in japan.
>
> 나는 개가 한 마리 있는데, 이름은 빙고야. 우리 언니는 일요일마다 그 개와 함께 공원에 가. 그 공원은 일본에서 가장 유명한 장소 중 하나야.

해수쌤의 문법 정리 TIPS: 영어에서 대문자 사용 규칙을 정확히 이해하는 것은 매우 중요합니다. 주어진 문단을 모두 소문자로 옮겨 적은 후, 대문자로 바꿔야 할 부분을 찾아 고치고 그 이유를 메모해 보세요.

문장의 핵심 성분인 동사의 세 가지 분류

동사의 종류

동사는 문장에서 동작이나 상태를 나타내며, 세 가지 유형으로 나뉩니다.

> **해수쌤의 필수 CHECK** 동사의 세 가지 분류(일반동사, be동사, 조동사)와 대표적인 동사들을 확인해 보세요!

핵심 개념 TABLE

1. 일반동사 : 주어의 행동이나 상태를 나타냄	run(달리다), swim(수영하다), eat(먹다), feel(느끼다), like(좋아하다), love(사랑하다), have(가지다), think(생각하다)
	예1) I <u>feel</u> tired after class. 나는 수업 후 피곤함을 느낀다. 예2) She <u>swims</u> in a pool. 그녀는 수영장에서 수영한다.
2. be동사 : 상태나 존재를 나타냄	am, are, is(~이다, ~가 있다)
	예1) I <u>am</u> a student. 나는 학생이다. 예2) You <u>are</u> a student. 너는 학생이다. 예3) This <u>is</u> a pen. 이것은 펜이다.
3. 조동사 : 본동사를 도와 능력, 의무, 추측 등을 표현	can(~할 수 있다), will(~할 것이다), must(~해야 한다, ~임에 틀림없다), should(~해야 한다), may(~일지도 모른다, ~해도 좋다), do(일반동사 강조, 부정문 및 의문문을 만들 때 사용)
	예1) I <u>can</u> swim in a pool. 나는 수영장에서 수영할 수 있다. 예2) He <u>must</u> finish his homework today. 그는 오늘 숙제를 끝내야 한다.

➕ 문법 PLUS

▶ 조동사 can의 과거형은 could, will의 과거형은 would, may의 과거형은 might입니다. 하지만 could, would, might는 단순한 과거 표현뿐만 아니라 **정중한 요청을 할 때도 사용**됩니다. (**'UNIT 19. 조동사: 의미가 있는 경우'** 참고)
예1 | I **could**(과거 능력) swim when I was young. 나는 어릴 때 수영할 수 있었다.
예2 | **Could**(요청) I have some water? 물 좀 주실 수 있나요?

▶ 조동사는 반드시 **동사원형과 함께 사용**됩니다.

예 1 | She **can swim** in a pool. 그녀는 수영장에서 수영할 수 있다.
: swims를 쓰지 않고 동사원형 swim을 씀.

예 2 | He **can be** the best. 그는 최고가 될 수 있다.
: is를 쓰지 않고 동사원형 be를 씀.

해수쌤의 점검 QUIZ

정답 및 해설 p. 3

A. 동사들을 종류에 맞게 분류하여 칸에 쓰시오.

should, are, love, feel, is, can, am, swim, will

1. 일반동사	2. be동사	3. 조동사

B. 주어진 우리말을 바르게 영작한 것을 고르시오. (   )

당신은 채소를 먹어야만 한다.

① You eat should vegetables.
② You should eat vegetables.
③ You are should eat vegetables.

해수쌤의 문법 Q&A

Q do는 무슨 동사일까요?

A do는 일반동사와 조동사로 쓰입니다. 일반동사일 때는 '하다'라는 의미이며, 'She does exercise every morning(그녀는 매일 아침 운동을 한다).'과 같이 쓰입니다. 조동사일 때는 부정문과 의문문을 만들거나 강조할 때 사용되며, 'I do not know(나는 모른다).'에서는 부정문을, 'Do you like coffee(너는 커피를 좋아하니)?'에서는 의문문을 만드는 역할을 합니다. 이처럼 하나의 단어가 문맥에 따라 다른 역할을 할 수 있습니다.

**해수쌤의
문법 정리
TIPS**

동사의 세 가지 종류와 기본적인 특징 및 예시를 아는 것은 중요합니다. 세 가지 동사의 종류를 표로 정리하고, 일반동사, 조동사, be동사의 예시를 세 개씩 적어보세요.

해수쌤의 핵심 개념 REVIEW

CHAPTER 1
기본 개념

빈칸을 채워 핵심 개념을 이해했는지 점검하세요.

01 8품사

영어에서 단어는 역할에 따라 (①)가지 품사로 나뉩니다. 예를 들어, 명사는 사람, 장소, 사물, 개념 등을 나타내며, 동사는 행동이나 상태를 나타냅니다. (②)은(는) 명사나 대명사 앞에 위치하며 다른 단어와의 관계를 나타내고, (③)은(는) 단어, 구, 절 등의 두 가지 이상의 요소를 연결하는 역할을 합니다.

02 관사

부정관사는 특정하지 않은 대상을 가리킬 때 사용하며, 자음 발음 앞에서는 (①), 모음 발음 앞에서는 (②)을(를) 사용합니다. 정관사는 (③)이며, 특정한 대상, 최상급(best, most), 유일한 대상(sun, earth), 서수(first, second) 앞에서 사용됩니다.

03 대문자를 쓰는 경우

문장의 첫 단어, 고유명사, 요일, 월, 특정 휴일, 인종, 국가 및 지명, 직위, 직함, 정부 기관 및 단체명 등의 단어는 항상 (①)(으)로 시작합니다. 예를 들어, Julie, Wednesday, Christmas, Asian, South Korea, English와 같이 사용됩니다.

04 동사의 종류

영어에서 동사는 일반동사, (①), 그리고 조동사로 나뉩니다. (②)은(는) 상태나 존재를 나타내며, 대표적인 형태로 am, are, is가 있습니다. 조동사는 본동사를 도와 능력, 의무, 추측 등을 표현하며, 뒤에는 항상 (③)이(가) 옵니다.

정답 01 ① 8(여덟) ② 전치사 ③ 접속사 02 ① a ② an ③ the 03 ① 대문자 04 ① be동사 ② be동사 ③ 동사원형

CHAPTER 2

문장의 형식

문장 구조를 분석하는 첫걸음

영어 문장은 일정한 형식을 따르며, 다섯 가지 문장 형식을 이해하면 문장 속 각 요소의 역할을 명확하게 파악할 수 있습니다. 또한, 형식을 바탕으로 문장을 분석하면 더 논리적으로 해석할 수 있고, 정확한 문장 구성 능력도 함께 기를 수 있습니다.

UNIT 005 문장의 5형식

UNIT 006 문장의 보어: 2형식 문장

UNIT 007 문장의 보어: 5형식 문장

문장의 뼈대를 이루는 다섯 가지 형식

문장의 5형식

문장의 5형식은 주요 성분(주어, 동사, 목적어, 보어)의 조합에 따라 문장을 다섯 가지 구조로 분류하는 것을 말합니다.

> **해수쌤의 필수 CHECK** 문장의 주요 성분과 문장의 다섯 가지 형식을 살펴보고, 각 형식에서 자주 사용되는 동사도 함께 익혀 보세요!

핵심 개념 TABLE

1. 문장의 주요 성분	주어 Subject	동사 Verb	목적어 Object	보어 Complement
	~은, 는, 이, 가	~다	~을, 를/~에게	부사를 제외한 다양한 형태, 다양한 해석

2. 문장의 형식			동사 예시
1형식		주어 + 자동사	go(가다), sleep(자다), run(달리다), fall(떨어지다, 넘어지다), work(일하다) 등
	예1)	I sleep. : 나는 잔다.	
	예2)	She runs. : 그녀는 달린다.	
2형식		주어 + 자동사 + (주격) 보어	am(~이다), are(~이다), is(~이다), look(~처럼 보이다), smell(~한 냄새가 나다), feel(~하게 느끼다) 등
	예1)	It sounds good. : 그것은 좋게 들린다.	
	예2)	I feel tired. : 나는 피곤함을 느낀다.	
3형식		주어 + 타동사 + 목적어	have(가지다), like(좋아하다), eat(먹다), buy(사다), give(주다), show(보여주다), teach(가르치다), need(필요하다) 등
	예1)	I have a bag. : 나는 가방을 가지고 있다.	
	예2)	We need help. : 우리는 도움이 필요하다.	

		주어 +	타동사 +	(간접)목적어 : …에게	+	(직접)목적어 : ~을/를	tell(~을 …에게 말하다), buy(~을 …에게 사주다), give(~을 …에게 주다), show(~을 …에게 보여주다), teach(~을 …에게 가르치다), send(~을 …에게 보내다) 등
4형식	예1)	I	gave	you		a candy.	
	: 내가 너에게 사탕을 주었다.						
	예2)	He	sent	me		a letter.	
	: 그는 나에게 편지를 보냈다.						
		주어 +	타동사 +	목적어	+	(목적격) 보어	see(~가 …하는 것을 보다), make(~가 …하게 하다), call(~을 …라고 부르다), find(~이 …하다고 생각하다), name(~을 …라고 이름 짓다) 등
5형식	예1)	You	call	me		a genius.	
	: 너는 나를 천재라고 부른다.						
	예2)	They	made	him		happy.	
	: 그들은 그를 행복하게 만들었다.						

➕ 문법 PLUS

▶ **see, make**는 3형식으로 '~을 보다', '~을 만들다'라는 의미로 쓰일 수도 있습니다. 하지만 5형식으로 쓰일 때는 각각 지각동사(**see**), 사역동사(**make**)로 사용되며, '~가 …하는 것을 보다', '~가 …하게 하다'라는 의미로 쓰입니다. 이처럼 같은 동사라도 문맥에 따라 다양한 문장 구조로 활용되는 경우도 있습니다. ('UNIT 12. 지각동사', 'UNIT 13. 사역동사' 참고)

예1 | see(3형식) → I **saw** a bird. 나는 새를 보았다.
예2 | see(5형식, 지각동사) → I **saw** him leave the house. 나는 그가 집을 떠나는 것을 보았다.
예3 | make(3형식) → She **made** a cake. 그녀는 케이크를 만들었다.
예4 | make(5형식, 사역동사) → She **made** me laugh. 그녀는 나를 웃게 만들었다.

해수쌤의 점검 QUIZ

정답 및 해설 p. 4

A. 다음 중 문장의 주요 성분이 <u>아닌</u> 것은? (   )

① 목적어   ② 주어   ③ 동사   ④ 명사   ⑤ 보어

B. 주어진 문장이 몇 형식인지 쓰시오.

(1) We bought some flowers yesterday.   → ____형식
(2) Leaves fall from trees in fall.   → ____형식
(3) You always teach me a lesson.   → ____형식
(4) My younger brother is a pilot.   → ____형식
(5) I find the test easy.   → ____형식
(6) We showed them our passports.   → ____형식
(7) They called me a fool every day.   → ____형식
(8) Kiwi tastes sweet and sour.   → ____형식

해수쌤의 문법 Q&A

Q 'The old man sits on a wooden bench in the quiet park, listening to the birds chirping while enjoying the warm afternoon sun(노인은 조용한 공원의 나무 벤치에 앉아 따뜻한 오후 햇살을 즐기며 새들이 지저귀는 소리를 듣는다).'은 몇 형식 문장일까요?

A 주요 성분이 주어(The old man)와 동사(sits)인 1형식 문장입니다. 나머지는 문장을 확장하는 요소인 부사구입니다. 문장의 길이와 상관없이, 주요 성분을 기준으로 형식을 파악해야 한다는 점을 기억하세요.

해수쌤의 문법 정리 TIPS

영어 문장의 다섯 가지 형식과 각 형식별 구조를 이해하는 것은 중요합니다. 영어 문장의 5형식과 구조를 표로 정리하고, 각 형식에서 자주 쓰이는 동사 예시와 예문을 두 개씩 작성해 보세요.

UNIT 006 문장의 보어: 2형식 문장

주어를 보완해주는 필수 요소

중요도 ★★★★★
난이도 ★★★☆☆

2형식 문장에서 보어는 주어를 설명하거나 보충하는 역할을 합니다.

✓ **해수쌤의 필수 CHECK** 2형식 보어 자리에는 명사, 형용사, 분사(현재분사, 과거분사), 전치사구, to부정사, 동명사 등이 올 수 있습니다. 문맥에 따라 보어의 형태가 달라질 수 있으며, 부사는 보어가 될 수 없다는 점을 유의하세요!

핵심 개념 TABLE

1. 문장의 성분 및 해석	주어 Subject (~은, 는, 이, 가)	동사 Verb (~다)	주격 보어 Subject Complement (~하게, ~한 상태로, ~하는 것 등)
	해석 예시: [주어]는 [주격 보어]하다, [주어]는 [주격 보어]이다, [주어]는 [주격 보어]하게 보인다, [주어]는 [주격 보어]한 상태로 있다, [주어]는 [주격 보어]에 있다, [주어]는 [주격 보어]하는 것이다			

2. 보어의 형태	부사를 제외한 다양한 형태(명사, 형용사, 분사, 전치사구, to부정사, 동명사 등)

3. 2형식 예문

	주어	+	동사	+	(주격) 보어
예1)	I You She	+	am are is	+	happy(형용사). a girl(명사).
	: 나는 행복하다/소녀이다. : 당신은 행복하다/소녀이다. : 그녀는 행복하다/소녀이다.				
예2)	It	+	looks sounds tastes	+	good(형용사).
	: 그것은 좋아 보인다/좋게 들린다/맛이 좋다.				

예3)	He + feels / seems + happy(형용사).
	: 그는 행복함을 느낀다/행복해 보인다.
예4)	They + became / grew + tired(형용사).
	: 그들은 피곤해졌다/점점 피곤해졌다.
예5)	They + remain / keep / stay + quiet(형용사).
	: 그들은 조용한 상태를 유지한다.
예6)	The radio + is + on(형용사). / off(형용사). / on(전치사) the desk.
	: 그 라디오는 켜져 있다/꺼져 있다/책상 위에 있다.
예7)	My job + is + to teach(to부정사) / teaching(동명사) English.
	: 내 직업은 영어를 가르치는 것이다.

✚ 문법 PLUS

▶ 주격 보어 자리에는 **명사, 형용사, 분사, 전치사구, to부정사, 동명사 등**이 올 수 있습니다.

　예1 | I am **a girl**(명사). 나는 소녀이다.

　예2 | I am **happy**(형용사). 나는 행복하다.

▶ 분사는 형용사의 역할을 할 수 있기 때문에 보어 자리에 올 수 있습니다.

　예1 | The movie is **exciting**(현재분사). 그 영화는 흥미롭다.

　예2 | The window was **broken**(과거분사). 창문이 부서졌다.

▶ 전치사구는 상태나 위치 등을 나타내며, 일부 2형식 동사(be, remain 등)와 함께 보어로 사용될 수 있습니다.

　예 | The radio is **on the desk**(전치사구). 그 라디오는 책상 위에 있다.

▶ to부정사와 동명사구 모두 명사의 역할을 할 수 있기 때문에 보어 자리에 올 수 있습니다.

　예 | My job is **to teach**(to부정사) English. 내 직업은 영어를 가르치는 것이다.

　　　= My job is **teaching**(동명사) English.

▶ **주격 보어 자리에는 부사가 올 수 없다**는 점에 유의하세요. 한국어에서는 부사가 자연스럽게 느껴질 수 있지만, 영어에서 그 자리에는 형용사가 와야 합니다. ('UNIT 23. 형용사 vs. 부사' 참고)

　예1 | She seems **happy**. (O) 그녀는 행복하게 보인다.

　예2 | She seems **happily**. (X)

해수쌤의 점검 QUIZ

정답 및 해설 p. 4

A. 다음 중 올바른 문장을 고르시오. (   )

① It tastes sweetly.
② The children kept quietly.
③ Her voice sounds strangely.
④ The couple lived happily together.

B. 다음 중 2형식이 <u>아닌</u> 문장을 고르시오. (   )

① My hobby is swimming.
② Alex tasted the banana.
③ They are all Americans.
④ I can keep silent all day.

해수쌤의 문법 정리 TIPS

2형식 문장에서 주로 사용되는 동사와 보어의 형태를 이해하는 것은 중요합니다. 주어진 예문을 옮겨 쓰고, 각 문장에서 주격 보어가 어떤 형태인지 메모해 보세요. 또한, 해석 연습을 함께하면 2형식 문장을 이해하는 데 도움이 됩니다.

목적어를 보충하는 필수 요소

문장의 보어: 5형식 문장

5형식 문장에서 보어는 목적어를 설명하거나 보충하는 역할을 합니다.

> **해수쌤의 필수 CHECK** 5형식 문장에서는 목적격 보어로 명사, 형용사, 분사(현재분사, 과거분사), to부정사, 동사원형 등이 올 수 있습니다. 동사 유형에 따라 보어 형태가 달라질 수 있고, 부사는 보어가 될 수 없다는 점을 유의하세요!

핵심 개념 TABLE

1. 문장의 성분 및 해석	주어 Subject (~은, 는, 이, 가)	동사 Verb (~다)	목적어 Object (~을, 를/~에게)	목적격 보어 Object Complement (~하게, ~하도록, ~라고, ~로 등)
	해석 예시: [주어]는 [목적어]를 [목적격 보어]하게 만든다. [주어]는 [목적어]를 [목적격 보어]라고 부른다. [주어]는 [목적어]가 [목적격 보어]하는 것을 원한다. [주어]는 [목적어]가 [목적격 보어]하는 것을 본다			

2. 보어의 형태	부사를 제외한 다양한 형태(명사, 형용사, 분사, to부정사, 동명사 등)

3. 5형식 예문

	주어	+	동사	+	목적어	+	(목적격) 보어
예(1)	You	+	make	+	me	+	happy(형용사).
	: 너는 나를 행복하게 만든다.						
예(2)	She	+	calls / named	+	me	+	a dinosaur(명사).
	: 그녀는 나를 공룡이라고 부른다/이름 붙였다.						
예(3)	They	+	elected	+	him	+	president(명사).
	: 그들은 그를 대통령으로 선출했다.						
예(4)	I	+	want / allow / ask	+	you	+	to study(to부정사).
	: 나는 네가 공부하기를 원한다/허락한다/요청한다.						

예5)	They	+	make / have / let	+ me +	go(동사원형).
	: 그들은 내가 가도록 만든다/시킨다/허락한다.				
예6)	I	+	see / hear	+ you +	sing(동사원형). / singing(현재분사).
	: 나는 네가 노래하는 것을 본다/듣는다.				
예7)	He	+	found	+ himself +	on(전치사) the stage. / tied(과거분사) to the job.
	: 그는 무대 위에 있는 자신을 발견했다/자신이 그 일에 얽매여 있음을 깨달았다.				

➕ 문법 PLUS

▶ 목적격 보어 자리에는 동사에 따라 명사, 형용사, 분사(현재분사, 과거분사), to부정사, 동사원형 등이 올 수 있습니다.
▶ 5형식 문장의 다양한 목적격 보어의 형태와 이를 주로 취하는 동사들을 함께 알아두세요.

1. 보어로 '명사'를 취하는 동사: **call**(~을 …라고 부르다), **name**(~을 …라고 이름 짓다, 명명하다), **elect**(~을 …로 선출하다), **appoint**(~을 …로 임명하다) 등

   예 | They **called** him a genius(명사). 그들은 그를 천재라고 불렀다.

2. 보어로 '형용사'를 취하는 동사: **make**(~을 …하게 만들다), **find**(~이 …하다고 생각한다), **consider**(~을 …라고 여기다), **keep**(~을 …한 상태로 유지하다), **leave**(~을 …한 상태로 내버려두다) 등

   예 | She **made** me happy(형용사). 그녀는 나를 행복하게 만들었다.

3. 보어로 'to부정사'를 취하는 동사: **want**(~가 …하기를 원하다), **allow**(~가 …하도록 허락하다), **ask**(~에게 …하라고 요청하다), **tell**(~에게 …하라고 말하다), **force**(~에게 …하도록 강요하다) 등

   예 | I **want** him to study(to부정사). 나는 그가 공부하기를 원한다.

4. 보어로 '동사원형'와 '현재분사'를 취하는 지각동사: **see**(~가 …하는 것을 보다), **watch**(~가 …하는 것을 지켜보다), **hear**(~가 …하는 것을 듣다), **feel**(~가 …하는 것을 느끼다) 등

   : 현재분사는 동작이 진행 중임을 강조하며, 동사원형은 동작의 전체적인 과정이나 한순간을 지각한 것임을 강조함.

   예1 | I **saw** her dance(동사원형). 나는 그녀가 춤추는 것을 보았다. (춤추는 전체 과정 또는 한순간을 본 것)
   예2 | I **saw** her dancing(현재분사). 나는 그녀가 춤추고 있는 것을 보았다. (춤을 추는 과정이 진행 중이었음)

5. 보어로 '동사원형'과 '과거분사'를 취하는 사역동사: **have**(~을 …하게 하다) 등

   : 동사원형은 목적어가 스스로 동작을 수행함(능동)을 의미하며, 과거분사는 목적어가 어떤 동작을 당한 상태임(수동)을 의미합니다.

   예1 | I **had** my friend fix(동사원형) my car. 나는 내 친구가 내 차를 고치게 했다. (내 친구가 직접 고침)
   예2 | I **had** my car fixed(과거분사). 나는 내 차를 수리하게 했다. (내 차가 수리되는 행동을 당함)

6. 보어로 '현재분사', '과거분사', '형용사'를 취하는 동사: find(~가 …하다는 것을 알게 되다), keep(~가 …한 상태를 유지하다), leave(~가 …한 상태로 남겨두다)

: 현재분사는 목적어가 어떤 동작을 하고 있는 중임을 강조하며, 과거분사는 목적어가 어떤 동작을 당한 결과로 특정 상태에 있음을 강조합니다. 또한 형용사는 목적어의 특성을 나타내거나 특정 상태를 유지함을 의미합니다.

예1 | I **found** him **sleeping**(현재분사) in the park. 나는 그가 공원에서 자고 있는 것을 발견했다.
예2 | I **found** the door **locked**(과거분사). 나는 문이 잠겨 있는 것을 발견했다.
예3 | I **found** the room **empty**(형용사). 나는 방이 비어 있음을 알게 되었다.
예4 | She **kept** me **waiting**(현재분사) for an hour. 그녀는 나를 한 시간 동안 기다리게 했다.
예5 | **Keep** the door **closed**(과거분사). 문이 닫힌 상태로 유지하세요.
예6 | He **kept** his room **clean**(형용사). 그는 방을 깨끗한 상태로 유지했다.

해수쌤의 점검 QUIZ

정답 및 해설 p. 4

A. 다음 중 올바른 문장을 고르시오. (   )

① You make me sadly.
② She wanted me leave.
③ I named the dog Molly.
④ I didn't ask her buying a present.

B. 다음 중 5형식 문장을 고르시오. (   )

① She told me the funny story.
② My friend made me a delicious cake.
③ I couldn't find my seat for 30 minutes.
④ We elected her the captain of our team.

해수쌤의 문법 Q&A

Q 'The news made him happily(그 소식은 그를 행복하게 만들었다).'는 왜 틀린 문장일까요?

A '행복하게'라는 한국어 해석 때문에 happily(부사)를 써야 할 것 같지만, 5형식 문장의 목적격 보어 자리에는 부사가 아니라 형용사(happy)가 와야 합니다. 따라서 'The news made him happy.'가 올바른 문장입니다.

**해수쌤의
문법 정리
TIPS**

5형식 문장에서 주로 사용되는 동사와 목적격 보어의 형태를 이해하는 것은 중요합니다. 각 문장을 옮겨 적고, 목적격 보어가 어떤 형태인지 메모해 보세요. 또한, 해석 연습을 병행하면 5형식 문장을 이해하는 데 도움이 됩니다. 핵심 개념 TABLE에 있는 예문을 우선적으로 작성하고, 복습 시에는 문법 PLUS에 있는 예문을 추가로 기록하여 이해를 더욱 견고히 하세요.

해수쌤의 핵심 개념 REVIEW

CHAPTER 2
문장의 형식

빈칸을 채워 핵심 개념을 이해했는지 점검하세요.

05 문장의 5형식

영어 문장의 주요 성분은 주어(S), 동사(V), 목적어(O), (①)(C)이며, 동사의 종류에 따라 1형식부터 5형식으로 구분됩니다. 1형식은 주어와 자동사만으로 이루어진 문장이고, 2형식은 '주어+동사+(주격) 보어'로 구성됩니다. 3형식은 목적어가, 4형식은 간접목적어와 직접목적어가 있습니다. 또한, 5형식은 목적어 뒤에 (②)이(가) 추가로 오는 구조를 가집니다.

06 문장의 보어: 2형식 문장

2형식 문장은 '주어+자동사+(①)'의 구조를 가집니다. 2형식 문장에서 보어는 주어를 설명하거나 보충하는 역할을 하며, 명사, 형용사, 분사 등이 보어로 올 수 있습니다. 예를 들어, 'She looks (②)(그녀는 행복해 보인다).'처럼 사용됩니다. 단, happily와 같은 (③)은(는) 보어가 될 수 없습니다.

07 문장의 보어: 5형식 문장

5형식 문장은 '주어+동사+목적어+(①)'의 구조를 가집니다. 5형식 문장에서 목적어를 설명하는 보어로는 명사, 형용사, 분사, to부정사, 동사원형 등이 올 수 있습니다. 예를 들어, 'They made him happy(그들은 그를 행복하게 만들었다).'처럼 사용됩니다. 사역동사 make, have, let의 목적격 보어로 자주 쓰이는 형태는 (②)입니다.

정답 05 ① 먹이 ② (육식계) 먹이 06 ① 먹이 ② happy ③ 쥐사 07 ① 먹이 ② (육식계) 먹이 ③ 동식사랑

CHAPTER 3

시제

문장에서 시간 관계 이해하기

시제는 문장에서 시간의 흐름과 사건 간의 관계를 표현하는 중요한 문법 요소입니다. 영어에는 총 열두 개의 시제가 있으며, 이를 통해 과거, 현재, 미래뿐 아니라 사건들 사이의 순서와 연속성도 파악할 수 있습니다.

UNIT 008 현재완료

UNIT 009 과거완료

UNIT 010 대과거

UNIT 011 시제 총정리

UNIT 008 현재완료

과거부터 현재까지 이어지는 이야기

중요도 ★★★★★
난이도 ★★★★★

현재완료는 'have+과거분사' 형태를 지니며 과거의 사건과 현재를 연결하는 시제로, 과거에 발생한 일이 현재까지 영향을 미치거나 지속될 때 사용됩니다.

✓ **해수쌤의 필수 CHECK** 현재완료의 형태와 다양한 의미(경험, 계속, 완료, 결과)를 익히기 위해, 다양한 예문을 반복적으로 접하고 해석해 보세요!

핵심 개념 TABLE

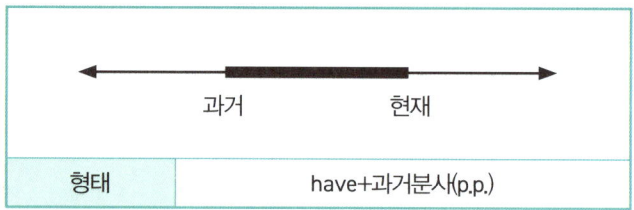

형태	have+과거분사(p.p.)

용법	의미	단서
1. 경험	**~해본 적이 있다** (과거부터 현재까지 어떤 일을 한 번이라도 경험한 적이 있음) 예1) He **has** <u>never</u> **tried** sushi <u>before</u>. : 그는 이전에 초밥을 한 번도 먹어본 적이 없다. 예2) I **have visited** Paris <u>once</u>. 나는 한 번 파리에 가본 적이 있다.	ever(언젠가, 한 번이라도), never(절대 ~않다), before(전에, 이전에), once(한 번, 언젠가) 등
2. 계속	**~을 해오고 있다** (과거부터 지금까지 특정 행동이나 상태가 계속 유지됨) 예1) She **has felt** sick <u>since</u> this morning. : 그녀는 오늘 아침부터 아프다. 예2) They **have lived** here <u>for</u> ten years. : 그들은 이곳에서 10년 동안 살아왔다.	for(~동안), since(~이래로) 등

3. 완료	~을 완료했다 (과거에 특정한 일이 완료되어, 그 완료 사실이 현재와 관련되어 있음)	already(이미), just(방금), yet(아직) 등
	예1) I **have** already **cleaned** the room. : 나는 이미 방을 청소했다. 예2) She **has** just **finished** her homework. : 그녀는 방금 숙제를 끝냈다.	
4. 결과	~해버렸다 (과거의 특정 행동이 현재 상태에 영향을 주어, 그 결과 현재 상태가 달라짐)	'과거분사 gone(가버린), broken(부러진, 고장 난), lost(잃어버린)' 등 또는 문맥
	예1) She **has broken** her leg. : 그녀는 다리를 다쳤다. 예2) I **have lost** my wallet. : 나는 지갑을 잃어버렸다.	

➕ 문법 PLUS

▶ 현재완료의 형태는 'have+과거분사(p.p.)'형태이며, '~해본 적이 있다(경험)', '~을 해오고 있다(계속)', '~을 완료했다(완료)', '~해버렸다(결과)'라는 의미를 가집니다. 참고로, 과거분사는 영어로 'past participle'이며, 줄여서 'p.p.'라고 합니다.

▶ 현재완료 형태에 쓰인 have를 '가지다'로 해석하지 않도록 주의하세요.

▶ 현재완료는 과거에서부터 지금까지의 경험이나 상태를 나타내는 시제이기 때문에, **명확한 과거 시점 표현(예: ago, yesterday, last week 등)과는 어울리지 않습니다.**

    예1 | I **have seen** the movie. **(O)** 나는 그 영화를 본 적이 있다.
           → 현재완료가 쓰인 올바른 문장임.
    예2 | I **saw** the movie **last night**. **(O)** 나는 어젯밤에 그 영화를 봤다.
           → 단순 과거 시제(saw)와 명확한 과거 시점(last night)은 함께 쓸 수 있음.
    예3 | I **have seen** the movie **last night**. **(X)**
           → last night(어젯밤)는 명확한 과거 시점이므로 현재완료(have seen)와 함께 쓸 수 없음.

▶ 'have+과거분사(p.p.)' 형태에서 과거분사가 had일 경우 현재완료는 'have+had' 형태가 됩니다.
    예 | We **have had** lunch together before. 우리는 전에 함께 점심을 먹은 적이 있다. (경험)

해수쌤의 점검 QUIZ

정답 및 해설 p. 5

A. 다음 영어 문장을 우리말로 바르게 해석하시오.

(1) She has visited France twice.
→ _____

(2) Alice has finished her presentation already.
→ _____

(3) I've lost my phone.
→ _____

(4) I have worked at this company for 10 years.
→ _____

B. 다음 중 옳지 않은 문장을 고르시오. (   )

① He has just finished cooking.
② We have seen that movie before.
③ She has taught science 5 years ago.
④ I have been learning to play the piano since 2023.

해수쌤의 문법 정리 TIPS

현재완료의 형태와 네 가지 의미를 이해하는 것은 중요합니다. 현재완료의 형태와 네 가지 용법을 표로 정리하고, 각 용법에 해당하는 예문을 하나씩 옮겨 쓰세요. 또한, 각 용법과 함께 자주 사용되는 단서 표현을 정리하고, 예문을 반복적으로 읽으며 자연스럽게 해석해 보세요.

과거 속의 또 다른 과거

과거완료

과거완료는 과거의 특정 시점 이전에 일어난 일의 상태를 나타내며, 문맥에 따라 '경험, 계속, 완료, 결과'의 의미로 쓰일 수 있습니다.

> **해수쌤의 필수 CHECK** 'had+과거분사(p.p.)'는 문맥에 따라 다양한 의미로 쓰일 수 있으므로, 여러 예문을 접하며 문장 속에서 정확한 쓰임을 파악하세요!

핵심 개념 TABLE

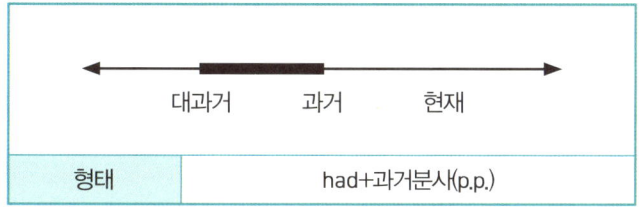

형태	had+과거분사(p.p.)

쓰임	의미
1. 경험	~해본 적이 있었다 (대과거부터 과거까지 어떤 일을 한 번이라도 경험한 적이 있었음) 예1) He **had** never **tried** sushi before he went to Japan. : 그는 일본에 가기 전에 초밥을 한 번도 먹어본 적이 없었다. 예2) I **had** never **seen** such a beautiful sunset before that day. : 나는 그날 이전까지 그렇게 아름다운 노을을 본 적이 없었다.
2. 계속	~을 해오고 있었다 (대과거부터 과거까지 특정 행동이나 상태가 계속 유지되었음) 예1) She **had been** feeling sick all day before she went to the doctor. : 그녀는 병원에 가기 전에 하루 종일 아팠다. 예2) He **had been** studying English for five years before he moved to Canada. : 그는 캐나다로 이사 가기 전에 5년 동안 영어를 공부하고 있었다.

3. 완료	~을 완료했었다 (대과거에 특정한 일이 끝나 과거 시점까지 영향을 미쳤음)	
	예1) I **had cleaned** the room before the guests arrived. : 손님들이 도착하기 전에 나는 방을 청소했었다. 예2) She **had finished** her homework before her parents came home. : 그녀는 부모님이 집에 오시기 전에 숙제를 끝냈었다.	
4. 결과	~해버렸었다 (대과거의 특정 행동이 과거 상태에 영향을 주어, 그 결과 과거 시점의 상태가 달라졌었음)	
	예1) Someone **had broken** the door before we entered. : 우리가 들어가기 전에 누군가가 그 문을 부숴 놓았었다. 예2) He **had lost** his phone, so he couldn't call his friend. : 그는 휴대폰을 잃어버려서 친구에게 전화할 수 없었다.	

✚ 문법 PLUS

▶ 과거완료는 'had+과거분사(p.p.)' 형태로 '~해본 적이 있었다(경험)', '~을 해오고 있었다(계속)', '~을 완료했었다(완료)', '~해버렸었다(결과)'라는 의미를 가집니다.

▶ 과거 시제와 과거완료 시제가 함께 사용될 때, 'had+p.p.'는 단순히 과거보다 더 이전에 일어난 일(대과거)을 나타내기도 합니다. ('UNIT 10. 대과거' 참고)

   예 ┃ I **wore**(과거) the jacket that my father **had bought**(대과거) for me as a birthday present.
        나는 아버지가 생일 선물로 사주신 재킷을 입었다.

        → 경험, 계속, 완료, 결과의 의미가 아니며, 단순히 '아버지가 재킷을 산 시점'이 '내가 재킷을 입은 시점'보다 더 과거에 있었음을 나타내는 용도(대과거)로 'had+p.p.'가 사용됨.

해수쌤의 점검 QUIZ

정답 및 해설 p. 6

A. 주어진 우리말을 바르게 영작한 것을 고르시오. (　　　)

> 작년에 서울로 이사하기 전에, 나는 부산에서 20년 동안 살았다.

① Before I move to Seoul last year, I live in Busan for 20 years.
② Before I move to Seoul last year, I had live in Busan for 20 years.
③ Before I moved to Seoul last year, I had lived in Busan for 20 years.
④ Before I moved to Seoul last year, I have lived in Busan for 20 years.

B. 괄호 안에 주어진 단어를 활용하여 빈칸을 완성하시오.

(1) When James arrived, the meeting _____ already _____. (have, start)
　　James가 도착했을 때, 회의는 이미 시작했었다.

(2) I _____ never _____ such delicious food before I met you. (have, eat)
　　너를 만나기 전에는 나는 이렇게 맛있는 음식을 먹어본 적이 없었다.

(3) She _____ _____ to the bank when I arrived at the office. (have, go)
　　내가 사무실에 도착했을 때 그녀는 은행에 가버린 상태였다.

해수쌤의 문법 정리 TIPS

과거완료의 형태와 네 가지 용법을 이해하는 것은 중요합니다. 과거완료의 형태와 네 가지 용법을 표로 정리하고, 각 용법에 해당하는 예문을 하나씩 옮겨 쓰세요. 예문을 반복해서 읽으며 해석 연습을 병행하면 학습에 도움이 됩니다.

더 이전의 과거를 나타내는 시제

대과거

대과거(had+p.p.)는 주로 과거 시제와 함께 사용되며, 단순한 과거보다 더 이전에 발생한 일을 나타낼 때 사용됩니다.

> **해수쌤의 필수 CHECK** 대과거(had+p.p.)는 과거보다 앞선 사건을 표현하는 핵심 도구이므로, 과거 시제와 비교하며 시간 흐름을 파악하는 연습이 중요합니다.

핵심 개념 TABLE

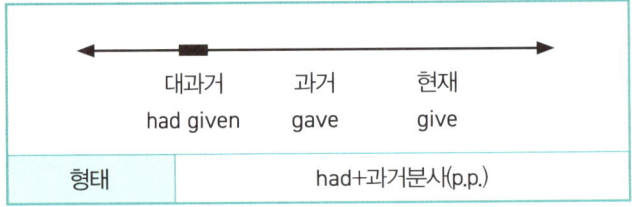

형태	had+과거분사(p.p.)

	예문
1)	I **remembered** a present that my friend **had given** me on my birthday last year. 　　② 과거　　　　　　　　　　　　　　① 대과거 : 나는 내 친구가 작년 생일에 준 선물을 기억했다.
2)	We **arrived** at the theater at 8:00 but the movie **had started** at 7:30. 　　② 과거　　　　　　　　　　　　　① 대과거 : 우리는 8시에 극장에 도착했지만, 영화는 7시 30분에 시작했다.

⊕ 문법 PLUS

▶ 문맥에서 **시간 순서가 명확할 경우, 단순 과거만으로도 대과거를 표현**할 수 있습니다.
　예　| I **opened** the door, and he **walked** in. 내가 문을 열자 그가 걸어 들어왔다.
　　　: 먼저 일어난 사건을 나타내는 open을 'had opened'라고 쓰지 않아도 자연스럽게 의미 전달이 가능.

▶ 과거완료와 대과거는 'had+과거분사(p.p.)'로 형태는 같지만, 사용 목적에 차이가 있습니다. 대과거는 과거 시점보다 더 이전에 일어난 사건의 시간적 선후 관계를 나타내는 데 중점을 둡니다. 반면, 과거완료는 문맥에 따라 '경험, 계속, 완료, 결과' 등 과거 시점까지 어떤 영향을 미치고 있었는지를 표현하는 데 중점을 둡니다. ('UNIT 09. 과거완료' 참고)

해수쌤의 점검 QUIZ

정답 및 해설 p. 6

A. 다음 중 더 과거에 일어난 일에 ✓표시하시오.

(1) Since he had stayed up all night, he slept a lot.	밤을 새움	
	잠을 많이 잠	
(2) I opened the door and found that the room had been cleaned.	방문을 엶	
	방이 치워짐	
(3) Anna had already finished her work when I called her.	일을 끝냄	
	Anna에게 전화함	
(4) When I met Alex, he had lost his wallet.	Alex를 만남	
	지갑을 잃어버림	

B. 다음 중 옳지 않은 문장을 고르시오. (　　　)

① She realized she had left her wallet in the car.
　그녀는 지갑을 차에 두고 왔다는 것을 깨달았다.

② When I entered the classroom, the class already start.
　내가 교실에 들어갔을 때, 수업은 이미 시작되었었다.

③ Before going to study abroad, I had studied English diligently.
　유학을 가기 전에, 나는 영어를 열심히 공부했었다.

해수쌤의 문법 정리 TIPS

대과거는 과거보다 더 이전에 발생한 일을 나타낼 때 사용됩니다. 이를 정확히 이해하려면 실제 예문을 통해 학습하는 것이 중요합니다. 대과거가 사용된 예문 두 가지를 옮겨 쓰고, '단순 과거'와 '대과거(had+p.p.)'로 쓰인 부분을 각각 표시해 두세요. 두 시제의 시간적 차이를 비교하며 반복적으로 해석해 보세요.

시간에 따라 달라지는 동사의 모습

시제 총정리

시제는 시간의 흐름을 나타내는 중요한 문법 요소이며, 영어에는 총 열두 개의 시제가 존재합니다.

해수쌤의 필수 CHECK 영어에서 과거, 현재, 미래, 과거진행, 현재진행, 현재완료 시제는 가장 자주 사용되므로 우선적으로 익혀야 합니다. 이 시제들을 먼저 확실히 이해한 후, 더 복잡한 시제로 확장해 나가세요!

핵심 개념 TABLE

	① 과거 동사ed	② 현재 동사원형	③ 미래 will+동사원형
	studied	study	will study
	~했다	~한다	~할 것이다
be동사+동사ing **진행**	④ 과거진행 was/were+동사ing	⑤ 현재진행 am/are/is+동사ing	⑥ 미래진행 will+be+동사ing
	was/were studying	am/are/is studying	will be studying
	~하는 중이었다	~하는 중이다	~하는 중일 것이다
have+과거분사 **완료** (경험, 계속, 완료, 결과)	⑦ 과거완료 had+과거분사	⑧ 현재완료 have/has+과거분사	⑨ 미래완료 will+have+과거분사
	had studied	have/has studied	will have studied
	(과거까지) ~해본 적 있었다, ~해오고 있었다, ~을 완료했었다, ~해버렸었다	(현재까지) ~해본 적 있다, ~해오고 있다, ~을 완료했다, ~해버렸다	(미래까지) ~해본 적이 있을 것이다, ~해오고 있을 것이다, ~을 완료했을 것이다, ~해버렸을 것이다
have+been+동사ing **완료 진행**	⑩ 과거완료 진행 had+been+동사ing	⑪ 현재완료 진행 have/has+been+동사ing	⑫ 미래완료 진행 will+have+been+동사ing
	had been studying	have/has been studying	will have been studying
	(과거까지) ~해오고 있는 중이었다	(현재까지) ~해오고 있는 중이다	(미래까지) ~해오고 있는 중일 것이다

문법 PLUS

▶ 시제는 '과거, 현재, 미래'와 '진행, 완료, 완료 진행' 개념이 결합되어 **총 열두 가지**로 나뉩니다.
▶ 열두 가지 시제를 예문과 함께 확인하세요.

1. 과거: I **studied** math last night. 나는 어젯밤에 수학을 공부**했**다.
2. 현재: We **play** basketball after school. 우리는 방과 후에 농구를 **한**다.
3. 미래: She **will visit** her friend next week. 그녀는 다음 주에 친구를 방문**할 것이**다.
4. 과거진행: They **were walking** to school in the morning. 그들은 아침에 학교로 걸어가는 **중이었**다.
5. 현재진행: He **is cooking** dinner in the kitchen. 그는 부엌에서 저녁을 요리하는 **중이**다.
6. 미래진행: He **will be watching** TV in the evening. 그는 저녁에 TV를 보는 **중일 것이**다.
7. 과거완료: She **had** already **left** when I arrived. 내가 도착했을 때 그녀는 이미 떠나 **있었**다.
8. 현재완료: She **has visited** Paris before. 그녀는 전에 파리를 방문**한 적이 있**다.
9. 미래완료: She **will have left** by the time we arrive. 우리가 도착할 때쯤 그녀는 떠나 **있을 것이**다.
10. 과거완료 진행: I **had been studying** for two hours before you arrived.
    네가 도착하기 전에 나는 두 시간 동안 공부하**고 있었**다.
11. 현재완료 진행: He **has been waiting** for the bus since morning. 그는 아침부터 버스를 기다리**는 중이**다.
12. 미래완료 진행: She **will have been working** at this company for five years next month.
    그녀는 다음 달이면 이 회사에서 5년 동안 일하**고 있을 것이**다.

▶ 'am/are/is+동사ing'는 현재진행형으로서 현재 일어나고 일을 나타낼 뿐만 아니라, **가까운 미래의 확정된 계획이나 일정도 표현할 수 있습니다.**

  예 | I **am meeting** my friend tomorrow. 나는 내일 친구를 만날 예정이다.

▶ 각 시제는 수동태와 결합될 수 있습니다. 수동태는 '~되다'라는 의미를 지니며, 일반적으로 'be+과거분사(p.p.)' 형태로 표현됩니다. 시제에 따라 수동태의 형태도 달라집니다. ('UNIT 36. 수동태: 개념과 형태' 참고)

  예1 | 현재진행 수동태: **am/are/is**+be**ing**+과거분사(p.p.)
     : The road **is being repaired** now. 그 도로는 지금 수리 중이다.

  예2 | 현재완료 수동태: **have/has**+be**en**+과거분사(p.p.)
     : The documents **have been submitted**. 그 문서들은 제출되었다.

해수쌤의 점검 QUIZ

정답 및 해설 p. 7

A. 다음 영어 표현과 의미를 바르게 연결하시오.

1. will be doing • • ㉠ ~해오고 있는 중이다
2. have been doing • • ㉡ ~하는 중이다
3. will do • • ㉢ ~할 것이다
4. am doing • • ㉣ ~하는 중일 것이다

B. 다음 영어 문장의 우리말 해석이 옳지 <u>않은</u> 것을 고르시오. (   )

① By this time next year, she will have graduated from college.
  내년 이맘때쯤 그녀는 대학을 졸업했을 것이다.
② We had been waiting for the bus.
  우리는 버스를 기다리고 있는 중이었다.
③ Sam was reading a magazine during lunch.
  Sam은 점심시간 동안 잡지를 읽는 중이었다.
④ They will be cooking lunch when you arrive.
  네가 도착할 때 그들은 점심을 요리하는 중이었다.

해수쌤의 문법 정리 TIPS

12시제 중 자주 사용되는 시제는 '과거, 현재, 미래, 과거진행, 현재진행, 현재완료'이지만, 모든 시제를 알고 있어야 문장에서 접했을 때 어려움 없이 이해할 수 있습니다. 주어를 'I'로 하여 열두 가지 시제가 쓰인 예문을 옮겨 적고, 각 예문의 해석도 함께 적어보세요. 예) ① 과거: I studied. 나는 공부했다. ② 현재: I study. 나는 공부한다. ③ 미래: I will study. 나는 공부할 것이다.

해수쌤의 핵심 개념 REVIEW

CHAPTER 3
시제

빈칸을 채워 핵심 개념을 이해했는지 점검하세요.

08 현재완료

현재완료는 'have+(①)'의 형태로 쓰이며, '경험', '계속', '완료', '결과'의 네 가지 의미를 가집니다. '경험'의 의미로 쓰일 때는 ever, never, before와 같은 단어와 자주 쓰이며, '(②)'의 의미로 쓰일 때는 for나 since와 함께 자주 쓰입니다. 또한, '완료'의 의미로 쓰일 때는 already 같은 단어와 함께 자주 쓰입니다.

09 과거완료

과거완료는 '(①)+과거분사(p.p.)'의 형태로 쓰이며, 과거의 특정 시점 이전에 일어난 일의 상태를 나타냅니다. 문맥에 따라 '경험', '계속', '완료', '결과'의 의미로 쓰일 수 있습니다. 예를 들어, '그는 일본에 가기 전에 초밥을 한 번도 먹어본 적이 없었다.'라는 뜻의 문장은 'He had never tried sushi before he went to Japan.'이라고 나타낼 수 있습니다. 이때 과거완료는 (②)의 의미로 쓰인 것입니다.

10 대과거

대과거는 '(①)+과거분사(p.p.)' 형태로 쓰이며, 과거보다 앞선 사건을 나타냅니다. 예를 들어, '우리는 8시에 극장에 도착했지만, 영화는 7시 30분에 시작했다.'라는 문장은 'We arrived at the theater at 8:00, but the movie (②) at 7:30.'으로 표현할 수 있습니다.

11 시제 총정리

시제는 시간의 흐름을 나타내는 중요한 문법 요소입니다. 영어에는 총 (①)개의 시제가 존재합니다. 시제의 종류는 '과거, 현재, 미래, 과거진행, 현재진행, 미래진행, 과거완료, 현재완료, 미래완료, 과거완료 진행, 현재완료 진행, 미래완료 진행'이 있습니다.

정답 08 ① 과거분사(p.p.) ② 계속 09 ① had ② 경험 10 ① had ② had started 11 ① 12

CHAPTER 4

동사의 활용

문장의 뼈대를 완성하는 동사

동사는 문장의 중심이 되는 핵심 요소로, 문장을 이해하고 표현하는 데 매우 중요한 역할을 합니다. 특히 지각동사와 사역동사의 구조, 자동사와 타동사의 구별, 그리고 동사에 붙는 -s의 다양한 쓰임을 익히면 문장의 뼈대와 의미를 더욱 정확히 파악할 수 있습니다.

UNIT 012	지각동사
UNIT 013	사역동사
UNIT 014	자동사와 타동사: 개념과 형태
UNIT 015	자동사와 타동사: 서로 혼동하기 쉬운 경우
UNIT 016	자동사와 타동사: 둘 다 쓰이는 경우
UNIT 017	일반동사의 s 활용
UNIT 018	s 활용의 다양한 경우

보고, 듣고, 느끼는 것들을 나타내는 동사

지각동사

지각동사는 감각으로 직접 본 것, 들은 것, 느낀 것 등을 설명하는 동사이며, 목적격 보어로 동사원형, 현재분사(능동, 진행), 과거분사(수동, 완료)를 취합니다.

해수쌤의 필수 CHECK 지각동사는 5형식 문장 구조(주어+동사+목적어+목적격 보어)를 취하며, 목적어와 목적격 보어의 관계가 능동이면 동사원형 또는 현재분사, 수동이면 과거분사를 사용한다는 것을 기억하세요!

핵심 개념 TABLE

1. 알아둘 개념

1) 현재분사	형태	~ing	예)	carrying 나르는, 나르고 있는
	의미	~하는(능동), ~하고 있는(진행)		fixing 고치는, 고치고 있는
2) 과거분사	형태	~ed(단, 불규칙한 형태도 있음)	예)	carried 옮겨진
	의미	~된(수동, 완료)		fixed 고쳐진

2. 지각동사 종류

시각 관련	see, watch, look at(보다) 등
청각 관련	listen to, hear(듣다) 등
후각 관련	smell(냄새 맡다) 등
촉각 관련	feel(느끼다) 등
기타	notice(알아차리다), observe(관찰하다) 등

3. (지각동사가 포함된) 5형식 문장 구조

[누가]	[듣다/보다 등]	[무엇을]	[~하는 것]	
			목적격 보어	
주어 +	동사 +	목적어 +	(능동)동사원형, (능동·진행)현재분사 (수동·완료)과거분사	5형식

예(1)	I	+	saw	+	her	+	~~to carry~~	a bag.	(X)
							~~carried~~	a bag.	(X)
							carry(능동)	a bag.	(O)
							carrying(능동·진행)	a bag.	(O)

: 나는 그녀가 가방을 드는 것/들고 있는 것을 봤다.

예(2)	I	+	saw	+	a bag	+	~~to carry.~~		(X)
							~~carry.~~		(X)
							~~carrying.~~		(X)
							carried(수동·완료).		(O)

: 나는 가방이 들려 있는 것을 봤다.

예(3)	I	+	saw	+	him	+	~~to fix~~	a door.	(X)
							~~fixed~~	a door.	(X)
							fix(능동)	a door.	(O)
							fixing(능동·진행)	a door.	(O)

: 나는 그가 문을 고치는 것/고치고 있는 것을 봤다.

예(4)	I	+	saw	+	a door	+	~~to fix.~~		(X)
							~~fix.~~		(X)
							~~fixing.~~		(X)
							fixed(수동·완료).		(O)

: 나는 문이 고쳐진 것을 봤다.

➕ 문법 PLUS

▶ 지각동사는 경험을 통해 직접 본 것, 들은 것, 느낀 것 등을 설명하며 5형식 문장 구조(주어+동사+목적어+목적격 보어)를 취합니다.

▶ 목적격 보어 자리에는 동사원형, 현재분사, 과거분사가 쓰일 수 있으며, 이는 목적어의 관계에 따라 결정됩니다.

— 능동(진행): 동사원형 또는 현재분사 사용

— 수동(완료): 과거분사 사용

예1 | I **saw** him cross/crossing the street. 나는 그가 길을 건너는 것을 보았다.

: 목적어인 '그(him)'가 능동적으로 목적격 보어가 나타내는 '길을 건너는 행위(cross)'를 하는 것이므로, 목적격 보어 자리에 동사원형(cross) 또는 현재분사(crossing)를 사용함. 단, 현재분사를 사용하면 동작이 진행 중임을 강조하여 '~하는 중'인 것을 지각했다는 의미가 됨.

예2 | I **heard** my name called in the hallway. 나는 내 이름이 복도에서 불리는 것을 들었다.

: 목적어인 '내 이름(my name)'이 수동적으로 목적격 보어가 나타내는 '불리는 행위(called)'를 당한 것이므로, 목적격 보어 자리에 과거분사(called)를 사용함.

▶ 감각동사(feel: ~하게 느껴지다, smell: ~한 냄새가 나다, sound: ~하게 들리다, look: ~하게 보이다)는 감각을 통해 느껴지는 상태나 성질을 표현하는 동사입니다. 5형식 문장구조를 취하는 지각동사와 달리, **감각동사는 2형식 문장 구조**를 취하며, 주격 보어 자리에는 주로 형용사가 옵니다.

예 | It **sounds** good. 그것은 좋게 들린다.

▶ feel은 지각동사(5형식)와 감각동사(2형식)로 모두 쓰일 수 있습니다. 5형식 문장에서는 '느끼다'라는 뜻이며, 2형식 문장에서는 '~하게 느껴지다'라는 뜻입니다.

예1 | I can **feel** the wind(목적어) blowing(목적격 보어). 나는 바람이 불고 있는 것을 느낄 수 있다. (5형식)

예2 | The blanket **feels** soft(주격 보어). 그 담요는 부드럽게 느껴진다. (2형식)

해수쌤의 점검 QUIZ

정답 및 해설 p. 7

A. 다음 중 옳지 <u>않은</u> 문장을 고르시오. (　　)

① I saw the boy crossed the road.
② I saw the boy crossing the road.
③ I saw the boy carrying the box.
④ I saw the box carried by a boy.

B. 주어진 우리말을 바르게 영작한 것을 고르시오. (　　)

나는 누군가가 문을 미는 것을 느낄 수 있었다.

① I could feel someone pushed the door.
② I could feel someone pushing the door.
③ I could feel someone to push the door.

해수쌤의 문법 Q&A

Q 'I saw the boy run.'과 'I saw the boy running.'의 차이는 무엇일까요?

A 'I saw the boy run(나는 그 소년이 달리는 것을 보았다).'은 소년이 달리는 동작을 하나의 전체적인 사건으로 인식하며, 행동의 시작부터 끝까지 보았거나 완결된 동작으로 받아들이는 느낌을 줍니다. 반면, 'I saw the boy running(나는 그 소년이 달리고 있는 것을 보았다).'은 소년이 이미 달리고 있는 상태를 본 것으로, 동작의 진행 과정을 강조하며 특정 순간의 모습을 포착한 뉘앙스를 가집니다.

해수쌤의 문법 정리 TIPS

지각동사의 종류와 목적격 보어의 형태를 이해하는 것이 중요합니다. 지각동사의 종류와 예문을 옮겨 쓰세요. 또한, 목적어와 목적격 보어의 관계에 따라 보어 형태가 어떻게 달라지는지 정리하고, 각 예문에서 사용된 목적격 보어의 형태와 그 이유를 함께 메모해 두세요.

 누군가를 시키거나 허락하는 동사

사역동사

사역동사는 누군가에게 어떤 행동을 하도록 시키거나 허락하는 의미로, '~가 …하게 하다/시키다'라는 뜻을 지닙니다. 또한, 5형식 문장 구조로 쓰이며, 목적격 보어로 주로 동사원형을 사용합니다.

해수쌤의 필수 CHECK 사역동사가 포함된 5형식 문장 구조를 예문을 통해 파악하세요! 특히, have, get, make의 경우 목적격 보어로 동사원형뿐만 아니라 과거분사도 사용될 수 있음에 유의하세요.

핵심 개념 TABLE

1. 사역동사의 종류

강제성 ↑	make
	have
	let

2. (사역동사가 포함된) 5형식 문장 구조

	[누가]		[시키다]		[누구를]		[~하는 것]	
	주어	+	동사	+	목적어	+	목적격 보어 (능동)동사원형 (수동)과거분사	➡ 5형식
예1)	He	+	made	+	me	+	clean(능동)	the room.
	: 그는 내가 방을 청소하게 만들었다.							
예2)	He	+	made	+	his voice	+	heard(수동).	
	: 그는 자신의 목소리가 들리게 만들었다.							
예3)	He	+	had	+	the room	+	cleaned(수동).	
	: 그는 방이 청소되도록 만들었다.							
예4)	He	+	had	+	me	+	fix(능동)	the car.
	: 그는 내가 차를 고치게 했다.							
예5)	He	+	had	+	the car	+	fixed(수동).	
	: 그는 차가 고쳐지도록 했다.							

예6)	He + **let** + me + **use(능동)** the phone.
	: 그는 내가 전화를 사용하도록 허락했다.

3. 준사역동사

예1)	(문장 구조가 사역동사와 비슷한) help	구조	help+목적어+목적격 보어 ↳to부정사, 동사원형
		예)	She **helped** me ┬ **to choose** a dress. 　　　　　　　└ **choose** : 그녀는 내가 드레스를 고르는 것을 도와주었다.
예2)	(의미가 사역동사와 비슷한) get	구조	get+목적어+목적격 보어 ↳to부정사
		예)	I **got** him **to open** the door. : 나는 그가 문을 열게 했다.

✚ 문법 PLUS

▶ 사역동사에는 make, have, let 등이 있으며, 누군가에게 어떤 행동을 하도록 시키거나 허락하거나 강요하는 의미를 전달하고, 5형식 문장 구조를 취합니다.

▶ make와 have는 3형식 문장에서 각각 '(음식 등을) 만들다', '가지다'의 의미로 쓰이지만, 5형식 문장에서는 '~가 … 하게 만들다/시키다'라는 뜻의 사역동사가 됩니다.

▶ 사역동사 have, get은 목적어가 어떤 행동을 당하도록 시킬 때, 목적격 보어로 과거분사(p.p.)를 사용합니다. 단, make도 목적격 보어로 과거분사를 쓸 수 있지만 일부 관용적 표현에만 자연스러우며, 일반적으로 동사원형이 사용됩니다.

　예1 | I had **my hair**(목적어) **cut**(목적격 보어: 과거분사). 나는 머리를 잘랐다.
　　　: 목적어인 '머리카락(my hair)'이 누군가에게 의해 잘리도록 만듦.
　예2 | She got **her phone**(목적어) **fixed**(목적격 보어: 과거분사). 그녀는 휴대폰을 수리하게 했다.
　　　: 목적어인 '그녀의 휴대폰(her phone)'이 누군가에 의해 수리되게 만듦.

▶ 사역동사 let은 목적격 보어로 과거분사(p.p.)를 사용하지 않고, 동사원형만 사용합니다. 따라서, 자주 쓰이진 않지만 수동의 의미를 표현하려면 'let+목적어+be+과거분사(p.p.)' 형태로 써야 합니다.

　예 | **Let** the letter **be sent**. 편지가 보내지도록 해라.

▶ help는 문장 구조가 사역동사와 유사하며, to부정사와 동사원형을 모두 목적격 보어로 취할 수 있는 동사입니다. 반면, get은 의미상 사역동사와 비슷하지만 to부정사를 목적격 보어로 취할 수 있으며, 수동의 의미일 때는 과거분사를 취할 수 있습니다.

해수쌤의 점검 QUIZ

정답 및 해설 p. 8

A. 주어진 우리말을 바르게 영작한 것을 고르시오. (   )

> 그녀는 우리가 설거지하도록 시켰다.

① She made us wash the dishes.
② She made us washed the dishes.
③ She made us washing the dishes.
④ She made us to wash the dishes.

B. 괄호에 알맞은 단어에 동그라미 치시오.

(1) She never let me (enter / to enter) her room.
(2) He had my car (parked / parking).
(3) The flight attendant helped me (finding / to find) my seat.
(4) The man helped me (carry / carrying) my bag.
(5) My mother got me (bring / to bring) a pencil.

해수쌤의 문법 정리 TIPS

사역동사의 종류와 목적격 보어의 형태를 이해하는 것은 중요합니다. 사역동사의 종류를 정리하고, 사역동사가 사용된 여섯 가지 예문을 옮겨 적으세요. 각 예문에서 목적격 보어가 어떤 형태로 나타나는지 메모하고 그 이유를 함께 기록하세요. 또한, 준사역동사 help와 get이 사용된 예문도 옮겨 적고, 이때 목적격 보어가 어떤 형태를 갖는지 메모해 두세요.

UNIT 014

목적어의 유무로 나뉘는 동사

자동사와 타동사: 개념과 형태

중요도 ★★★★★
난이도 ★★★☆☆

자동사는 목적어 없이 동작이나 상태를 표현하며, 타동사는 행위의 대상을 나타내는 목적어가 필요한 동사입니다.

> ✓ **해수쌤의 필수 CHECK** 예문을 통해 자동사와 타동사의 차이를 비교하며, 목적어가 문장에서 어떻게 쓰이는지 확인하세요!

핵심 개념 TABLE

	자동사	타동사
	목적어 없이 스스로 움직임이나 상태를 나타내는 동사	**목적어(동사의 영향을 받는 대상)를 필요로 하는 동사**
예1)	I **go** to school. : 나는 학교에 간다.	I **eat** a pizza. 　　　목적어 : 나는 피자를 먹는다.
예2)	The sun **rises** from the East. : 태양은 동쪽에서 떠오른다.	We **buy** new books. 　　　　목적어 : 우리는 새 책들을 산다.
예3)	It **begins**. : 그것이 시작된다.	They **have** cars. 　　　　목적어 : 그들은 자동차를 가지고 있다.
예4)	They **walk** in the park. : 그들은 공원에서 걷는다.	He **teaches** them English. 　　　　간접목적어 직접목적어 : 그는 그들에게 영어를 가르친다.
예5)	It **looks** good. : 그것은 좋아 보인다.	You **make** me happy. 　　　　목적어 : 너는 나를 행복하게 만든다.
예6)	It **seems** okay. : 그것은 괜찮아 보인다.	They **see** you dance. 　　　　목적어 : 그들은 네가 춤추는 것을 본다.
예7)	She **is** kind. : 그녀는 친절하다.	

예8)	They **stay** quiet. : 그들은 조용히 있다.
예9)	He **becomes** happy. : 그는 행복해진다.

✚ 문법 PLUS

▶ 자동사와 타동사는 동사의 목적어 유무에 따라 구분됩니다.

▶ 많은 동사가 자동사와 타동사로 모두 쓰일 수 있습니다. 따라서 특정 단어를 '자동사' 또는 '타동사'로 외우기보다는, 문맥에 따라 단어의 의미와 쓰임이 달라질 수 있음을 이해하는 것이 중요합니다. ('UNIT 16. 자동사와 타동사: 둘 다 쓰이는 경우' 참고)

예1 | open (자동사) 열리다. (타동사) ~을 열다
예2 | change (자동사) 변하다. (타동사) ~을 바꾸다
예3 | sell (자동사) 팔리다. (타동사) ~을 팔다

해수쌤의 점검 QUIZ

정답 및 해설 p. 8

A. 빈칸에 들어갈 우리말을 바르게 짝지은 것을 고르시오. (　　)

> 자동사와 타동사는 ⓐ 의 유무로 나뉩니다.
> ⓐ 가 필요 없으면 ⓑ , ⓐ 가 필요하면 ⓒ 입니다.

	ⓐ	ⓑ	ⓒ
①	보어	자동사	타동사
②	보어	타동사	자동사
③	목적어	자동사	타동사
④	목적어	타동사	자동사
⑤	주어	타동사	자동사

B. 다음 중 밑줄 친 단어가 타동사로 쓰인 것을 고르시오. (   )

① It <u>tastes</u> sour.

② He <u>runs</u> very fast.

③ I <u>hate</u> crowded places.

④ The dog <u>barks</u> at strangers.

해수쌤의 문법 Q&A

Q begin은 자동사인가요 타동사인가요?

A begin은 문맥에 따라 자동사로도, 타동사로도 쓰일 수 있는 동사입니다. 예를 들어, 'The meeting begins at 10 a.m(회의가 오전 10시에 시작된다).'이라는 문장에서 begin은 자동사로 쓰였습니다. 이 문장에는 begin 뒤에 목적어가 없고, 대신 'at 10 a.m.'이라는 전치사구(회의 시작 시간을 나타내는 부사구 역할)가 따라오고 있습니다. 반면에, 'She began her speech with a joke(그녀는 농담으로 연설을 시작했다).'라는 문장에서는 'her speech'가 목적어로 왔으며, 목적어 뒤에는 'with a joke'라는 전치사구(연설 방식을 나타내는 부사구 역할)가 따라오고 있습니다.

해수쌤의 문법 정리 TIPS

자동사와 타동사의 차이를 정확히 이해하는 것이 중요합니다. 동사 뒤에 목적어가 있는지 여부에 따라 자동사와 타동사를 구분할 수 있으므로, 그 특징을 잘 정리해두고 익혀 보세요. 또한, 자동사와 타동사가 사용된 예문을 따로 구분해서 기록한 뒤, 각 예문에 쓰인 동사와 목적어의 유무를 함께 메모해 두세요.

전치사를 쓸지 말지 헷갈리는 동사

자동사와 타동사: 서로 혼동하기 쉬운 경우

일부 동사는 한국어 뜻만 보고는 자동사인지 타동사인지 구별하기 어려울 때가 있습니다. 타동사는 목적어를 직접 취하지만, 자동사는 목적어를 직접 취하지 않고 전치사구를 통해 의미를 보완하는 경우가 많습니다.

해수쌤의 필수 CHECK 타동사는 목적어를 바로 취하므로 불필요한 전치사를 덧붙이지 않도록 주의하세요! 반대로, 자동사는 전치사와 함께 써야 하므로 전치사를 빠뜨리지 않도록 헷갈리는 동사들을 확인하세요!

핵심 개념 TABLE

구분	목적어 여부	기본 구조
자동사	목적어를 직접 취하지 않음	자동사+(전치사+명사)
타동사	목적어를 직접 취함	타동사+명사

	자동사처럼 보이는 '**타동사**'	타동사처럼 보이는 '**자동사**'
예1)	Will you **marry** ~~with~~ me? 　　↳ ~와 결혼하다 : 저와 결혼하시겠습니까?	I **subscribe** to the channel. 　　↳ (~을) 구독하다 : 나는 그 채널을 구독한다.
예2)	You **resemble** ~~with~~ your father. 　　↳ ~와 닮다 : 너는 너의 아버지와 닮았다.	I **listen** to the song. 　　↳ (~을) 듣다 : 나는 그 노래를 듣는다.
예3)	Don't **mention** ~~about~~ the issues. 　　↳ ~에 대해 언급하다 : 그 문제들에 대해 언급하지 마시오.	He **succeeded** in the game. 　　↳ (~에) 성공하다 : 그는 그 경기에서 성공했다.
예4)	They **survived** ~~against~~ the winter. 　　↳ ~에서/을 살아남다 : 그들은 겨울에서 살아남았다.	Please, **reply** to the letter. 　　↳ (~에) 대답하다 : 부디 그 편지에 답장해주세요.

문법 PLUS

▶ 자동사는 목적어를 직접 취하지 않고 전치사와 함께 사용되며, 전치사의 목적어가 동작의 대상이 됩니다. 예를 들어, 'I listen to the song(나는 그 노래를 듣는다).'에서 listen은 자동사로, to라는 전치사와 함께 사용되며, the song은 '전치사 to의 목적어'가 됩니다.

▶ 반면, 타동사는 목적어를 직접 취할 수 있어 전치사가 필요하지 않습니다. 예를 들어, 'You resemble your father(너는 너의 아버지와 닮았다).'에서 resemble은 타동사이므로 전치사 없이 바로 'your father'을 목적어로 취할 수 있습니다.

▶ 일부 동사는 전치사적인 의미를 포함하고 있어, 목적어가 항상 '~을/를'로 해석되지는 않습니다. 예를 들어, marry(~와 결혼하다), affect(~에 영향을 미치다), mention(~에 대해 언급하다), discuss(~에 대해 논의하다)처럼 목적어의 해석이 다르게 나타날 수 있습니다.

▶ 일부 동사는 문맥에 따라 자동사와 타동사 모두로 사용될 수 있으므로, 자동사와 타동사는 문장의 전체 구조와 목적어의 존재 여부를 기준으로 구별하는 것이 중요합니다. ('UNIT 16. 자동사와 타동사: 둘 다 쓰이는 경우' 참고)

예1 | The door opened suddenly. 문이 갑자기 열렸다.
: open은 자동사로 사용됨. 목적어 없음.

예2 | She opened the door. 그녀는 그 문을 열었다.
: open은 타동사로 사용됨. 목적어(the door) 있음.

해수쌤의 점검 QUIZ

정답 및 해설 p. 8

A. 다음 중 올바른 문장을 고르시오. (　　)

① He succeeded the game.
② I really want to marry Sally.
③ His nose resembles with that of his father.

B. 제시된 단어 중 필요한 것들만 써서 우리말 의미에 맞게 영작하시오.

the channel / about / to / they / mentioned / subscribed

(1) 그들은 그 채널을 구독했다.
→ _____

(2) 그들은 그 채널을 언급했다.
→ _____

해수쌤의 문법 정리 TIPS

헷갈리기 쉬운 자동사와 타동사를 정확히 구별하고 혼동하지 않도록 주의해야 합니다. '자동사처럼 보이는 타동사'와 '타동사처럼 보이는 자동사' 예문을 모두 옮겨 적고, 반복해서 읽으며 자연스럽게 익혀 보세요. 반복 학습을 통해, 타동사는 목적어를 바로 취하고, 자동사는 전치사와 함께 명사를 쓰는 구조를 자연스럽게 익힐 수 있습니다.

UNIT 016

상황에 따라 목적어가 필요해지는 동사

자동사와 타동사: 둘 다 쓰이는 경우

같은 동사가 자동사와 타동사로 모두 사용될 수 있으며, 쓰임에 따라 의미나 문장 구조가 달라질 수 있습니다.

해수쌤의 필수 CHECK 문맥에 따라 자동사와 타동사로 모두 쓰일 수 있는 동사가 있으므로, 예문을 통해 정확한 쓰임을 확인하고 익혀 보세요!

핵심 개념 TABLE

	자동사 (intransitive verb) = vi.	타동사 (transitive verb) = vt.
예1)	They **sing**. └→노래하다 : 그들은 노래한다.	They **sing** a song(목적어). └→~을 노래하다 : 그들은 노래를 부른다.
예2)	The door **opened**. └→열리다 : 문이 열렸다.	I **opened** the door(목적어). └→~을 열다 : 나는 문을 열었다.
예3)	It **hurts**. └→아프다 : 그것은 아프다.	It **hurts** me(목적어). └→~을 아프게 하다 : 그것이 나를 아프게 한다.
예4)	The weather **changes**. └→변하다 : 날씨가 변한다.	I **changed** the color(목적어). └→~을 바꾸다 : 내가 색을 바꿨다.
예5)	This book **reads** well. └→읽히다 : 이 책은 잘 읽힌다.	I **read** a book(목적어). └→~을 읽다 : 나는 책을 읽는다.
예6)	Ice cream **sells** well. └→팔리다 : 아이스크림은 잘 팔린다.	The shop **sells** ice cream(목적어). └→~을 팔다 : 그 가게는 아이스크림을 판다.
예7)	This flower **smells** good. └→~한 냄새가 나다 : 이 꽃은 좋은 냄새가 난다.	I **smell** the flower(목적어). └→~의 냄새를 맡다 : 나는 꽃 냄새를 맡는다.

CHAPTER 4 동사의 활용 | 69

🔹 문법 PLUS

▶ 자동사는 목적어 없이도 문장이 성립하지만, **타동사는 반드시 목적어가 필요합니다.**

▶ 같은 동사라도 문맥에 따라 자동사 또는 타동사로 쓰일 수 있으므로, **다양한 예문을 통해 실제 용법을 익히는 것이** 중요합니다.

▶ 다음은 문맥에 따라 자동사와 타동사로 모두 쓰일 수 있는 동사들의 추가 예시입니다.

예 | **run** 자동사: 달리다, 타동사: ~을 운영하다　**break** 자동사: 깨지다, 타동사: ~을 깨뜨리다　**start** 자동사: 시작되다, 타동사: ~을 시작하다
stop 자동사: 멈추다, 타동사: ~을 멈추다　**leave** 자동사: 떠나다, 타동사: ~을 남기다　**grow** 자동사: 자라다, 타동사: ~을 기르다
fly 자동사: 날다, 타동사: ~을 조종하다　**open** 자동사: 열리다, 타동사: ~을 열다　**move** 자동사: 움직이다, 타동사: ~을 옮기다
turn 자동사: 돌다, 타동사: ~을 돌리다　**drop** 자동사: 떨어지다, 타동사: ~을 떨어뜨리다　**change** 자동사: 변하다, 타동사: ~을 바꾸다

해수쌤의 점검 QUIZ

정답 및 해설 p. 9

A. 제시된 단어 중 필요한 것들만 써서 우리말 의미에 맞게 영작하시오.

1. | hurt / hurts / my back / the heavy bag |

   (1) 내 허리가 아픕니다.
   → _____ _____ _____

   (2) 무거운 가방이 내 허리를 아프게 했다.
   → _____ _____ _____ _____ _____ _____

2. | change / changed / the situation / the weather |

   (1) 상황이 바뀌었다.
   → _____ _____ _____

   (2) 날씨가 상황을 바꾸었다.
   → _____ _____ _____ _____ _____ _____

해수쌤의 문법 Q&A

Q 문장에서 같은 동사가 자동사로 쓰였는지, 타동사로 쓰였는지 어떻게 구분하나요?

A 자동사와 타동사를 구분하려면 문맥상 동사가 목적어를 필요로 하는지 아닌지를 확인하면 됩니다. 목적어 없이 자연스럽게 문장이 완성되면 자동사이고, 목적어가 있어야 의미가 완전해지면 타동사입니다. 예를 들어, 'He runs every morning(그는 매일 아침 달린다).'에서는 run이 목적어가 필요 없는 자동사(달리다)로 쓰였고, 'He runs a company(그는 회사를 운영한다).'에서는 목적어 a company가 필요하므로 타동사(~을 운영하다)로 쓰였습니다.

해수쌤의 문법 정리 TIPS

하나의 동사가 자동사와 타동사로 모두 쓰일 수도 있다는 점을 정확히 이해하는 것이 중요합니다. 핵심 개념 TABLE에 제시된 일곱 가지 동사와 각각의 예문을 옮겨 쓰며 자동사와 타동사로 쓰였을 때의 차이를 직접 비교해 보세요. 또한, 문법 PLUS에서만 다뤄지는 '자동사와 타동사로 모두 쓰이는 동사'의 추가 예시도 함께 메모해 두세요.

3인칭 단수형으로 변화시키기

일반동사의 s 활용

일반동사는 주어가 3인칭 단수이고 현재 시제일 때 -s 또는 -es를 붙이며, 동사의 끝 스펠링에 따라 규칙이 달라집니다.

해수쌤의 필수 CHECK 단순히 -s를 붙이는 것이 아니라, 동사마다 적용되는 변화 규칙이 다르다는 점을 기억하고, 예문을 통해 정확한 패턴을 익혀 보세요!

핵심 개념 TABLE

1. 일반적인 경우
(read, eat, run, play → reads, eats, runs, plays)

동사에 -s 붙임	예)	I **read** a book. 나는 책을 읽는다. → Jack **reads** a book. Jack은 책을 읽는다.

2. 스펠링이 'o'로 끝나는 경우
(go, do → goes, does)

동사에 -es 붙임	예)	You **go** to the bank. 너는 은행에 간다. → The boy **goes** to the bank. 그 소년은 은행에 간다.

3. 스펠링이 '자음+y'로 끝나는 경우
(study, try, cry, carry, fly → studies, tries, cries, carries, flies)

y를 i로 고치고 -es 붙임	예)	We **study** English. 우리는 영어를 공부한다. → He **studies** English. 그는 영어를 공부한다.

4. 스펠링이 's, sh, ch, x'로 끝나는 경우
(wash, pass, finish, teach, fix, watch → washes, passes, finishes, teaches, fixes, watches)

동사에 -es 붙임	예)	They **wash** the dishes. 그들은 접시를 씻는다. → The machine **washes** the dishes. 그 기계는 접시를 씻는다.

5. 불규칙한 경우
(have → has)

예)	People **have** cell phones. → She **has** a cell phone. : 사람들은 휴대폰을 가지고 있다. → 그녀는 휴대폰을 가지고 있다.

🔖 문법 PLUS

▶ 일반동사는 **주어가 3인칭 단수이고 현재 시제일 때** 동사에 **-s** 또는 **-es**를 붙입니다.

▶ 3인칭 단수란, '1인칭 단수(I)'와 '2인칭 단수(you)'를 제외한 단 하나의 사람, 동물, 사물, 개념 등을 가리키는 주어를 말합니다. 즉, 'he, she, it' 또는 'my father, the dog, this book, the sun'과 같이 '한 사람 또는 하나의 대상'을 가리키는 주어가 모두 3인칭 단수입니다.

▶ 인칭과 수의 구분은 다음과 같습니다.

  1. 1인칭 – 말하는 사람 자신
  예 | 단수: I, 복수: we

  2. 2인칭 – 듣는 사람
  예 | 단수·복수 모두: you

  3. 3인칭 – 말하는 사람과 듣는 사람 이외의 대상
  예 | 단수: he, she, it, Tom, the cat, this book   복수: they, my parents, those books

▶ 일반동사에 -s를 붙이기 위해서는 **'현재 시제인 문장'이라는 조건과 '주어가 3인칭 단수'라는 조건이 모두 충족되어야 한다는 점**에 유의하세요.

  예1 | I **study** English. 나는 영어를 공부한다.
       : 주어인 'I'가 1인칭 단수이기 때문에 동사에 -s 붙이지 않음.

  예2 | He **read** a book yesterday. 그는 어제 책 한 권을 읽었다.
       : yesterday(어제)가 쓰인 과거 시제 문장이기 때문에 동사에 -s 붙이지 않음. 단, read(읽다)는 현재형과 과거형의 형태가 동일하므로, 문맥을 통해 시제를 파악해야 함.

▶ 스펠링이 '자음+y'로 끝나는 경우, y를 i로 바꾸고 -es를 붙여야 하지만 자음이 아닌 **'모음+y'로 끝나는 경우에는 y를 그대로 쓰고 -s를 붙여야 합니다**.

  예 | play → play**s**, stay → stay**s**
       : play와 stay의 스펠링 중 'a'는 모음에 해당함.

해수쌤의 점검 QUIZ

정답 및 해설 p. 9

A. 다음 중 -s를 붙인 형태가 옳지 <u>않은</u> 것을 고르시오. (　　)

① try → tries　　② do → does　　③ have → has　　④ finish → finishs

B. 다음 중 옳은 문장을 고르시오. (　　)

① Lucy <u>teach</u> math this year.
② Light <u>passes</u> through water.
③ We <u>studies</u> English every day.

해수쌤의 문법 Q&A

Q 스펠링이 s, sh, ch, x로 끝나는 단어들은 왜 -s가 아닌 -es를 붙이나요?

A 스펠링이 s, sh, ch, x로 끝나는 단어들은 -s만 붙이면 발음이 어색하거나 부자연스러워지기 때문에, -es를 붙여 자연스럽게 만듭니다. 예를 들어, bus에 -s를 붙이면 끝이 뚝 끊기는 느낌이지만, buses 라고 하면 발음이 자연스럽게 연결됩니다. 마찬가지로, watchs는 발음하기 어렵지만, watches는 발음이 훨씬 매끄럽습니다. 이는 끝소리가 s, sh, ch, x처럼 '쉬익'하고 멈추는 마찰음일 경우, -es를 붙여 음절을 하나 더 만들어 발음이 자연스럽고 매끄럽도록 돕는 것입니다.

해수쌤의 문법 정리 TIPS

주어가 3인칭 단수이고 현재 시제일 때, 동사에 -s나 -es가 어떻게 추가되는지 정확히 이해하는 것이 중요합니다.

제시된 네 가지 패턴과 불규칙 변화를 표에 옮겨 적고, 각 패턴에 해당하는 동사들과 그 변화 형태를 함께 정리해 보세요.

예) ① 일반적인 경우: read → reads, ② 'o'로 끝나는 경우: go → goes, do → does …

UNIT 018

단어에 s가 붙는 다양한 이유

s 활용의 다양한 경우

중요도 ★★★★★
난이도 ★★★☆☆

-s는 일반동사의 3인칭 단수 현재형, 복수형 명사, 소유격, 축약형 등 다양한 경우에 사용됩니다.

✅ **해수쌤의 필수 CHECK** 주어가 3인칭 단수일 때 일반동사에 -s나 -es를 붙이는 경우와, 명사에 -s를 붙여 복수형이나 소유격을 만드는 경우는 쓰임과 의미가 다르므로 정확히 구별하세요!

핵심 개념 TABLE

	-s 활용 유형	설명	예시
1	3인칭 단수 현재형 동사	주어가 3인칭 단수인 현재 시제 문장일 때, 일반동사에 -s 또는 -es를 붙임	He read**s** books. : 그는 책을 읽는다. She go**es** home. : 그녀는 집에 간다.
2	복수형 명사	셀 수 있는 명사의 복수형 표현	five book**s**(다섯 권의 책들) many car**s**(많은 차들)
3	소유격('s)	사람, 동물, 사물 등의 소유를 나타낼 때 's를 붙임	Tom'**s** bag(Tom의 가방) my dog'**s** name(내 강아지의 이름)
4	축약형('s)	'주어+is/has', 또는 'let us'의 축약형	She'**s**(=She is) really kind. : 그녀는 정말로 친절하다. It'**s**(=It has) been three years. : 3년이 되었다. Let'**s**(=Let us) go to the park. : 공원에 가자.
5	수 표현	연대를 나타낼 때 연도 뒤에 -s 붙임	the 1990**s**(1990년대)
		막연한 수량을 강조할 때 -s 붙임	hundred**s** of people(수백 명의 사람들), thousand**s** of stars(수천 개의 별들), million**s** of viewers(수백만 명의 시청자), billion**s** in losses(수십억의 손실)

6	분모를 나타내는 서수 명사 표현	분자가 2 이상일 경우, 분모 (서수 명사)에 –s를 붙임	2/3 = two third**s**
			3/8 = three eighth**s**
7	단어 형태 자체에 포함된 s	단어 자체에 s가 들어 있는 경우	명사	new**s**(뉴스), mean**s**(수단), politic**s**(정치), ethic**s**(윤리)
			동사	pa**ss**(통과하다), cro**ss**(건너다), gue**ss**(추측하다), mi**ss**(놓치다)

✚ 문법 PLUS

▶ 영어에서 –s는 단어 끝에 붙어 다양한 문법적 기능과 의미를 나타냅니다. 각각의 경우가 어떻게 다르고 어떤 규칙에 따라 사용되는지, 예시를 통해 정확히 익혀 두세요.

▶ 짝으로 이루어진 사물을 나타내며 **항상 복수형으로 쓰이는 명사**들이 있습니다.

　예 | scissor**s** 가위　　pant**s** 바지　　glasse**s** 안경　　jean**s** 청바지

▶ 항상 복수형으로 쓰이는 명사들의 소유격은 **'s가 아닌 아포스트로피(')만 붙입니다.**

　예 | glasses**'** shape 안경의 모양　　jeans**'** color 청바지의 색상

▶ 단어에 –s가 붙었는지 여부에 따라 의미나 품사가 달라지는 경우도 있으므로, 문맥에 따라 구별해서 사용해야 합니다.

　예 1 | mean (동사) 의미하다　　mean**s** (명사) 수단, 방법

　예 2 | good (형용사) 좋은　　good**s** (명사) 상품, 물품

▶ 분수 표현에서 분자가 2 이상일 경우, 분모(서수 명사)에 –s를 붙이지만, **분자가 1일 경우에는 –s를 붙이지 않습니다.**

　예 1 | 2/3 → two third**s** (분자가 2이므로, 분모를 나타내는 서수 명사 third에 –s 붙임)

　예 2 | 1/5 → one fifth (분자가 1이므로, 분모를 나타내는 서수 명사에 fifth에 –s 붙이지 않음)

해수쌤의 점검 QUIZ

정답 및 해설 p. 9

A. 밑줄 친 s 중, 단어의 원래 형태 자체에 포함된 s를 고르시오. (   )

① He is Tom'<u>s</u> friend.
② Politic<u>s</u> can be difficult.
③ I want to buy five book<u>s</u>.
④ There are million<u>s</u> of people.

B. 다음 문장의 우리말 해석에 맞게 빈칸을 채우시오.

(1) 수십억 명의 사람들이 인터넷을 사용한다.
→ _____ of people use the Internet.

(2) 내가 피자의 8분의 5(=5/8)를 먹었다.
→ I ate _____ _____ of the pizza.

해수쌤의 문법 Q&A

Q She's, It's, Let's처럼 –'s가 쓰인 경우, 각각 무엇이 축약된 것인지 어떻게 파악하나요?

A 문맥을 통해 파악할 수 있습니다. She's와 It's는 뒤에 형용사나 명사가 오면 is, 과거분사가 오면 has의 축약형입니다. 예를 들어, "She's kind(그녀는 친절하다)."에는 'She is'가 축약되어 있으며, "It's been three years(3년이 되었다)."에는 'It has'가 축약되어 있습니다. 또한, Let's는 항상 Let us의 축약형으로, 함께 어떤 행동을 하자고 제안할 때 사용됩니다.

해수쌤의 문법 정리 TIPS

영어에서 단어 끝에 –s가 붙는 다양한 경우를 이해하는 것이 중요합니다. 핵심 개념 TABLE에 제시된 일곱 가지 경우와 각각의 예시를 함께 정리해두세요.

CHAPTER 4
동사의 활용

빈칸을 채워 핵심 개념을 이해했는지 점검하세요.

12 지각동사

지각동사는 감각을 통해 직접 보고, 듣고, 느낀 행동 등을 설명하는 동사이며, 5형식 문장 구조를 가집니다. 목적격 보어 자리에는 동사원형, (①), 과거분사가 올 수 있으며, 목적어와 목적격 보어의 관계가 능동이면 동사원형 또는 현재분사, 수동이면 (②)이(가) 사용됩니다.

13 사역동사

사역동사는 누군가에게 어떤 행동을 하도록 시키거나 허락하는 의미를 전달하며, '~가 …하게 하다/시키다'라는 뜻을 지닙니다. 5형식 문장 구조를 취합니다. 목적격 보어 자리에는 일반적으로 (①)이(가) 옵니다. 예를 들어, '그는 나에게 방을 청소하게 했다.'라는 의미는 'He made me (②) the room.'으로 표현할 수 있습니다.

14 자동사와 타동사: 개념과 형태

자동사는 목적어 없이 스스로 움직임이나 상태를 나타내는 동사이며, 타동사는 (①)을(를) 필요로 하는 동사입니다. 같은 단어가 문맥에 따라 자동사 또는 타동사로 쓰일 수도 있으며, 목적어의 유무에 따라 의미가 달라질 수 있습니다. 예를 들어, 'I go to the school(나는 학교에 간다).'은 동사의 목적어 없이 표현되지만, 'We buy new books(우리는 새 책들을 산다).'는 목적어인 '(②)'를 포함합니다.

15 자동사와 타동사: 서로 혼동하기 쉬운 경우

일부 동사는 자동사인지 타동사인지 헷갈리기 쉬우며, 타동사는 목적어를 전치사 없이 직접 취하지만, 자동사는 (①)을(를) 직접 취하지 않고 전치사구를 통해 의미를 보완하는 경우가 많습니다. 예를 들어, mention은 타동사이므로 "Don't mention the issues(그 문제들에 대해 언급하지 마시오)."와 같이 전치사가 필요 없지만, subscribe는 자동사이므로 뒤에는 전치사 (②)을(를) 사용해 'I subscribe to the channel.'처럼 표현합니다.

16 자동사와 타동사: 둘 다 쓰이는 경우

같은 동사가 문맥에 따라 자동사 또는 타동사로 사용될 수 있습니다. 예를 들어, open은 'The door opened(문이 열렸다).'에서 자동사로 사용되었지만, 'I opened the door(나는 문을 열었다).'에서는 (①)(으)로 쓰였습니다. 마찬가지로, sell은 'Ice cream sells well(아이스크림이 잘 팔린다).'에서 (②)(으)로 사용되었지만, 'The shop sells ice cream(그 가게는 아이스크림을 판다).'에서는 타동사로 사용되었습니다.

17 일반동사의 s 활용

문장이 현재 시제이고 주어가 (①) 단수인 경우, 동사에 (②) 또는 –es를 붙이며, 특정 규칙을 따릅니다. 예를 들어, study는 (③)(으)로 변형되고, go는 (④)(으)로 변형됩니다.

18 s 활용의 다양한 경우

–s는 일반동사의 3인칭 단수 현재형, 복수형 명사, 소유격, 서수, 축약형 등 다양한 용도로 사용됩니다. 예를 들어, 'She (①) in New York(그녀는 뉴욕에 산다).'에서 동사는 3인칭 단수 형태이며, "She's really kind(그녀는 정말로 친절하다)."에서 She's는 (②)의 축약형입니다. 또한, 'three books(세 권의 책)'에서 'books'는 (③)형 명사입니다.

CHAPTER 5

조동사

동사의 역할을 확장하는 필수 개념

조동사는 본동사와 함께 문장의 의미를 확장하며, 미묘한 뉘앙스를 표현하는 데 중요한 역할을 합니다. 조동사의 쓰임을 익히면 영어 표현이 더욱 자연스럽고 풍부해집니다. 또한, 조동사는 진행형, 완료 시제, 수동태 등 문법 구조에서도 사용되며, 문장의 시제와 태를 구성하는 핵심 요소로 작용합니다.

UNIT 019 조동사: 의미가 있는 경우
UNIT 020 조동사: 문법적인 기능을 하는 경우
UNIT 021 조동사+have+p.p.

UNIT 019

명확한 의미를 가진 조동사

조동사: 의미가 있는 경우

중요도 ★★★★★
난이도 ★★☆☆☆

조동사 can, will, must 등은 본동사 앞에 위치하며, 능력, 추측, 허가, 의무 등 문장에 특별한 의미를 더해주는 역할을 합니다. 또한, 이러한 조동사 뒤에 쓰이는 본동사는 원형으로 씁니다.

✓ **해수쌤의 필수 CHECK** 단독으로 의미를 갖는 조동사는 뒤에 동사원형이 오며, 문맥에 따라 뜻이 달라질 수 있습니다. 조동사의 종류와 기본 의미는 꼭 외워두세요!

핵심 개념 TABLE

			조동사의 기본 의미
	조동사	의미	예문
1	can, could (~할 수 있다)	능력	I **can** jump high. : 나는 높이 뛸 수 있다.
		가능성	Accidents **can/could** happen anytime. : 사고는 언제든 일어날 수 있다.
2	will, would (~할 것이다)	예정	He **will/would** go there. : 그는 거기에 갈 것이다.
3	may, might (~일지도 모른다)	추측	He **may/might** go there. : 그는 거기에 갈지도 모른다.
	must(~임에 틀림없다)		He **must** be sad. : 그는 슬픈 게 틀림없다.
4	can, could, may (~해도 된다)	허가/요청	**Can/Could/May** I have some water? : 물 좀 주실 수 있나요?
			You **can/could/may** enter the room now. : 이제 방에 들어가도 됩니다.
5	must, should, ought to, have to (~해야 한다)	의무	You **must/should/ought to/have to** wear a jacket. : 너는 외투를 입어야 한다.
6	had better (~하는 게 좋다)	충고	You **had better** hurry. : 너는 서두르는 게 좋겠다.

조동사의 과거 의미		
조동사	의미	예문
1. could (~할 수 있었다)	능력	I **could** swim when I was young. : 나는 어릴 때 수영할 수 있었다.
	가능성	He **could have missed** the train. : 그는 기차를 놓쳤을 수도 있다.
2. would (~할 것이었다)	예정/의도	He said he **would** call me. : 그는 나에게 전화할 것이라고 말했다.
3. might (~했을지도 모른다)	추측	She **might have gone** home early. : 그녀는 일찍 집에 갔을지도 모른다.
4. used to, would (~하곤 했다)	과거 습관	This building **used to** be a school. → 규칙적 상태/동작 : 이 건물은 예전에 학교였다. My teacher **would** tell fun stories on Mondays. → 불규칙적 행동 : 나의 선생님은 월요일마다 재미있는 이야기를 들려주시곤 했다.

✚ 문법 PLUS

▶ 의미가 있는 조동사는 본동사의 뜻을 보완해 문장에 능력, 추측, 허가, 의무 등의 의미를 더하며, 항상 동사원형과 함께 사용됩니다.

예1 | She **can speak** English. (O)

예2 | She **can speaks** English. (X): speaks를 원형인 speak으로 고쳐야 함.

▶ must(~해야 한다, ~임에 틀림없다), would(~할 것이다, ~하곤 했다), may(~해도 된다, ~일지도 모른다) 등의 조동사는 문맥에 따라 다르게 해석될 수 있습니다.

예1 | You **may** leave early today. 너는 오늘 일찍 퇴근해도 된다. (허가)

예2 | It **may** rain tomorrow. 내일 비가 올지도 모른다. (추측)

▶ could, would, might는 현재 시제와 과거 시제 모두에서 사용될 수 있습니다. 특히 현재 시제에서 사용될 경우, 같은 기본형 조동사(can, will, may)를 사용할 때보다 표현이 더 정중하거나 조심스러운 뉘앙스를 띠게 됩니다.

예1 | I **could** help you. 나는 당신을 도울 수 있다.
: can을 썼을 때보다 더 정중하고 조심스러운 표현임.

예2 | I **would** love to help you. 나는 당신을 도와주고 싶다.
: will을 썼을 때 보다 더 정중하고, 덜 강압적인 표현임.

예3 | She might be at home. 그녀는 집에 있을지도 모른다.
: may를 썼을 때보다 더 정중하고 조심스러우며, 가능성이 낮은 것에 대한 추측임.

▶ could와 might는 과거 상황을 나타낼 때 'have+p.p.' 형태를 사용하여 '과거에 ~했을 수도 있다'는 의미를 표현할 수 있습니다. 그냥 could나 might를 써서도 과거에 대한 이야기를 할 수는 있지만, 과거 사건을 보다 구체적으로 표현하려면 'could have+p.p.', 'might have+p.p.' 형태를 써야 합니다. ('UNIT 21. 조동사+have+p.p.' 참고)

예1 | The package could have arrived yesterday. 소포가 어제 도착했을 수도 있다.
예2 | He might have forgotten our meeting. 그는 우리의 약속을 잊었을지도 모른다.

해수쌤의 점검 QUIZ

정답 및 해설 p. 10

A. 다음 중 '조동사의 의미'가 예문과 맞지 않는 것을 고르시오. (　　)

예문	조동사의 의미
① Can you drive a car?	능력
② May I ask a question?	허가/요청
③ You had better apologize to him.	충고
④ We ought to learn a new language this year.	의무
⑤ When I was a teenager, I would stay up late playing games.	추측

B. 제시된 조동사 중 알맞은 것을 써서 문장을 완성하시오.

have to / used to / might / will

(1) She _____ arrive late. 그녀는 늦게 도착할지도 모른다.
(2) We _____ attend the meeting. 우리는 회의에 참석해야 한다.
(3) I _____ definitely marry you. 나는 반드시 당신과 결혼할 것이다.
(4) I _____ go fishing on weekends. 나는 주말마다 낚시를 가곤 했다.

> **해수쌤의 문법 정리 TIPS**
>
> 조동사의 의미를 정확히 파악하는 것이 중요합니다. 제시된 조동사들의 의미를 표로 정리하고, 각각의 예문도 함께 옮겨 쓰세요. 예문을 반복해서 살펴보며 일반동사 또는 be동사 앞에 쓰인 조동사가 어떻게 해석되는지 연습하며 익숙해지세요.

UNIT 020

문장 구조를 도와주는 조동사

조동사: 문법적인 기능을 하는 경우

중요도 ★★★★★
난이도 ★★★☆☆

단독으로는 동작이나 상태를 나타내지 않는 조동사(be동사, have, do)는 진행형, 수동태, 완료 시제, 의문문, 부정문 등에서 문장의 구조를 만드는 문법적인 역할을 합니다.

✓ **해수쌤의 필수 CHECK** 조동사가 아닌 본동사로 쓰일 때, be는 '~이다, ~가 있다', have는 '~을 가지다', do는 '~을 하다'의 의미를 가지므로, 이와는 구분해서 이해해야 합니다. 헷갈리지 않도록 유의하세요!

핵심 개념 TABLE

	조동사	쓰임		예문
1	be동사	진행형	예1)	The computer **is** work**ing** so well. : 그 컴퓨터는 매우 잘 작동하는 중이다.
			예2)	They **were** watch**ing** TV. : 그들은 TV를 보고 있었어요.
2		수동태	예1)	The books **are** plac**ed** on the shelf. : 그 책들은 선반 위에 놓여 있어요.
			예2)	The computer **was** fix**ed** by her. : 그 컴퓨터는 그녀에 의해 고쳐졌다.
3	have	완료 시제	예1)	I **have** liv**ed** here since 2025. : 나는 2025년부터 여기에 살아왔다.
			예2)	We **have** m**et** him once. : 우리는 그를 한 번 만난 적이 있다.
			예3)	He **had** never s**een** snow before he moved to Canada. : 그는 캐나다로 이사 오기 전까지 눈을 본 적이 없었다.
4	do	의문문	예1)	**Do** you know Jenny? : 너는 Jenny를 알고 있니?
5		부정문	예2)	He **do**esn't know Jenny. : 그는 Jenny를 모른다.
6		일반동사 강조	예3)	I **do** love you. : 나는 정말로 너를 사랑해.

| 7 | 도치 구문 | 예4) | Never **did** she call me.
: 그녀는 결코 나에게 전화하지 않았다. |

➕ 문법 PLUS

▶ be동사, have, do는 조동사로 쓰일 때 진행형, 수동태, 완료 시제, 의문문, 부정문, 일반동사 강조, 그리고 도치 구문 등을 구성하는 문법적 도구로 사용됩니다.

▶ am, are, is(과거형: was, were)는 일반적으로 상태나 존재를 나타낼 때 사용됩니다. ('UNIT 04. 동사의 종류' 참고) 하지만 진행형이나 수동태 문장에서 사용될 때는, 동사의 의미를 보완하는 조동사 역할을 하기도 합니다.

예1 | She **is** tired. 그녀는 피곤하다. → is는 상태를 나타내는 be동사

예2 | He **is driving** now. 그는 지금 운전하고 있다. → is는 진행형을 구성하여 동사의 의미를 보완하는 조동사

▶ have는 주로 일반동사로 사용되며 '~을 가지다'라는 뜻을 지니지만, 완료 시제에서는 조동사의 역할을 합니다.

예1 | I **have** a car. 나는 차를 가지고 있다. → have는 소유를 나타내는 일반동사

예2 | I **have finished** my homework. 나는 숙제를 끝냈다. → have는 현재완료를 구성하는 조동사

▶ do는 주로 일반동사로 사용되며 '~을 하다'라는 뜻을 지니지만, 의문문, 부정문, 일반동사 강조, 또는 도치 구문에서는 조동사의 역할을 합니다.

예1 | She **does** yoga every morning. 그녀는 매일 아침 요가를 한다. → does는 일반동사('~을 하다'라는 의미)

예2 | She **does like** coffee. 그녀는 정말 커피를 좋아한다. → does는 조동사(일반동사 강조)

해수쌤의 점검 QUIZ

정답 및 해설 p. 10

A. 다음 중 조동사가 쓰이지 <u>않은</u> 문장을 고르시오. (　　)

① I have met him three times.
② She is working as a flight attendant.
③ The laptop was fixed by a technician.
④ He does volunteer work every weekend.

B. 제시된 조동사 중 알맞은 것을 써서 문장을 완성하시오.

> do / am / have

(1) I _____ study English. 나는 정말로 영어 공부를 해.
(2) I _____ been sick since yesterday. 나는 어제부터 계속 아프다.
(3) I _____ jogging with my mom. 나는 엄마와 함께 조깅하는 중이다.

해수쌤의 문법 Q&A

Q 조동사 뒤에는 항상 동사원형이 온다고 배웠는데, 조동사로 쓰인 be동사와 have 뒤에도 무조건 동사원형만 써야 하나요?

A 아닙니다. 단독으로도 뜻이 있는 조동사(can, will, must 등)는 항상 동사원형을 필요로 합니다. 그래서 일반적으로는 '조동사 뒤에는 동사원형이 온다.'라는 설명을 자주 듣게 되실 겁니다. 하지만 be동사와 have는 조동사로 쓰일 때 그 뒤에 항상 동사원형이 오는 것은 아닙니다. 예를 들어, be동사가 진행형을 만들 때는 현재분사(~ing), 수동태를 만들 때는 과거분사(p.p.)가 오고, have가 현재완료를 만들 때는 과거분사(p.p.)가 옵니다. 다만, 일반적인 문법 설명에서는 be동사와 have를 따로 조동사로 구분하지 않고, 'be동사+~ing(현재분사)'는 '진행형', 'have+p.p.(과거분사)'는 '현재완료'처럼 하나의 문법 구조로 묶어서 보는 경우가 많습니다. 따라서 '조동사 뒤에는 항상 동사원형이 온다.'라는 설명은, 뜻이 있는 조동사(can, will, must 등)만을 기준으로 설명하는 것입니다.

해수쌤의 문법 정리 TIPS
조동사의 문법적 역할을 정확히 이해하는 것이 중요합니다. 제시된 조동사의 종류와 역할을 예문과 함께 옮겨 쓰고, 각 문장에서 조동사가 사용된 부분을 표시하여 그 기능을 메모해 보세요.

조동사가 'have+p.p.'와 만났을 때의 의미 변화

조동사+have+p.p.

조동사가 'have+p.p.(과거분사)'와 만나면 과거에 대한 추측, 확신, 후회 등을 나타냅니다.

해수쌤의 필수 CHECK '조동사+have+p.p.(과거분사)'는 조동사가 단독으로 쓰일 때와 의미가 다르므로 유의하세요!

핵심 개념 TABLE

	종류	의미	예문
1	could have p.p.	(추측) ~했을 수도 있다	He **could have won** the game. : 그가 게임을 이겼을 수도 있다.
2	couldn't have p.p.	(추측) ~했을 리가 없다 : 과거 상황을 바탕으로 한 논리적 추측	He **couldn't have won** the game. : 그가 게임을 이겼을 리가 없다. (문맥 예시: 그때 그가 그렇게 준비도 안 했는데, 이길 수는 없었을 것이다.)
3	can't have p.p.	(추측) ~했을 리가 없다 : 현재 시점에서의 강한 부정 추측	He **can't have won** the game. : 그가 게임을 이겼을 리가 없다. (문맥 예시: 그 사람이 이겼다니, 절대 믿을 수가 없다.)
4	must have p.p.	(확신) ~했음이 틀림없다	You **must have practiced** a lot. : 당신이 많이 연습했음이 틀림없다.
5	must not have p.p.	(확신) ~하지 않았음이 틀림없다	You **must not have practiced** a lot. : 당신이 많이 연습하지 않았음이 틀림없다.
6	should have p.p.	(후회) ~했어야만 했다	You **should have exercised** yesterday. : 당신은 어제 운동했어야만 했다.
7	shouldn't have p.p.	(후회) ~하지 말았어야 했다	You **shouldn't have exercised** yesterday. : 당신은 어제 운동하지 말았어야 했다.
8	might have p.p.	(추측) 아마 ~했을 것이다	I **might have bought** everything. : 나는 아마 모든 걸 샀을 거다.
9	would have p.p.	(가정, 아쉬움) ~했을 것이다	If she had asked, I **would have helped** her. : 그녀가 요청했더라면, 나는 그녀를 도왔을 것이다.

문법 PLUS

▶ must와 should는 둘 다 '~해야 한다'라는 뜻을 지니고 있지만 'must have p.p.(~했음이 틀림없다)'와 'should have p.p.(~했어야만 했다)'는 완전히 다른 뜻을 가집니다. 따라서 두 표현의 차이를 정확히 이해하기 위해 예문을 반복해서 연습하며 익히는 것이 좋습니다.

▶ "can't have p.p."와 "couldn't have p.p."는 의미상 유사하지만, 뉘앙스에는 약간의 차이가 있습니다. 학습 단계에서는 두 표현 모두 '~했을 리가 없다'라고만 이해해도 충분하지만, 문맥에 따른 뉘앙스를 익혀 두는 것도 좋습니다.

1. **can't have p.p.**: 현재 시점에서 과거 일이 사실이 아님을 추측. (그랬을 리가 없다)

예 | He **can't have stolen** the money. (지금 생각해 보면) 그가 돈을 훔쳤을 리가 없다.

2. **couldn't have p.p.**: 과거의 상황을 바탕으로 어떤 일이 불가능했거나 일어나지 않았다고 추측. (그랬을 리가 없었다/그러지 못했을 텐데)

예 | He **couldn't have stolen** the money yesterday. (어제의 상황을 고려하면) 그는 돈을 훔칠 수 없었을 것이다.

해수쌤의 점검 QUIZ

정답 및 해설 p. 11

A. 다음 영어 문장을 우리말로 바르게 해석한 것을 고르시오. (   )

① He must not have got the email. 그는 이메일을 받지 말았어야만 했다.
② She can't have finished the homework. 그녀는 숙제를 끝낼 수가 없다.
③ He must have forgotten about the plan. 그는 그 계획에 대해 잊어버려야만 한다.
④ We should have apologized for our mistakes. 우리는 실수에 대해 사과했어야만 했다.

B. 제시된 조동사 중 알맞은 것을 써서 문장을 완성하시오.

> might / should / shouldn't / must / must not / would

(1) They _____ have missed the bus. 그들은 아마 버스를 놓쳤을 것이다.
(2) I _____ have spent money on that car. 나는 그 차에 돈을 쓰지 말았어야 했다.
(3) She _____ have understood the message well. 그녀는 그 메시지를 잘 이해했음이 틀림없다.

**해수쌤의
문법 정리
TIPS**

조동사가 'have+p.p.'와 결합할 때 어떤 의미를 형성하는지 이해하는 것이 중요합니다. 제시된 '조동사+have+p.p.'의 종류와 의미를 예문과 함께 옮겨 쓰세요. 또한, 문장을 직접 해석해 보며 이 표현의 의미에 익숙해지도록 연습해 보세요.

특히 'must have p.p.'와 'should have p.p.'가 사용된 예문을 반복적으로 읽으며, 두 표현의 의미 차이를 정확히 이해해 보세요.

해수쌤의 핵심 개념 REVIEW

CHAPTER 5
조동사

빈칸을 채워 핵심 개념을 이해했는지 점검하세요.

19 조동사: 의미가 있는 경우

조동사 can, will, must 등은 본동사 앞에 위치하며, 능력, 추측, 허가, 의무 등의 의미를 더합니다. 또한, 이렇게 단독으로 의미를 갖는 조동사 뒤에 쓰이는 본동사는 항상 (①)(으)로 씁니다. 예를 들어, 'I can jump high.'에서 can은 (②)을(를) 의미하며, 'You must be sad.'에서 must는 (③)을(를) 의미합니다.

20 조동사: 문법적인 기능을 하는 경우

단독으로는 동작이나 상태를 나타내지 않는 조동사(be동사, have, do)는 진행형, 수동태, 완료 시제, 의문문, 부정문 등에서 문장의 구조를 만드는 문법적인 역할을 합니다. 예를 들어, be동사는 진행형과 수동태에서 조동사 역할을 하며, have는 (①)에서, do는 의문문과 부정문 등에서 조동사 역할을 합니다. 예를 들어, 'The computer (②) fixed by her(그 컴퓨터는 그녀에 의해 고쳐졌다).'에서 was는 수동태를 구성하며, 'Do you know Jenny?'에서 do는 의문문을 만들기 위해 사용됩니다.

21 조동사+have+p.p.

'조동사+have+p.p.' 형태는 과거의 사건에 대한 추측, 확신, 후회 등을 나타냅니다. 예를 들어, 'must have p.p.'는 '(①)'라는 뜻이며, 'should have p.p.'는 '(②)'라는 뜻입니다. 또한, "couldn't have p.p."와 "can't have p.p."는 '~했을 리가 없다'라는 뜻으로 사용됩니다. 예를 들어, 'You (③) have practiced a lot.'은 '당신이 많이 연습했음이 틀림없다.'라는 뜻입니다. 또한, 'You (④) have exercised yesterday.'는 '당신은 어제 운동했어야만 했다.'라는 의미를 가집니다.

 정답

19 ① (동사)원형형 ② 들수 있다(~할 수 있다) ③ 슬픈 추측(틀림없이 ~일 것이다) 20 ① 완료 시제 ② was
21 ① ~했음에 틀림없다 ② ~했어야만 했다 ③ must ④ should

CHAPTER 6

형용사 및 부사

문장을 풍부하게 만드는 표현 요소

형용사와 부사는 문장에서 의미를 보완하며, 표현을 더욱 풍부하고 정확하게 만들어 줍니다. 두 품사의 쓰임을 정확히 구별하는 것은 문법적으로 중요합니다. 특히 부사 중 빈도 부사는 동사의 종류에 따라 문장 내 위치가 달라질 수 있으므로 주의가 필요합니다.

UNIT 022 음절
UNIT 023 형용사 vs. 부사
UNIT 024 빈도 부사

단어를 이루는 소리의 마디

음절

음절은 단어를 이루는 소리의 마디로, 실제 발음되는 모음 소리의 개수에 따라 음절 수가 정해집니다.

해수쌤의 필수 CHECK 영어의 음절은 스펠링이 아닌 발음되는 모음 소리로 판단합니다. 한국어처럼 글자 수나 모음 글자 개수로 음절을 세지 않도록 유의하세요!

핵심 개념 TABLE

한국어	음절 수 = 글자 수
영어	음절 수 ≠ 스펠링 수 음절 수 = 발음되는 **모음 소리**의 개수

모음 소리 예시	모음	아[ɑː, a], 애[æ, ɛ], 이[iː, ɪ], 오[oʊ], 우[uː, ʊ], 어[ʌ, ə, ɜː], (오와 어의 중간 소리) 오어[ɔː]
	이중모음	아이[aɪ], 아우[aʊ], 에이[eɪ], 에어[eə, ɛə], 오우[oʊ], 어우[əʊ], 오이[ɔɪ], 이어[ɪə], 우어[ʊə], 유[juː]

음절 수 예시	1음절	**fun** [fʌn], **want** [wɑːnt], **live** [lɪv], **time** [taɪm], **joy** [dʒɔɪ], **pay** [peɪ], **fly** [flaɪ], **care** [keə(r)], **round** [raʊnd], **noise** [nɔɪz], **need** [niːd], **speak** [spiːk], **brought** [brɔːt], **laugh** [læf], **jump** [dʒʌmp], **school** [skuːl]
	2음절	**alive** [əˈlaɪv], **study** [ˈstʌ.di], **about** [əˈbaʊt], **believe** [brˈliːv], **people** [ˈpiː.pəl], **heavy** [ˈhev.i], **easy** [ˈiː.zi], **happy** [ˈhæp.i], **finish** [ˈfɪ.nɪʃ], **answer** [ˈæn.sər]
	3음절	**physical** [ˈfɪz.ɪ.kəl], **animal** [ˈæn.ɪ.məl], **elephant** [ˈel.ɪ.fənt], **computer** [kəmˈpjuː.tər], **dangerous** [ˈdeɪn.dʒər.əs]
	4음절	**interesting** [ˈɪn.trə.stɪŋ], **education** [ˌedʒ.uˈkeɪ.ʃən], **calculator** [ˈkæl.kjʊ.leɪ.tər]

문법 PLUS

▶ 영어의 음절은 스펠링이 아니라 **실제 발음되는 모음 소리의 수에 따라 결정**됩니다. 스펠링이 길다고 해서 음절 수가 많은 것은 아니므로 유의하세요.

예1 | **brought [brɔːt]**: 스펠링에는 모음 글자 o, u가 있지만, 실제 발음에서는 모음 소리 [ɔː] 하나만 들리므로 1음절입니다.

예2 | **queue [kjuː]**: 스펠링에는 모음 글자 u, e, u, e가 포함되어 있지만, 실제 발음에서는 모음 소리 [juː] 하나만 들리므로 1음절입니다.

▶ 단어의 일반적인 발음 방식은 존재하지만, 발음 습관이나 지역에 따라 음절 수가 달라질 수 있으므로 융통성 있게 판단하는 것이 중요합니다.

예 | family 가족 – 보통 [ˈfæm.ə.li]로 발음되어 3음절이지만, 간혹 [ˈfæm.li]처럼 2음절로 줄여 발음되기도 함.

해수쌤의 점검 QUIZ

정답 및 해설 p. 12

A. 다음 단어가 몇 음절인지 쓰시오.

(1) care → ____ 음절   (2) physical → ____ 음절
(3) sound → ____ 음절   (4) education → ____ 음절
(5) straight → ____ 음절   (6) people → ____ 음절
(7) heavy → ____ 음절   (8) easy → ____ 음절

B. 다음 중 3음절인 단어를 고르시오. (   )

① nice   ② about   ③ believe   ④ fine   ⑤ animal

해수쌤의 문법 Q&A

Q 'chocolate'은 몇 음절인가요? 2음절인 것 같기도 하고, 3음절 같기도 해요.

A 'chocolate'은 2음절로도 발음하고 3음절로도 발음합니다. 대부분의 원어민은 choc-late(촉-릿) [ˈtʃɒk.lɪt]처럼 발음하지만, 일부 지역이나 사람들은 cho-co-late(초-코-릿)[ˈtʃɒk.ə.lɪt]처럼 3음절로 발음하기도 합니다. 이처럼 음절 수는 발음 습관이나 지역에 따라 달라질 수 있으니, 융통성 있게 받아들이면 좋습니다.

해수쌤의 문법 정리 TIPS

영어 단어의 음절 수는 '발음되는 모음 소리의 개수'로 결정된다는 것을 이해하는 것이 중요합니다. 핵심 개념 TABLE에 제시된 단어들을 모두 옮겨 적고, 각 단어가 몇 음절인지 스스로 파악하는 연습을 해보세요. 만약 음절을 잘못 센 경우, 그 이유를 함께 메모해두면 더욱 효과적인 학습이 될 것입니다.

UNIT 023

단어를 수식하는 두 가지 방식

형용사 vs. 부사

중요도 ★★★★★
난이도 ★★★☆☆

형용사와 부사는 모두 문장에서 다른 말을 꾸미거나 설명하는 데 쓰일 수 있지만, 쓰임에는 차이가 있습니다.

> **해수쌤의 필수 CHECK** 한국어 해석으로는 부사가 자연스럽지만, 영어에서는 형용사를 사용해야 하는 경우가 많습니다. 특히 보어 자리에는 형용사는 올 수 있지만, 부사는 올 수 없다는 점을 꼭 기억하세요!

핵심 개념 TABLE

		형용사 adjective(=adj.)	부사 adverb(=adv.)
역할		명사를 꾸미거나 보충 설명	형용사, 동사, 부사, 구, 절, 문장 등을 꾸미거나 의미 추가
기본 의미		'~한, ~인' 등	'~하게, 매우, 자주' 등
문장 속 해석		– 명사를 수식할 때: '~한, ~인' 등 – 주격 보어일 때: '~하게, ~한 상태로' 등 – 목적격 보어일 때: '~하게' 등	'~하게, 매우, 자주' 등 (기본 의미와 문장 속 해석이 거의 일치함)
보어 가능 여부		O (보어로 쓰일 수 있음)	X (보어로 쓰일 수 없음)
예문	1)	She will buy **three** shirts. : 그녀는 셔츠 **세** 장을 살 것이다. → 형용사(three)가 명사(shirts) 수식	She studied **hard**. : 그녀는 **열심히** 공부했다. → 부사(hard)가 동사(studied) 수식
	2)	He has a **blue** bag. : 그는 **파란색** 가방을 가지고 있다. → 형용사(blue)가 명사(bag) 수식	She smiled **happily**. : 그녀는 **행복하게** 웃었다. → 부사(happily)가 동사(smiled) 수식
	3)	He is very **kind**(주격 보어). : 그는 매우 **친절하다**. → 형용사(kind)가 주격 보어 역할	I am **so** tired. : 나는 **매우** 피곤하다. → 부사(so)가 형용사(tired) 수식
	4)	He looks **sad**(주격 보어). : 그는 **슬퍼** 보인다. → 형용사(sad)가 주격 보어 역할	**Luckily**, he passed the exam. : **운 좋게도**, 그는 시험에 합격했다. → 부사(luckily)가 문장 전체 수식

5)	He stayed **calm**(주격 보어). : 그는 **침착하게** 있었다. → 형용사(calm)가 주격 보어 역할		5)	He is **still** sleepy. : 그는 **여전히** 졸리다. → 부사(still)가 형용사(sleepy) 수식
6)	You make me **happy**(목적격 보어). : 너는 나를 **행복하게** 만든다. → 형용사(happy)가 목적격 보어 역할		6)	I'm **pretty** excited. : 나는 **꽤** 신났다. → 부사(pretty)가 형용사(excited) 수식

유의해야 할 형용사와 부사	
1. ~ly로 끝나지만 형용사인 단어	lovely (형) 사랑스러운, friendly (형) 친절한, costly (형) 값비싼, lonely (형) 외로운
2. ~ly를 붙이면 뜻이 달라지는 부사	hard (부) 열심히 → hardly (부) 거의 ~않다
	late (부) 늦게 → lately (부) 최근에
	near (부) 가까이 → nearly (부) 거의
	most (부) 가장 → mostly (부) 주로
3. 형용사와 부사로 모두 쓰이는 단어	hard (형) 딱딱한, (부) 열심히, 세게
	late (형) 늦은, (부) 늦게
	early (형) 이른, (부) 이르게
	pretty (형) 예쁜, (부) 꽤
	fast (형) 빠른, (부) 빠르게
	high (형) 높은, (부) 높이
	right (형) 옳은, (부) 바로, 정확히

⊕ 문법 PLUS

▶ 형용사는 기본적으로 '~한, ~인'의 의미를 지니지만, 문장 속에서 '~하게'로 해석될 수도 있습니다. 이 때문에 보어 자리에 부사가 와야 할 것처럼 보이지만, 문법적으로는 형용사가 오는 경우가 있으니 유의하세요.

예 | He looks **sadly**. (X)

: 한국어로 직역하면 '그는 슬프게 보인다.'라는 의미로 어색하지 않게 느껴질 수 있지만, 문법적으로 보어 자리에는 부사(sadly: 슬프게)가 아닌 형용사(sad: 슬픈)가 와야 하므로 'He looks sad.'라고 써야 함. ('UNIT 06. 문장의 보어: 2형식 문장' 참고)

▶ 형용사와 부사로 모두 쓰이는 단어는 문맥에 따라 품사와 뜻이 달라지므로 문장에서의 역할을 잘 살펴야 합니다.

예1 | This bed is **hard**(형용사). 이 침대는 **딱딱하다**.
: 형용사(hard)가 주격 보어 역할

예2 | She works **hard**(부사). 그녀는 **열심히** 일한다.
: 부사(hard)가 동사(works) 수식

해수쌤의 점검 QUIZ

정답 및 해설 p. 12

A. 다음 중 부사인 것은? (   )

① beautiful   ② friendly   ③ hardly   ④ lovely   ⑤ kind

B. 빈칸에 공통으로 들어갈 수 있는 것을 고르시오. (   )

> – The book looks _____. 그 책은 흥미로워 보인다.
> – She finds it _____. 그녀는 그것을 흥미롭다고 생각한다.

① interest 흥미   ② interesting 흥미로운
③ interested 흥미 있어 하는   ④ interestingly 흥미롭게

해수쌤의 문법 Q&A

Q interesting과 interested는 형용사인가요 분사인가요?

A interesting과 interested는 동사에서 변형된 분사 형태지만, 문장에서 형용사 역할을 합니다. 즉, 문법적으로는 분사 형태이지만 실제 용법은 형용사이므로 둘 다 맞는 표현이며, 일반적으로는 형용사로 분류됩니다.

해수쌤의 문법 정리 TIPS

형용사와 부사의 역할과 차이를 이해하고, 문장에서 어떻게 쓰이는지 익히는 것이 중요합니다. 형용사와 부사의 역할과 의미를 표로 정리하고, 제시된 예문을 옮겨 써보세요. 예문 속 형용사와 부사를 표시하며 문장에서의 의미와 역할을 살펴보세요. 또한 다음 세 가지 항목을 정리해 두고 기억하세요.
① -ly로 끝나지만 형용사인 단어 (lovely, friendly 등)
② -ly를 붙이면 뜻이 달라지는 부사 (hard→hardly 등)
③ 형용사와 부사로 모두 쓰이는 단어 (fast, high 등)

얼마나 자주인지 나타내는 단어

빈도 부사

중요도 ★★★★★
난이도 ★★☆☆☆

빈도 부사는 어떤 일이 얼마나 자주 일어나는지를 나타내는 부사입니다.

✓ **해수쌤의 필수 CHECK** 빈도 부사의 위치는 문장의 본동사가 일반동사, be동사, 조동사 중 무엇인지에 따라 달라지므로, 정확한 위치를 확인하고 사용하세요!

핵심 개념 TABLE

빈도 부사의 종류

빈도 ↓ ⟷ 빈도 ↑

never 절대 ~하지 않는	seldom 좀처럼 ~하지 않는	sometimes 가끔, 때때로	often 자주	usually 보통	always 항상
	rarely 거의 ~하지 않는	occasionally 이따금, 아주 가끔	frequently 자주	normally 일반적으로	
				generally 일반적으로	

빈도 부사 위치		예문
1. 일반동사가 있는 문장	일반동사 앞	1) I *never* listen to the radio. : 나는 **절대** 라디오를 듣지 **않는다**.
		2) I *seldom* go hiking. : 나는 **좀처럼** 하이킹을 가지 **않는다**.
		3) I *occasionally* watch movies. : 나는 **아주 가끔** 영화를 본다.
		4) I *often* play computer games. : 나는 **자주** 컴퓨터 게임을 한다.
2. be동사가 있는 문장	be동사 뒤	5) I am *usually* late for school. : 나는 **보통** 학교에 늦는다.
		6) He is *rarely* angry. : 그는 **거의** 화를 내지 **않는다**.

CHAPTER 6 형용사 및 부사 | 99

3. 조동사가 있는 문장	조동사 뒤	7)	I will *always* love you. : 나는 **항상** 너를 사랑할 것이다.
		8)	I can *frequently* see her at the library. : 나는 그녀를 도서관에서 **자주** 볼 수 있다.

➕ 문법 PLUS

▸ 빈도 부사는 일반동사 앞, be동사 뒤, 조동사 뒤에 위치합니다.

▸ 빈도 부사의 위치는 이론적으로 암기하기보다, 예문을 반복해서 읽으며 자연스럽게 올바른 위치 감각을 익히는 것이 효과적입니다.

해수쌤의 점검 QUIZ

정답 및 해설 p. 12

A. 괄호 안에 주어진 빈도 부사를 문장 중간에 적절히 넣으시오.

(1) I go to the park. (often) → _____

(2) They are careless. (sometimes) → _____

(3) She speaks quietly. (always) → _____

(4) We will meet again. (never) → _____

B. 다음 중 옳지 않은 문장을 고르시오. (   )

① They rarely laugh at me.

② I frequently will come here.

③ She is usually late for work.

해수쌤의 문법 정리 TIPS

빈도 부사는 본동사의 종류에 따라 위치가 달라지므로, 이를 정확히 이해하는 것이 중요합니다. 제시된 빈도 부사의 의미를 옮겨 적고 암기하세요. 핵심 개념 TABLE에 제시된 예문을 옮겨 쓰고, 각 예문의 본동사와 빈도 부사를 표시해 보세요. 또한, 본동사가 일반동사, be동사, 조동사 중 어디에 해당하는지 메모하고, 빈도 부사의 위치를 확인하세요.

해수쌤의 핵심 개념 REVIEW

CHAPTER 6
형용사 및 부사

빈칸을 채워 핵심 개념을 이해했는지 점검하세요.

22 음절

영어에서 음절의 수는 단어에서 (①)의 개수로 결정됩니다. 따라서 음절 수는 단어의 스펠링 수와 일치하지 않습니다. 예를 들어, 'interesting'은 주로 (②)음절, 'care'는 (③)음절로 발음됩니다.

23 형용사 vs. 부사

형용사는 명사나 대명사를 꾸미거나 보충 설명할 때 사용되고, 부사는 형용사, 동사, 부사, 구, 절, 문장 전체를 꾸미는 데 쓰입니다. 또한, 보어 자리에는 부사를 쓸 수 없고 일반적으로 (①)이(가) 사용됩니다. 예를 들어, 'He looks sad(그는 슬퍼 보인다).'에서 sad는 보어로 적절한 표현입니다. 반면 'She smiled (②)(그녀는 행복하게 웃었다).'에서는, 동사를 꾸미는 부사가 사용됩니다.

24 빈도 부사

빈도 부사는 동작이 얼마나 자주 발생하는지를 나타내며, 문장에서 일반동사 앞, be동사 (①), 조동사 (②)에 위치합니다. 예를 들어, 'I seldom go hiking(나는 좀처럼 하이킹을 가지 않는다).'처럼 일반동사 앞에 오거나, 'I will (③) love you(나는 항상 너를 사랑할 것이다).'처럼 조동사 뒤에 올 수 있습니다.

정답 22 ① 발음되는 모음 소리의 개수 ② 3 ③ 1 23 ① 형용사 ② happily 24 ① 뒤 ② 뒤 ③ always

CHAPTER 7

화법

질문, 부정, 감탄을 활용한 효과적인 의사소통

영어에서 질문을 하거나 감정·의견을 표현할 때는 의문문, 부가의문문, 부정문, 감탄문, 간접의문문 등 다양한 표현 방식을 사용합니다. 이러한 문장 유형들을 상황에 맞는 적절한 형식으로 구사하면, 영어로의 의사소통이 더욱 자연스럽고 정확해집니다.

UNIT 025 의문문: 의문사가 없는 경우
UNIT 026 의문문: 의문사가 있는 경우
UNIT 027 부가의문문
UNIT 028 의문문에 대한 대답
UNIT 029 부정문: 기본 형태
UNIT 030 부정문: 부분 부정과 전체 부정
UNIT 031 감탄문
UNIT 032 간접의문문: 의문사가 있는 경우
UNIT 033 간접의문문: 의문사가 없는 경우
UNIT 034 간접의문문: 의문형용사와 의문사 주어
UNIT 035 간접의문문: 생각을 나타내는 동사

'예', '아니요'로 답할 수 있는 질문

의문문: 의문사가 없는 경우

Yes/No로 답할 수 있는 의문문은 조동사나 be동사를 앞으로 보내 주어와 어순을 바꾸어 만듭니다.

✓ **해수쌤의 필수 CHECK** 일반동사가 있는 문장에서는 do/does/did를 사용해서 의문문을 만들며, 이때 본동사는 반드시 동사원형이어야 한다는 점에 주의하세요!

핵심 개념 TABLE

1. 조동사가 있는 문장

	평서문 : 주어(S)+조동사(V)+동사원형+~.	의문문 : 조동사(V)+주어(S)+동사원형+~?
예1)	They <u>can</u> speak English. 　S　V : 그들은 영어를 할 수 있다.	**Can they** speak English? 　V　S : 그들은 영어를 할 수 있니?
예2)	He <u>should</u> go to the hospital. 　S　V : 그는 병원에 가야 한다.	**Should he** go to the hospital? 　V　S : 그는 병원에 가야 하니?

2. be동사가 있는 문장

	평서문 : 주어(S)+be동사(V)+~.	의문문 : be동사(V)+주어(S)+~?
예1)	I <u>am</u> tall. S V : 나는 키가 크다.	**Am I** tall? 　V S : 내가 키가 크니?
예2)	They <u>aren't</u> students. 　S　V : 그들은 학생이 아니다.	**Aren't they** students? 　V　S : 그들은 학생이 아니니?

3. 일반동사가 있는 문장

	평서문 : 주어(S)+일반동사(V)+~.	의문문 : 조동사 do/does/did(V)+주어(S)+동사원형+~?
예1)	You like pizza. 　S　　V : 너는 피자를 좋아한다.	**Do** you like pizza? 　V　　S : 너는 피자를 좋아하니?
예2)	She swims well. 　S　　V : 그녀는 수영을 잘한다.	**Does** she swim well? 　V　　S : 그녀는 수영을 잘하니?
예3)	You don't like pizza. 　S　　V : 너는 피자를 좋아하지 않는다.	**Don't you** like pizza? 　V　　S : 너는 피자를 좋아하지 않니?

➕ 문법 PLUS

▶ 조동사나 be동사가 있는 문장은, 의문문을 만들 때 그 조동사나 be동사를 문장 앞에 둡니다. 하지만, **본동사가 일반동사라면 조동사 do/does/did를 활용**해야 하며, 조동사 뒤에는 반드시 동사원형이 옵니다.

1. 주어가 3인칭 단수가 아닌 현재 시제 문장 → Do를 문장 맨 앞에 씀.

　예 | **Do** you **like**(동사원형) pizza? 너는 피자를 좋아하니?

2. 주어가 3인칭 단수인 현재 시제 문장 → Does를 문장 맨 앞에 씀.

　예 | **Does** she **swim**(동사원형) well? 그녀는 수영을 잘하니?

3. 과거 시제 문장 → Did를 문장 맨 앞에 씀.

　예 | **Did** she **swim**(동사원형) well? 그녀는 수영을 잘했니?

해수쌤의 점검 QUIZ

정답 및 해설 p. 13

A. 다음 평서문을 의문문으로 고치시오.

(1) We can meet them. → _____

(2) She speaks English. → _____

B. 다음 중 옳지 않은 문장을 고르시오. (   )

① Is he a student?
② Should I take a bus?
③ Don't he like to cook?

해수쌤의 문법 Q&A

Q 질문할 때는 무조건 '동사+주어~?'의 어순을 사용해야 하나요?

A 꼭 그렇지는 않습니다. 실제 회화에서는 평서문 어순을 그대로 사용하면서, 말끝을 올리는 방식으로 질문을 표현하는 경우도 자주 있습니다. 예를 들어, '당신은 피자를 좋아하나요?'라는 뜻을 'Do you like pizza?'라고 묻는 대신, 'You like pizza?'처럼 '주어+동사' 구조를 유지하되 어조를 올려 말하면 질문으로 받아들여질 수 있습니다.

해수쌤의 문법 정리 TIPS

의문사가 없는 의문문은 '동사+주어'의 어순으로 만들며, 일반동사가 있는 문장에서는 do, does, did와 같은 조동사를 문장 앞에 두는 것이 중요합니다. 핵심 개념 TABLE에 제시된 평서문을 옮겨 쓰고, 각 문장을 직접 의문문으로 바꿔 작성해 보세요.

구체적 정보를 묻는 질문

의문문: 의문사가 있는 경우

의문문에는 의문사 'when, where, what, who' 등을 사용하여 '언제, 어디서, 무엇을, 누가'처럼 구체적인 정보를 묻는 형태가 있습니다.

> **해수쌤의 필수 CHECK** 의문사가 주어 역할을 할 때와 그렇지 않은 경우의 예문을 비교하며, 의문문의 다양한 형태를 익혀 보세요!

핵심 개념 TABLE

1. 의문사가 <u>주어 역할</u>을 할 경우

의문사의 쓰임: '~은/는/이/가'로 해석되며, 문장에서 주어자리에 위치함

형태: 의문사(=주어)+동사+~?

예1)	**누가** 왔나요? └→who(주어)	→	**Who** came? 　S　　V
예2)	**누가** 창문을 깼나요? └→who(주어)	→	**Who** broke the window? 　S　　V
예3)	**무엇이** 당신을 행복하게 만드나요? └→what(주어)	→	**What** makes you happy? 　S　　V
예4)	**어떤 약이** 당신을 회복하게 도왔나요? └→'which+명사'(주어)	→	**Which medicine** helped you recover? 　　　S　　　　V

2. 의문사가 <u>주어 이외의 역할</u>을 할 경우

의문사의 쓰임: '보어', '부사', '목적어' 등으로 쓰이며, 주어는 동사 뒤에 따라 옴

형태: 의문사+동사+주어+~?

예1)	당신의 이름이 **무엇**인가요? 　　　　　└→what(보어)	→	**What** is your name? 보어　V　　S
예2)	당신이 **무엇을** 만들었나요? 　　　└→what (목적어)	→	**What** did you make? 목적어　V　S

예3	그가 **왜** 떠나야 하나요? └→ why(부사)	→	**Why** should he leave? 부사 V S
예4	그는 **어떻게** 문제를 해결했나요? └→ how(부사)	→	**How** did he solve the problem? 부사 V S
예5	당신은 **얼마나 자주** 운동하나요? └→ 'how+부사'(부사)	→	**How often** do you exercise? 부사 V S
예6	그는 키가 **얼마나 큰가요**? └→ 'how+형용사'(보어)	→	**How tall** is he? 보어 V S

➕ 문법 PLUS

▶ 의문사의 종류에는 'when(언제), where(어디), what(무엇·무슨), who(누구), how(어떻게·얼마나), why(왜), which(어느 것·어떤)' 등이 있습니다.

▶ 의문사가 포함된 의문문에서는, 의문사가 주어 역할을 하는 경우와 그렇지 않은 경우의 문장 형태가 다르다는 점을 유의해야 합니다.
- 의문사가 주어 역할을 하는 경우: '**의문사(=주어)+동사+~?**' 형태
- 의문사가 주어 이외의 역할을 하는 경우: '**의문사+동사+주어+~?**' 형태

▶ 'which+명사'는 '어떤 ~'이라는 의미로, 문장에서 주어로 쓰일 수 있습니다.
   예 | **Which medicine**(which+명사=주어 역할) helped you recover? 어떤 약이 당신을 회복하게 도왔나요?

▶ 'how'는 다양한 방식으로 의문문에 사용됩니다.
  1. '**how+부사**': 주로 정도, 빈도 등을 묻는 데 사용되며, 문장에서 부사 역할을 함.
   예 | **How often**(how+부사=부사 역할) do you exercise? 당신은 얼마나 자주 운동 하나요?
  2. '**how+형용사**': 주로 정도나 상태 등을 묻는 데 사용되며, 문장에서 보어 역할을 함.
   예 | **How tall** is he? 그는 키가 얼마나 큰가요?
         : how는 형용사 tall을 수식하는 부사, tall은 주어 he의 상태를 설명하는 보어임.
  3. '**how+형용사+명사+~**': 형용사가 명사를 꾸미는 수식어로 사용됨.
   예 | **How big a house** did they buy? 그들은 얼마나 큰 집을 샀나요?
         : how는 형용사 big을 수식하고, big은 명사 house를 수식함.
  4. '**how many/how much**': 수량이나 양을 묻는 데 사용되며, 뒤에 명사가 함께 옴.
  - How many+셀 수 있는 복수 명사(가산명사)
  - How much+셀 수 없는 명사(불가산명사)
   예1 | **How many books** do you have? 너는 책을 몇 권 가지고 있니?
   예2 | **How much money** did she spend? 그녀는 얼마의 돈을 썼나요?

해수쌤의 점검 QUIZ

정답 및 해설 p. 13

A. 제시된 영단어를 알맞은 순서로 배열하여 문장을 완성하시오.

(1) (I / should / run / why) → _____
내가 왜 달려야 하나요?

(2) (made / who / this cake) → _____
누가 이 케이크를 만들었나요?

B. 다음 중 옳지 <u>않은</u> 문장을 고르시오. (   )

① Why you are upset?
② Where did you stay?
③ What makes you sad?

해수쌤의 문법 정리 TIPS

의문사가 주어 역할을 하는 경우와 하지 않는 경우, 의문문의 어순이 달라진다는 점을 정확히 이해해야 합니다. 핵심 개념 TABLE에 제시된 예문의 한국어 뜻만 옮겨 쓴 후, 직접 영작해 보세요. 그 후 올바른 문장을 확인하여 기록하고, 반복해서 읽으며 문장 구조에 익숙해지도록 연습해 보세요.

확인을 위해 덧붙이는 질문

부가의문문

문장 뒤에 짧은 의문문을 덧붙이는 형태이며, 동사의 종류에 따라 부가의문문의 형태가 달라집니다.

✓ 해수쌤의 필수 CHECK 앞 문장(주절)이 긍정이면 부가의문문은 부정으로, 앞 문장이 부정이면 부가의문문은 긍정으로 쓴다는 것을 기억하세요. 또한, 주절에 일반동사가 있을 경우에는 조동사 do/does/did를 활용한다는 점도 함께 확인해 보세요!

핵심 개념 TABLE

1. 조동사가 있는 문장

예1)	They **can** go, **can't** they? : 그들은 갈 수 있지, 그렇지?	예3)	We **should not** use it, **should** we? : 우리는 그것을 사용하면 안 되지, 그렇지?
예2)	They **can't** go, **can** they? : 그들은 갈 수 없지, 그렇지?	예4)	She **has** been there, **hasn't** she? : 그녀는 거기에 가본 적 있지, 그렇지?

2. be동사가 있는 문장

예1)	You **are** a student, **aren't** you? : 너는 학생이지, 그렇지?	예3)	The movie **was** fun, **wasn't** it? : 그 영화는 재미있었지, 그렇지?
예2)	You **are not** a student, **are** you? : 너는 학생이 아니지, 그렇지?	예4)	I **am** smart, **aren't** I? : 나는 똑똑하지, 그렇지?

3. 일반동사가 있는 문장

예1)	We **have** some money, **don't** we? : 우리는 약간의 돈이 있지, 그렇지?	예4)	He **doesn't like** pizza, **does** he? : 그는 피자를 좋아하지 않지, 그렇지?
예2)	We **don't have** money, **do** we? : 우리는 돈이 없지, 그렇지?	예5)	He **liked** pizza before, **didn't** he? : 그는 전에 피자를 좋아했지, 그렇지?
예3)	He **likes** pizza, **doesn't** he? : 그는 피자를 좋아하지, 그렇지?	예6)	He **didn't like** pizza before, **did** he? : 그는 전에 피자를 좋아하지 않았지, 그렇지?

🔆 문법 PLUS

▸ 부가의문문은 문장의 끝에 짧은 의문구를 덧붙여 **상대방의 동의를 구하거나 확인**하는 표현입니다. 보통 '그렇지?'로 해석하면 자연스럽습니다.

▸ 부가의문문은 주절 뒤에 '(조)동사+주어?'의 형태로 씁니다. 부가의문문은 **주절이 긍정문이면 부정형으로, 주절이 부정문이면 긍정형**으로 씁니다.

▸ 본동사가 조동사나 be동사라면 부가의문문도 동일한 동사를 활용하면 되므로 비교적 간단합니다. 하지만, 본동사가 일반동사인 경우에는 일반동사를 그대로 부가의문문에 쓰지 않고 **조동사 do/does/did를 활용**해야 한다는 점에 유의해야 합니다.

1. **본동사가 조동사인 경우**: 같은 동사 활용

예 | She **can** swim well, **can't** she? 그녀는 수영을 잘하지, 그렇지?

2. **본동사가 be동사인 경우**: 같은 동사 활용

예 | You **are** a student, **aren't** you? 너는 학생이지, 그렇지?

3. **본동사가 일반동사인 경우**: 조동사 do, does, did 활용

 - do → 현재 시제이면서, 주어가 3인칭 단수가 아닐 때(I, we, you, they 등) 사용
 - does → 현재 시제이면서, 주어가 3인칭 단수(he, she, it, Tom, my brother 등)일 때 사용
 - did → 과거 시제일 때 사용(주어와 상관없이 동일하게 적용)

예1 | You **like** coffee, **don't**(2인칭 단수인 주어 you) you? 너 커피 좋아하지, 그렇지?

예2 | He **studies** hard, **doesn't**(3인칭 단수인 주어 he) he? 그는 열심히 공부하지, 그렇지?

예3 | She **went** to the party, **didn't**(과거 시제) she? 그녀는 파티에 갔지, 그렇지?

▸ 부가의문문에서는 보통 앞 문장의 주어를 대명사로 바꾸어 표현합니다.

예1 | **The movie** was fun, wasn't **it?**: The movie를 대명사 it으로 바꾸어 표현함.

예2 | **Jack** doesn't like pizza, does **he?**: Jack을 대명사 he로 바꾸어 표현함.

▸ 주어가 'I'이고 동사가 'am'인 경우, 부가의문문은 문법상 'am I not?'이 맞지만, 실제 회화에서는 관용적으로 "aren't I?"를 사용합니다.

예 | I **am** late, **aren't** I? 나 늦었지, 그렇지?

해수쌤의 점검 QUIZ

정답 및 해설 p. 14

A. 빈칸에 알맞은 단어를 써서 부가의문문을 완성하시오.

(1) It is too expensive, _____ it?

(2) They studied together, _____ they?

(3) She didn't sleep well, _____ she?

(4) They shouldn't eat too much, _____ they?

B. 다음 중 옳지 <u>않은</u> 문장을 고르시오. (   )

① We met yesterday, don't we?

② He loves to dance, doesn't he?

③ We have seen that movie before, haven't we?

해수쌤의 문법 정리 TIPS

부가의문문은 주절의 긍정·부정을 반대로 뒤집어 '(조)동사+주어?' 형태로 구성된다는 점을 이해하는 것이 중요합니다. 핵심 개념 TABLE의 예문을 옮겨 적고, 부가의문문 부분을 비워둔 채 직접 채워보세요. 이후 올바른 형태를 확인하며 개념을 익히고, 학습할 때마다 부가의문문을 가리고 스스로 작성하는 연습을 반복해보세요.

Yes와 No의 올바른 사용법

의문문에 대한 대답

중요도 ★★★☆☆
난이도 ★☆☆☆☆

영어에서는 질문이 긍정문인지 부정문인지에 상관없이, 실제 사실에 따라 Yes 또는 No로 대답합니다.

✅ **해수쌤의 필수 CHECK** 한국어는 질문에 따라 '네/아니요'의 의미가 바뀌는 경우가 있지만, 영어는 질문 방식보다 '사실 여부'에 초점을 맞춘다는 점에 유의하세요!

핵심 개념 TABLE

	1. 조동사가 있는 문장	대답
예1)	Can he speak English? : 그는 영어를 할 수 있니?	– 긍정 대답(영어를 할 수 있는 경우) : **Yes**, he can. – 부정 대답(영어를 할 수 없는 경우) : **No**, he can't.
예2)	Can't he speak English? : 그는 영어를 못하니?	
예3)	He can speak English, can't he? : 그는 영어를 할 수 있지, 그렇지 않니?	
예4)	He can't speak English, can he? : 그는 영어를 못하지, 그렇지 않니?	

	2. be동사가 있는 문장	대답
예1)	Are you students? : 너희들은 학생이니?	– 긍정 대답(학생일 경우) : **Yes**, we are. – 부정 대답(학생이 아닌 경우) : **No**, we aren't.
예2)	Aren't you students? : 너희들은 학생이 아니니?	
예3)	You are students, aren't you? : 너희들은 학생이지, 그렇지 않니?	
예4)	You are not students, are you? : 너희들은 학생이 아니지, 그렇지 않니?	

	3. 일반동사가 있는 문장	대답
예1)	Do we have some money? : 우리 돈이 좀 있니?	– 긍정 대답(돈이 좀 있는 경우) : **Yes**, we do.
예2)	Don't we have some money? : 우리 돈 좀 있지 않니?	
예3)	We have some money, don't we? : 우리 돈이 좀 있지, 그렇지 않니?	– 부정 대답(돈이 없는 경우) : **No**, we don't.
예4)	We don't have money, do we? : 우리는 돈이 없지, 그렇지 않니?	

✚ 문법 PLUS

▶ 한국어에서는 질문의 긍정 여부에 따라 '네/아니요'의 형태가 달라지며, 같은 사실을 말해도 질문 방식에 따라 대답 표현이 바뀝니다.

예1 | A: 점심 **먹었니?**

　　　B: **네**, 먹었어요.

예2 | A: 점심 **안 먹었니?**

　　　B: **아니요**, 먹었어요.

→ 위의 두 예시 모두 '점심을 먹었다'는 의미지만, 한국어에서는 질문의 긍정이나 부정에 따라 '네'와 '아니요'로 대답을 달리합니다.

▶ 반면, 영어에서는 질문의 긍정 또는 부정 여부와 관계없이 대답은 사실(대답하는 사람)에 초점을 맞춥니다.

예1 | A: **Did** you have lunch? 점심 먹었니?

　　　B: **Yes**, I did. 네, 먹었어요.

예2 | A: **Didn't** you have lunch? 점심 안 먹었니?

　　　B: **Yes**, I did. 네, 먹었어요.

▶ 일반동사가 있는 문장에 대한 대답은 조동사 do/does/did를 활용하여 대답하는 것이 일반적입니다.

예 | 질문: We have some money, don't we? 우리 돈이 좀 있지, 그렇지 않니?

　　　대답1: Yes, we **do**. 네, 우리는 돈이 좀 있어요. **(O)**

　　　대답2: Yes, we **have some money**. **(△)**: 문법상 맞지만, 회화에서는 길고 어색해 보일 수 있음.

해수쌤의 점검 QUIZ

정답 및 해설 p. 14

A. 다음 중 대답이 올바르게 쓰인 대화를 고르시오. (　　　)

① A: We often played together, right?
　B: Yes, we did.

② A: Don't you like broccoli?
　B: Yes, I don't.

③ A: They can't swim here, can they?
　B: Yes, they can't.

④ A: Is it your cellphone?
　B: Yes, it is my friend's phone.

⑤ A: You are hungry, aren't you?
　B: Yes, I'm not.

해수쌤의 문법 Q&A

Q 왜 영어와 한국어는 질문에 대한 대답 방식이 다를까요?

A 이 차이는 단순한 언어 구조뿐만 아니라 문화적인 의사소통 방식에서도 비롯됩니다. 영어권에서는 **개인의 사실을 명확히 전달**하는 것에 초점을 맞추고, 한국어에서는 **대화 흐름에 맞춰 자연스럽게 소통**하는 것에 초점을 맞춥니다. 예를 들어, 영어에서는 "Didn't you have lunch?"에 대해 'Yes, I did.'처럼 자신이 먹었다는 사실을 기준으로 답합니다. 하지만 한국어에서는 '점심 안 먹었니?'에 대해 '아니요, 먹었어요.'처럼 맥락 중심으로 질문의 부정 표현에 맞춰 대답합니다.

해수쌤의 문법 정리 TIPS

질문이 긍정문인지 부정문인지에 상관없이, 대답하는 사람의 기준에 따라 Yes 또는 No를 선택하는 것이 중요합니다. 조동사, be동사, 일반동사가 포함된 문장을 옮겨 적고, 이에 대한 긍정과 부정의 두 가지 답변을 기록해 두세요.

UNIT 029

문장에서 '아니다'를 표현하는 방법

부정문: 기본 형태

'~이 아니다'를 표현할 때는 not을 활용해 표현할 수 있으며, 동사 종류에 따라 부정문의 형태가 달라집니다.

> **해수쌤의 필수 CHECK** 조동사 또는 be동사가 있는 문장은 '조동사/be동사+not'의 형태로 부정하고, 일반동사가 있는 문장은 'do/does/did+not' 형태로 부정한다는 점에 유의하세요!

핵심 개념 TABLE

	1. 조동사가 있는 문장	부정문
예1)	They <u>can</u> speak English. : 그들은 영어를 할 수 있다.	They <u>can</u> **not**(=can't) speak English. : 그들은 영어를 할 수 없다.
예2)	He <u>must</u> finish the work. : 그는 그 일을 끝내야 한다.	He <u>must</u> **not**(=mustn't) finish the work. : 그는 그 일을 끝내면 안 된다.

	2. be동사가 있는 문장	부정문
예1)	I <u>am</u> kind. : 나는 친절하다.	I <u>am</u> **not** kind. : 나는 친절하지 않다.
예2)	You <u>are</u> studying. : 너는 공부하고 있다.	You <u>are</u> **not**(=aren't) studying. : 너는 공부하고 있지 않다.
예3)	It <u>was</u> true. : 그것은 사실이었다.	It <u>was</u> **not**(=wasn't) true. : 그것은 사실이 아니었다.

	3. 일반동사가 있는 문장	부정문
예1)	I go to bed early. : 나는 일찍 잠자리에 든다.	I <u>do</u> **not**(=don't) go to bed early. : 나는 일찍 잠자리에 들지 않는다.
예2)	She goes to bed early. : 그녀는 일찍 잠자리에 든다.	She <u>does</u> **not**(=doesn't) go to bed early. : 그녀는 일찍 잠자리에 들지 않는다.
예3)	He went to bed early. : 그는 일찍 잠자리에 들었다.	He <u>did</u> **not**(=didn't) go to bed early. : 그는 일찍 잠자리에 들지 않았다.

문법 PLUS

- 본동사가 조동사나 be동사라면 동사 뒤에 **not**만 붙이면 되므로 비교적 간단합니다.
- 일반동사는 not을 직접 붙이지 않고, **조동사 do/does/did 뒤에 not**을 붙여 부정문을 만듭니다.

  1. 주어가 3인칭 단수가 아닌 현재 시제 문장 → do not(=don't)을 씀.
  예 | I **don't** watch TV at night. 나는 밤에 TV를 보지 않는다.

  2. 주어가 3인칭 단수인 현재 시제 문장 → does not(=doesn't)을 씀.
  예 | He **doesn't** like coffee. 그는 커피를 좋아하지 않는다.

  3. 과거 시제 문장 → did not(=didn't)을 씀.
  예 | They **didn't** finish the project. 그들은 그 프로젝트를 끝내지 않았다.

- 조동사 뒤에는 반드시 동사원형이 와야 하므로, **조동사 do/does/did를 활용한 부정어 뒤의 일반동사는 원형**으로 써야 합니다.

  예 | She **doesn't go** to bed early. 그녀는 일찍 잠자리에 들지 않는다.
  : goes 대신 동사원형 go를 씀.

해수쌤의 점검 QUIZ

정답 및 해설 p. 15

A. 다음 평서문을 부정문으로 고치시오.

(1) She is kind. → _____

(2) We can enter the room. → _____

(3) He likes to play soccer. → _____

B. 다음 중 옳지 <u>않은</u> 문장을 고르시오. (   )

① They didn't call me.
② The door wasn't open.
③ She doesn't likes the game.

해수쌤의 문법 정리 TIPS

동사의 종류에 따라 부정문의 형태가 달라진다는 점을 이해하는 것이 중요합니다. 핵심 개념 TABLE에 제시된 문장들을 직접 부정문으로 바꿔 작성해 보세요. 스스로 부정문으로 바꾸는 연습을 반복하고 문장을 해석하며, 부정문의 형태와 의미에 익숙해지세요.

부정의 범위를 다르게 표현하기

부정문: 부분 부정과 전체 부정

부분 부정은 '모두 ~한 것은 아니다'(일부만 해당)라는 의미이고, 전체 부정은 '모두 그렇지 않다'(모두 해당 없음)라는 의미이므로 구별해서 사용해야 합니다.

> **해수쌤의 필수 CHECK** 부분 부정에 쓰이는 부정어와 전체를 의미하는 단어의 종류를 표에서 확인하고, 예문을 통해 쓰임을 익히세요!

핵심 개념 TABLE

	부분 부정		전체 부정
의미	모두 ~한 것은 아니다(일부만 해당)		모두 그렇지 않다(모두 해당 없음)
형태	부정어 (not, no, never 등)	+ 전체를 의미하는 단어 (all, every, both, always 등)	부정어 : not~ (any), no, never, none 등
예문	1) **Not all** of the students are Korean. : 모든 학생이 한국인인 것은 아니다. → 일부 학생만 한국인이다.		1) **None** of the students are Korean. : 학생 중 아무도 한국인이 아니다.
	2) **Not every**one is married. : 모든 사람이 결혼한 것은 아니다. → 일부 사람들만 결혼했다.		2) **No**body is married. : 아무도 결혼하지 않았다.
	3) She does**n't** check **every** email. : 그녀는 모든 이메일을 확인하지는 않는다. → 일부 메일만 확인한다.		3) She does**n't** check any emails. : 그녀는 어떤 이메일도 확인하지 않는다.
	4) **Not all** of the cookies are gone. : 쿠키가 모두 없어진 것은 아니다. → 일부 쿠키는 남아 있다.		4) **None** of the cookies are left. : 쿠키가 하나도 남지 않았다.
	5) This store is**n't always** open. : 이 가게는 항상 여는 것은 아니다. → 항상 열지는 않고, 어떤 날에는 닫는다.		5) This store **never** opens. : 이 가게는 절대 문을 열지 않는다.

문법 PLUS

▸ 부분 부정은 '모두 ~한 것은 아니다'라는 의미로, '일부만 ~하다'로 해석될 수 있습니다.
▸ all(모든), every(모든), both(둘 다), always(항상)'와 같이 **전체를 나타내는 단어**뿐만 아니라, 'completely(완전히), absolutely(전적으로), necessarily(필연적으로)'처럼 **절대적인 의미를 가진 표현이 부정어와 함께 쓰이면 부분 부정**을 나타낼 수 있습니다.

예 | She **doesn't absolutely** agree with the proposal. 그녀는 그 제안에 전적으로 동의하지는 않는다. (일부만 동의한다.)

▸ 'not ~ any'는 '전혀 ~하지 않다'라는 의미의 전체 부정 표현입니다.

예 | I **didn't** know **any** students' names. 나는 어떤 학생의 이름도 알지 못했다.

해수쌤의 점검 QUIZ

정답 및 해설 p. 15

A. 다음 문장이 나타내는 상황을 더 잘 표현한 것에 ✓표시하시오.

(1) Not all books are beneficial.	유익한 책도 있고 그렇지 않은 책도 있다.	
	모든 책은 다 유익하다.	
(2) I don't like any of the clubs.	좋아하는 동아리도 있고 그렇지 않은 동아리도 있다.	
	모든 동아리를 좋아하지 않는다.	
(3) The judge is not absolutely right.	그 판사가 옳을 때도 있고 그렇지 않을 때도 있다.	
	그 판사는 전적으로 옳지 않다.	
(4) None of us are ready.	우리 중에 준비된 사람도 있고 그렇지 않은 사람도 있다.	
	우리 중에 준비된 사람은 없다.	

B. 다음 영어 문장을 우리말로 바르게 해석하시오.

(1) I don't always eat breakfast. → _____

(2) I like none of them. → _____

**해수쌤의
문법 정리
TIPS**

부분 부정은 부정어가 '전체를 의미하는 단어'와 함께 쓰인다는 점을 이해하는 것이 중요합니다. 핵심 개념 TABLE에 제시된 부정어와 전체를 의미하는 단어를 메모해 두세요. 부분 부정과 전체 부정의 예문을 각각 구분하여 옮겨 쓰고, 직접 해석하며 의미 차이를 익혀 보세요.

감탄과 놀라움을 나타내는 방법

감탄문

감탄문은 놀라움이나 감탄을 표현하며, what과 how를 사용하여 만들 수 있습니다.

> **해수쌤의 필수 CHECK** what과 how는 사용할 때 문장 구조가 다르므로, 예문을 통해 차이를 정확히 확인하세요!

핵심 개념 TABLE

what 활용	What+a(n)+형용사+명사+(주어+동사)!
예1)	What a kind boy he is! : 그는 정말 친절한 소년이구나!
예2)	┌ 발음이 모음으로 시작되는 단어 앞이므로 a 대신 an을 씀. What **an a**mazing car she has! : 그녀는 정말 놀라운 차를 가지고 있구나!
예3)	┌ 복수형이므로 부정관사 a를 쓰지 않음. What tall girls they are! : 그들은 정말 키가 큰 소녀들이구나!

how 활용	How+형용사/부사+(주어+동사)!
예1)	How rude the boy is! : 그 소년은 정말 무례하구나!
예2)	How hard she studies! : 그녀가 정말 열심히 공부하는구나!
예3)	How kindly the coach explained it! : 코치가 정말 친절하게 그것을 설명했구나!

✚ 문법 PLUS

▶ 감탄의 대상이 '명사'일 때는 **what**, 감탄의 대상이 '형용사 또는 부사'일 때는 **how**를 활용합니다.
▶ **What**을 활용한 감탄문의 기본적인 형태는 '**What+a+형용사+명사+(주어+동사)!**'입니다. 단, 관사 a 뒤에 나오는 형용사가 발음이 모음으로 시작되는 경우(예: amazing, exciting, honest 등)에는 a 대신 **an**을 사용해야 합니다.

예1 | What **an i**nteresting book it is! 이건 정말 흥미로운 책이다!

예2 | What **an e**xciting game we watched! 우리는 정말 흥미로운 경기를 봤어!

▶ What을 활용한 감탄문에서 복수형 명사가 쓰일 경우, 단수를 나타내는 관사 a(n)를 사용하지 않고 복수형 명사를 그대로 사용합니다.

예 | What huge **buildings** they built! 그들은 정말 거대한 건물들을 지었구나!

▶ How를 활용한 감탄문의 형태는 'How+형용사/부사+(주어+동사)!'이며, 주로 형용사는 사람이나 사물의 성격·특성을, 부사는 행동이나 동작의 방식을 강조할 때 사용합니다.

예1 | How **rude** the boy is! 그 소년은 정말 무례하구나!

: 감탄의 중심이 되는 단어는 '무례한'이며 소년이 어떤 사람인지(성격이나 태도)를 강조함. 따라서 부사 rudely가 아닌 형용사 rude를 사용.

예2 | How **kindly** the coach explained it! 코치가 정말 친절하게 그것을 설명했구나!

: 감탄의 중심이 되는 단어는 '친절하게'이며 동사인 '설명하다(explained)'라는 동작이 어떻게 이루어졌는지를 강조함. 따라서 형용사 kind가 아닌 부사 kindly를 사용.

해수쌤의 점검 QUIZ

정답 및 해설 p. 16

A. 제시된 영단어를 알맞은 순서로 배열하여 문장을 완성하시오.

(1) (what / is / an / it / amazing / story)

→ _____

그것은 정말 놀라운 이야기다!

(2) (the sea / is / how / beautiful)

→ _____

그 바다는 정말 아름답구나!

B. 주어진 우리말을 바르게 영작한 것을 고르시오. (   )

| 우리는 정말 쉽게 잊어버리는구나! |

① How easy we forget!
② How easy forget we!
③ How easily we forget!
④ How we forget easily!

해수쌤의 문법 Q&A

Q 감탄문을 만들 때 'How easy~'와 'How easily~'는 어떻게 다르게 쓰이나요?

A 주로 How 뒤에 주어의 성격·특성을 설명하는 표현이 오면 형용사(easy), 행동이나 동작의 방식을 설명하는 표현이 오면 부사(easily)를 사용합니다. 예를 들어, 'How easy this test is(이 시험이 얼마나 쉬운지)!'에서는 'easy'가 주어인 시험(test)의 특성을 나타내므로 형용사가 사용됩니다. 반면, 'How easily he solved the problem(그가 문제를 얼마나 쉽게 해결했는지)!'에서는 'easily'가 'solved(해결하다)'라는 동사의 방식을 설명하므로 부사가 쓰입니다.

해수쌤의 문법 정리 TIPS

What을 활용한 감탄문과 How를 활용한 감탄문의 구조 차이를 이해하는 것이 중요합니다. 핵심 개념 TABLE에 제시된 예문을 모두 옮겨 쓰고, 각 문장의 구조를 메모해 보세요. 예) What a kind boy he is! → What+a+형용사(kind)+명사(boy)+주어(he)+동사(is)! 또한, 예문을 반복해서 읽으며 감탄문의 형태에 자연스럽게 익숙해지세요.

의문문을 문장 속에서 활용하는 방법

간접의문문:
의문사가 있는 경우

간접의문문은 의문문이 독립된 문장이 아니라 다른 문장의 일부(명사절)로 사용되는 표현입니다. 직접의문문과 달리, 간접의문문에서는 어순이 '의문사+주어+동사'로 바뀌는 것이 특징입니다.

해수쌤의 필수 CHECK 예문을 통해 간접의문문의 어순(의문사+주어+동사)을 확인하고, 직접의문문의 어순과 비교해 보세요!

핵심 개념 TABLE

	직접의문문	간접의문문

	의문사+동사+주어+~?
	         V S
		의문사+주어+동사+~
		         S V

예1)	┌의문사
	 When does the movie start?
	        V S
	 : 영화는 언제 시작하나요?
		┌의문사
		 I want to know [when the movie starts].
		                  S V
		 : 나는 영화가 언제 시작하는지 알고 싶어요.

예2)	┌의문사
	 What can you do?
	      V S
	 : 당신은 무엇을 할 수 있나요?
		┌의문사
		 I wonder [what you can do].
		             S V
		 : 나는 당신이 무엇을 할 수 있는지 궁금해요.

예3)	┌의문사
	 Why do you like me?
	     V S
	 : 당신은 왜 나를 좋아합니까?
		┌의문사
		 I don't know [why you like me].
		              S V
		 : 나는 당신이 왜 나를 좋아하는지 몰라요.

예4)	┌의문사(+형용사)
	 How old are you?
	        V S
	 : 당신은 몇 살입니까?
		┌의문사(+형용사)
		 I wonder [how old you are].
		               S V
		 : 나는 당신이 몇 살인지 궁금해요.

문법 PLUS

- 간접의문문은 의문문을 다른 문장의 일부로 포함할 때 사용됩니다. 일반적으로 의문사(when, where, what, who, how, why, which 등)가 문장의 앞에 오며, 그 뒤에 '주어+동사' 순으로 이어지는 '의문사+주어+동사' 형태를 가집니다.

- 간접의문문인 '의문사+주어+동사'는 명사처럼 사용되며, 문장의 주어, 목적어, 보어, 또는 전치사의 목적어 역할을 합니다.

  예 1 | [Where you live] doesn't matter. 당신이 어디 사는지는 중요하지 않아요.
  : 간접의문문(Where you live)이 주어 역할을 함.

  예 2 | I don't know [where she is]. 나는 그녀가 어디 있는지 몰라요.
  : 간접의문문(where she is)이 동사(know)의 목적어 역할을 함.

  예 3 | The issue is [when we should start]. 문제는 우리가 언제 시작해야 하는지이다.
  : 간접의문문(when we should start)이 보어 역할을 함.

  예 4 | We talked about [why she was upset]. 우리는 그녀가 왜 화났는지에 대해 이야기했다.
  : 간접의문문(why she was upset)이 전치사(about)의 목적어 역할을 함.

- 간접의문문에서는 how 뒤에 형용사 또는 부사가 올 수 있으며, 이 경우 간접의문문의 구조는 'how+형용사/부사+주어+동사' 형태가 됩니다.

  예 1 | Do you know [how difficult(형용사) the test was]? 당신은 그 시험이 얼마나 어려웠는지 아나요?

  예 2 | I don't know [how quickly(부사) she finished it]. 나는 그녀가 얼마나 빨리 그것을 끝냈는지 몰라.

- 간접의문문에도 직접의문문처럼 물음표가 사용될 수 있으므로, 단순히 문장 끝의 물음표 유무로 직접 및 간접의문문을 구분해서는 안 됩니다.

  예 1 | Do you know [where she is]? 너는 그녀가 어디에 있는지 알고 있니?

  예 2 | Can you tell me [how he solved the problem]? 그가 그 문제를 어떻게 해결했는지 내게 말해줄 수 있니?

해수쌤의 점검 QUIZ

정답 및 해설 p. 16

A. 다음 중 간접의문문이 포함되지 <u>않은</u> 문장을 고르시오. (   )

① When did you buy it?
② He asked where I was going.
③ I wonder why she left so early.
④ Can you tell me where he will stay?

B. 제시된 영단어를 알맞은 순서로 배열하여 문장을 완성하시오.

(1) (is / she asked / my name / what)
→ _____
그녀는 나의 이름이 무엇인지 물었다.

(2) (tall / I wonder / he / how / is)
→ _____
나는 그의 키가 얼마나 큰지 궁금하다.

해수쌤의 문법 정리 TIPS

간접의문문은 '의문사+주어+동사' 형태로 쓰이며, 문장에서 명사처럼 쓰인다는 것을 이해하는 것이 중요합니다. 핵심 개념 TABLE에 제시된 직접의문문과 간접의문문을 옮겨 적고, 두 문장의 구조를 비교해 보세요. 문장에서 명사처럼 쓰이는 간접의문문이 어떤 역할(예: 주어, 목적어, 보어 등)을 하는지 살펴보며 쓰임에 익숙해지도록 반복해서 읽어보세요.

UNIT 033 — if와 whether로 만드는 간접 질문
간접의문문: 의문사가 없는 경우

의문사가 없는 의문문을 간접의문문으로 바꿀 때는 if 또는 whether를 활용합니다.

✓ 해수쌤의 필수 CHECK 문장 속에서 'if/whether+주어+동사' 구조가 어떻게 등장하는지 예문을 통해 확인해 보세요!

핵심 개념 TABLE

	직접의문문	간접의문문
	동사+주어+~? V S	if/whether+주어+동사+~ 　　　　　S V
예1)	Are you hungry? V S : 당신은 배가 고픈가요?	I wonder [**if/whether** you are hungry]. 　　　　　　　　　　　　S V : 나는 당신이 배가 고픈지 궁금해요.
예2)	Do you like pizza? V S : 당신은 피자를 좋아하나요?	I don't know [**if/whether** you like pizza or not]. 　　　　　　　　　　　S V : 나는 당신이 피자를 좋아하는지 아닌지 몰라요.
예3)	Can she play the guitar? V S : 그녀는 기타를 칠 수 있나요?	Can you tell me [**if/whether** she can play the guitar]? 　　　　　　　　　　　　S V : 그녀가 기타를 칠 수 있는지 나에게 말해 줄 수 있나요?

➕ 문법 PLUS

▶ 의문사가 없는 간접의문문은 'if/whether+ 주어+동사'의 형태로 쓰입니다.

▶ if와 whether는 '~인지 아닌지'라는 뜻을 지닌 접속사로, 간접의문문을 이끌 수 있습니다.

▶ 간접의문문이 목적어로 쓰일 때는 if와 whether 모두 사용 가능하지만, 주어로 쓰일 때는 whether만 사용할 수 있습니다. ('UNIT 50. 접속사: if와 whether의 차이점' 참고)

　예1 | He asked [**if/whether** I liked coffee]. 그는 내가 커피를 좋아하는지 물었다.
　　　 : 간접의문문이 동사(asked)의 목적어 역할을 하므로 if와 whether 모두 가능.

　예2 | [**Whether** she will come tomorrow] is uncertain. 그녀가 내일 올지는 확실하지 않다.
　　　 : 간접의문문이 주어 역할을 하므로 whether만 가능.

▶ whether의 바로 뒤나 문장 끝에 'or not'을 추가하면 '~인지 아닌지'의 의미를 강조할 수 있습니다. 단, if는 문장 끝

에만 'or not'이 올 수 있으며, 바로 뒤에 'or not'이 오는 것은 불가능합니다. ('UNIT 50. 접속사: if와 whether의 차이점' 참고)

예1 | I don't know [whether or not you like pizza]. (O) 나는 당신이 피자를 좋아하는지 아닌지 몰라요.

예2 | I don't know [whether you like pizza or not]. (O)

예3 | I don't know [if you like pizza or not]. (O)

예4 | I don't know [if or not you like pizza]. (X)

: if 바로 뒤에 'or not'을 쓴 형태는 문법적으로 틀림.

해수쌤의 점검 QUIZ

정답 및 해설 p. 16

A. 다음을 간접의문문이 포함된 문장으로 바꾼 것 중 옳지 않은 것을 고르시오. (   )

> Do you know? + He got the job? = _____
> 당신은 그가 일자리를 얻었는지 아나요?

① Do you know if he got the job?

② Do you know did he got the job?

③ Do you know whether he got the job?

B. 다음 중 옳지 않은 문장을 고르시오. (   )

① I'm not sure if the bank is still open.

② She asked whether the mail was sent.

③ I wonder if does will she come to the party.

④ I don't know whether the tickets are sold out.

해수쌤의 문법 정리 TIPS

의문사가 없는 간접의문문은 if와 whether를 활용해서 'if/whether+주어+동사' 형태로 쓴다는 점을 이해하는 것이 중요합니다. 핵심 개념 TABLE에 제시된 직접의문문과 간접의문문을 옮겨 적고, 주어와 동사의 위치를 표시하면서 비교해 보세요. 또한, 간접의문문을 반복해서 읽고 해석해 보며, 그 형태에 자연스럽게 익숙해지도록 연습해 보세요.

UNIT 034

의문형용사 및 의문사 주어가 쓰인 간접의문문

간접의문문: 의문형용사와 의문사 주어

중요도 ★★★★★
난이도 ★★★★☆

의문형용사가 포함된 간접의문문과 의문사가 주어인 간접의문문은 문장 구조가 다릅니다.

> **해수쌤의 필수 CHECK** 간접의문문을 단순히 '의문사+주어+동사'로만 외우지 말고 예문을 통해 다양한 구조를 익혀 보세요!

핵심 개념 TABLE

	직접의문문	'의문형용사+명사'가 사용된 간접의문문
	의문형용사+명사+동사+주어+~? 　　　　　　　V　S	의문형용사+명사+**주어+동사**+~ 　　　　　　　S　V
예1)	Which shirt do you have? 　　　　　V　S : 당신은 어떤 셔츠를 가졌나요?	I wonder [which shirt you have]. 　　　　　　　　　　S　V : 나는 당신이 어떤 셔츠를 가졌는지 궁금해요.
예2)	What activity do you like? 　　　　　　V　S : 당신은 어떤 활동을 좋아하나요?	I don't know [what activity you like]. 　　　　　　　　　　　S　V : 나는 당신이 어떤 활동을 좋아하는지 몰라요.
예3)	Whose bag is this? 　　　　V　S : 이것은 누구의 가방인가요?	Do you know [whose bag this is]? 　　　　　　　　　　S　V : 당신은 이것이 누구의 가방인지 아나요?

	직접의문문	의문사가 주어인 간접의문문
	의문사(=주어 역할)+동사+~? 　S　　　　　　V	**의문사(=주어 역할)+동사+~** 　S　　　　　　V
예1)	Who lives here? S　V : 여기 누가 삽니까?	Can you tell me [who lives here]? 　　　　　　　　S　V : 당신은 여기 누가 사는지 나에게 말해줄 수 있나요?
예2)	What makes you happy? S　V : 무엇이 당신을 행복하게 만듭니까?	I want to know [what makes you happy]. 　　　　　　　　S　V : 나는 무엇이 당신을 행복하게 하는지 알고 싶어요.

🔖 문법 PLUS

▶ **의문형용사가 명사를 꾸미는 경우**, 간접의문문은 '의문형용사+명사+주어+동사' 형태로 쓰입니다. 의문형용사에는 what(무슨~, 어떤~), which(어떤~, 어느~), whose(누구의~) 등이 있으며, 반드시 뒤에 명사가 함께 옵니다. 이들은 **명사 없이 단독으로 쓰이면 의문대명사**로 분류됩니다.

예1 | She asked me [which movie I liked]. 그녀는 내가 어떤 영화를 좋아하는지 물었다.
　　: 의문형용사 which가 명사 movie를 수식.

예2 | He asked me [which was better]. 그는 어느 것이 더 나은지 내게 물었다.
　　: 의문대명사 which가 간접의문문 속 절의 주어 역할을 함.

▶ **의문사 자체가 간접의문문 속에서 절의 주어 역할**을 하는 경우에는 '**의문사+동사+~**'의 어순으로 쓰입니다.

예 | I wonder [who wrote this novel]. 나는 누가 이 소설을 썼는지 궁금하다.
　　: 의문대명사 who가 절의 주어 역할을 하므로, 직접의문문과 같은 어순(who wrote ~)이 유지됨.

▶ 간접의문문의 구조는 문장 속에서 어떻게 쓰이느냐에 따라 다음과 같이 나뉠 수 있습니다.

1. [의문사+주어+동사] 형태: 일반적인 간접의문문 구조

　예 | I wonder [where she went]. 나는 그녀가 어디에 갔는지 궁금해.

2. [의문형용사+명사+주어+동사] 형태

　예 | I don't know [what book she chose]. 나는 그녀가 무슨 책을 골랐는지 모른다.

3. [의문사(=주어)+동사] 형태: 의문사가 주어인 구조

　예 | I don't know [who broke the window]. 나는 누가 창문을 깼는지 몰라.

해수쌤의 점검 QUIZ

정답 및 해설 p. 17

A. 주어진 우리말을 바르게 영작한 것을 고르시오. (   )

> 누가 컴퓨터를 고장 냈는지 나에게 말해줘.

① Tell me who broke the computer.
② Tell me who did break the computer.
③ Tell me who someone broke the computer.

B. 제시된 영단어를 알맞은 순서로 배열하여 문장을 완성하시오.

(1) (I / which / he / color / prefer / asked)

→ _____

그는 내가 어떤 색을 선호하는지 물었다.

(2) (my sandwich / wonder / who / I / ate)

→ _____

나는 누가 나의 샌드위치를 먹었는지 궁금하다.

해수쌤의 문법 정리 TIPS

의문형용사가 포함된 문장이나 의문사가 주어인 경우의 간접의문문이 문장에서 어떻게 나타나는지 이해하는 것이 중요합니다. 구조를 단순히 외우기보다는, 예문을 통해 자연스럽게 익히는 것이 훨씬 효과적입니다. 핵심 개념 TABLE에 제시된 간접의문문을 옮겨 적고, 각 문장의 구조를 분석한 뒤, 반복해서 읽으며 다양한 형태의 간접의문문에 익숙해지도록 연습해 보세요.

의문사를 맨 앞에 두는 간접의문문

간접의문문: 생각을 나타내는 동사

생각 관련 동사가 포함된 간접의문문에서는 의문사를 문장의 맨 앞에 두어 질문의 초점을 명확히 합니다.

✓ **해수쌤의 필수 CHECK** 이 경우는 일반적인 간접의문문처럼 '의문사+주어+동사'가 연달아 오지 않기 때문에, 어순에 혼동이 생기지 않도록 유의하세요.

핵심 개념 TABLE

		(생각 관련 동사가 포함된) 직접의문문	(생각 관련 동사가 포함된) 간접의문문 → 의문사를 문장의 맨 앞으로 가져옴.
예1)	+	Do you **think**? 　　　　└▶생각 관련 동사 **What** is it? 의문사 V S	**What** do you **think** it is? 의문사　　　　　 S V : 당신은 그것이 무엇이라고 생각하나요?
예2)	+	Do you **think**? 　　　　└▶생각 관련 동사 **How often** does she check her email? 　　　　　　　V　　　S └▶의문사(+부사)	**How often** do you **think** she checks her email? 의문사(+부사)　　　　　 S　　 V : 당신은 그녀가 이메일을 얼마나 자주 확인한다고 생각하나요?
예3)	+	Do you **suppose**? 　　　　└▶생각 관련 동사 **How long** will they stay? 　　　　　V　 S └▶의문사(+형용사)	**How long** do you suppose **they** will stay? 의문사(+형용사)　　　　　 S　 V : 당신은 그들이 얼마나 오래 머물 거라고 생각하나요?
예4)	+	Do you **imagine**? 　　　　└▶생각 관련 동사 **Where** did I meet him? 의문사　 V S	**Where** do you **imagine** I met him? 의문사　　　　　 S V : 당신은 내가 그를 어디서 만났다고 상상하나요?
예5)	+	Does she **suppose**? 　　　　└▶생각 관련 동사 **Who** is he talking to? 의문사 V S	**Who** does she **suppose** he is talking to? 의문사　　　　　 S V : 그녀는 그가 누구와 이야기하고 있다고 생각하나요?

문법 PLUS

▶ **생각과 관련된 동사**에는 think(생각하다), believe(믿다), suppose(추정하다), guess(추측하다), expect(기대하다), imagine(상상하다) 등이 있습니다. 이 동사들은 화자의 생각이나 추측을 나타내며, **간접의문문에서 의문사를 맨 앞**에 두도록 하는 특징이 있습니다.

▶ 의문사를 문장 맨 앞에 두는 이유는 **질문의 초점을 강조하고, 구체적인 답변을 유도**하기 위해서입니다.

예1 | 의문사를 문장의 맨 앞에 둘 경우

    Q: **Where** do you **imagine** I met him? 당신은 내가 그를 어디서 만났다고 상상하나요?
    A: At your workplace. 당신의 직장에서요.
    → 질문의 초점이 의문사(where)에 있으며, 장소에 대해 구체적으로 답함.

예2 | 의문사를 문장의 맨 앞에 두지 않을 경우

    Q: Do you **imagine** **where** I met him? 당신은 내가 그를 어디서 만났는지를 상상하나요?
    A: No, I don't imagine that. 아니요, 저는 그건 상상하지 않아요.
    → 질문의 초점이 사실 여부(Do you imagine)에 있으며, Yes/No로 답하게 됨.
    → 하지만 이 문장은 의문사가 중심이 아니기 때문에 질문의 초점이 흐려지고, Yes나 No로 대답하면 대화가 어색하게 느껴질 수 있음.

해수쌤의 점검 QUIZ

정답 및 해설 p. 17

A. 주어진 두 문장을 간접의문문을 활용하여 한 문장으로 완성하시오.

(1) Do you guess? How long will the meeting take?

→ How _____?

너는 회의가 얼마나 오래 걸릴 것으로 추정하니?

(2) Do you think? Where should we eat dinner?

→ Where _____?

너는 우리가 어디서 저녁을 먹어야 한다고 생각하니?

B. 주어진 우리말을 바르게 영작한 것을 고르시오. (　　　)

> 너는 언제 우리가 다시 만날 수 있을 거라고 믿니?

① Do you believe when we can meet again?
② When do you believe we can meet again?
③ When do you believe can we meet again?

해수쌤의 문법 Q&A

Q 생각 관련 동사가 있을 때, 의문사를 문장 맨 앞에 두지 않으면 어떻게 되나요?

A 의문사를 맨 앞에 두지 않으면 의미가 달라지거나 문장이 어색해질 수 있으며, 그에 따라 대답도 달라질 수 있습니다. 예를 들어, 'How fast do you think he ran?'은 '그가 얼마나 빨리 달렸다고 생각하나요?'라는 의미로, '달린 속도(How fast에 대한 답)'에 초점이 있습니다. 이에 대한 대답은 'Very fast(아주 빨랐어요).'처럼 정도에 대한 정보가 됩니다. 반면, 의문사를 앞에 두지 않은 'Do you think how fast he ran?'은 문법적으로 자연스럽지 않으며, 질문의 초점이 분명하지 않습니다. 이처럼 잘못된 구조의 문장은 듣는 사람을 혼란스럽게 만들 수 있고, "I don't think~"처럼 대답하려 해도 어색하거나 적절하지 않은 표현이 될 수 있습니다.

해수쌤의 문법 정리 TIPS

생각과 관련된 동사가 쓰인 간접의문문에서 의문사의 위치를 이해하는 것이 중요합니다. 핵심 개념 TABLE에 제시된 직접의문문을 옮겨 적은 후, 스스로 두 문장을 합쳐 간접의문문으로 바꿔보세요. 완성된 문장의 구조를 분석하면서 의문사, 주어, 동사의 위치를 메모하고, 예문을 여러 번 읽으며 문장 구조에 익숙해지도록 연습해 보세요.

해수쌤의 핵심 개념 REVIEW

CHAPTER 7
화법

빈칸을 채워 핵심 개념을 이해했는지 점검하세요.

25 의문문: 의문사가 없는 경우

Yes/No로 답할 수 있는 의문문은 평서문의 (①)(와)과 (②)의 순서를 바꾸어 만듭니다. 일반동사가 있는 경우 조동사 do, does, did를 사용해야 하며, 이때 조동사 뒤에는 반드시 (③)이(가) 옵니다. 예를 들어, 'She swims well(그녀는 수영을 잘한다).'은 '(④) she swim well(그녀는 수영을 잘하니?)'로 바뀝니다.

26 의문문: 의문사가 있는 경우

의문사가 있는 의문문은 when(언제), (①)(어디), what(무엇·무슨), who(누구), (②)(어떻게·얼마나), why(왜), which(어느 것·어떤) 등의 의문사로 시작하며, 구체적인 정보를 묻는 질문을 만듭니다. 의문사가 주어 역할을 할 경우, '의문사(=주어)+동사+~?' 형태를 따르며, 예를 들어 '(③) the window(누가 창문을 깼나요)?'처럼 사용됩니다. 반면, 의문사가 주어가 아닐 경우 '의문사+동사+주어+~?' 형태를 따르며, 'What (④) you make(당신이 무엇을 만들었나요)?'처럼 쓰입니다.

27 부가의문문

부가의문문은 문장의 끝에 짧은 의문구를 덧붙여 상대방의 동의를 구하거나 확인하는 표현입니다. 주절이 긍정문이면 부정형으로, 주절이 부정문이면 (①)(으)로 씁니다. 또한, 본동사가 일반동사인 경우, 부가의문문에서는 (②)을(를) 활용해야 합니다. 예를 들어, 'He likes pizza, (③) he(그는 피자를 좋아하지, 그렇지)?', 'They can't go, (④) they(그들은 갈 수 없지, 그렇지)?', 'You are a student, (⑤) you(너는 학생이지, 그렇지)?'와 같이 사용됩니다.

28 의문문에 대한 대답

질문 방식과 상관없이 대답하는 사람의 입장에서 사실에 맞게 Yes 또는 No로 대답합니다. 예를 들어, 점심을 먹은 경우에는 'Did you have lunch(점심 먹었니)?'라는 질문에 대해 '(①), I did(네, 먹었어요).'라고 답합니다. 또한, "Didn't you have lunch(점심 안먹었니)?"라는 부정 의문문에도 '(②), I did(네, 먹었어요).'라고 답합니다. 반대로 점심을 먹지 않았다면 'No, I (③)(아니요, 안 먹었어요).'라고 답합니다.

29 부정문: 기본 형태

not을 활용하여 문장을 부정할 수 있으며, 동사 종류에 따라 부정문의 형태가 달라집니다. 조동사가 있는 문장은 조동사 뒤에 (①)을(를) 붙이면 되고, be동사가 있는 문장은 be동사 뒤에 not을 붙이면 됩니다. 반면, 일반동사가 있는 문장은 조동사 (②)을(를) 활용한 후 not을 붙입니다. 예를 들어, 'She goes to bed early(그녀는 일찍 잠자리에 든다).'라는 문장은 'She (③) go to bed early(그녀는 일찍 잠자리에 들지 않는다).'로 바뀝니다.

30 부정문: 부분 부정과 전체 부정

부분 부정은 '모두 ~한 것은 아니다'라는 의미로, '일부만 ~하다'로 해석될 수 있습니다. 부분 부정은 'all(모든), every(모든), both(둘 다), always(항상)'와 같이 전체를 나타내는 단어뿐만 아니라, 'completely(완전히), absolutely(전적으로), necessarily(필연적으로)'처럼 절대적인 의미를 가진 표현을 부정어와 함께 써서 나타낼 수 있습니다. 반면, 전체 부정은 '(①)'(이)라고 해석될 수 있습니다. 예를 들어, 'Not everyone is married.'는 (②) 부정으로 '모든 사람이 결혼한 것은 아니다(일부 사람들만 결혼했다).'라고 해석되지만, 'Nobody is married.'는 (③) 부정으로 '아무도 결혼하지 않았다.'라고 해석됩니다.

31 감탄문

감탄문은 놀라움이나 감탄을 표현하며, (①)(와)과 (②)을(를) 활용하여 만들 수 있습니다. 감탄의 대상이 '명사'일 때는 'What+a+형용사+명사+(주어+동사)!'의 형태로 감탄문을 쓸 수 있고, 감탄의 대상이 '형용사 또는 부사'일 때는 'How+형용사/부사+(주어+동사)!'라고 쓸 수 있습니다. 예를 들어, '그는 정말 친절한 소년이구나!'라는 뜻을 지닌 문장은 'What (③) boy he is!'이며, '그 소년은 정말 무례하구나!'라는 뜻을 지닌 문장은 'How (④) the boy is!'입니다.

32 간접의문문: 의문사가 있는 경우

간접의문문은 의문문이 독립된 문장이 아니라 다른 문장의 일부(명사절)로 사용되는 표현이며, 어순이 '(①)'(으)로 바뀌는 것이 특징입니다. 예를 들어, '당신은 몇 살입니까?'라는 뜻을 지닌 문장은 'How old are you?'라고 쓰며, 이를 '나는 당신이 몇 살인지 궁금해요.'라는 뜻을 지닌 간접의문문으로 바꾸면 'I wonder (②)'(이)라고 표현할 수 있습니다. 또한, '나는 당신이 왜 나를 좋아하는지 몰라요.'라는 뜻을 지닌 간접의문문은 "I don't know (③)."라고 표현할 수 있습니다.

33. 간접의문문: 의문사가 없는 경우

의문사가 없는 간접의문문은 접속사 (①)(와)과 (②)을(를) 활용하여 만듭니다. 예를 들어, 'Are you hungry(당신은 배가 고픕니까)?'라는 직접의문문을 '나는 당신이 배가 고픈지 궁금해요.'라는 뜻을 지닌 간접의문문으로 바꾸면 'I wonder (③).'라고 표현할 수 있습니다.

34. 간접의문문: 의문형용사와 의문사 주어

의문형용사가 포함된 간접의문문과 의문사가 주어인 간접의문문은 문장 구조가 다릅니다. 예를 들어, '당신은 어떤 활동을 좋아하나요?'라는 뜻을 지닌 문장은 'What activity do you like?'라고 쓰며, 이를 '나는 당신이 어떤 활동을 좋아하는지 몰라요.'라는 뜻을 지닌 간접의문문으로 바꾸면 "I don't know (①)."라고 표현할 수 있습니다. 또한, '무엇이 당신을 행복하게 만듭니까?'라는 뜻을 지닌 문장은 'What makes you happy?'라고 쓰며, 이를 '나는 무엇이 당신을 행복하게 만드는지 알고 싶어요.'라는 뜻을 지닌 간접의문문으로 바꾸면 'I want to know (②).'라고 표현할 수 있습니다.

35. 간접의문문: 생각을 나타내는 동사

생각 관련 동사가 포함된 간접의문문에서는 (①)을(를) 문장의 맨 앞에 두어 질문의 초점을 명확히 합니다. 예를 들어, '당신은 그것이 무엇이라고 생각하나요?'라는 뜻을 지닌 문장은 '(②) do you (③) it is?'라고 쓰며, '당신은 내가 그를 어디서 만났다고 상상하나요?'라는 뜻을 지닌 문장은 '(④) do you imagine I met him?'이라고 표현할 수 있습니다.

정답 25. ① 주어 ② 동사원형 ③ Does ④ did 26. ① where ② how ③ Who broke ④ did 27. ① 긍정형 ② do, does, did ③ doesn't ④ can ⑤ aren't 28. ① Yes ② Yes ③ didn't 29. ① not ② do, does, did ③ does not(또는 doesn't) 30. ① 묻다, 그렇지 않다 ② 묻다, 아니다 ③ 정체 31. ① what ② how ③ a kind ④ rude 32. ① 의문사+주어+동사 ② why you are ③ how old you are ④ why you like me 33. ① if ② whether ③ if/whether you are hungry 34. ① what activity you like ② what makes you happy 35. ① 의문사 ② What ③ think ④ Where

CHAPTER 8

수동태

주어보다 행동에 초점을 맞추는 표현

수동태는 행위의 주체보다 행위 자체에 초점을 둘 때 사용되는 문장 구조로, 영어에서 매우 자주 쓰입니다. 특히 목적어가 두 개인 4형식 문장이나, 목적어와 목적격 보어가 함께 오는 5형식 문장에서 수동태가 어떻게 쓰이는지를 정확히 이해하는 것이 중요합니다.

UNIT 036 수동태: 개념과 형태

UNIT 037 수동태: 4형식 문장

UNIT 038 수동태: 5형식 문장

주체보다는 행위에 집중하는 문장

수동태: 개념과 형태

수동태는 '주어+be동사+과거분사(+by+행위자)'의 형태로, '(~에 의해) …되다'라는 의미를 가집니다.

✅ **해수쌤의 필수 CHECK** 수동태는 반드시 'be동사+과거분사(p.p.)' 형태를 포함하므로, 능동태와의 구조 차이를 예문과 함께 비교해 보는 것이 중요합니다!

핵심 개념 TABLE

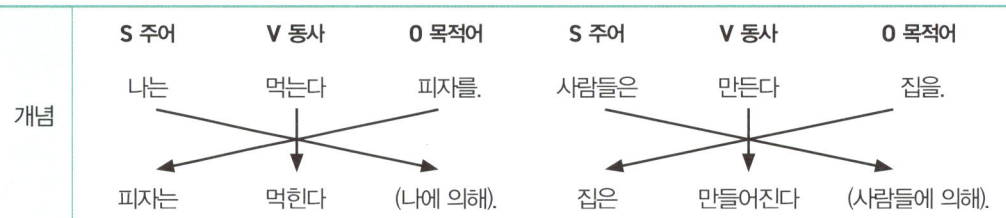

	주어	+	be동사+과거분사	+	(by + 행위자)
형태	~은/는/이/가		~되다		~에 의해

		예문
1)	능동태	He paints the **wall(목적어)**. : 그는 그 벽을 칠한다.
	수동태	**The wall(주어)** is painted by him. : 그 벽은 그에 의해 칠해진다.
2)	능동태	Tom broke **the window(목적어)**. : Tom은 창문을 깨뜨렸다.
	수동태	**The window(주어)** was broken by Tom. : 그 창문은 Tom에 의해 깨졌다.
3)	능동태	Jane sent the **letters(목적어)** this morning. : Jane은 그 편지들을 오늘 아침에 보냈다.
	수동태	**The letters(주어)** were sent by Jane this morning. : 그 편지들은 Jane에 의해 오늘 아침에 보내졌다.

4)	능동태	People don't allow **students(목적어)** to smoke. : 사람들은 학생들이 담배를 피우는 것을 허락하지 않는다.
	수동태	**Students(주어)** are not allowed to smoke ~~by people~~. ← 문맥상 명확한 일반적인 주체이므로 생략함. : 학생들은 담배를 피우는 것이 허락되지 않는다.

⊕ 문법 PLUS

▶ 수동태는 행위의 주체보다 행위 그 자체에 초점을 둘 때 사용되며, 능동태 문장에서 목적어였던 단어가 수동태에서는 주어로 바뀝니다.

▶ 수동태의 일반적인 형태는 '주어+be동사+과거분사+by+행위자'입니다. 단, 행위자가 문맥상 명확하거나 일반적인 경우(예: people), 또는 누군지 알 수 없는 경우에는 'by+행위자'를 생략할 수 있습니다.

예1 | Students are not allowed to smoke ~~(by people)~~. 학생들은 담배를 피우는 것이 허락되지 않는다.

: 'people(사람들)'은 문맥상 명확한 일반적인 주체이므로 'by people'은 보통 생략됨.

예2 | My wallet was stolen ~~(by an unknown person)~~. 내 지갑이 도난당했다.

: 'an unknown person(알려지지 않은 사람)'은 불명확한 주체이므로 'by+행위자' 생략 가능함.

▶ 4형식 문장은 간접목적어와 직접목적어 중 무엇을 주어로 삼느냐에 따라 두 가지 형태의 수동태로 바꿀 수 있는 경우도 있습니다. ('UNIT 37. 수동태: 4형식 문장' 참고)

예 | She gives **me(간접목적어) a pen(직접목적어)**. (능동태) 그녀는 나에게 펜을 준다.

1. 간접 목적어를 주어로 한 수동태

예 | **I** am given a pen by her. 나는 그녀에게 펜을 받는다.

2. 직접 목적어를 주어로 한 수동태

예 | **A pen** is given to me by her. 그녀에게서 펜 한 자루가 나에게 주어진다.

해수쌤의 점검 QUIZ

정답 및 해설 p. 18

A. 주어진 우리말을 바르게 영작한 것을 고르시오. (   )

> 상품들은 버스로 배달될 것이다.

① The goods will delivered by bus.
② The goods will be deliver by bus.
③ The goods will be delivered by bus.
④ The bus will delivered by the goods.
⑤ The bus will be delivered by the goods.

B. 다음 문장을 수동태로 바꾸시오.

(1) Matthew baked the cake. → _____
(2) The author wrote a book. → _____
(3) The scientist made the invention. → _____

해수쌤의 문법 정리 TIPS

수동태의 구조와 쓰임을 정확히 이해하는 것이 중요합니다. 핵심 개념 TABLE에 제시된 능동태 예문을 옮겨 적은 후, 스스로 수동태로 바꿔보세요. 완성된 수동태 문장을 반복해서 읽고 해석하며, 수동태 표현에 자연스럽게 익숙해지도록 연습해 보세요.

목적어가 두 개인 문장의 수동태

수동태: 4형식 문장

중요도 ★★★★★
난이도 ★★★★★

4형식 문장의 수동태는 간접목적어와 직접목적어 중 어떤 것을 주어로 삼느냐에 따라 형태가 달라질 수 있습니다.

해수쌤의 필수 CHECK 간접목적어 또는 직접목적어가 주어로 올 수 없는 경우를 확인하고, 직접목적어를 주어로 바꿀 때 to, for, of 같은 전치사가 필요한 동사들을 예문과 함께 연습하며 익혀 보세요!

핵심 개념 TABLE

1. give(~에게 …을 주다), teach(~에게 …을 가르치다), send(~에게 …을 보내다), offer(~에게 …을 제안하다), show(~에게 …을 보여주다), promise(~에게 …을 약속하다), tell(~에게 …을 말하다) 등의 동사가 쓰인 경우

예	능동태	He gave **me**(간접목적어) **a note**(직접목적어). : 그는 나에게 쪽지를 주었다.
	수동태1 (간접목적어 주어)	→ **I** was given a note by him. : 나는 그에게 쪽지를 받았다
	수동태2 (직접목적어 주어) → 전치사 to활용	→ **A note** was given **to** me by him. : 쪽지가 그에게서 나에게 주어졌다.

2. make(~에게 …을 만들어주다), cook(~에게 …을 요리해주다), buy(~에게 …을 사주다), get(~에게 …을 구해주다/얻게 해주다) 등의 동사가 쓰인 경우

예	능동태	She will make **you**(간접목적어) **some cookies**(직접목적어). : 그녀는 당신에게 쿠키 몇 개를 만들어줄 것이다.
	수동태1 (간접목적어 주어)	→ ~~You will be made some cookies~~ (X) 불가능
	수동태2 (직접목적어 주어) → 전치사 for활용	→ **Some cookies** will be made **for** you by her. : 쿠키 몇 개가 그녀에 의해 당신을 위해 만들어질 것이다.

3. ask(~에게 …을 질문하다/요청하다), demand(~에게 …을 요구하다) 등의 동사가 쓰인 경우

예1)	능동태	He asked **me**(간접목적어) **many questions**(직접목적어). : 그는 나에게 많은 질문을 했다.
	수동태1 (간접목적어 주어)	→ **I** was asked many questions by him. : 나는 그에게서 많은 질문을 받았다.
	수동태2 (직접목적어 주어) → 전치사 of활용	→ **Many questions** were asked **of** me by him. : 많은 질문이 그에 의해 나에게 주어졌다.
예2)	능동태	They demanded **him**(간접목적어) **an explanation**(직접목적어). : 그들은 그에게 해명을 요구했다.
	수동태1 (간접목적어 주어)	→ **He** was demanded an explanation by them. : 그는 그들에게 해명을 요구받았다.
	수동태2 (직접목적어 주어) → 전치사 of활용	→ **An explanation** was demanded **of** him by them. : 해명이 그들에 의해 그에게 요구되었다.

4. envy(~에게 …때문에 부러움을 느끼다), answer(~에게 …을 답하다), spare(~에게 …을 면하게 하다/덜어주다) 등의 동사가 쓰인 경우

예1)	능동태	Everyone envied **him**(간접목적어) **his wealth**(직접목적어). : 모든 사람이 그의 부 때문에 그를 부러워했다.
	수동태1 (간접목적어 주어)	→ **He** was envied (for) his wealth by everyone. : 그는 재산 때문에 모든 사람에게 부러움을 받았다.
	수동태2 (직접목적어 주어)	→ ~~His wealth was envied~~ ~ **(X)** 불가능
예2)	능동태	They spared **him**(간접목적어) **the pain**(직접목적어). : 그들은 그에게 고통을 겪지 않게 해주었다(그를 고통에서 면하게 했다).
	수동태1 (간접목적어 주어)	→ **He** was spared the pain by them. : 그는 그들에 의해 고통을 면했다.
	수동태2 (직접목적어 주어)	→ ~~The pain was spared~~ ~ **(X)** 불가능

📖 문법 PLUS

▶ 수여동사는 '~에게 …을 주다, 보내다, 알려주다' 등의 의미를 가지며, 간접목적어와 직접목적어 두 개를 함께 취하는 4형식 동사를 말합니다.

▶ give와 같이 간접목적어와 직접목적어가 모두 수동태의 주어로 쓰일 수 있는 수여동사는 'teach, send, offer, show, promise, tell' 등이 있습니다. 이 경우, 간접목적어는 일반적으로 전치사 to를 사용해 나타냅니다.

예 | The company offered **him**(간접목적어) **a job**(직접목적어). 그 회사는 그에게 일자리를 제안했다.
   → **He**(간접목적어) was offered **a job**(직접목적어) by the company. 그는 그 회사로부터 일자리를 제안받았다.
   → **A job**(직접목적어) was offered **to him**(간접목적어) by the company. 그 일자리는 회사로부터 그에게 제안되었다.

▶ make와 같이 직접목적어만 수동태의 주어로 쓸 수 있는 수여동사는 'cook, buy, get' 등이 있습니다. 이 경우, 간접목적어는 일반적으로 전치사 for를 사용해 나타냅니다.

예1 | She will make **you**(간접목적어) **some cookies**(직접목적어). 그녀는 당신에게 쿠키 몇 개를 만들어줄 것이다.
   → **Some cookies**(직접목적어) will be made **for you**(간접목적어) by her.
   쿠키 몇 개가 당신을 위해 그녀에 의해 만들어질 것이다.

예2 | He bought **his friend**(간접목적어) **a ticket**(직접목적어). 그는 친구에게 티켓을 사주었다.
   → **A ticket**(직접목적어) was bought **for his friend**(간접목적어) by him.
   티켓이 그의 친구를 위해 그에 의해 구매되었다.

▶ envy와 같이 간접목적어만 수동태의 주어로 쓸 수 있는 수여동사는 'envy, answer, spare' 등이 있습니다. envy는 '~을 … 때문에 부러워하다', answer는 '~에게 …을 답하다', spare는 '~가 …을 면하게 하다'라는 의미입니다.

예1 | Everyone envied **him**(간접목적어) **his wealth**(직접목적어). 모든 사람이 그에게 있는 그의 부를 부러워했다.
   → **He**(간접목적어) was envied **(for) his wealth**(직접목적어) by everyone.
   그는 재산 때문에 모든 사람에게 부러움을 받았다.
   (단, 전치사 for는 선택적으로 사용되며, 생략해도 무방함)

예2 | They spared **him**(간접목적어) **the pain**(직접목적어). 그들은 그에게 고통을 면하게 해주었다.
   → **He**(간접목적어) was spared **(from) the pain**(직접목적어) by them. 그는 그들에 의해 고통을 면하게 되었다.
   (단, 전치사 from은 선택적으로 사용되며, 생략해도 무방함)

해수쌤의 점검 QUIZ

정답 및 해설 p. 19

A. 다음 중 옳지 <u>않은</u> 문장을 고르시오. (　　)

① I will be made sandwiches by him.
② A gift was sent to her by the man.
③ Advice was given to her by the counselor.
④ The car was bought for my son by the friend.

B. 다음 문장의 빈칸을 채워 수동태를 완성하시오.

1. The cook offers the guests a delicious meal.
→ (1) The guests _____ .
→ (2) A delicious meal _____ .

2. The boss gave the employee a bonus.
→ (1) The employee _____ .
→ (2) A bonus _____ .

해수쌤의 문법 정리 TIPS

간접목적어와 직접목적어가 주어로 쓰이는 수동태의 형태를 이해하는 것이 중요합니다. 핵심 개념 TABLE에 제시된 능동태 문장을 옮겨쓴 후, 직접목적어와 간접목적어를 주어로 하는 수동태 문장을 스스로 완성해 보세요. 또한, 수동태에서 직접목적어가 주어일 때 전치사 to, for, of와 함께 쓰이는 동사들을 표를 참고하여 정리해 두세요.

UNIT 038

목적격 보어가 있는 문장의 수동태

수동태: 5형식 문장

중요도 ★★★★★
난이도 ★★★★☆

5형식 문장의 수동태는 동사에 따라 목적격 보어가 그대로 유지되거나, 명사, 형용사, 분사, to부정사 등 다양한 형태로 쓰일 수 있습니다.

> **해수쌤의 필수 CHECK** 지각동사와 사역동사는 특별한 수동태 형태를 가지므로 유의해야 합니다. 또한, 5형식 문장에서 사용되는 동사마다 목적격 보어의 형태가 다르므로, 어떤 동사가 어떤 보어를 취하는지 확인하세요!

핵심 개념 TABLE

1. call(~을 …라고 부르다), elect(~을 …로 선출하다), make(~을 …로 만들다), name(~을 …라고 이름 짓다) 등의 동사가 쓰인 경우

예)	능동태	They called **him**(목적어) **a genius**(목적격 보어). : 그들은 그를 천재라고 불렀다.
	수동태	→ **He** was called **a genius** by them. : 그는 그들에 의해 천재라고 불렸다.

2. keep(~을 …한 상태로 유지하다), leave(~을 …한 상태로 남겨두다), make(~을 …한 상태로 만들다), turn(~을 …으로 바꾸다) 등의 동사가 쓰인 경우

예)	능동태	We will keep **it**(목적어) **safe**(목적격 보어). : 우리는 그것을 안전하게 지킬 것이다.
	수동태	→ **It** will be kept **safe** by us. : 그것은 우리에 의해 안전하게 지켜질 것이다.

3. ask(~에게 …하라고 요청하다), allow(~가 …하는 것을 허락하다), tell(~에게 …하라고 말하다), persuade(~을 설득하여 …하게 하다) 등의 동사가 쓰인 경우

예)	능동태	I will ask **them**(목적어) **to close the doors**(목적격 보어). : 나는 그들에게 문을 닫아 달라고 요청할 것이다.
	수동태	→ **They** will be asked **to close the doors** by me. : 그들은 나에게 문을 닫으라는 요청을 받을 것이다.

4. see(~가 …하는 것을 보다), watch(~가 …하는 것을 지켜보다), hear(~가 …하는 것을 듣다), listen to(~가 …하는 것을 귀 기울여 듣다) 등의 지각동사가 쓰인 경우
→ 수동태에서 보어의 형태는 to부정사 또는 현재분사로 바꾸어야 함.

예)	능동태	We saw **the boy**(목적어) **play/playing soccer**(목적격 보어). : 우리는 그 소년이 축구하는 것을 보았다.
	수동태1	→ **The boy** was seen **to play soccer** by us. : 그 소년이 축구하는 것이 우리에게 보였다.
	수동태2	→ **The boy** was seen **playing soccer** by us.

5. make(~에게 …하게 하다), let(~에게 …하게 하다/허락하다) 등의 사역동사가 쓰인 경우
→ 수동태에서 make는 'be made to', let은 'be allowed to'로 바꾸어야 함.

예1)	능동태	He made **me**(목적어) **clean the room**(목적격 보어). : 그는 내가 방을 청소하게 했다.
	수동태	→ **I** was made **to clean the room** by him. : 나는 그에 의해 방을 청소하게 되었다.
예2)	능동태	She let **me**(목적어) **go home early**(목적격 보어). : 그녀는 내가 일찍 집에 가도록 허락했다.
	수동태	→ **I** was allowed **to go home early** by her. : 나는 그녀한테 일찍 집에 가도록 허락받았다.

➕ 문법 PLUS

▶ 5형식 문장의 수동태 문장은 '주어+be동사+과거분사' 뒤에 목적격 보어가 '명사, 형용사, 분사, to부정사' 등의 형태로 쓰입니다.

1. 목적격 보어가 명사인 경우

예 | 능동태: They **called** him **a genius**(목적격 보어: 명사). 그들은 그를 천재라고 불렀다.
　　→ 수동태: He **was called a genius**(명사) by them. 그는 그들에 의해 천재라고 불렸다.

2. 목적격 보어가 형용사인 경우

예 | 능동태: We will **keep** it **safe**(목적격 보어: 형용사). 우리는 그것을 안전하게 지킬 것이다.
　　→ 수동태: It will **be kept safe**(형용사) by us. 그것은 우리에 의해 안전하게 지켜질 것이다.

3. 목적격 보어가 분사인 경우

예 | 능동태: I **found** him **sleeping**(목적격 보어: 현재분사). 나는 그가 자고 있는 것을 발견했다.
　　→ 수동태: He **was found sleeping**(현재분사) by me. 그는 나에 의해 자고 있는 상태로 발견되었다.

4. 목적격 보어가 to부정사인 경우

: ask, allow, tell, persuade와 같은 동사가 사용된 5형식 문장

예 | 능동태: They **told** him to wait(목적격 보어: to부정사) outside. 그들은 그에게 밖에서 기다리라고 말했다.

→ 수동태: He **was told** to wait(to부정사) outside by them.
그는 그들에 의해 밖에서 기다리라는 말을 들었다.

5. 목적격 보어가 '동사원형 → to부정사'인 경우

: make와 같은 사역동사가 사용된 5형식 문장

예 | 능동태: The noise **made** him leave(목적격 보어: 동사원형) the house. 그 소음이 그를 집에서 나가게 만들었다.

→ 수동태: He **was made** to leave(to부정사) the house by the noise. 그는 그 소음 때문에 집에서 나가게 되었다.

6. 목적격 보어가 '동사원형, 현재분사' → 'to부정사, 현재분사'인 경우

: see, watch, hear, listen to와 같은 지각동사가 사용된 5형식 문장

예1 | 능동태: I **saw** him enter(목적격 보어: 동사원형) the room. 나는 그가 방에 들어가는 것을 목격했다.

→ 수동태: He **was seen** to enter(to부정사) the room (by me). 그는 나에 의해 방에 들어가는 것이 목격되었다.

예2 | 능동태: I **saw** him entering(목적격 보어: 현재분사) the room. 나는 그가 방에 들어가고 있는 모습을 목격했다.

→ 수동태: He **was seen** entering(현재분사) the room (by me). 그는 나에 의해 방에 들어가고 있는 모습이 목격되었다.

해수쌤의 점검 QUIZ

정답 및 해설 p. 19

A. 다음 중 수동태로 바꾼 것이 적절하지 않은 문장을 고르시오. (　　)

① They asked me to attend the meeting.

→ I was asked to attend the meeting by them.

② The committee elected him president.

→ He was elected president by the committee.

③ The police saw the thief flee from the scene.

→ The thief was seen flee from the scene by the police.

B. 다음 문장을 수동태로 바꾸시오.

(1) I named the baby Henry.　→ _____

(2) We made her wash the dishes.　→ _____

해수쌤의 문법 정리 TIPS

5형식 문장은 사용된 동사에 따라 수동태로 바뀌었을 때 목적격 보어의 형태가 달라질 수 있다는 점을 이해하는 것이 중요합니다. 핵심 개념 TABLE에 제시된 능동태 문장을 기록한 후, 스스로 수동태 문장으로 바꾸는 연습을 해보세요. 또한, 각 예문에 쓰인 수동태 목적격 보어의 형태와 같은 유형의 보어를 취하는 동사들을 표로 정리하여 기억해 두세요.

해수쌤의 핵심 개념 REVIEW

CHAPTER 8
수동태

빈칸을 채워 핵심 개념을 이해했는지 점검하세요.

36 수동태: 개념과 형태

수동태는 '주어+be동사+과거분사(+by+행위자)' 형태로 '(~에 의해) (①)'라는 의미를 지닙니다. 예를 들어, 'Tom은 창문을 깨뜨렸다.'라는 뜻을 지닌 문장은 'Tom broke the window.'라고 쓰며, 이를 수동태로 바꾸면 'The window (②).'(이)라고 표현할 수 있습니다.

37 수동태: 4형식 문장

4형식 문장의 수동태는 (①)(와)과 (②) 중 어느 것을 주어로 삼느냐에 따라 형태가 달라질 수 있습니다. 예를 들어, '그는 나에게 쪽지를 주었다.'라는 뜻을 지닌 문장은 'He gave me a note.'라고 쓰며, 이를 간접목적어(me)를 주어로 하는 수동태로 바꾸면 '(③).'(이)라고 표현할 수 있습니다. 또한, 직접목적어(a note)를 주어로 하는 수동태로 바꾸면 '(④).'(이)라고 표현할 수 있습니다.

38 수동태: 5형식 문장

5형식 문장의 수동태는 동사에 따라 목적격 보어가 명사, 형용사, 분사, to부정사 등의 형태로 쓰입니다. 예를 들어, '그들은 그를 천재라고 불렀다.'라는 뜻을 지닌 문장은 'They called him a genius.'라고 쓰며, 이를 수동태로 바꾸면 'He was called (①).'(이)라고 표현할 수 있습니다. 또한, '나는 그가 방에 들어가는 것을 보았다.'라는 뜻을 지닌 문장은 'I saw him enter the room.'이라고 쓰며, 이를 수동태로 바꾸면 'He was seen (②).' 또는 'He was seen entering the room by me.'라고 표현할 수 있습니다.

정답 36 ① …되다 ② was broken by Tom. 37 ① 간접목적어 ② 직접목적어 ③ I was given a note by him ④ A note was given to me by him 38 ① a genius by them ② to enter the room by me

CHAPTER 9

비교급 및 최상급

차이를 구별하고 최고를 나타내는 표현

비교급과 최상급은 대상을 비교하거나 최고를 나타낼 때 필수적인 표현으로, 영어 문장에서 자주 사용됩니다. 기본 형태와 규칙·불규칙 변화뿐 아니라, 비교급 강조 표현, the 비교급을 활용한 구문, 원급 비교까지 다양한 활용법을 함께 익히는 것이 중요합니다.

UNIT 039	비교급: 규칙 변화, 불규칙 변화
UNIT 040	비교급 강조 표현
UNIT 041	the 비교급, the 비교급 구문
UNIT 042	비교 표현: 원급 비교
UNIT 043	최상급: 규칙 변화, 불규칙 변화

-er과 more를 붙이는 기본 원리와 예외

비교급: 규칙 변화, 불규칙 변화

비교급은 형용사와 부사에 –er을 붙이거나 앞에 more을 써서 나타내며, 일부 단어는 불규칙적으로 변화합니다.

> **해수쌤의 필수 CHECK** 불규칙 변화를 하는 비교급은 반드시 암기해야 하므로 표를 통해 확인하세요.

핵심 개념 TABLE

규칙 변화

1. 대부분의 경우

-er 붙임	예)	short→short**er**(더 짧은), long→long**er**(더 긴), young→young**er**(더 어린), old→old**er**(더 나이 든/더 오래된), hard→hard**er**(더 열심히/더 힘든)

2. 스펠링이 e로 끝나는 경우

-r 붙임	예)	nice→nice**r**(더 좋은), safe→safe**r**(더 안전한), large→large**r**(더 큰), wide→wide**r**(더 넓은)

3. 스펠링이 '자음+y'로 끝나는 경우

y를 i로 바꾸고 -er 붙임	예)	happ**y**→happ**ier**(더 행복한), eas**y**→eas**ier**(더 쉬운), earl**y**→earl**ier**(더 이른), heav**y**→heav**ier**(더 무거운)

4. 스펠링이 '단모음+단자음'으로 끝나는 경우

마지막 스펠링을 한 번 더 쓰고 -er 붙임	예)	big→big**ger**(더 큰), hot→hot**ter**(더 뜨거운), fat→fat**ter**(더 뚱뚱한), thin→thin**ner**(더 얇은), slim→slim**mer**(더 날씬한), sad→sad**der**(더 슬픈)

5. 긴 음절의 단어(3음절 이상) 또는 접미사 '–ful, –ous, –less, –ish, –ic, –al'로 끝나는 단어 등

앞에 more 붙임	예)	**more** diligent(더 부지런한), **more** important(더 중요한), **more** useful(더 유용한), **more** famous(더 유명한), **more** careless(더 부주의한), **more** foolish(더 어리석은), **more** tragic(더 비극적인), **more** normal(더 정상적인)

불규칙 변화

예)	good/well→better(더 좋은, 더 잘), bad→worse(더 나쁜), many/much→more(더 많은), little→less(더 적은, 양), few→fewer(더 적은, 수), far→farther/further(더 먼)

문법 PLUS

▶ 비교급은 일반적으로 '형용사/부사 비교급(+명사)+than+비교 대상'의 형태로 쓰이며, 비교 대상은 명사, 구, 절 등 다양하게 나타날 수 있습니다.

1. 비교 대상이 명사인 경우

예 | She is taller than **her brother**(명사). 그녀는 남동생보다 키가 더 크다.

2. 비교 대상이 구인 경우

예 | He runs faster than **the other boys in his team**(구). 그는 팀의 다른 소년들보다 더 빨리 달린다.

3. 비교 대상이 절인 경우

예 | This movie is more interesting than **I expected**(절). 이 영화는 내가 기대했던 것보다 더 흥미롭다.

▶ 접미사 '-ful, -ous, -less, -ish, -ic, -al'로 끝나는 단어뿐만 아니라, 2음절 이하의 단어라도 의미나 어감상 -er를 붙이기 어색한 경우 more을 사용할 수 있습니다.

예 | fun(1음절) → **more** fun 더 재미있는,   real(1음절) → **more** real 더 진짜 같은
ready(2음절) → **more** ready 더 준비된,   ill(1음절) → **more** ill 더 아픈

해수쌤의 점검 QUIZ

정답 및 해설 p. 20

A. 다음 중 비교급의 형태로 바꾼 것이 적절하지 <u>않은</u> 것을 고르시오. (   )

① thin → thinner   ② bad → badder
③ heavy → heavier   ④ large → larger

B. 제시된 영단어를 알맞은 순서로 배열하여 문장을 완성하시오.

(1) (is / this year / than / last year / hotter)

→ _____

올해는 작년보다 더 덥다.

(2) (useful / than / laptops / more / desktops / are)

→ _____

노트북이 데스크탑보다 더 유용하다.

(3) (before / than / eats / the boy / less)

→ _____

그 소년은 예전보다 덜 먹는다.

해수쌤의 문법 Q&A

Q useful은 단어 길이가 짧으니까 -er을 붙여서 비교급을 만들면 되나요?

A useful은 2음절이지만 -ful로 끝나는 단어이기 때문에 more를 붙여 'more useful'로 표현합니다. 일반적으로 2음절 이하의 형용사에 -er을 붙이지만, 2음절 이하라도 '-ful, -ous, -less, -ish, -ic, -al'로 끝나는 형용사이거나 의미상 또는 어감상 -er을 붙이기 어색한 경우에는 more를 사용합니다.

해수쌤의 문법 정리 TIPS

비교급을 만들 때, -er이 붙는 단어와 more이 붙는 단어의 규칙을 이해하는 것이 중요합니다. 핵심 개념 TABLE에 정리된 규칙 변화 및 불규칙 변화의 예시 단어들을 표로 정리하며, 비교급의 형태를 익혀 보세요. 특히, 불규칙하게 변화하는 단어들은 따로 메모해두고 형태에 익숙해지도록 반복해서 읽어보세요.

very 대신 올바른 강조 표현 사용하기
비교급 강조 표현

중요도 ★★★☆☆
난이도 ★★☆☆☆

비교급을 강조할 때는 much, even, far, a lot, still 등 적절한 표현을 비교급 앞에 사용해야 합니다.

✓ **해수쌤의 필수 CHECK** 비교급을 강조할 때 very는 사용할 수 없습니다. 의미만 보고 습관적으로 very를 쓰지 않도록 주의하세요!

핵심 개념 TABLE

예문	The chicken is ~~very~~ bigger than the rabbit. (X) : 그 닭은 그 토끼보다 훨씬 더 크다.

비교급 앞에 쓰이는 강조 및 정도 표현					
훨씬 ~하다	상당히 ~하다	조금 더 ~하다	(거의) ~않다	~않다
much 훨씬	considerably 상당히	a bit 약간, 조금	little 거의 ~않다	no 조금도 ~않다
even 심지어, 훨씬	significantly 상당히, 눈에 띄게	a little 약간, 조금		not ~하지 않다
far 훨씬	markedly 현저히	slightly 약간, 조금		
a lot 훨씬	noticeably 눈에 띄게			
still 더욱				
~~very~~ 매우				

➕ 문법 PLUS

▶ 의미상으로는 '매우'라는 뜻을 지닌 **very**가 비교급을 강조하는 데 문제가 없어 보일 수 있지만, 문법적으로 옳지 않으므로 해석에만 의존하여 오류를 범하지 않도록 유의해야 합니다.

예 | 그 닭은 그 토끼보다 훨씬 더 크다.
- → The chicken is ~~very~~ bigger than the rabbit. (X)
- → The chicken is **much** bigger than the rabbit. (O)
- → The chicken is **even** bigger than the rabbit. (O)
- → The chicken is **far** bigger than the rabbit. (O)
- → The chicken is **a lot** bigger than the rabbit. (O)
- → The chicken is **still** bigger than the rabbit. (O)

▶ 비교급이 포함된 관용 표현에서도 강조 표현이 자주 쓰입니다.

1. much more than A: A보다 훨씬 더 ~하다

예 | Success is **much** more than making money. 성공은 단순히 돈을 버는 것보다 훨씬 더 많은 의미가 있다.

2. no more than A: A에 불과한, 고작

예 | He has **no** more than three dollars. 그는 고작 3달러밖에 없다.

3. not much better than A: A보다 그다지 낫지 않은

예 | His second novel is **not much better than** the first. 그의 두 번째 소설은 첫 번째 소설보다 별로 낫지 않다.

4. even more so: (앞서 언급한 상황보다) 더 그렇다

예 | It was cold yesterday, but today is **even more so**. 어제는 추웠는데, 오늘은 더 그렇다.

해수쌤의 점검 QUIZ

정답 및 해설 p. 21

A. 주어진 우리말을 바르게 영작한 것을 고르시오. (　　)

> 건강이 돈보다 훨씬 더 중요하다.

① Health is even importanter than money.
② Health is very more important than money.
③ Health is many more important than money.
④ Health is much more important than money.

B. 다음 중 옳지 <u>않은</u> 문장을 고르시오. (　　)

① We need to have far more time.
② Bus fare is very cheaper than airfare.
③ The book is still more interesting than the movie.
④ The new phone is a lot more expensive than mine.

해수쌤의 문법 정리 TIPS

비교급을 강조할 때 very를 사용하지 않는다는 점을 이해하는 것이 중요합니다. 핵심 개념 TABLE에 제시된 very 대신 사용할 수 있는 비교급 강조 표현들을 메모해 두고 반복적으로 익혀 보세요. 또한, 주어진 예문에 강조 및 정도를 나타내는 표현을 바꿔 넣어 소리 내어 읽으며, 비교급 앞에 쓰이는 표현에 익숙해지도록 연습해 보세요.

예) The chicken is **much/even/far/a lot/still/considerably/significantly**… bigger than the rabbit.

UNIT 041

the 비교급을 반복하여 만드는 특별한 구문

the 비교급, the 비교급 구문

중요도 ★★★★☆
난이도 ★★★☆☆

'the 비교급 ~, the 비교급 …' 구문은 '~할수록 더 …하다'라는 의미를 나타냅니다.

> ✓ **해수쌤의 필수 CHECK** 이 구문의 기본 구조는 'the 비교급+주어+동사+~'이지만, 비교급 다음에 오는 말의 종류에 따라 문장 형태가 달라질 수 있으니 주의하세요.

핵심 개념 TABLE

형태	the 비교급 ~, the 비교급 …
의미	~할수록 더 …하다

	예문
1)	<u>The harder</u> we study, <u>the smarter</u> we become. 　　　　　S　V　　　　　　　S　V : 우리가 더 열심히 공부할수록, 우리는 더 똑똑해집니다.
2)	<u>The more expensive</u> a car is, <u>the faster</u> it goes. 　　　　　　　　S　V　　　　　S　V : 차가 더 비쌀수록, 더 빨리 달립니다.
3)	<u>The more things</u> you buy, <u>the less money</u> you have. 　　　　　　　S　V　　　　　　　　S　V : 물건을 더 많이 살수록, 당신이 가진 돈은 더 적어집니다.
4)	<u>The more people</u> (there are), <u>the more ideas</u> (there are). 　　　　　　S　V　　　　　　　　S　V : 사람이 많을수록, 아이디어도 더 많아집니다.
5)	<u>The simpler</u> (it is), <u>the better</u> (it is). 　　　　S　V　　　S　V : 더 단순할수록, 더 좋다.

문법 PLUS

▶ 일반적인 구조는 'the 비교급+주어+동사+~'이지만, 비교급 다음에 오는 성분에 따라 문장의 구조가 다양하게 변할 수 있습니다. 주요 유형은 다음과 같습니다.

1. 비교급이 오고, 그 뒤에 '주어+동사'가 나오는 형태

예 | The harder we(주어) study(동사), the smarter we(주어) become(동사).
우리가 더 열심히 공부할수록, 우리는 더 똑똑해집니다.

2. 비교급 뒤에 명사가 오고, 그 뒤에 '주어+동사'가 나오는 형태

예 | The more things(명사) you(주어) buy(동사), the less money(명사) you(주어) have(동사).
물건을 더 많이 살수록, 당신이 가진 돈은 더 적어집니다.

3. 비교급 뒤에 명사만 있는 구조로, 뒤에 'there is/are'가 생략된 형태

예 | The more people(명사), the more ideas(명사).
사람이 많을수록, 아이디어도 더 많아집니다.

4. 비교급만 있는 구조로, 뒤에 '주어+동사(be동사)'가 생략된 형태

예 | The simpler, the better.
더 단순할수록, 더 좋다.

해수쌤의 점검 QUIZ

정답 및 해설 p. 21

A. 괄호 안에 주어진 단어를 적절히 사용하여 문장을 완성하시오. (단, 필요시 단어의 형태를 변형하시오.)

(1) _____ _____ we wake up, _____ _____ _____ we have.
(time, early, much, the)
우리가 일찍 일어날수록, 우리는 더 많은 시간을 갖는다.

(2) _____ _____ the weather is, _____ _____ I feel. (weak, hot, the)
날씨가 더울수록, 나는 더 약해진다고 느낀다.

B. 다음 영어 문장을 우리말로 바르게 해석한 것을 고르시오 ( )

> The more books you read, the smarter you become.

① 당신이 똑똑한 사람일수록, 당신은 더 많은 책을 읽는다.
② 많은 책을 읽을수록 당신은 똑똑한 사람이 되고 싶어진다.
③ 당신이 많은 책을 읽을수록, 당신은 더 똑똑한 사람이 된다.

**해수쌤의
문법 정리
TIPS**

'the 비교급, the 비교급' 구문의 형태와 의미를 이해하는 것이 중요합니다. 핵심 개념 TABLE에 제시된 예문들을 옮겨 적고, 각 문장을 스스로 해석하며 의미를 정확히 파악해 보세요. 또한, 문장 구조를 분석하여 직접 메모하면서 반복적으로 익혀 두세요.

UNIT 042

as ~ as로 동등함을 나타내는 비교 표현

비교 표현: 원급 비교

중요도 ★★★★★
난이도 ★★★☆☆

원급 비교는 'as ~ as'를 활용해서 두 대상이 서로 동등함을 나타낼 때 사용하는 구문입니다.

✓ **해수쌤의 필수 CHECK**   'as ~ as' 구문은 단순한 동등 비교뿐만 아니라, 배수 표현이나 명사를 포함한 표현을 통해 비교의 정도나 구체적인 차이를 나타낼 수도 있습니다. 예문을 통해 다양한 형태와 쓰임에 익숙해지세요!

핵심 개념 TABLE

형태	A is as **형용사/부사 원급** as B
의미	A는 B만큼 ~하다(A=B)

구분	예문
1. 일반적인 형태	She is **as** busy **as** a CEO. : 그녀는 CEO만큼 바쁘다.
2. 부정 형태	She is not **as** busy **as** her colleagues. : 그녀는 동료들만큼 바쁘지 않다.
3. 배수 표현	She is **half/twice/three times as** busy **as** she was last year. : 그녀는 작년보다 절반/두 배/세 배 바쁘다.
4. 명사 포함 표현	He is **as** talented **a** musician **as** his father. : 그는 아버지만큼 재능 있는 음악가이다.
5. 관용 표현	1) as ~ as 주어 can : 주어가 할 수 있는 한 ~하게 Run **as** fast **as** you can. : 네가 할 수 있는 한 빨리 달려라.
	2) as ~ as possible : 가능한 한 ~하게 Come **as** early **as** possible. : 가능한 한 일찍 와라.
	3) as soon as ~ : ~하자마자 He cried **as soon as** he saw me. : 그는 나를 보자마자 울었다.
	4) as long as ~ : ~하는 한(조건을 만족할 경우) You can go out **as long as** you finish your homework. : 네가 숙제를 끝내기만 하면 외출해도 된다.

5)	as far as ~ : ~하는 한(정보나 판단의 범위)	She is kind, **as far as** I know. : 내가 아는 한, 그녀는 친절하다.
6)	may as well ~ (as …) : (…하느니) 차라리 ~하는 게 낫다	You **may as well** leave now (**as** stay longer). : 더 머무느니 차라리 지금 떠나는 게 낫다.

➕ 문법 PLUS

▶ '원급'은 형용사 또는 부사의 기본형으로, 비교 없이 단순한 상태를 나타내는 형태를 말합니다.

▶ 원급 비교의 일반적인 형태는 '**as**+형용사/부사 원급+**as**'이지만 다음과 같이 구조가 변형될 수 있으니 유의해야 합니다.

1. **not**+**as**+형용사/부사 원급+**as**+~: ~만큼 …하지 않는

예 | The test was **not as difficult as** I expected. 시험이 내가 예상했던 것만큼 어렵지 않았다.

2. 배수사+**as**+형용사/부사 원급+**as**: ~보다 …배만큼 ~한

예 | He is **twice as tall as** his older brother. 그는 형보다 키가 두 배 더 크다.

3. **as**+형용사/부사 원급+**a/an**+명사+**as**+~: ~만큼 …한 명사

예 | This is **as beautiful a place as** I imagined. 여기는 내가 상상했던 만큼 아름다운 곳이다.

▶ 원급 비교에서 as와 as 사이에 형용사를 쓸지 부사를 쓸지는 비교의 중심이 주어의 상태를 설명하는지(형용사 사용) 또는 동사의 행동을 수식하는지(부사 사용)에 따라 달라집니다.

예1 | She is as **kind** as her mother. 그녀는 자신의 엄마만큼 친절하다.

: 비교의 중심이 되는 단어는 '친절한'이며 주어인 '그녀(She)'의 상태를 설명하므로, 부사 kindly가 아닌 형용사 kind를 사용함.

예2 | He sang as **loudly** as possible. 그는 가능한 한 크게 노래를 불렀다.

: 비교의 중심이 되는 단어는 '크게'이며 동사인 '노래 불렀다(sang)'를 수식하므로, 형용사 loud가 아닌 부사 loudly를 사용함.

▶ 원급 비교를 활용한 관용 표현은 문장에서 자주 활용되므로 하나의 단어처럼 뜻을 익혀 두는 것이 좋습니다.

예 | **as ~ as possible** 가능한 한 ~하게   **as soon as ~** ~하자마자   **as/so long as ~** ~하는 한(조건을 만족할 경우)

as far as ~ ~하는 한(정보나 판단의 범위)   **may/might as well ~ (as …)** (…하느니) 차라리 ~하는 게 낫다

not so much as ~ ~조차 하지 않는   **as many**(가산)/**much**(불가산) **as ~** ~만큼이나 되는, ~만큼 많은

as few(가산)/**little**(불가산) **as ~** ~만큼이나 적은

해수쌤의 점검 QUIZ

정답 및 해설 p. 21

A. 다음 영어 표현과 의미를 바르게 연결하시오.

1. as far as ~ • • ㉠ ~하자마자
2. as soon as ~ • • ㉡ ~하는 한
3. as ~ as possible • • ㉢ A만큼 ~하다
4. half as ~ as A • • ㉣ A의 반만큼 ~하다
5. as ~ as A • • ㉤ 가능한 ~하게

B. 다음 영어 문장의 우리말 해석이 옳지 <u>않은</u> 것을 고르시오. (　　　)

① You may as well stay here. 당신은 여기 머무르는 편이 나아요.
② He left as soon as you called me. 당신이 전화하자마자 그가 떠났어요.
③ He is not as good at soccer as Peter. 그는 피터만큼 축구를 잘하진 않는다.
④ We'll go on a picnic as long as it's not rainy. 우리는 비가 오지 않는 만큼 오래 소풍을 갈 거예요.

해수쌤의 문법 Q&A

Q as long as와 as far as는 항상 '~하는 한'이라는 뜻으로 쓰이나요?

A 아니요. 둘 다 문맥에 따라 다른 뜻으로도 쓰입니다. 'as long as'가 조건을 나타낼 때는 'You can go out as long as you finish your homework(네가 숙제를 끝내기만 하면 외출해도 된다).'처럼 쓰이지만, 'This rope is as long as this room(이 밧줄은 이 방만큼 길다).'처럼 길이를 비교할 때도 쓰입니다. 'as far as'도 마찬가지입니다. 'She is kind, as far as I know(내가 아는 한, 그녀는 친절하다).'처럼 정보의 범위를 나타내기도 하고, 'We walked as far as the river(우리는 강까지 걸어갔다).'처럼 거리를 나타내기도 합니다.

해수쌤의 문법 정리 TIPS

원급 비교가 쓰인 문장의 해석과 다양한 문장 형태를 이해하는 것이 중요합니다. 원급 비교 구문의 형태와 의미를 정리한 뒤, 핵심 개념 TABLE에 제시된 예문을 기록하고 직접 해석해 보세요. 특히 관용 표현은 뜻을 메모해 두고 기억해 두는 것이 중요합니다.

UNIT 043

−est와 most를 붙이는 기본 원리와 예외

최상급: 규칙 변화, 불규칙 변화

최상급은 형용사와 부사에 −est를 붙이거나 앞에 most를 써서 나타내며, 일부 단어는 불규칙적으로 변화합니다.

해수쌤의 필수 CHECK 불규칙 변화하는 최상급은 반드시 암기해야 하므로 표를 통해 확인하세요!

핵심 개념 TABLE

규칙 변화		
1. 대부분의 경우		
−est 붙임	예)	short→short**est**(가장 짧은), long→long**est**(가장 긴), young→young**est**(가장 어린), old→old**est**(가장 나이 든/가장 오래된), hard→hard**est**(가장 열심히/가장 힘든)
2. 스펠링이 e로 끝나는 경우		
−st 붙임	예)	nice→nice**st**(가장 좋은), safe→safe**st**(가장 안전한), large→large**st**(가장 큰), wide→wide**st**(가장 넓은)
3. 스펠링이 '자음+y'로 끝나는 경우		
y를 i로 바꾸고 −est 붙임	예)	heav**y**→heav**iest**(가장 무거운), earl**y**→earl**iest**(가장 이른), happ**y**→happ**iest**(가장 행복한), eas**y**→eas**iest**(가장 쉬운)
4. 스펠링이 '단모음+단자음'으로 끝나는 경우		
마지막 스펠링을 한 번 더 쓰고 −est 붙임	예)	big→big**gest**(가장 큰), hot→hot**test**(가장 뜨거운), fat→fat**test**(가장 뚱뚱한), thin→thin**nest**(가장 얇은), slim→slim**mest**(가장 날씬한), sad→sad**dest**(가장 슬픈)
5. 긴 음절의 단어(주로 3음절 이상) 또는 접미사 '−ful, −ous, −less, −ish, −ic, −al'로 끝나는 단어 등		
앞에 most 붙임	예)	diligent→**most** diligent(가장 부지런한), important→**most** important(가장 중요한), useful→**most** useful(가장 유용한), famous→**most** famous(가장 유명한), careless→**most** careless(가장 부주의한),

	foolish→**most** foolish(가장 어리석은), tragic→**most** tragic(가장 비극적인), normal→**most** normal(가장 정상적인)

불규칙 변화	
예)	good/well→best(가장 좋은, 가장 잘), bad→worst(가장 나쁜), many/much→most(가장 많은), little→least(가장 적은, 양), few→fewest(가장 적은, 수), far→farther/further(가장 먼)

➕ 문법 PLUS

▶ 최상급은 일반적으로 'the+형용사/부사 최상급(+명사)+in/of+비교 범위'의 형태로 쓰이며, 형용사/부사 앞에는 the를 붙이는 것이 원칙입니다. 다만, 부사의 최상급에서는 the가 생략되는 경우도 있습니다.

예1 | She is **the tallest student in her class**. 그녀는 반에서 가장 키가 큰 학생이다.
: 형용사의 최상급(the tallest) 사용. the는 생략 불가능함.

예2 | He runs **(the) fastest** in the team. 그는 팀에서 가장 빨리 달린다.
: 부사의 최상급(the fastest) 사용. the는 생략 가능함.

▶ 접미사 '-ful, -ous, -less, -ish, -ic, -al'로 끝나는 단어뿐만 아니라, 2음절 이하의 단어라도 의미나 어감상 -est를 붙이기 어색한 경우 most를 사용할 수 있습니다. 따라서, 단어가 3음절 이상일 경우에만 most를 써야 한다고 단정해서는 안 됩니다.

예 | fun(1음절) → **most** fun 가장 재미있는   ready(2음절) → **most** ready 가장 준비된

해수쌤의 점검 QUIZ

정답 및 해설 p. 21

A. 괄호에 알맞은 것에 동그라미 치시오.

(1) He is the (funnyest / funniest) person in our class.
(2) That is the (sadest / saddest) story.
(3) That was the (tragicest / most tragic) event in his life.
(4) Wearing a helmet is the (safest / safeest) and most important choice.

B. 다음 중 최상급의 형태로 바꾼 것이 적절하지 않은 것을 고르시오. (   )

① big → bigest
② little → least
③ early → earliest
④ foolish → most foolish

해수쌤의 문법 Q&A

Q 스펠링이 '자음+y'로 끝나는 경우는 무조건 y를 i로 바꾸고 −est를 붙이나요?

A 꼭 그렇지는 않습니다. 언어에는 예외가 많기 때문에 '무조건'이라는 말은 적용하기 어렵습니다. 예를 들어 shy(수줍어하는)는 '자음+y'로 끝나지만, shyest(가장 수줍어하는)처럼 y를 그대로 두고 최상급을 만듭니다. 또한 clever(현명한)처럼 2음절 단어라도 어감상 −est가 어색해서 most clever라고 표현하기도 하죠. 이처럼 단어의 스펠링뿐 아니라, 강세, 음절 수, 자연스러운 어감까지 변화에 영향을 주기 때문에 규칙을 100% 정해진 공식처럼 외우기보다는, 예외까지 함께 익히며 유연하게 이해하는 태도가 중요합니다.

해수쌤의 문법 정리 TIPS

최상급을 만들 때 −est가 붙는 단어와 most가 붙는 단어의 규칙을 이해하는 것이 중요합니다. 핵심 개념 TABLE에 정리된 규칙 변화 및 불규칙 변화의 예시 단어들을 표로 정리하며, 최상급의 형태를 익혀 보세요. 특히, 불규칙하게 변화하는 단어들은 따로 메모해 두고 형태에 익숙해지도록 반복해서 읽어보세요.

해수쌤의 핵심 개념 REVIEW

CHAPTER 9
비교급 및 최상급

빈칸을 채워 핵심 개념을 이해했는지 점검하세요.

39 비교급: 규칙 변화, 불규칙 변화

비교급은 형용사와 부사에 (①)을(를) 붙이거나 앞에 more을 써서 나타내며, 일부 단어는 불규칙적으로 변화합니다. 예를 들어, 'bad(나쁜)'의 비교급은 (②)이며, 'diligent(부지런한)'의 비교급은 (③)(이)라고 표현할 수 있습니다. 또한, 'big(큰)'의 비교급은 bigger라고 표현할 수 있습니다.

40 비교급 강조 표현

비교급을 강조할 때는 '매우'라는 뜻을 지닌 부사인 (①)을(를) 사용할 수 없으며, 대신 '훨씬 ~하다'라는 뜻을 지닌 (②), (③), far, a lot, still 등의 표현을 사용해야 합니다. 예를 들어, '그 닭은 그 토끼보다 훨씬 더 크다.'라는 뜻을 지닌 문장은 'The chicken is much bigger than the rabbit.'이라고 표현할 수 있습니다.

41 the 비교급, the 비교급 구문

'the 비교급 ~, the 비교급 …' 구문은 '(①)'라는 뜻을 가집니다. 예를 들어, '우리가 더 열심히 공부할수록, 우리는 더 똑똑해집니다.'라는 뜻을 지닌 문장은 '(②) we study, the smarter we become.'이라고 표현할 수 있습니다. 또한, '차가 더 비쌀수록, 속도가 더 빠릅니다.'라는 뜻을 지닌 문장은 '(③) a car is, (④) the speed is.'라고 표현할 수 있습니다.

42 비교 표현: 원급 비교

'A is as 형용사/부사 원급 as B' 형태를 지닌 원급 비교 구문은 '(①)'의 의미를 가집니다. 예를 들어, '그녀는 CEO만큼 바쁘다.'라는 뜻을 지닌 문장은 'She is as busy as a CEO.'라고 표현할 수 있습니다. 또한, '그녀는 작년보다 두 배 더 바쁘다.'라는 뜻을 지닌 문장은 'She is (②) as busy as she was last year.'라고 표현할 수 있습니다.

43 최상급: 규칙 변화, 불규칙 변화

최상급 형용사와 부사의 형태에 따라 (①)을(를) 붙이거나 앞에 (②)(을)를 써서 나타내며, 일부 단어는 불규칙적으로 변화합니다. 예를 들어, '그는 반에서 가장 키가 큰 학생이다.'라는 뜻을 지닌 문장은 'She is (③) student in her class.'라고 표현할 수 있습니다. 또한, '그것은 가장 비극적인 사건이었다.'라는 뜻을 지닌 문장은 'That was (④) tragic event in his life.'라고 표현할 수 있습니다.

정답 39 ① -er ② worse ③ more diligent   40 ① very ② much ③ even   41 ~할수록 더 …하다 ② The harder ③ The more expensive ④ the faster   42 A는 B만큼 ~하다(A=B) ② twice   43 –est ③ most ③ the tallest ④ the most

CHAPTER 10

전치사 및 접속사

단어와 문장을 자연스럽게 이어주는 요소

전치사와 접속사는 문장에서 단어, 구, 절을 연결하여 의미를 명확하게 전달하는 중요한 역할을 합니다. 전치사는 시간, 장소, 이유, 방향 등 다양한 정보를 명사 역할을 하는 표현과 함께 나타내며, 접속사는 단어, 구, 절을 연결해 원인, 결과, 조건, 선택, 대조 등 문장 내 논리적 관계를 표현합니다. 두 개념은 형태가 비슷해 보일 수 있지만, 문법 구조와 연결 대상이 다르므로 구별이 필요합니다.

UNIT 044	전치사
UNIT 045	전치사 vs. 접속사
UNIT 046	to부정사의 to vs. 전치사 to
UNIT 047	접속사: 등위접속사
UNIT 048	접속사: 상관접속사
UNIT 049	접속사: 종속접속사
UNIT 050	접속사: if와 whether의 차이점

명사와 문장 요소를 연결하는 필수 표현

UNIT 044 전치사

전치사는 명사, 대명사, 동명사 등 명사 역할을 하는 표현 앞에 위치하여 문장 내 다른 요소와의 관계를 나타냅니다. 전치사를 활용하여 시간, 장소, 이유 등 다양한 의미를 표현할 수 있습니다.

✓ **해수쌤의 필수 CHECK** 전치사의 종류를 표를 통해 확인하고, 전치사 뒤에는 명사 역할을 하는 표현만 올 수 있다는 점을 기억하세요!

핵심 개념 TABLE

개념		명사, 대명사, 동명사 등 명사 역할을 하는 표현 **앞**에서 문장 내 다른 요소와의 **관계**를 나타냄
분류	**시간**을 나타내는 전치사	at(특정 시간에), on(특정 날에), in(특정 시간에), after(~후에), before(~전에), until(~까지), by(~까지), for(~동안), during(~동안), through(~내내, ~동안), since(~이래로), from(~부터), throughout(~내내), within(~이내에) 등
	장소를 나타내는 전치사	on(~위에), in(~안에), at(~에) into(~안으로), above(~위에), under(~아래에), below(~아래에), out of(~밖으로), off(~에서 떨어져), next to(~옆에), by(~옆에), near(~근처에), in front of(~앞에), behind(~뒤에), between(~사이에), among(~사이에), across(~건너편에), along(~을 따라) 등
	이유를 나타내는 전치사	for(~때문에), due to(~때문에, ~로 인해), because of(~때문에), owing to(~때문에) 등
	제외를 나타내는 전치사	except(~을 제외하고), except for(~을 제외하고), without(~없이) 등
	기타 전치사	with(~와 함께), for(~을 위해), of(~의, ~에 대해), as(~로서, ~처럼), like(~처럼, ~와 같은), about(~에 대하여) 등
예문	1)	Show me your paper **before/after** the holidays. : 휴일 전에/후에 네 과제를 보여줘.
	2)	They are sleeping **on/in/under/next to** the box. : 그들은 상자 위에서/안에서/아래에서/옆에서 자고 있다.
	3)	I thanked her **for** the present. : 나는 그녀에게 선물에 대해 고마워했다.
	4)	I like vegetables **except** lettuce. : 나는 상추를 제외한 채소를 좋아한다.

문법 PLUS

▶ 전치사 뒤에는 명사, 대명사, 동명사 등 명사 역할을 하는 표현(예: 동명사구)이 와야 합니다.

예1 | They are interested **in learning new skills**. (O) 그들은 새로운 기술을 배우는 것에 관심이 있다.

: 동명사(learning)가 이끄는 구가 전치사의 목적어로 왔으며, 이는 명사 역할을 함.

예2 | They are interested **in they learn new skills**. (X)

: 전치사의 목적어로 문장이 아닌 동명사(learning)와 같은 명사구가 와야 하므로 틀린 문장임.

▶ 전치사 뒤에 오는 명사나 대명사는 전치사의 목적어 역할을 합니다.

예 | He went **into**(전치사) **the house**(전치사의 목적어). 그는 집 안으로 들어갔다.

▶ 다음과 같이 '전치사+동명사' 구조로 자주 쓰이는 표현들을 익혀 두세요.

1. **on ~ing, upon ~ing**: ~하자마자

예 | **On hearing** the news, she started crying. 그녀는 그 소식을 듣자마자 울기 시작했다.

2. **by ~ing**: ~함으로써, ~해서

예 | You can save money **by cooking** at home. 집에서 요리함으로써 돈을 절약할 수 있다.

3. **be busy ~ing**: ~하느라 바쁘다

예 | They **are busy making** dinner. 그들은 저녁을 준비하느라 바쁘다.

4. **have difficulty (in) ~ing**: ~하는 데에 어려움을 겪다

예 | They **have difficulty (in) solving** the puzzle. 그들은 퍼즐을 푸는 데 어려움을 겪는다.

5. **spend time/money (on) ~ing**: ~하는 데에 시간/돈을 쓰다

예 | He **spends a lot of money (on) buying** new clothes. 그는 새 옷을 사는 데 많은 돈을 쓴다.

해수쌤의 점검 QUIZ

정답 및 해설 p. 22

A. 빈칸에 들어갈 수 <u>없는</u> 것을 고르시오. (   )

I can't live without _____ .

① a cup of tea in the morning
② my favorite snacks
③ my husband cooks every day
④ fresh water

B. 제시된 전치사 중 알맞은 것을 써서 문장을 완성하시오.

in front of / due to / without / next to / except

(1) Can I sit _____ you? 제가 당신 옆에 앉아도 됩니까?
(2) How can I live _____ you? 당신 없이 제가 어떻게 살아요?
(3) I stayed home _____ the bad weather. 저는 나쁜 날씨 때문에 집에 있었습니다.
(4) I work every day _____ Tuesday. 저는 화요일을 제외하고 매일 일합니다.
(5) I parked my car _____ the tree. 저는 나무 앞에 내 차를 주차했습니다.

해수쌤의 문법 Q&A

Q in은 시간을 나타낼 때만 쓰이나요?

A 아닙니다. 전치사 in은 시간뿐만 아니라 장소를 나타낼 때도 쓰입니다. 예를 들어 'in the morning'에서 in은 '~에(시간)'라는 의미이고, 'in the box'에서 in은 '~안에(장소)'라는 의미로 쓰입니다. 이처럼 전치사 하나가 문맥에 따라 시간, 장소 등 다양한 의미로 쓰일 수 있습니다. to 역시 'go to school'에서는 '~로(방향)', 'from Monday to Friday'에서는 '~까지(시간)'라는 뜻으로 쓰이며, by는 'by car'에서 '~을 이용해(수단)', 'by 5 p.m.'에서는 '~까지(기한)', 'a book written by her'에서는 '~에 의해(행위자)'를 나타냅니다. 또한 throughout은 'throughout the day'에서는 '~내내(시간)'로, 'throughout the country'에서는 '~전역에(장소)'로 사용됩니다. 이 외에도 as는 문맥에 따라 '~로서', '~처럼', '~할 때', '~하면서' 등의 의미로 해석될 수 있습니다.

해수쌤의 문법 정리 TIPS

전치사의 종류를 알고, 전치사가 명사 역할을 하는 표현 앞에 쓰인다는 점을 기억하는 것이 중요합니다. 핵심 개념 TABLE에 제시된 '시간, 장소, 이유, 제외, 기타' 의미를 지닌 전치사들을 옮겨 적고 뜻을 암기해 보세요. 또한 예문을 따라 쓰며, 전치사가 문장에서 어디에 위치하고 어떤 의미를 전달하는지 익혀 두세요.

연결의 역할을 하는 두 문법 요소
전치사 vs. 접속사

중요도 ★★★★★
난이도 ★★★☆☆

전치사는 뒤에 명사, 대명사, 동명사 등 명사 역할을 하는 표현이 오며, 접속사는 뒤에 주어와 동사가 포함된 절이 옵니다.

해수쌤의 필수 CHECK 전치사와 접속사로 둘 다 쓰일 수 있는 단어들이 있으니 표에서 확인하고 기억하세요!

핵심 개념 TABLE

		전치사+명사/동명사/대명사 등(명사 역할을 하는 표현)
예문	1)	I take notes **during** class. 　　　　　　　　　↳명사 : 나는 수업 동안 필기를 한다.
	2)	I like pizza **because of** its taste. : 나는 맛 때문에 피자를 좋아한다.
	3)	He arrived in time **despite/in spite of** the flight delay. : 그는 비행기 지연에도 불구하고 제시간에 도착했다.
	4)	She left **without** telling anyone. : 그녀는 아무에게도 말하지 않고 떠났다.

		(종속)접속사+주어+동사+~
예문	1)	I take notes **while** I am taking a class. 　　　　　　　　↳주어+동사~(절) : 나는 수업을 듣는 동안 필기를 한다.
	2)	**When** you are on a vacation, this book will be useful. : 휴가 중일 때, 이 책이 유용할 것이다.
	3)	He arrived in time **though/although/even though** the flight was delayed. : 그는 비행기가 지연되었음에도 불구하고 제시간에 도착했다.
	4)	I like tomatoes **unless** they are green. : 초록색만 아니라면 나는 토마토를 좋아한다.

		전치사 예시
1	시간을 나타내는 전치사	at(특정 시간에), on(특정 날에), in(특정 시간에), after(~후에), before(~전에) 등
2	장소를 나타내는 전치사	on(~위에), in(~안에), at(~에) into(~안으로), above(~위에), under(~아래에) 등
3	이유를 나타내는 전치사	for(~때문에), due to(~때문에, ~로 인해), because of(~때문에), owing to(~때문에) 등
4	제외를 나타내는 전치사	except(~을 제외하고), except for(~을 제외하고), without(~없이) 등
5	기타 전치사	with(~와 함께), for(~을 위해), of(~의, ~에 대해), as(~로서, ~처럼), like(~처럼, ~와 같은), about(~에 대하여) 등

		접속사 예시
1	시간 관련 접속사	when(~할 때), while(~하는 동안), after(~한 후에), before(~하기 전에), since(~한 이후로), until(~할 때까지) 등
2	조건/가정 관련 접속사	if(~라면), unless(~하지 않는 한), in case(~할 경우에), provided that(~라는 조건하에), as long as(~하는 한), whether(~인지 아닌지) 등
3	이유/원인 관련 접속사	because(~때문에), since(~때문에), as(~때문에) 등
4	양보 관련 접속사	although, though, even though, even if(비록 ~일지라도) 등
5	대조 관련 접속사	while(~인 반면에), whereas(~인 반면에) 등
6	목적 관련 접속사	so that(~할 수 있도록), in order that(~하기 위해서) 등

전치사, 접속사 둘 다 되는 단어 예시
after(~후에), before(~전에), since(전치사: ~이래로/접속사: ~한 이후로, ~때문에), until(~까지), as(전치사: ~처럼, ~로서/접속사: ~할 때, ~때문에), than(~보다), considering(~을 고려하면)

➕ 문법 PLUS

▶ 일반적으로 전치사와 접속사를 비교하며 학습할 때, 접속사는 '종속접속사'를 의미합니다. ('UNIT 49. 접속사: 종속접속사' 참고)
▶ **전치사와 접속사는 뒤에 오는 문장 구조가 다르다**는 점을 기억하세요.
  : 전치사+명사, 대명사, 동명사 등 명사 역할을 하는 표현
  : (종속)접속사+주어+동사+~
▶ 전치사와 접속사로 둘 다 쓰이는 단어도 있으므로, 다양한 문장을 읽으며 자연스럽게 쓰임을 익히는 것이 중요합니다.
  예1 I went home **after**(전치사) dinner(명사). 나는 저녁 식사 후에 집에 갔다.
  예2 I went home **after**(접속사) I had dinner(주어+동사+~). 나는 저녁 식사 후에 집에 갔다.
▶ 접속사 뒤에는 일반적으로 주어와 동사가 포함된 절이 옵니다. 하지만 문맥 속에서 의미가 명확할 경우(또는 일반적으로 주절과 종속절의 주어가 일치할 경우), **'주어+be동사'는 생략 가능**합니다. 이 경우, 접속사 뒤에 '형용사, 분사, 전치사구' 등이 올 수도 있으며, 문법적으로 틀린 것이 아니므로 유의해야 합니다. ('UNIT 109. 접속사 뒤 주어와 be동사의 생략' 참고)
  예 I take notes **while** (I am) taking a class. 나는 수업을 듣는 동안 필기를 한다.
     → I take notes **while** taking a class.

해수쌤의 점검 QUIZ

정답 및 해설 p. 22

A. 괄호에 알맞은 것에 동그라미 치시오.

(1) (In spite of / Though) the heavy rain, he drove to work.
(2) We decided to call a taxi (because of / because) it was late.

B. 다음 중 옳지 않은 문장을 고르시오. (   )

① I can't call you until tomorrow.
② Please clean the room before go home.
③ Though he was busy, he helped me yesterday.

해수쌤의 문법 정리 TIPS

전치사와 접속사의 종류, 그리고 그 뒤에 오는 문장 구조의 차이를 이해하는 것이 중요합니다. 핵심 개념 TABLE에 제시된 전치사, 접속사, 그리고 두 가지로 모두 쓰이는 단어를 정리하고 암기하세요. 또한 주어진 전치사 예문과 접속사 예문을 각각 기록한 후, 뒤에 오는 문장의 형태를 비교하며 반복해 읽어보세요.

UNIT 046 · 쓰임에 따라 달라지는 to의 역할
to부정사의 to vs. 전치사 to

같은 to라도 문장에서의 역할에 따라 to부정사일 수도 있고, 전치사 to일 수도 있습니다.

해수쌤의 필수 CHECK to부정사일 때는 뒤에 동사원형이 오고, 전치사 to일 때는 뒤에 명사나 동명사처럼 명사 역할을 하는 어구가 옵니다. 예문을 통해 to부정사와 전치사 to가 쓰이는 표현들을 확인해 보세요!

핵심 개념 TABLE

	to부정사의 to + 동사원형
예1)	I love **to** run. 나는 달리는 것을 좋아한다. └→ ~하는 것
예2)	I need some food **to** eat. 나는 먹을 음식이 필요하다. └→ ~할
예3)	Scissors are used **to** cut paper. 가위는 종이를 자르기 위해 사용된다. └→ ~하기 위해
예4)	I'm happy **to** meet you. 나는 너를 만나서 행복하다. └→ ~해서

	전치사 to + 명사 역할을 하는 표현(명사/동명사/대명사)
예1)	I wrote a letter **to** Tom. 나는 Tom에게 편지를 썼다. └→ ~에게
예2)	I prefer apples **to** peaches. 나는 복숭아보다 사과를 더 좋아한다. └→ ~보다
예3)	She is committed/devoted/dedicated **to** helping others. └→ ~에 : 그녀는 다른 사람들을 돕는 데 헌신(전념)하고 있다.
예4)	He contributed **to** promoting the industry. 그는 산업을 발전시키는 데 기여했다. └→ ~에
예5)	They are used/accustomed **to** using phones. 그들은 휴대전화를 사용하는 것에 익숙하다. └→ ~에

예(6)	We object **to** going there. 우리는 거기에 가는 것에 반대한다. └→ ~에
예(7)	We are opposed **to** wearing school uniforms. 우리는 교복을 입는 것에 반대한다. └→ ~에
예(8)	They look forward **to** seeing you. 그들은 너를 만나는 것을 기대하고 있다. └→ ~하기를

✚ 문법 PLUS

▶ **to부정사의 뒤에는 동사원형**이 오며, to부정사는 '~하는 것, ~하기/~할/~하기 위해/~해서/~하다니/~해서 결국 …하다/~한다면/~하기엔' 등의 의미로 해석됩니다. ('UNIT 51. to부정사: 개념과 형태' 참고)

예1 | I came here **to see(동사원형)** you. 나는 여기에 너를 보기 위해 왔다. (to: ~하기 위해)
예2 | We're excited **to go(동사원형)** on a trip. 우리는 여행을 가게 되어 신이 난다. (to: ~해서)

▶ **전치사 뒤에는 명사 역할을 하는 표현**이 와야 하며, 대명사를 쓸 경우에는 반드시 목적격(him, her, me 등)을 사용해야 합니다. 주격(he, she)이나 소유격(his, her 등)은 올 수 없습니다.

예1 | I gave the book **to(전치사) my friend(명사)**. 나는 그 책을 내 친구에게 주었다.
예2 | She looks forward **to(전치사) meeting(동명사)** you. 그녀는 당신을 만나는 것을 고대하고 있다.
예3 | This gift is **for(전치사) him(목적격 대명사)**, not **for(전치사) her(목적격 대명사)**.
　　　이 선물은 그가 아니라 그녀를 위한 것이다.

▶ 전치사 to는 문맥에 따라 다양한 의미로 해석될 수 있습니다.

1. 방향·도달 의미(~로, ~까지, ~에게)

예 | go **to**~ ~로 가다　drop **to**~ ~까지 떨어지다　come **to**~ ~로 오다　send **to**~ ~에게 보내다

2. 소속 의미(~의, ~에 속한)

예 | belong **to**~ ~에게 속하다, ~의 것이다　key **to**~ ~의 열쇠(핵심)　when it comes **to**~ ~에 관한 한, ~에 대해서라면

3. 대상·관련 의미(~에)

예 | be committed **to**~ ~에 헌신하다　be devoted **to**~ ~에 헌신하다　devote oneself **to**~ 자신을 ~에 헌신하다
　　 be dedicated **to**~ ~에 헌신하다　dedicate oneself **to**~ 자신을 ~에 헌신하다　contribute **to**~ ~에 기여하다
　　 be used **to**~ ~에 익숙하다　be accustomed **to**~ ~에 익숙하다　be opposed **to**~ ~에 반대하다
　　 object **to**~ ~에 반대하다

4. 비교 의미(~에 비해, ~보다)

예 | compared **to**~ ~와 비교하여　prefer A **to** B B보다 A를 선호하다　superior **to**~ ~보다 우수하다
　　 inferior **to**~ ~보다 열등하다

5. 반응·조화 의미(~에 맞추어)

예 | dance **to** the music 음악에 맞추어 춤추다　clap **to** the song 노래에 맞추어 박수를 치다

6. 특정 시점까지 남은 시간 의미(~전)

예 | It's ten minutes **to** six. 6시 10분 전이다(5시 50분이다).　It's a quarter **to** seven. 7시 15분 전이다(6시 45분이다).

해수쌤의 점검 QUIZ

정답 및 해설 p. 23

A. 다음 영어 문장을 우리말로 바르게 해석하시오.

(1) My mother prefers tea to coffee. → _____

(2) He is used to waking up early. → _____

B. 다음 중 밑줄 친 to가 전치사로 쓰인 것을 고르시오. (   )

① Oliver is devoted to his family.
② I want to know your e-mail address.
③ Iron is commonly used to build bridges.

해수쌤의 문법 Q&A

Q used와 to가 함께 쓰인 문장에서 to는 항상 전치사인가요?

A 아닙니다. 'be used to+동사원형'은 '~하는 데 사용되다'라는 의미로, 여기서 'to+동사원형'은 to부정사입니다. 예를 들어, 'This machine is used to wash clothes(이 기계는 옷을 세탁하는 데 사용된다).'처럼 씁니다. 반면에, 'be used to+명사/동명사'는 '~에 익숙하다'라는 뜻이고, 여기서 to는 전치사입니다. 예를 들어, "I'm used to waking up early(나는 일찍 일어나는 것에 익숙하다)."처럼 씁니다. 참고로, be동사 없이 쓰인 'used to+동사원형'은 '~하곤 했다'라는 의미로, 하나의 고정된 표현입니다. 예를 들어, 'I used to play outside a lot(나는 예전에 밖에서 자주 놀곤 했다).'처럼 씁니다.

해수쌤의 문법 정리 TIPS

to부정사와 전치사 to의 차이를 정확히 이해하는 것이 중요합니다. 핵심 개념 TABLE에 제시된 예문을 직접 옮겨 적으며, to 뒤에 오는 형태를 비교해 보세요. 또한, 전치사 to가 포함된 표현들을 따로 정리하고, 그 뒤에 반드시 명사나 동명사처럼 명사 역할을 하는 어구가 온다는 점을 꼭 기억해 두세요.

UNIT 047 접속사: 등위접속사

동등한 요소들을 잇는 연결어

중요도 ★★★★★
난이도 ★★☆☆☆

등위접속사는 문장에서 동일한 문법 구조를 가진 성분들(단어와 단어, 구와 구, 절과 절)을 서로 대등하게 연결해 주는 역할을 합니다.

> **해수쌤의 필수 CHECK** 등위접속사의 종류와 의미를 표를 통해 확인하고 기억하세요!

핵심 개념 TABLE

종류		and(그리고), but(하지만), or(또는), nor(또한 ~도 아니다), so(그래서), for(왜냐하면), yet(하지만) 등
예문	1)	I like pizza **and** chicken. : 나는 피자와 치킨을 좋아한다.
	2)	I enjoy swimming **but** she doesn't(enjoy swimming). : 나는 수영을 즐기지만, 그녀는 그렇지 않다(수영을 즐기지 않는다).
	3)	I want to watch TV **or** listen to music. : 나는 TV를 보거나 음악을 듣고 싶다.
	4)	He is not a student, **nor** is he young. : 그는 학생도 아니고, 젊지도 않다.
	5)	I am tired, **so** I want to sleep. : 나는 피곤해서 자고 싶다.
	6)	I am tired, **for** I stayed up all night. : 나는 피곤하다. 왜냐하면 밤새 깨어 있었기 때문이다.
	7)	I am tired, **yet** I can't fall asleep. : 나는 피곤하지만 잠이 들 수 없다.

문법 PLUS

▶ 접속사는 '단어와 단어', '구와 구', '절과 절'처럼 같은 문법 구조를 가진 성분들을 연결하며, 종류에는 등위접속사, 상관접속사, 종속접속사가 있습니다. ('UNIT 48. 접속사: 상관접속사', 'UNIT 49. 접속사: 종속접속사' 참고)

예 | Tom enjoys **dancing, singing and cooking**. Tom은 춤추는 것, 노래하는 것, 그리고 요리하는 것을 즐긴다.
: 등위접속사 and는 동명사 dancing, singing과 같은 형태인 동명사 cooking을 연결함. ('UNIT 105. 병렬구조' 참고)

▶ 부정어인 등위접속사 nor 뒤에 절이 오면 **주어와 동사가 도치**됩니다. ('UNIT 112. 도치 구문: 부정어 및 장소 부사' 참고)

예 1 ｜ He is not a student, **nor is(동사) he(주어)** young. 그는 학생도 아니고, 젊지도 않다.

예 2 ｜ **Nor do(동사) I(주어)** agree with his opinion. 나 또한 그의 의견에 동의하지 않는다.

해수쌤의 점검 QUIZ

정답 및 해설 p. 23

A. 빈칸에 알맞은 우리말을 써넣으시오.

> 특성이 유사하거나 동등한 성분들을 연결해주는 접속사를 '＿＿＿＿접속사'라고 하며, 'and, but, or, nor, so, for, yet'과 같은 단어가 이에 해당한다.

B. 제시된 접속사 중 알맞은 것을 써서 문장을 완성하시오.

> and / but / or / so / for

(1) I went to the theater ＿＿＿＿ enjoyed the movie. 나는 극장에 갔고 영화를 즐겼다.

(2) The restaurant was expensive ＿＿＿＿ the food was great. 그 식당은 비쌌지만 음식은 훌륭했다.

(3) Is it raining outside, ＿＿＿＿ is it sunny? 밖에 비가 오고 있나요 아니면 화창한가요?

(4) It's her birthday, ＿＿＿＿ I'll send her flowers. 그녀의 생일이니까 나는 그녀에게 꽃을 보낼거야.

해수쌤의 문법 Q&A

Q but을 써야 하는 자리에 however를 대신 써도 되나요?

A but과 however는 모두 '그러나'라는 뜻을 가지지만, 쓰이는 위치와 문장 구조가 다르기 때문에 아무 자리에나 바꿔 쓸 수는 없습니다. but은 등위접속사로, 두 절을 하나의 문장으로 연결할 때 사용됩니다. 주로 문장 중간에 오지만, 맨 앞에 올 수도 있습니다. 예를 들어, 'I was tired, but I finished my homework(나는 피곤했지만 숙제를 끝냈다).'라는 문장에서 but은 두 절을 하나로 연결하고 있습니다. 반면, however는 접속부사로, 앞 문장과 의미상 연결되지만 문법적으로는 별개의 문장으로 다루어집니다. 주로 문장 앞이나 중간에 쉼표와 함께 사용됩니다. 예를 들어, 'I was tired. However, I finished my homework(나는 피곤했다. 그러나 나는 숙제를 끝냈다).'라는 문장에서 however는 새로운 문장을 시작하면서 앞 문장과 대조를 보여주는 부사 역할을 합니다. 즉, but은 두 절을 하나의 문장으로 연결하고, however는 문장을 따로 두면서 의미상으로만 연결하는 표현입니다.

**해수쌤의
문법 정리
TIPS**

등위접속사는 동일한 문법 구조를 가진 요소를 연결한다는 점을 이해하는 것이 중요합니다. 핵심 개념 TABLE에 제시된 등위접속사의 종류와 의미를 기록하고 암기하세요. 또한, 예문을 옮겨 적고, 등위접속사가 연결하는 요소를 분석해 보세요.

짝을 이루는 연결어

접속사: 상관접속사

상관접속사는 서로 짝을 이루어, 문장에서 동일한 문법 구조를 가진 두 성분을 연결합니다.

해수쌤의 필수 CHECK 상관접속사의 종류에는 'either A or B, neither A nor B, not A but B, not only A but also B, B as well as A' 등이 있습니다. 이러한 상관접속사가 주어 자리에 사용될 경우, 동사의 수는 B에 일치시켜야 한다는 점에 유의하세요!

핵심 개념 TABLE

종류	both A and B(A와 B 둘 다), either A or B(A 또는 B), neither A nor B(A도 B도 아닌), not A but B(A가 아니라 B), not only A but also B(A뿐만 아니라 B도) 등	
예문	1)	**Both** you **and** I have to study. : 너와 나 둘 다 공부해야 한다.
	2)	I want to go to **either** England **or** France. : 나는 영국이나 프랑스 중 한 곳에 가고 싶다.
	3)	This movie is **neither** interesting **nor** funny. : 이 영화는 재미있지도 않고 웃기지도 않다.
	4)	It was **not** me **but** my sister. : 그것은 내가 아니라 내 여동생이었다.
	5)	**Not only** is he a worker **but also** he is a student. : 그는 근로자일 뿐만 아니라 학생이기도 하다.

➕ 문법 PLUS

▶ 상관접속사는 등위접속사와 마찬가지로 동일한 문법 구조를 가진 두 성분(단어와 단어, 구와 구, 또는 절과 절 등)을 연결합니다. 상관접속사는 주로 등위접속사(and, or, nor, but 등)와 다른 단어가 짝을 이룬 형태를 취합니다.

▶ 'not only A but also B(A뿐만 아니라 B도)'에서 also는 생략할 수 있으며, 'B as well as A'로 바꿀 수도 있습니다.
  예 | She likes **not only** coffee **but also** tea. 그녀는 커피뿐만 아니라 차도 좋아한다.
    → She likes **not only** coffee **but** tea.
    → She likes tea **as well as** coffee.

▶ 'Not only A but also B(A뿐만 아니라 B도)'에서 'Not only'가 문장 맨 앞에 오고 A가 절일 경우, 'Not only'는 부정어이므로 주어와 동사가 도치됩니다. ('UNIT 112. 도치 구문: 부정어 및 장소 부사' 참고)
  예 | **Not only is**(동사) **he**(주어) a worker **but also** he is a student. 그는 근로자일 뿐만 아니라 학생이기도 하다.

▶ 'either A or B, neither A nor B, not A but B, not only A but also B, B as well as A'가 주어 자리에 쓰였을 때, **동사의 수는 B에 일치**시켜야 합니다. ('UNIT 102. 수 일치' 참고)

예1 | **Either** Tom **or** his parents [is / (are)] sitting. Tom 또는 그의 부모님이 앉아 있다.
예2 | **Neither** Tom **nor** his parents [is / (are)] sitting. Tom도 그의 부모님도 앉아 있지 않다.
예3 | **Not** Tom **but** his parents [is / (are)] sitting. Tom이 아니라 그의 부모님이 앉아 있다.
예4 | **Not only** Tom **but also** his parents [is / (are)] sitting. Tom뿐만 아니라 그의 부모님도 앉아 있다.
예5 | His parents **as well as** Tom [is / (are)] sitting. Tom뿐만 아니라 그의 부모님도 앉아 있다.

: 각 표현에서 A에 해당하는 Tom에 수 일치를 하여 is를 고르지 않도록 유의해야 함.

▶ 참고로 'both A and B'는 'A와 B 둘 다'라는 의미이므로 복수 취급하여 항상 are과 함께 사용됩니다.

예 | **Both** the students **and** the teacher [is / (are)] preparing for the event.
학생들과 선생님 모두 행사를 준비하고 있다.

해수쌤의 점검 QUIZ

정답 및 해설 p. 23

A. 빈칸에 알맞은 우리말을 써넣으시오.

> 떨어져 있는 두 개 이상의 요소(단어-단어, 구-구, 절-절)를 연결하며, 쌍으로 사용되어 상호 의존적인 관계를 형성하는 접속사를 '_____ 접속사'라고 한다. 'both A and B, either A or B, neither A nor B, not A but B, not only A but (also) B'와 같은 표현이 이에 해당한다.

B. 다음 영어 표현과 의미를 바르게 연결하시오.

1. not only he but also she   ㆍ   ㆍ ㉠ 그와 그녀 둘 다
2. either he or she   ㆍ   ㆍ ㉡ 그 또는 그녀
3. both he and she   ㆍ   ㆍ ㉢ 그도 그녀도 아닌
4. neither he nor she   ㆍ   ㆍ ㉣ 그뿐만 아니라 그녀도

해수쌤의 문법 정리 TIPS | 상관접속사의 종류를 정확히 이해하는 것이 중요합니다. 핵심 개념 TABLE에 제시된 상관접속사의 종류와 의미를 정리하여 암기하세요. 또한, 예문을 직접 옮겨 적고 해석하며, 상관접속사가 문장에서 어떻게 쓰이는지 익혀 보세요.

주절과 종속절을 잇는 접속사

접속사: 종속접속사

종속접속사는 두 개의 절을 연결하여 하나의 문장으로 만들 때 사용되며, 이때 종속접속사가 이끄는 절을 종속절이라고 합니다. 이와 짝을 이루는 절은 주절이라고 하며, 문장의 중심이 되는 내용을 담고 있습니다.

> **해수쌤의 필수 CHECK** 부사절을 이끄는 종속접속사는 시간, 이유, 조건, 양보, 대조 등의 의미를 나타낼 수 있습니다. 종속접속사의 종류와 의미를 표를 통해 확인하세요!

핵심 개념 TABLE

명사절을 이끄는 접속사		
	종류	예문
1	that ~라는 것	[**That** you won the game] surprised everyone. : 네가 그 게임에서 이겼다는 것(사실)은 모두를 놀라게 했다.
2	whether, if ~인지 아닌지	I don't care [**whether/if** you win the game]. : 나는 네가 게임에서 이기든 말든 신경쓰지 않는다.

부사절을 이끄는 접속사			
		종류	예문
1	시간	when(~할 때), as(~할 때, ~하면서), while(~하는 동안), after(~후에), before(~전에), until/till(~할 때까지), as soon as(~하자마자), once(일단 ~하면), by the time(~할 즈음에)	I feel good (**when/as** it snows). : 나는 눈이 올 때 기분이 좋다. I feel good (**while** it's snowing). : 나는 눈이 오는 동안 기분이 좋다.
2	이유	because(왜냐하면), since(~때문에), as(~ 때문에), now that(이제 ~이기 때문에), in that(~라는 점에서, 격식적 표현)	I feel good (**because/since** it's snowing). : 나는 눈이 오기 때문에 기분이 좋다.
3	조건	if(만약 ~라면), unless(~하지 않는 한), as long as(~하는 한), in case(~하는 경우에 대비해서), provided/providing that(~하는 경우에 한해, 격식적 표현)	I feel good (**if** it snows). : 나는 눈이 오면 기분이 좋다. I don't feel good (**unless** it snows). : 나는 눈이 오지 않으면 기분이 좋지 않다.

| 4 | 양보 | though/although/even though(비록 ~일지라도) | I feel good (**although/though** it is snowing).
: 나는 비록 눈이 오지만 기분이 좋다. |
| 5 | 대조 | while(~인 반면에), whereas(~인 반면에) | I feel good when it snows, (**while/whereas** my little sister feels tired).
: 나는 눈이 올 때 기분이 좋은 반면, 내 어린 동생은 피곤해한다. |

✚ 문법 PLUS

▶ 종속접속사는 **명사절을 이끄는 접속사**(that, whether, if)와 **부사절을 이끄는 접속사**(when, because, if, though 등)가 있습니다.

▶ 종속접속사는 주절에 종속되는 종속절(명사절, 부사절 등)을 이끌어 문장에서 주어, 목적어, 보어 역할을 하거나, 두 절 사이에 시간, 이유, 조건, 양보, 대조 등의 의미 관계를 나타냅니다.

예1 | I think [**that** she is kind]. 나는 그녀가 친절하다고 생각한다.

: 종속절(that she is kind) → 목적어 역할

예2 | I stayed home (**because** it was snowing). 나는 눈이 오고 있었기 때문에 집에 있었다.

: 종속절(because it was snowing) → 이유를 나타내는 부사 역할

▶ if는 명사절을 이끌 때는 '~인지(아닌지)'라는 의미로 쓰이지만, 부사절을 이끌 때는 '만약 ~라면'이라는 의미로 쓰입니다.

예1 | I don't know [**if** she will come]. 나는 그녀가 올지 안 올지 모르겠다.

: if의 의미 → '~인지 아닌지'(목적어 역할을 하는 명사절 이끎)

예2 | (**If** he comes), we will start the meeting. 만약 그가 온다면, 우리는 회의를 시작할 것이다.

: if의 의미 → '만약 ~라면'(조건을 나타내는 부사절 이끎)

해수쌤의 점검 QUIZ

정답 및 해설 p. 24

A. 빈칸에 알맞은 우리말을 써넣으시오.

하나의 절이 다른 절에 종속되게(딸려오게) 만들 수 있으며, 이러한 종속절(딸려오는 절)을 이끄는 접속사를 '_____ 접속사'라고 한다. 'that, whether, if, when, as, because, since, if, unless, though'와 같은 단어가 이에 해당한다.

B. 제시된 접속사 중 알맞은 것을 써서 문장을 완성하시오.

that / whether / though / as long as

(1) I believe _____ he is diligent. 나는 그가 부지런하다는 것을 믿는다.
(2) I wonder _____ it will rain or not. 나는 비가 올지 안 올지가 궁금하다.
(3) The girl is talented _____ she is young. 그 소녀는 비록 어릴지라도 재능 있다.
(4) _____ you are happy, I will support you. 당신이 행복해하는 한, 나는 당신을 지지할 겁니다.

> **해수쌤의 문법 정리 TIPS**
>
> 종속접속사의 종류와 문장에서의 역할을 이해하는 것이 중요합니다. 핵심 개념 TABLE에 제시된 명사절과 부사절을 이끄는 접속사의 종류와 의미를 정리하고 암기하세요. 주어진 예문은 소리 내어 읽고 직접 해석해 보며, 접속사의 쓰임에 자연스럽게 익숙해지도록 연습해 보세요.

쓰임의 제약이 많은 접속사 if

접속사: if와 whether의 차이점

중요도 ◆◆◇◇◇
난이도 ◆◆◆◆◇

if와 whether는 모두 '~인지 아닌지'라는 의미로 쓰이지만, 용법에 차이가 있습니다.

✓ **해수쌤의 필수 CHECK** if를 사용할 수 없는 경우를 중심으로 학습하는 것이 효과적입니다. 예문을 통해 whether는 사용 가능하지만 if는 불가능한 경우를 확인하세요!

핵심 개념 TABLE

if와 whether의 공통점	해석	~인지 아닌지
	역할	명사절 이끔

if를 쓸 수 없는 경우 및 예문	1. if 바로 뒤에 or not 불가	예1)	I am not sure [**whether or not** he will come]. : 나는 그가 올지 안 올지 확신이 없다.	(O)
		예2)	I am not sure [**whether** he will come **or not**].	(O)
		예3)	I am not sure [**if** he will come **or not**].	(O)
		예4)	I am not sure [**if or not** he will come]. → 불가능	(X)
	2. if 바로 뒤에 to부정사 불가	예1)	Let's decide [**whether to go** out or not]. : 외출할지 말지 결정하자.	(O)
		예2)	Let's decide [**if to go** out or not]. → 불가능	(X)
	3. 주어 자리에 if절 불가	예1)	[**Whether he will come or not**] doesn't matter. 　　　↳주어 자리 : 그가 오는지 안 오는지는 중요하지 않다.	(O)
		예2)	[**If he will come or not**] doesn't matter. → 불가능 　　↳주어 자리	(X)

🔖 문법 PLUS

▶ 명사절을 이끄는 종속접속사 **if와 whether의 차이는, 주로 if를 쓸 수 없는 경우**에서 드러납니다.

    예 | 'if or not' 불가, 'if to부정사' 불가, 주어 자리에 if절 불가

▶ 따라서, if절은 목적어 자리에 주로 사용됩니다. 하지만 if절은 일반적으로 전치사의 목적어 자리에는 올 수 없습니다.

    예1 | I'm curious about [**whether** he will come or not]. (O) 나는 그가 올지 안 올지 궁금하다.

    예2 | I'm curious about [**if** he will come or not]. (X)

        : 전치사 about의 목적어 자리를 이끌 수 있는 것은 if가 아닌 whether임.

▶ if와 whether가 이끄는 절은 모두 보어 자리에 올 수 있지만, 일반적으로는 whether절이 더 자연스럽게 쓰이는 경우가 많습니다.

    예 | The question is [**whether** he will join us]. 그가 우리와 함께할지 여부가 문제이다.

        : whether 대신 if를 쓸 수는 있지만, 보어 자리이기 때문에 whether가 더 자연스럽고 격식 있는 표현임.

▶ if는 '~인지(아닌지)'라는 의미일 때는 명사절을 이끌지만, '만약 ~라면'이라는 의미로 쓰일 때는 부사절을 이끕니다.
('UNIT 49. 접속사: 종속접속사' 참고)

    1. **if**가 명사절을 이끄는 경우: I am not sure [**if** he will come]. 나는 그가 올지 안 올지 확신이 없다.

    2. **if**가 부사절을 이끄는 경우: (**If** you leave), I'll miss you. 네가 떠나면 나는 너를 그리워할 것이다.

▶ if와 whether 뒤에는 '주어+동사+~' 형태의 문장이 옵니다. 이는 의문사가 없는 간접의문문과 동일한 구조입니다.
('UNIT 33. 간접의문문: 의문사가 없는 경우' 참고)

    예 | I wonder + Are you hungry? = I wonder [**if/whether** you are hungry].
        나는 궁금해요 + 당신은 배가 고픈가요? = 나는 당신이 배가 고픈지 궁금해요.

▶ 'or not'은 '~인지 아닌지'라는 의미를 더욱 강조하는 역할을 하며, 생략이 가능합니다. 단, 'or not'은 문장 끝에 두거나 whether 뒤에 바로 둘 수 있지만, if 바로 뒤에는 둘 수 없습니다.

    예1 | I wonder **whether or not** he will come. (O) 나는 그가 오는지 안 오는지 궁금하다.

    예2 | I wonder **if or not** he will come. (X)

해수쌤의 점검 QUIZ

정답 및 해설 p. 24

A. 괄호에 알맞은 것에 동그라미 치시오.

(1) I'm curious (if / whether) or not they enjoyed the movie.
(2) I can't decide (if / whether) to eat breakfast or not.
(3) (If / Whether) it will rain tomorrow is uncertain.

B. 다음 중 올바른 문장을 고르시오. (　　　)

① If he will come back is uncertain.
② Can you tell me if you know her or not?
③ I want to know if or not the store is open.
④ We have to discuss if to play soccer or not.

해수쌤의 문법 정리 TIPS

whether는 사용할 수 있지만, if를 사용할 수 없는 경우를 정확히 이해하는 것이 중요합니다. 핵심 개념 TABLE에 제시된 if를 쓸 수 없는 경우와 예문을 기록하고, if가 불가능한 문장을 표시한 후 그 이유를 메모하여 정리해 보세요.

해수쌤의 핵심 개념 REVIEW

CHAPTER 10
전치사 및 접속사

빈칸을 채워 핵심 개념을 이해했는지 점검하세요.

44 전치사

전치사는 '(①)' 앞에 위치하여 문장 내 다른 요소와의 관계를 나타내며, 시간, 장소, 이유 등의 의미를 표현할 수 있습니다. 예를 들어, '그들은 상자 안에서 자고 있다.'라는 뜻을 지닌 문장은 'They are sleeping (②) the box.'라고 표현할 수 있습니다. 또한, '나는 상추를 제외한 채소를 좋아한다.'라는 뜻을 지닌 문장은 'I like vegetables (③) lettuce.'라고 표현할 수 있습니다.

45 전치사 vs. 접속사

전치사는 뒤에 '명사, 대명사, 동명사 등 명사 역할을 하는 표현'이 오며, 접속사는 뒤에 '(①)'이(가) 오는 차이가 있습니다. 예를 들어, '비행기 지연에도 불구하고 그는 제시간에 도착했다.'라는 뜻을 지닌 문장을 전치사를 활용하여 'He arrived in time (②) the flight delay.'라고 표현할 수 있습니다. 또한, '비행기가 지연되었음에도 불구하고 그는 제시간에 도착했다.'라는 뜻을 지닌 문장은 접속사를 활용하여 'He arrived in time (③) the flight was delayed.'라고 표현할 수 있습니다.

46 to부정사의 to vs. 전치사 to

to부정사의 to는 뒤에 '(①)'이(가) 오고, 전치사 to는 뒤에 명사 역할을 하는 표현이 온다는 차이가 있습니다. 예를 들어, to부정사를 활용한 '나는 먹을 음식을 필요로 한다.'라는 뜻을 지닌 문장은 'I need some food to (②).'(이)라고 표현할 수 있습니다. 또한, 전치사 to를 활용한 '그들은 너를 만나는 것을 기대하고 있다.'라는 뜻을 지닌 문장은 'They look forward to (③) you.'라고 표현할 수 있습니다.

47 접속사: 등위접속사

등위접속사에는 (①)(그리고), or(또는, 아니면), (②)(하지만), nor(또한 ~도 아니다), so(그래서) 등이 있으며, 동일한 문법 구조를 가진 성분들(단어와 단어, 구와 구, 절과 절)을 서로 대등하게 연결합니다. 예를 들어, '나는 피자와 치킨을 좋아한다.'라는 뜻을 지닌 문장은 'I like pizza (③) chicken.'이라고 표현할 수 있습니다. 또한, '나는 TV를 보거나 음악을 듣고 싶다.'라는 뜻을 지닌 문장은 'I want to watch TV (④) listen to music.'이라고 표현할 수 있습니다.

48 접속사: 상관접속사

상관접속사에는 (①) A and B(A와 B 둘 다), either A or B(A 또는 B), neither A nor B(A도 B도 아닌), not A but B(A가 아니라 B), not only A but also B(A뿐만 아니라 B도) 등이 있으며, 짝을 이루어 동일한 문법 구조를 연결합니다. 예를 들어, '나는 영국이나 프랑스 중 한 곳에 가고 싶다.'라는 뜻을 지닌 문장은 'I want to go to (②) England (③) France.'라고 표현할 수 있습니다.

49 접속사: 종속접속사

종속접속사에는 that(~라는 것), whether(~인지 아닌지), (①)(~할 때), because(왜냐하면), if(만약 ~라면), though(비록 ~일지라도) 등이 있으며, 두 개의 절을 연결하여 하나의 문장으로 만듭니다. 예를 들어, '나는 눈이 오기 때문에 기분이 좋다.'라는 뜻을 지닌 문장은 "I feel good (②) it's snowing."이라고 표현할 수 있습니다.

50 접속사: if와 whether의 차이점

if와 whether는 모두 '(①)'라는 의미로 쓰이지만, (②)은(는) 사용할 수 없는 경우가 있습니다. 첫째, if는 바로 뒤에 'or not'을 쓸 수 없습니다. 둘째, if는 바로 뒤에 to부정사를 쓸 수 없습니다. 셋째, if절은 주어 자리에 쓸 수 없습니다. 따라서, '나는 그가 올지 안 올지 확신이 없다.'라는 뜻을 지닌 문장은 'I am not sure (③) or not he will come.'이라고 표현할 수 있습니다.

정답
44 ① 양사 어울림을 표현(양사, 대상사, 운동사 등) 45 ① except ② in ③ 동사(~원형+ing, 동사원형 등) 등 ② despite ③ though/although/even though 46 ① 동사+ing형 ② eat ③ seeing(극물 극보) 47 ① and ② but ③ and ④ or 48 ① both ② either ③ or 49 ① when ② because(극은 since) 50 ① ~인지 아닌지 ② if ③ whether

CHAPTER 11

준동사의 활용

동사의 활용 범위를 넓히는 핵심 개념

준동사는 동사의 성질을 가지면서도 문장에서 명사, 형용사, 부사처럼 기능하는 형태입니다.
그 중 to부정사와 동명사는 주어, 목적어, 보어 등 문장 성분으로 자주 사용되며,
특히 to부정사는 문맥에 따라 다양한 의미(목적, 결과, 판단의 근거 등)로 해석될 수 있습니다.
이러한 준동사의 특징을 이해하면 전하고 싶은 내용을 더 정확하고 다양하게 표현할 수 있습니다.

UNIT 051	to부정사: 개념과 형태
UNIT 052	to부정사: 부정 표현
UNIT 053	to부정사: 의미상 주어 표현
UNIT 054	동명사: 개념과 형태
UNIT 055	동명사: 부정 표현
UNIT 056	동명사: 의미상 주어 표현
UNIT 057	동명사 vs. to부정사: 동사에 따라 달라지는 경우
UNIT 058	완료 부정사, 완료 동명사
UNIT 059	준동사
UNIT 060	의문사+to부정사

다양한 역할을 하는 to+동사원형

to부정사: 개념과 형태

to부정사는 'to+동사원형' 형태로, 문장에서 명사, 형용사, 부사의 역할을 하는 준동사입니다.

✅ **해수쌤의 필수 CHECK** to부정사는 여러 쓰임을 지니며, 그중 부사적 용법에서는 의미가 다양하게 나타납니다. 그중에서도 자주 쓰이는 '목적(~하기 위해), 감정의 원인(~해서), 판단의 근거(~하다니), 수식(~하기엔)'의 의미 중심으로 익혀 보세요!

핵심 개념 TABLE

형태	to+동사원형		

쓰임		의미	예문
1. 명사적		~하는 것, ~하기	I love **to run**. : 나는 달리는 것을 좋아한다.
2. 형용사적		~할, ~하는	I need water **to drink**. : 나는 마실 물이 필요하다.
			I need food **to eat**. : 나는 먹을 음식이 필요하다.
3. 부사적	1) 목적	~하기 위해	I open the window **to see** stars. : 나는 별을 보기 위해 창문을 연다.
	2) (감정의) 원인	~해서	I'm happy **to meet** you. : 당신을 만나서 행복합니다.
	3) (판단의) 근거	~하다니	He must be crazy **to say** that. : 그런 말을 하다니, 그는 제정신이 아닌 게 틀림없다.
	4) 결과	~해서 결국 …하다	He grew up **to be** an honest man. : 그는 자라서 정직한 사람이 되었다.
	5) 조건	~한다면	**To see** your face, they would think you were angry. : 네 얼굴을 본다면, 그들은 네가 화난 줄 알 거다.
	6) (형용사, 부사) 수식	~하기엔	It's too cold **to swim**. : 수영하기엔 너무 춥다.

문법 PLUS

▸ to부정사는 'to+동사원형'의 형태로, 영어 문장에서 자주 사용되며, 문장을 확장하고 다양한 의미를 더하는 데 중요한 역할을 합니다. 의미와 쓰임을 단순히 암기하기보다는 다양한 예문을 접하며 자연스럽게 익히는 것이 더 효과적입니다.

▸ 'too+형용사/부사(A)+to부정사(B)'는 '너무 A해서 B할 수 없다(B하기엔 너무 A하다)'라는 뜻입니다. 이 표현에서 to는 형용사 또는 부사를 수식하며 '~하기엔'이라는 의미를 나타냅니다. 참고로, 이 표현은 'so+형용사/부사+that+주어+can't/couldn't+동사+~' 형태로도 바꿔 쓸 수 있습니다.

  예 | She is too tired to walk. = She is so tired that she can't walk. 그녀는 너무 피곤해서 걸을 수 없다.

▸ to부정사의 수동태는 'to+be+과거분사(p.p.)' 형태로 쓰이며, '~되다'라는 의미로 어떤 동작을 받는 대상임을 나타냅니다.

  예 | I'm happy to be invited to the party. 나는 파티에 **초대되어서** 행복하다.

▸ 독립부정사는 to부정사가 쉼표로 분리되어 문장에서 독립적으로 사용되며, 절 또는 문장 전체를 수식하는 부사구 역할을 하는 경우를 말합니다. 독립부정사는 관용 표현으로 자주 쓰이므로 참고로 익혀 두세요.

  예 | **to be frank with you** 솔직히 말하면 **to begin with** 처음에는, 우선 **to be sure** 확실히, 틀림없이
  to put it another way 다른 말로 바꿔 말하면, 달리 말하면 **so to speak** 말하자면, 이를테면 **to sum up** 요약하면
  strange to say 이상한 얘기지만 **to make matters worse** 설상가상으로(안 좋은 일이 잇따라 일어나는 상황)
  to make matters better 금상첨화로(좋은 일이 잇따라 일어나는 상황)

해수쌤의 점검 QUIZ

정답 및 해설 p. 25

A. 다음 중 밑줄 친 to부정사가 나머지 셋과 다른 쓰임을 가진 것을 고르시오. (　　)

① She jogs every day to lose weight.
② They woke up early to catch the bus.
③ I have a project to finish by tomorrow.
④ My father saved money to buy a new car.

B. 밑줄 친 부분의 알맞은 우리말 해석을 쓰시오.

(1) He was disappointed to miss the opportunity.
→ 그는 실망했다 _____

(2) The mountain is too steep to climb.
→ 그 산은 _____

해수쌤의 문법 Q&A

Q 'To see your face, they would think you were angry(네 얼굴을 본다면, 그들은 네가 화난 줄 알 거다).'라는 문장에는 were이 아닌 are이 쓰여야 하는 거 아닌가요?

A 아닙니다. 이 문장은 'to see your face'가 조건(~한다면)을 나타내는 to부정사 용법으로, 'If they saw your face'를 간결하게 바꾼 표현입니다. 뒤에는 가정법 과거인 'would think'가 쓰였기 때문에, 시제에 맞춰 'you were angry'가 쓰이는 것이 맞습니다. 조건의 의미를 지닌 to부정사 용법은 문어체에서 가끔 사용되며, 구어체에서는 드물게 쓰입니다. ('UNIT 61. 가정법 과거' 참고)

해수쌤의 문법 정리 TIPS

to부정사는 자주 사용되는 중요한 개념이므로, 쓰임을 정확히 이해하는 것이 중요합니다. 핵심 개념 TABLE에 제시된 to부정사의 형태, 쓰임, 의미를 정리하고 예문을 확인하세요. 또한, 예문을 반복해서 읽고 해석하며 to부정사의 다양한 쓰임을 자연스럽게 익혀 보세요.

UNIT 052

to부정사 앞에 부정어를 붙이는 방법

to부정사: 부정 표현

중요도
난이도

to부정사의 부정은 to 앞에 부정어 not 또는 never를 붙여 표현합니다.

> ✓ **해수쌤의 필수 CHECK** to부정사의 부정은 'to not'이 아닌 'not to' 형태로 쓴다는 것을 기억하세요!

핵심 개념 TABLE

형태	to의 앞에 not 또는 never를 붙여 씀		
예문	1)	I will wake up early **not** to miss the bus. / **never** : 나는 버스를 놓치지 않기 위해 일찍 일어날 것이다. / 절대 놓치지 않기 위해 일찍 일어날 것이다.	
	2)	We decided **not** to call him again. / **never** : 우리는 그를 다시 부르지 않기로 결정했다. / 다시는 절대 부르지 않기로 결정했다.	
	3)	It's important **not** to keep a secret. / **never** : 비밀을 간직하지 않는 것이 중요하다. / 절대 간직하지 않는 것이 중요하다.	

➕ 문법 PLUS

▸ not은 '~않다'라는 의미를 지닌 일반적인 부정어이고, never는 이를 더 강하게 표현하여 '절대 ~않다'라는 의미를 가집니다.

▸ to부정사는 no로 부정할 수 없다는 점에 유의하세요. no는 주로 명사 앞에서 그 명사를 부정합니다.

  예1 | There is **no** milk in the fridge. (O) 냉장고에 우유가 없다.
  : no는 명사 milk를 부정할 수 있음.

  예2 | We decided **no** to call him again. (X)
  : no는 to부정사(to call)를 부정할 수 없으므로, no를 not으로 수정해야 함.

▶ 다음과 같이 to부정사를 부정어와 함께 사용하는 관용 표현을 익혀 두세요.

1. **not to say~**: ~라고 말할 수는 없지만, ~은 아니더라도

    예 | The movie was boring, **not to say** terrible. 그 영화는 지루했다. 끔찍하다고까지는 말 못 하더라도.

2. **not to mention~**(=**not to speak of~** =**to say nothing of~**): ~은 말할 것도 없고

    예1 | He is kind and generous, **not to mention** smart. 그는 친절하고 너그럽고, 똑똑한 것은 말할 것도 없다.

    예2 | He is kind and generous, **not to speak of** smart.

    예3 | He is kind and generous, **to say nothing of** smart.

▶ 다음과 같이 부정어 없이 자주 쓰이는 to부정사 관용 표현도 참고로 알아두세요.

1. **make sure to~**: 반드시 ~하다

    예 | **Make sure to** lock the door before leaving. 떠나기 전에 반드시 문을 잠가라.

2. **be about to~**: 막 ~하려고 하다

    예 | The train **is about to** arrive. 기차가 막 도착하려 하고 있다.

3. **be likely to~**: ~할 것 같다, ~하기 쉽다

    예 | It **is likely to** rain tomorrow. 내일 비가 올 것 같다.

4. **feel free to~**: 자유롭게 ~하다

    예 | **Feel free to** contact me anytime. 언제든 제게 자유롭게 연락하세요.

5. **be bound to~**: 틀림없이 ~하게 되어 있다

    예 | The team **is bound to** win the game. 그 팀은 틀림없이 경기를 이길 것이다.

해수쌤의 점검 QUIZ

정답 및 해설 p. 25

A. 주어진 우리말을 바르게 영작한 것을 고르시오. (　　)

> 내 친구는 비밀을 절대 폭로하지 않겠다고 약속했다.

① My friend promised never to reveal the secret.
② My friend promised to never reveal the secret.
③ My friend promised no to reveal the secret.

B. 제시된 영단어를 알맞은 순서로 배열하여 문장을 완성하시오.

(1) (to leave / not / the meeting / he / agreed)
→ _____
그는 회의를 떠나지 않기로 동의했다.

(2) (eat / to / never / I / decided / chicken)
→ _____
나는 절대 닭고기를 먹지 않기로 결심했다.

해수쌤의 문법 정리 TIPS

to부정사 앞에 오는 부정어 not과 never의 위치를 정확히 익히는 것이 중요합니다. 예문 중 하나를 기록하고, not과 never의 위치를 확인하세요.

to부정사의 주어 나타내기

to부정사: 의미상 주어 표현

to부정사의 의미상 주어는 그 동작의 주체를 나타내며, 일반적으로 'for+목적격 대명사' 형태로 표현합니다.

> **해수쌤의 필수 CHECK** 사람의 성격이나 태도 등에 대한 '주관적인 평가'를 나타내는 형용사 뒤에는 'of+목적격 대명사' 형태를 사용한다는 점에 유의하세요!

핵심 개념 TABLE

한글	나는		그녀가	집에 가는 것을 원한다.
	주어		의미상 주어	
영어			for+목적격 대명사	
	I	want	**for her**	to go home.
	주어		의미상 주어	to부정사

구조

1. for를 활용한 경우

예)	It is	easy(쉬운), difficult(어려운), good(좋은), bad(나쁜), important(중요한), essential(필수적인), necessary(필요한), helpful(도움이 되는), beneficial(유익한), common(흔한, 공통의), normal(정상적인), usual(보통의), unusual(흔치 않은), strange(이상한)	(**for children**) to drink a lot of water.

: (아이들이) 물을 많이 마시는 것은 ~한 일입니다.

2. of를 활용한 경우 (사람의 성격, 태도 등에 대한 주관적인 평가)

예)	긍정	It is	kind(친절한), good(착한), nice(멋진), friendly(우호적인), considerate(사려 깊은), polite(예의 바른), clever(똑똑한), brave(용감한)	(**of her**) to help others.

: (그녀가) 다른 사람들을 돕는 것은 ~한 일입니다.

부정	It is	unkind(불친절한), unfriendly(비우호적인), rude(무례한), selfish(이기적인), stupid(어리석은), foolish(바보 같은), careless(부주의한)	(**of him**) to hurt others.
	: (그가) 다른 사람들을 다치게 하는 것은 ~한 일입니다.		

➕ 문법 PLUS

▶ to부정사의 의미상 주어는 일반적으로 **'for+명사 또는 목적격 대명사' 형태**로 씁니다. 단, be동사 뒤에 사람에 대한 주관적인 평가를 나타내는 형용사가 오는 경우 for대신 of를 쓴다는 점을 기억하세요.

예1 | It is important **for you** to sleep early. (O) 네가 일찍 자는 것은 중요하다.

예2 | It was kind **of her** to wait for me. (O) 그녀가 나를 기다려준 것은 친절한 일이었다.

예3 | It is important **for she** to sleep early. (X)

: 전치사(for, of) 뒤에는 대명사는 목적격(her, him, me, you, us, them 등)으로 써야 하며, 주격(she, he 등)은 쓸 수 없음.

▶ **의미상 주어가 이미 명백한 경우(주어 또는 목적어와 일치하는 경우 등)에는 생략**합니다.

예1 | I want ~~(for me)~~ to go out. 나는 나가고 싶다.

→ I want to go out.

: 주어 'I'와 동일하므로 의미상 주어 'for me' 생략

예2 | He asked me ~~(for me)~~ to help him. 그는 나에게 도와달라고 요청했다.

→ He asked me to help him.

: 목적어 'me'와 동일하므로 의미상 주어 'for me' 생략

해수쌤의 점검 QUIZ

정답 및 해설 p. 25

A. 다음 중 옳지 <u>않은</u> 문장을 고르시오. (　　)

① It is usual for me to have breakfast.
② It is polite of the boy to say thank you.
③ It was necessary of people to wear masks.
④ It is difficult for people to change their habits.
⑤ It was selfish of her to leave without saying goodbye.

B. 빈칸에 들어갈 수 <u>없는</u> 단어를 고르시오. (　　)

| It is _____ of you to behave like that. |

① careless　　② selfish　　③ beneficial
④ friendly　　⑤ considerate

해수쌤의 문법 정리 TIPS

to부정사의 의미상 주어는 'for/of+목적격 대명사' 형태로 표현되며, for와 of가 각각 언제 사용되는지를 정확히 구분해 이해하는 것이 중요합니다. 핵심 개념 TABLE에 제시된 for와 of를 활용하는 형용사들과 아래의 문장들을 옮겨 적은 후, 빈칸에 해당 형용사들을 하나씩 넣어 소리 내어 읽어보세요.

– for를 활용하는 경우: It is _____ for children to drink a lot of water.
– of를 활용하는 경우: It is _____ of her to help others.

UNIT 054

동사에 -ing를 붙여 명사처럼 쓰는 형태

동명사: 개념과 형태

중요도 ★★★★★
난이도 ★★★☆☆

동명사는 동사에 -ing를 붙여 만든, 명사처럼 쓰이는 형태입니다.

✓ **해수쌤의 필수 CHECK** 동명사는 명사의 역할을 하기 때문에 문장 속에서 주어, 목적어, 보어의 역할을 할 수 있습니다.

핵심 개념 TABLE

형태	동사+**ing**
역할	명사
해석	~하는 것, ~하기
예문	1) I like **walking**. : 나는 걷는 것을 좋아한다. 2) **Running** in a park is my hobby. : 공원에서 달리기를 하는 것이 내 취미이다. 3) They finished **doing their homework**. : 그들은 숙제하는 것을 끝냈다. 4) He is good at **drawing**. : 그는 그림 그리는 것을 잘한다.
동명사만 목적어로 취하는 동사	주어 + **enjoy**(즐기다) / **avoid**(피하다) / **imagine**(상상하다) / **finish**(끝내다) + 동사+**ing** (단, to부정사로 쓸 수 없음)

➕ 문법 PLUS

▸ 동명사는 '~하는 것', '~하기'라는 뜻으로 to부정사의 명사적 용법과 의미가 같습니다. 하지만 어떤 동사는 동명사만, 어떤 동사는 to부정사만 목적어로 취하며, 둘 다 가능해도 의미가 달라질 수 있으므로 유의해야 합니다. ('UNIT 57. 동명사 vs. to부정사: 동사에 따라 달라지는 경우' 참고)

예1 ǀ I enjoy **swimming**. (O) 나는 수영하는 것을 즐긴다.

예2 ǀ I enjoy **to swim**. (X) 나는 수영하는 것을 즐긴다.

: enjoy는 동명사만을 목적어로 취하며, to부정사를 목적어로 사용할 수 없는 동사임.

▶ **동명사의 부정**은 동명사 앞에 **not** 또는 **never**를 붙여 표현합니다. ('UNIT 55. 동명사: 부정 표현' 참고)

예 | I feel guilty about **not doing** my homework. 나는 숙제를 하지 **않은** 것에 대해 죄책감을 느낀다.

▶ **동명사의 의미상 주어**는 동명사의 앞에 소유격(my, your, his, her, its, our, their) 또는 목적격(me, you, him, her, it, us, them)을 사용하여 나타냅니다. ('UNIT 56. 동명사: 의미상 주어 표현' 참고)

예 | I don't like **his/him coming** to my house. 나는 **그가** 우리 집에 오는 것을 좋아하지 않는다.

▶ **동명사의 수동태**는 'being+과거분사(p.p.)' 형태로 쓰이며, 동작의 대상이 되는 것을 나타냅니다.

예 | Everyone hates **being ignored**. 모든 사람은 무시**당하는 것**을 싫어한다.

해수쌤의 점검 QUIZ

정답 및 해설 p. 26

A. 다음 중 옳지 <u>않은</u> 문장을 고르시오. (   )

① He finished reading the novel.
② I enjoy listening to classical music.
③ The doctor avoids to eat spicy food.
④ She imagined becoming a famous writer.

B. 제시된 영단어를 알맞은 순서로 배열하여 문장을 완성하시오.

(1) (fast food / is / eating / unhealthy)

→ _____

패스트푸드를 먹는 것은 건강에 해롭다.

(2) (her room / finished / she / cleaning)

→ _____

그녀는 방을 청소하는 것을 끝냈다.

해수쌤의 문법 정리 TIPS

동명사는 '~하는 것, ~하기'라는 뜻을 가지며, 문장에서 명사처럼 쓰인다는 점을 이해하는 것이 중요합니다. 동명사의 형태와 역할을 메모하고, 제시된 예문을 옮겨 쓴 후 직접 해석하는 연습을 해보세요.

UNIT 055 동명사: 부정 표현

동명사 앞에 부정어를 붙이는 방법

중요도 ★★★★☆
난이도 ★★☆☆☆

동명사의 부정은 동명사 앞에 부정어 not 또는 never를 붙여서 표현합니다.

✅ **해수쌤의 필수 CHECK** 예문을 통해 not과 never를 활용한 동명사 부정의 의미 차이를 비교해 보세요!

핵심 개념 TABLE

형태		동명사의 앞에 **not** 또는 **never**를 붙여 씀.
예문	1)	She is sorry for **not** coming early. : 그녀는 일찍 오지 않은 것에 대해 미안해한다.
	2)	He was blamed for **not** turning off the light. : 그는 불을 끄지 않은 것에 대해 비난받았다.
	3)	I regret **never** trying it. : 나는 그걸 한 번도 시도해보지 않은 것을 후회한다.
	4)	He is afraid of **never** seeing her again. : 그는 그녀를 다시는 못 볼까 봐 두려워한다.

➕ 문법 PLUS

▶ 동명사 앞에 not을 붙이면 '~하지 않는 것', never를 붙이면 더 강한 의미로 '절대 ~하지 않는 것'이라는 뜻이 됩니다.

▶ 동명사는 no로 부정할 수 없다는 점에 유의하세요. no는 주로 명사 앞에서 그 명사를 부정합니다.

예1 | **No** students were late today. (O) 오늘은 지각한 학생이 아무도 없다.
: no는 명사(students)를 부정할 수 있음.

예2 | Sorry for **no** coming early. (X)
: no는 동명사(coming)를 부정할 수 없으므로, no를 not으로 수정해야 함.

▶ 다음과 같이 동명사를 부정어와 함께 사용하는 관용 표현을 익혀 두세요.

1. **can't help ~ing**: ~하지 않을 수 없다
예 | I **can't help feeling** nervous before exams. 나는 시험 전에는 긴장하지 않을 수 없다.

2. **there is no ~ing**: ~하는 것은 불가능하다
예 | **There is no changing** the past. 과거를 바꿀 수는 없다.

3. **there is no use ~ing**: ~하는 것은 소용없다

예 | **There is no use worrying** about the past. 과거를 걱정해도 소용없다.

해수쌤의 점검 QUIZ

정답 및 해설 p. 26

A. 주어진 우리말을 바르게 영작한 것을 고르시오. (　　)

> 그들은 '절대 포기하지 않는 것'을 실천한다.

① They practice no giving up.
② They never practice giving up.
③ They practice never giving up.

B. 제시된 영단어를 알맞은 순서로 배열하여 문장을 완성하시오.

(1) (a second language / regret / never / I / learning)
→ _____
나는 제2외국어를 전혀 배우지 않은 것을 후회한다.

(2) (getting / not / he / imagined / a job)
→ _____
그는 직업을 얻지 못하는 것을 상상했다.

해수쌤의 문법 Q&A

Q 부정어의 위치에 따라 문장의 의미가 달라질 수 있나요?

A 네, 달라질 수 있습니다. 부정어가 동사 앞에 오면 동사를 부정하고, 동명사 앞에 오면 동명사를 부정합니다. 예를 들어, 'He **never practices** speaking in public.'에서는 부정어 never가 동사 practices를 부정하여 '그가 대중 앞에서 말하기를 **절대 연습하지 않는다.**'는 뜻이 되고, 'He practices **never speaking** in public.'에서는 부정어 never가 동명사 speaking을 부정하여 '그가 대중 앞에서 **절대 말하지 않는 것**을 연습한다.'는 의미가 됩니다.

해수쌤의 문법 정리 TIPS

동명사 앞에 오는 부정어 not과 never의 정확한 위치를 아는 것이 중요합니다. 핵심 개념 TABLE에 제시된 예문 중 하나를 옮겨 적고, not과 never가 동명사 앞에 어떻게 놓이는지 메모해 두세요.

동명사의 주어 나타내기

동명사: 의미상 주어 표현

중요도 ★★★★☆
난이도 ★★★☆☆

동명사의 의미상 주어는 그 동작의 주체를 나타내며, 일반적으로 소유격 또는 목적격 형태로 나타냅니다.

✅ **해수쌤의 필수 CHECK** 문맥상 의미상 주어가 명확할 때는 일반적으로 생략 가능합니다.

핵심 개념 TABLE

한글	나는		그가	담배를 피우는 것에 질렸다.
	주어		의미상 주어	
영어	I	am tired of	**his/him**	smoking.
	주어	동사구	의미상 주어(소유격/목적격)	동명사

예문	1) She dreamed about	**his**(소유격)/**him**(목적격)	winning the prize.
	: 그녀는 그가 상을 타는 것을 꿈꿨다.		
	2) I'm thankful for	**my friend's**(소유격)/**my friend**(목적격)	helping me.
	: 나는 내 친구가 나를 도와준 것에 감사한다.		
	3) They complained about	**the room's**(소유격)/**the room**(목적격)	smelling bad.
	: 그들은 방에서 악취가 난다고 불평했다.		

➕ 문법 PLUS

▶ 동명사의 의미상 주어는 일반적으로 '소유격(my, your, his, her, its, our, their)' 또는 '목적격(me, you, him, her, it, us, them)' 형태로 표현할 수 있습니다.

예 | **Sarah's/Sarah** finishing the project surprised everyone. Sarah가 그 프로젝트를 끝낸 것이 모두를 놀라게 했다.

▶ 소유격은 문법적으로 더 정확하고 격식 있는 표현이며, 목적격은 구어체에서 자연스럽게 사용되는 표현입니다.

▶ 의미상 주어가 이미 명백한 경우(주어 또는 목적어와 일치하는 경우 등)에는 생략합니다.

예1 | I enjoy (~~my/me~~) dancing. 나는 춤추기를 즐긴다.

→ I enjoy dancing.

: 주어 'I'와 동일하므로 의미상 주어 생략

예2 | Thank you for (your/you) inviting me. 나를 초대해 주셔서 감사합니다.

→ Thank you for inviting me.

: 목적어 'you'와 동일하므로 의미상 주어 생략

▶ 무생물을 나타내는 명사(robot, machine, laptop 등)는 의미상 주어를 일반적으로 목적격으로 쓰지만, **소유격을 사용해도 틀리지는 않습니다.**

예1 | They heard the robot making noise. 그들은 로봇이 소음을 내는 것을 들었다.

: 목적격 robot이 의미상 주어가 됨(일반적인 쓰임).

예2 | They heard the robot's making noise. 그들은 로봇이 소음을 내는 것을 들었다.

: 소유격 robot's가 의미상 주어가 됨(격식을 차린 문어체적인 쓰임).

▶ **'this, that, all'과 같은 대명사는 소유격 형태가 없으므로**, 의미상 주어로 반드시 목적격을 사용합니다.

예 | They complained of this's/that's/all's being too expensive. (X)

→ They complained of this/that/all being too expensive. (O)

그들은 이것이/저것이/모든 것이 너무 비싸다고 불평했다.

해수쌤의 점검 QUIZ

정답 및 해설 p. 27

A. 다음 중 올바른 문장을 고르시오. (   )

① I appreciate he helping me with the work. 나는 그가 내 일을 도와준 것에 감사한다.

② I can't imagine Chloe's failing the test. 나는 Chloe가 시험에 떨어지는 것을 상상할 수 없다.

③ Nobody thought of this's happening today. 아무도 이것이 오늘 일어날 거라 생각하지 못했다.

B. 빈칸에 들어갈 수 <u>없는</u> 것을 고르시오. (   )

I am proud of _____ being a nurse.

① she   ② her   ③ his   ④ him   ⑤ your

해수쌤의 문법 정리 TIPS

동명사의 의미상 주어로 소유격과 목적격 대명사를 사용할 수 있다는 점을 이해하는 것이 중요합니다. 핵심 개념 TABLE에 제시된 예문을 옮겨 적은 뒤, 소유격과 목적격을 바꿔가며 반복해서 읽어보세요. 이를 통해 이러한 문장 구조에 자연스럽게 익숙해질 수 있습니다.

UNIT 057

동사의 의미에 따라 선택해야 하는 동명사와 to부정사

동명사 vs. to부정사: 동사에 따라 달라지는 경우

중요도 ★★★★★
난이도 ★★★★☆

동사에 따라 목적어로 동명사를 취하거나, to부정사를 취하는 경우가 있습니다.

✅ **해수쌤의 필수 CHECK** 동명사 또는 to부정사를 목적어로 취하는 동사들의 종류를 기억하고, 두 형태 모두 가능하지만 쓰임에 따라 뜻이 달라지는 동사들은 특히 주의하세요!

핵심 개념 TABLE

	동명사	to부정사
형태	동사ing	to+동사원형

동명사를 목적어로 취하는 동사		to부정사를 목적어로 취하는 동사	
주어 + imagine(상상하다), suggest(제안하다), consider(고려하다), practice(연습하다), enjoy(즐기다), deny(부인하다), postpone(연기하다), finish(끝내다) + walking (O) ~~to walk~~ (X)		주어 + want(원하다), hope(희망하다), wish(바라다), expect(기대하다), ask(요청하다), offer(제안하다), agree(동의하다), promise(약속하다), decide(결정하다), prepare(준비하다), attempt(시도하다), manage(가까스로 ~하다) + to walk (O) ~~walking~~ (X)	

동명사와 to부정사 모두를 목적어로 취하지만, 쓰임에 따라 의미가 달라지는 동사			
예1)	remember	+ ~ing: 했던 것을 기억하다(이미 발생)	
		예)	I remember **meeting** him last year. : 나는 작년에 그를 만났던 것을 기억한다.
		+ to~: ~할 것을 기억하다(미래)	
		예)	Remember **to call** me tomorrow. : 내일 나에게 전화할 것을 기억해.

CHAPTER 11 준동사의 활용 | 211

예2)	regret	+~ing: ~했던 것을 후회한다(이미 발생)	
		예)	I regret **saying** those words to her. : 나는 그녀에게 그 말을 했던 것을 후회한다.
		+to~: ~하게 되어 유감이다(미래)	
		예)	I regret **to tell** you the truth. : (안타깝지만) 진실을 말하게 되어 유감이다.
예3)	forget	+~ing: ~했던 것을 잊다(이미 발생)	
		예)	I forgot **meeting** her before. : 나는 전에 그녀를 만났던 것을 잊었다.
		+to~: ~할 것을 잊다(미래)	
		예)	I forgot **to bring** my wallet. : 나는 내 지갑을 가져오는 것을 잊었다.
예4)	stop	+~ing: ~하는 것을 멈추다	
		예)	They stopped **smoking**. : 그들은 담배 피우는 것을 멈췄다.
		+to~: ~하기 위해 멈추다	
		예)	They stopped **to smoke**. : 그들은 담배를 피우기 위해 멈췄다.
예5)	try	+~ing: 시험 삼아 ~ 해보다	
		예)	Try **adding** more sugar to the cake. : 케이크에 설탕을 더 넣어보세요.
		+to~: ~하려고 노력하다	
		예)	I tried **to open** the door, but it was locked. : 나는 문을 열려고 노력했지만, 잠겨 있었다.

✚ 문법 PLUS

▶ 어떤 동사는 동명사만을, 어떤 동사는 to부정사만을 목적어로 취하기도 합니다.

1. 동명사를 목적어로 취하는 동사

예1 | She **imagined/suggested/considered/postponed/denied** going camping.
  그녀는 캠핑 가는 것을 상상했다/제안했다/고려했다/연기했다/(캠핑 갔던 것을) 부인했다.

예2 | She **enjoyed/practiced/finished** playing the piano.
  그녀는 피아노 치는 것을 즐겼다/연습했다/끝냈다.

2. to부정사를 목적어로 취하는 동사

예1 | He **wanted/hoped/wished/expected/decided/prepared/promised/attempted** to visit her hometown.
그는 고향에 가는 것을 원했다/희망했다/바랐다/기대했다/결심했다/준비했다/약속했다/시도했다.

예2 | He **managed/agreed/asked/offered** to finish the task.
그는 일을 끝내는 것을 가까스로 해냈다/동의했다/요청했다/제안했다.

▶ 동명사는 과거의 일을, to부정사는 미래의 일을 암시하는 경우가 많습니다.

예 | remember, regret, forget의 경우, 뒤에 동명사를 쓰면 과거와 관련된 의미(~했던 것을 기억하다, ~했던 것을 후회하다, ~했던 것을 잊다)를 나타내고, to부정사를 쓰면 미래와 관련된 의미(~할 것을 기억하다, ~하게 되어 유감이다, ~할 것을 잊다)를 나타냄.

해수쌤의 점검 QUIZ

정답 및 해설 p. 27

A. 다음 중 옳지 <u>않은</u> 문장을 고르시오. (   )

① I decided quitting my job.
② He postponed buying a new car.
③ He denied cheating on the exam.
④ She suggested going to the beach.
⑤ We want to travel to Europe someday.

B. 밑줄 친 부분의 의미와 가장 유사한 것에 ✓표시하시오.

(1) You <u>should remember</u> to turn off the light before going out tomorrow.	~했던 것을 기억해야 한다	
	~할 것을 기억해야 한다	
(2) I <u>remember</u> meeting the woman in the office last year.	~했던 것을 기억한다	
	~할 것을 기억한다	
(3) <u>Don't forget</u> to lock the door.	~했던 것을 잊지 마라	
	~할 것을 잊지 마라	
(4) We'll <u>never forget</u> visiting the Eiffel Tower for the first time.	~했던 것을 절대 잊지 않을 거다	
	~할 것을 절대 잊지 않을 거다	

해수쌤의 문법 정리 TIPS

동명사를 목적어로 취하는 동사와 to부정사를 목적어로 취하는 동사를 구별하여 익히는 것이 중요합니다.

− '동명사를 목적어로 취하는 동사'를 기록하고, 뒤에 'walking'을 붙여 반복해서 소리 내어 읽어보세요.

예) **imagine** walking, **suggest** walking, **consider** walking, **practice** walking…

− 'to부정사를 목적어로 취하는 동사'를 기록하고, 뒤에 'to walk'를 붙여 반복해서 소리 내어 읽어보세요.

예) **want** to walk, **hope** to walk, **wish** to walk, **expect** to walk…

− 동명사와 to부정사를 모두 목적어로 취하지만, 의미가 달라지는 동사(remember, regret, forget, try, stop)의 예문을 옮겨 적고, 해석 차이를 비교하며 연습해 보세요.

to have p.p.와 having p.p.의 쓰임

완료 부정사, 완료 동명사

중요도 ★★★☆☆
난이도 ★★★★★

완료 부정사는 'to+have+과거분사', 완료 동명사는 'having+과거분사' 형태이며, 주절의 동사보다 먼저 일어난 일을 나타냅니다.

✓ **해수쌤의 필수 CHECK** 시간의 차이가 명확하지 않거나 중요하지 않은 경우, 또는 의미상 시간 전·후 관계가 뚜렷이 구분되는 경우에는 단순 부정사와 단순 동명사를 사용할 수도 있습니다.

핵심 개념 TABLE

	단순 부정사 (형태: to+동사원형)		완료 부정사 (형태: to have+과거분사)
예1)	She **seems to fall** in love. : 그녀는 사랑에 빠진 것처럼 보인다. → 부정사(사랑에 빠지는 것)는 주절의 동사 (~처럼 보임)의 시점과 **동일**	예1)	They **seem** ~~to spend~~ quality time. 　　　　　↳**to have spent** : 그들은 질 좋은 시간을 보냈던 것처럼 보인다. → 부정사(질 좋은 시간을 보낸 것)의 시제는 주절의 동사(~처럼 보임)의 시점보다 **이전**
예2)	They **expected** me **to pass** the exam. : 그들은 내가 시험에 합격할 것으로 기대했다. → 부정사(시험에 합격하는 것)의 시제는 주절의 동사(기대함)의 시점 **이후**	예2)	They **claim** ~~to see~~ a UFO. 　　　　　↳**to have seen** : 그들은 UFO를 봤다고 주장한다. → 부정사(UFO를 본 것)의 시제는 주절의 동사(주장함)의 시점보다 **이전**

	단순 동명사 (형태: 동사+ing)		완료 동명사 (형태: having+과거분사)
예1)	I **enjoy spending** time with you. : 나는 너와 시간을 보내는 것을 즐긴다. → 동명사(너와 시간을 보내는 것)의 시제는 주절의 동사(즐긴다)의 시점과 **동일**	예1)	She **denied having used** my computer. : 그녀는 내 컴퓨터를 사용했던 것을 부인했다. → 동명사(내 컴퓨터를 사용한 것)의 시제는 주절의 동사(부인함)의 시점보다 **이전**

예2)	I **insisted on buying** lunch. : 나는 점심을 사겠다고 주장했다. → 동명사(점심을 사는 것)의 시제는 주절의 동사(주장함)의 시점 **이후**	예2)	I **regret having used** your computer. : 나는 네 컴퓨터를 사용한 것을 후회한다. → 동명사(네 컴퓨터를 사용한 것)의 시제는 주절의 동사(후회함)의 시점보다 **이전**

문법 PLUS

▶ 완료 부정사(to have+과거분사)와 완료 동명사(having+과거분사)는 주절의 동사보다 이전의 일을 나타낼 때 사용됩니다.

▶ 'deny(~했던 것을 부인하다), regret(~했던 것을 후회하다), forget(~했던 것을 잊다), remember(~했던 것을 기억하다)' 등은 과거 사실에 대한 언급이 명확하거나 '이미 일어난 일임'을 강조하고 싶을 경우, 완료 동명사(having+p.p.)를 쓸 수 있습니다. 다만 일상에서는 단순 동명사로도 자연스럽게 사용됩니다.

예1 ㅣ I remember **meeting**(단순 동명사) her last week. (O) 나는 지난주에 그녀를 만났던 것을 기억한다.
예2 ㅣ I remember **having met**(완료 동명사) her last week. (O)
예3 ㅣ I regret **using**(단순 동명사) your computer. (O) 나는 네 컴퓨터를 사용한 것을 후회한다.
예4 ㅣ I regret **having used**(완료 동명사) your computer. (O)

▶ 완료 부정사 및 완료 동명사는 '진행(~하는 중이었음)' 및 '수동(~되었음)'의 의미로 확장될 수 있으며, 그 쓰임은 다음과 같습니다.

1. 완료 부정사+진행의 의미: **to+have+been+~ing**(현재분사)

예 ㅣ She seems **to have been studying** all night. 그녀는 밤새 공부하고 **있었던** 것처럼 보인다.

2. 완료 동명사+진행의 의미: **having+been+~ing**(현재분사)

예 ㅣ He admitted **having been watching** TV instead of studying. 그는 공부 대신 TV를 보고 **있었던** 것을 인정했다.

3. 완료 부정사+수동의 의미: **to+have+been+p.p.**(과거분사)

예 ㅣ He is happy **to have been chosen** for the team. 그는 팀에 선발**되어** 기쁘다.

4. 완료 동명사+수동의 의미: **having+been+p.p.**(과거분사)

예 ㅣ They denied **having been involved** in the incident. 그들은 그 사건에 연루**되었던** 것을 부인했다.

해수쌤의 점검 QUIZ

정답 및 해설 p. 27

A. 다음 문장의 우리말 해석에 맞게 빈칸을 완료형으로 채우시오.

(1) She seems to finish her homework early.
그녀는 숙제를 (보통) 일찍 끝내는 것처럼 보인다.
→ She seems _____ her homework already.
그녀는 이미 숙제를 끝냈던 것으로 보인다.

(2) He is proud of being an artist.
그는 예술가가 된 것을 자랑스러워한다.
→ He is proud of _____ an artist.
그는 예술가가 되었던 것을 자랑스러워한다.

B. 다음 중 더 과거에 일어난 일에 ✓표시하시오.

(1) He was rewarded for having completed the project.	보상받음	
	프로젝트 완성	
(2) They were excited to have traveled to Europe.	신남	
	유럽 여행을 다녀옴	

해수쌤의 문법 Q&A

Q 'He was rewarded for <u>having completed</u> the project.'를 단순 동명사를 활용해서 'He was rewarded for <u>completing</u> the project.'라고 해도 되나요?

A 네, 그래도 됩니다. 하지만 더 과거에 일어난 일을 강조하고 싶을 때는 'having completed'를 사용하는 것이 더 적절합니다. 완료 동명사(having + p.p.)를 활용하면 **주절**의 동사보다 앞선 시점의 동작임을 명확히 나타낼 수 있습니다. 즉, 'completing'은 단순히 완료했다는 사실을 전할 뿐이지만, 'having completed'는 프로젝트 완료가 보상보다 먼저 일어났다는 점을 강조합니다.

해수쌤의 문법 정리 TIPS

완료 부정사와 완료 동명사의 형태와 쓰임을 정확히 이해하는 것이 중요합니다. 핵심 개념 TABLE에 나온 예문을 옮겨 적은 뒤, 각 문장에서 주절의 동사의 시제를 먼저 확인해 보세요. 그리고 주절의 동사와의 시제를 비교해 보면서, 왜 'to have+과거분사(완료 부정사)' 또는 'having+과거분사(완료 동명사)'가 쓰였는지, 그 이유를 스스로 메모해 보세요.

UNIT 059 동사에 준하는 표현의 활용법

준동사

준동사는 동사에서 파생되어 문장에서 명사, 형용사, 부사 등의 역할을 하는 단어입니다.

✓ **해수쌤의 필수 CHECK** 준동사라는 용어 자체보다, 많은 문법 표현들이 다양한 의미를 전달하기 위해 동사의 형태를 바꾸어 사용된다는 점을 기억하면 됩니다.

핵심 개념 TABLE

종류		쓰임		예문
1. 부정사	to부정사	명사	1)	I want **to go**. : 나는 가고 싶다.
		형용사(명사 수식)	2)	I want something **to drink**. : 나는 마실 것을 원한다.
		부사	3)	I study **to pass** the exam. : 나는 시험에 합격하기 위해 공부한다.
	원형 부정사 (주로 다른 동사, 조동사와 결합)	동사의 일부	4)	He can **swim**. ↳조동사(can)와 함께 쓰임 : 그는 수영을 할 수 있다.
		보어	5)	I heard you **sing**. ↳지각동사(heard)와 함께 쓰임 : 나는 네가 노래 부르는 것을 들었다.
			6)	He made me **laugh**. ↳사역동사(made)와 함께 쓰임 : 그는 나를 웃게 만들었다.
2. 동명사		명사	7)	I enjoy **reading** books. : 나는 책 읽는 것을 즐긴다.
3. 분사	현재분사	형용사(명사 수식)	8)	I know the **dancing** boy. ↳명사(boy) 수식 : 나는 춤추고 있는 그 소년을 안다.
		보어	9)	The news sounds **shocking**. ↳주격 보어 : 그 뉴스는 충격적으로 들린다.

	분사구문의 일부	10)	**Watching** the movie, I cried. └→분사구문 구성 : 그 영화를 보면서 나는 울었다.
	동사의 일부 (진행 시제)	11)	He is **studying** English. 　　└→진행 시제 구성 : 그는 영어를 공부하고 있다.
과거분사	형용사(명사 수식)	12)	Look at the **broken** window. 　　　　　└→명사(window) 수식 : 그 깨진 창문을 보아라.
	보어	13)	She got the car **fixed** yesterday. 　　　　　　└→목적격 보어 : 그녀는 어제 차를 수리했다.
	분사구문의 일부	14)	**Repaired** by the man, the car worked. 　　└→분사구문 구성 : 그 남자에 의해 수리된 후(수리되어), 그 차는 작동했다.
	동사의 일부 (수동태, 완료 시제)	15)	The window was **broken**. 　　　　　└→수동태 구성 : 그 창문은 깨졌다.
		16)	I have **lived** here for 3 years. 　　　└→완료 시제 구성 : 나는 여기에서 3년 동안 살아왔다.

✚ 문법 PLUS

▶ 준동사는 '동사에 준하는 형태'라는 뜻으로, 동사의 성질은 가지되 문장에서 명사, 형용사, 부사처럼 기능하는 표현을 말합니다. 즉, 동사의 형태를 띠지만 독립적으로 동작을 표현하지 않으며, 주어, 목적어, 보어, 수식어 등의 역할을 합니다.

▶ 영어에서 동사의 활용은 매우 중요합니다. 우리가 배우는 주요 문법 요소인 to부정사, 동명사, 분사, 진행형, 수동태, 그리고 지각·사역동사의 보어 표현 등은 모두 동사의 활용과 밀접한 관련이 있으며, 준동사의 개념과 연결됩니다.

▶ 'All~' 형태의 주어와 be동사 뒤에는 보어로 명사 역할을 하는 어구(to부정사 등)가 오는 것이 원칙입니다. 하지만 실제 영어에서는 일부 동사(do, have to 등)와 함께 관용적으로 'to' 없이 동사원형이 쓰이기도 하며, 이는 예외적으로 허용됩니다.

예1 | All I do is **to sleep**. = All I do is **sleep**. (O) 나는 자기만 한다.
예2 | All you have to do is **to work**. = All you have to do is **work**. (O) 네가 해야 할 것은 일뿐이다.

해수쌤의 점검 QUIZ

정답 및 해설 p. 28

A. 빈칸에 들어갈 수 있는 것을 고르시오. (   )

> They always make him _____.
> 그들은 항상 그를 미소 짓게 만듭니다.

① smile   ② smiling   ③ to smile

B. 다음 중 밑줄 친 부분이 옳지 않은 것을 고르시오. (   )

① I saw him <u>walk</u>. 나는 그가 걷는 것을 봤다.
② They are <u>dance</u> together. 그들은 함께 춤추고 있는 중이다.
③ She studied <u>to pass</u> the exam. 그녀는 시험에 통과하기 위해 공부했다.
④ They have <u>lived</u> in Germany for 10 years. 그들은 독일에 10년 동안 살아왔다.

해수쌤의 문법 정리 TIPS

주요 문법에서 동사가 다양한 형태로 활용된다는 점을 이해하는 것이 중요합니다. 핵심 개념 TABLE에 제시된 예문을 기록하고, 직접 해석하는 연습을 해보세요. 해석을 완료한 후, 각 예문에 쓰인 준동사를 모두 표시하고 역할을 메모해 보세요.

명사의 역할을 하는 '의문사+to+동사원형'
의문사+to부정사

중요도 ★★★★☆
난이도 ★★★☆☆

'의문사+to부정사'는 '누구를/언제/어디에(어디를) ~할지'라는 의미로 쓰이며, 문장에서 명사 역할을 합니다.

> **해수쌤의 필수 CHECK** 의문사에 따라 '의문사+to+동사원형'의 의미가 어떻게 달라지는지 표를 통해 확인해 보세요!

핵심 개념 TABLE

형태	[의문사+to부정사] = [의문사+to+동사원형] = 명사구(주어, 목적어, 보어 역할)			
종류	1	who(m) to 동사		누구를 ~할지
		예)	who(m) to meet	누구를 만날지
	2	when to 동사		언제 ~할지
		예)	when to start	언제 시작할지
	3	where to 동사		어디에/어디로 ~할지
		예)	where to go	어디에 갈지
	4	what to 동사		무엇을 ~할지
		예)	what to eat	무엇을 먹을지
	5	how to 동사		어떻게 ~할지(~하는 방법)
		예)	how to make	어떻게 만들지
	6	which to 동사		어떤 것을 ~할지
		예)	which to choose	어떤 것을 선택할지
	7	whether to 동사 (or not)		~할지 안 할지
		예)	whether to go (or not)	갈지 안 갈지

역할				
	1)	주어 역할	예)	[Who(m) to meet] [When to meet] [Where to meet] [What to buy] is very important.
				: 누구를 만날지/언제 만날지/어디에서 만날지/무엇을 살지가 매우 중요하다.
	2)	목적어 역할	예)	We need to decide [how to make]. [which to choose]. [whether to make it or not].
				: 우리는 어떻게 만들지/무엇을 선택할지/그것을 만들지 말지를 결정할 필요가 있다.
	3)	보어 역할	예)	The problem is [what to choose]. [when to choose]. [how to choose].
				: 문제는 무엇을 선택할지/언제 선택할지/어떻게 선택할지이다.

문법 PLUS

▶ '의문사+to부정사'는 '의문사+to+동사원형' 형태의 명사구로, 문장에서 주어, 목적어, 보어, 그리고 전치사의 목적어 역할을 할 수 있습니다.

예1 | **What to do**(주어) is not clear. 무엇을 해야 할지가 명확하지 않다.

예2 | He doesn't know **what to wear**(목적어). 그는 무엇을 입어야 할지 모른다.

예3 | The main issue is **who to contact**(보어). 주요 문제는 누구에게 연락할지이다.

예4 | I'm thinking about **where to go**(전치사의 목적어) tomorrow. 나는 내일 어디로 갈지 고민 중이야.

▶ 일반적으로 if와 why는 to부정사 앞에 쓸 수 없습니다.

예1 | if to go (X), why to go (X)

해수쌤의 점검 QUIZ

정답 및 해설 p. 28

A. 빈칸에 들어갈 수 있는 것을 고르시오. (   )

Can you tell me when _____?

① start   ② starting   ③ to start

B. 밑줄 친 부분의 알맞은 우리말 해석을 쓰시오.

(1) Do you know <u>how to swim</u>?
→ 너는 _____을(를) 아니?

(2) They need to learn <u>what to say</u> in such situations.
→ 그들은 그러한 상황에서 _____을(를) 배울 필요가 있다.

해수쌤의 문법 정리 TIPS

'의문사+to부정사' 형태의 의미와 문장에서의 역할(주어, 목적어, 보어)을 정확히 이해하는 것이 중요합니다. 핵심 개념 TABLE에 제시된 '의문사+to부정사' 형태의 종류와 의미를 옮겨 적고 암기하세요. 또한, 이 형태가 문장에서 주어, 목적어, 보어로 사용되는 예문을 분류하여 기록하고, 각 역할의 차이를 파악하세요.

해수쌤의 핵심 개념 REVIEW

CHAPTER 11
준동사의 활용

빈칸을 채워 핵심 개념을 이해했는지 점검하세요.

51 to부정사: 개념과 형태

to부정사는 동사원형 앞에 '(①)'를 붙인 형태로, 명사, 형용사, 부사 역할을 하는 준동사입니다. 예를 들어, '나는 별을 (②) 창문을 연다.'라는 뜻을 지닌 문장은 'I open the window to see stars.'라고 표현할 수 있습니다. 또한, '그 산은 오르기에 너무 가파르다.'라는 뜻을 지닌 문장은 'The mountain is too steep (③) climb.'라고 표현할 수 있습니다.

52 to부정사: 부정 표현

to부정사의 부정은 to 앞에 부정어 (①) 또는 never를 붙여서 표현합니다. 예를 들어, '나는 버스를 놓치지 않기 위해 일찍 일어날 것이다.'라는 뜻을 지닌 문장은 'I will wake up early (②) to miss the bus.'라고 표현할 수 있습니다.

53 to부정사: 의미상 주어 표현

to부정사의 의미상 주어는 to부정사 동작의 주체를 나타내며, 일반적으로 '(①   )' 형태로 표현합니다. 또한, 사람의 성격이나 태도를 평가할 때는 'of+목적격 대명사' 형태를 사용합니다. 예를 들어, '아이들이 물을 많이 마시는 것은 중요한 일입니다.'라는 뜻을 지닌 문장은 'It is important (②) children to drink a lot of water.'라고 표현할 수 있습니다. 또한, '그녀가 다른 사람들을 돕는 것은 친절한 일입니다.'라는 뜻을 지닌 문장은 'It is kind (③) her to help others.'라고 표현할 수 있습니다.

54 동명사: 개념과 형태

동명사는 동사에 '(①)'을 붙여 만든, 명사처럼 쓰이는 형태입니다. 문장에서 주어, 목적어, 보어 역할을 하며, 의미는 '(②)'으로 해석됩니다. 예를 들어, '나는 걷는 것을 좋아한다.'라는 뜻을 지닌 문장은 'I like walking.'이라고 표현할 수 있습니다.

55 동명사: 부정 표현

동명사의 부정은 동명사 (①)에 부정어 not 또는 never를 붙여서 표현합니다. not은 '~하지 않은 것', never는 '절대 ~하지 않은 것'의 의미를 가집니다. 예를 들어, '그는 직업을 얻지 못하는 것을 상상했다.'라는 뜻을 지닌 문장은 'He imagined (②) getting a job.'이라고 표현할 수 있습니다.

56 동명사: 의미상 주어 표현

동명사의 의미상 주어는 동명사 동작의 주체를 나타내며, 일반적으로 (①) 또는 목적격 대명사로 표현합니다. 예를 들어, '나는 그가 담배를 피우는 것에 질렸다.'라는 뜻을 지닌 문장은 'I am tired of (②) smoking.' 이라고 표현할 수 있습니다.

57 동명사 vs. to부정사: 동사에 따라 달라지는 경우

imagine, enjoy, finish와 같은 동사는 (①)(을)를 목적어로 취할 수 있고, want, decide, hope와 같은 동사는 (②)(을)를 목적어로 취할 수 있습니다. 또한, remember, regret, forget, stop, try와 같이 동명사와 to부정사 모두를 목적어로 취하지만, 쓰임에 따라 의미가 달라지는 동사도 있습니다.

58 완료 부정사, 완료 동명사

완료 부정사는 '(①)', 완료 동명사는 '(②)' 형태이며, 주절의 동사보다 먼저 일어난 일을 나타냅니다. 예를 들어, '그들은 UFO를 봤다고 주장한다.'라는 뜻을 지닌 문장은 'They claim (③) a UFO.' 라고 쓸 수 있습니다. 또한, '그녀는 내 컴퓨터를 사용했던 것을 부인했다.'라는 뜻을 지닌 문장은 'She denied having used my computer.'라고 표현할 수 있습니다.

59 준동사

준동사는 (①)에서 파생되어 명사, 형용사, 부사 등의 역할을 하는 단어입니다. 준동사에는 부정사, 동명사, 분사 등이 있으며, 문장에서 다양한 기능을 수행합니다. 예를 들어, '나는 책 읽는 것을 즐긴다.'라는 뜻을 지닌 문장을 준동사 중 하나인 동명사를 활용하여 'I enjoy (②) books.'라고 표현할 수 있습니다.

60 의문사+to부정사

'의문사+to부정사'는 '누구를/언제/어디에(어디를) ~할지'라는 의미로 쓰이는 명사구로, 문장에서 주어, 목적어, 보어, 전치사의 목적어 역할을 합니다. 또한, 'who(m) to 동사'는 '누구를 ~할지', 'when to 동사'는 '언제 ~할지', '(①) to 동사'는 '어디에/어디로 ~할지', '(②) to 동사'는 '무엇을 ~할지', 'how to 동사'는 '어떻게 ~할지(~하는 방법)', 'which to 동사'는 '어떤 것을 ~할지', 'whether to 동사(or not)'는 '~할지 안 할지'라는 의미를 가집니다. 예를 들어, '너는 어떻게 수영하는지 아니?'라는 뜻을 지닌 문장은 'Do you know (③) to swim?'이라고 표현할 수 있습니다.

CHAPTER 12

가정법

현실과 다른 상황을 나타내는 표현

가정법은 현실과는 다른 상황을 가정하거나, 그것에 대한 희망, 후회, 상상 등을 표현할 때 사용하는 문법입니다. 현재나 미래의 가정에는 과거 시제, 과거에 대한 가정에는 과거완료 시제를 사용하며, 실제 시제와는 다른 시제를 사용하여, 현실과는 다른 가정이라는 점을 표현하는 것이 가정법의 특징입니다.

UNIT 061 가정법 과거

UNIT 062 가정법 과거완료

UNIT 063 혼합 가정법

UNIT 064 가정법: I wish, as if 활용

UNIT 065 가정법: without, but for 활용

UNIT 066 가정법: 도치 구문

현재 사실과 반대되는 상황을 가정

가정법 과거

가정법 과거는 현재 사실과 반대되는 상황을 가정할 때 사용하며, 주로 'If+주어+과거형 동사, 주어+would/could/might+동사원형+~' 형태를 가집니다.

✓ **해수쌤의 필수 CHECK** 가정법 과거는 현재에 대한 가정이지만, 동사는 과거형을 사용한다는 점에 유의하세요!

핵심 개념 TABLE

단순 조건문 (실현 가능성↑)

의미	만약 (현재) ~하면, (미래에) …할 것이다
구조	If + 주어 + 현재형 동사 ~, 주어 + 현재형 조동사 + 동사원형 ….
예(1)	If + I + have pink hair, you + will + be surprised. : 만약 내가 분홍색 머리를 가지게 된다면, 너는 놀랄 것이다.
예(2)	If + she + studies hard, she + will + pass the test. : 만약 그녀가 열심히 공부한다면, 그녀는 시험에 합격할 것이다.

가정법 과거 (실현 가능성↓, 현재 사실의 반대)

의미	만약 (현재) ~하다면, (현재) …할 텐데
구조	If + 주어 + 과거형 동사 ~, 주어 + 과거형 조동사 + 동사원형 ….
예(1)	If + I + had magic hair, you + would + be surprised. : 만약 내가 마법 머리카락을 가지고 있다면, 너는 놀랄 텐데.
예(2)	If + I + were a magician, I + could + change my hair color. : 만약 내가 마법사라면, 내 머리 색을 바꿀 수 있을 텐데.
예(3)	If + you + had a car, you + would + drive to school. : 만약 네가 차가 있다면, 학교에 운전해서 갈 텐데.

문법 PLUS

▶ 가정법 과거의 형태는 'If+주어+과거형 동사+~, 주어+과거형 조동사(would/could/might)+동사원형+…'입니다. 이때, if절과 주절의 주어는 같을 수도, 다를 수도 있습니다.

▶ 가정법은 동사의 **시제가 실제 의미**와 다르게 쓰이므로 혼란을 겪는 경우가 많습니다. 시제와 의미가 일치하지 않는다는 점을 기억하세요.

  1. 가정법 과거
  – 의미: 현재와 반대되는 상황을 가정하거나 상상할 때 사용
  – 형태: if절 → 과거형 동사 / 주절 → 과거형 조동사+동사원형

  2. 가정법 과거완료 ('UNIT 62. 가정법 과거완료' 참고)
  – 의미: 과거와 반대되는 상황을 가정하거나 상상할 때 사용
  – 형태: if절 → had+p.p. / 주절 → 과거형 조동사+have+p.p.

▶ 단순 조건문은 실현 가능성이 높은 상황을, 가정법은 실현 가능성이 낮은 상황을 가정할 때 사용합니다. 실현 가능성은 일반적인 상식으로 판단할 수 있지만, 상황에 따라 주관적으로 달라질 수도 있습니다.

  예1 | If I **have** pink hair, you **will be** surprised. 만약 내가 분홍색 머리를 가지게 된다면 너는 놀랄 것이다.
  → 분홍색 머리를 갖는 것은 일반적으로 염색을 통해 쉽게 가능한 일이므로 단순 조건문 사용.

  예2 | If I **had** pink hair, you **would be** surprised. 만약 내가 분홍색 머리를 가지게 된다면 너는 놀랄 것이다.
  → 염색이 불가능한 상황(예: 특정 규정을 엄격히 따르는 직장이나 군대)이라면, 실현 가능성이 낮은 일이므로 가정법 사용.

▶ 가정법에서 과거형 조동사는 'would(의지/추측), could(가능), might(추측)'를 주로 씁니다.

▶ if절의 be동사는 모든 인칭 주어에 대해 were를 쓰는 것이 원칙입니다(예: If I **were**~). 다만, 구어체나 비격식적인 상황에서는 was가 관용적으로 쓰이기도 합니다(예: If I **was**~).

▶ 미래에 실현 가능성이 매우 적은 상황을 가정할 때 쓰이는 'if 가정법 미래'라는 개념도 있습니다.

  : if 가정법 미래의 형태 → If+주어+should/were to+동사원형+~, 주어+과거형 조동사+동사원형+…

  예1 | If it **should** rain tomorrow, we **might cancel** the picnic. 혹시라도 내일 비가 온다면, 우리는 소풍을 취소할 것이다.
  예2 | If I **were to** win the lottery, I **would travel** the world. 만약 내가 복권에 당첨된다면, 나는 세계를 여행할 것이다.

해수쌤의 점검 QUIZ

정답 및 해설 p. 29

A. 주어진 우리말을 바르게 영작한 것을 고르시오. (　　　)

> 만약 내가 백만장자라면, 나는 집에 테니스 코트를 지을 것이다.
> (실현 가능성이 매우 낮거나 불가능한 상황임.)

① If I am a millionaire, I will build a tennis court at my house.

② If I am a millionaire, I would build a tennis court at my house.

③ If I were a millionaire, I will build a tennis court at my house.

④ If I were a millionaire, I would build a tennis court at my house.

B. 주어진 단순 조건문을 가정법 과거 문장으로 바꾸시오.

(1) 단순 조건문: If she is my friend, I can go on trips with her.

→ 가정법 과거 문장: _____

(2) 단순 조건문: If I live in Rome, I will visit ancient ruins every day.

→ 가정법 과거 문장: _____

해수쌤의 문법 Q&A

Q 'If I am a millionaire, I will~.'과 'If I were a millionaire, I would~.' 중에 무엇이 맞나요?

A 둘 다 문법적으로 가능하지만, 의미와 상황에 따라 다르게 사용됩니다. 'If I am a millionaire, I will~.'은 실제로 그렇게 될 수 있다고 생각하는 경우에 쓰는 일반적인 조건문입니다. 이때는 가능성이 있다고 보는 상황이며, 현실을 바탕으로 한 조건을 말합니다. 반면, 'If I were a millionaire, I would~.'는 현재 백만장자가 아니라는 전제하에 상상하거나 현실과 다른 상황을 가정할 때 사용하는 가정법입니다. 즉, 현실과 다르거나 실현 가능성이 매우 낮다고 판단되는 경우에는 가정법을 사용합니다.

해수쌤의 문법 정리 TIPS

가정법 과거의 의미와 구조를 정확히 이해하고 올바르게 해석하는 것이 중요합니다. 핵심 개념 TABLE에 제시된 '가정법 과거'의 구조와 예문을 모두 기록한 후 반복해서 읽고 해석하며 자연스럽게 익숙해지도록 연습해 보세요.

과거 사실과 반대되는 상황을 가정

가정법 과거완료

중요도 ★★★★☆
난이도 ★★★★★

가정법 과거완료는 과거의 사실과 반대되는 상황을 가정할 때 사용하며, 주로 'If+주어+had+과거분사+~, 주어+would/could/might+have+과거분사+…' 형태를 가집니다.

해수쌤의 필수 CHECK 가정법 과거완료에서 if절의 동사는 과거완료 형태이며, 이는 과거의 사실과 반대되는 상황을 가정할 때 사용된다는 점을 유의하세요.

핵심 개념 TABLE

가정법 과거완료: 과거 사실의 반대	
의미	만약 (과거) ~했다면, (과거) …했을 텐데
구조	If + 주어 + had+과거분사 ~, 주어 + 과거형 조동사 + have+과거분사 ….
예1)	If + I + had lived in America before, I + could + have learned English more easily. : 만약 내가 이전에 미국에 살았었다면, 나는 영어를 더 쉽게 배울 수 있었을 텐데.
예2)	If + he + had left earlier, he + wouldn't + have missed the bus. : 만약 그가 더 일찍 출발했더라면, 그는 버스를 놓치지 않았을 텐데.
예3)	If + I + had studied harder, I + would + have passed the test. . 만약 내가 더 열심히 공부했더라면, 시험에 합격했을 텐데.

➕ 문법 PLUS

▶ 가정법 과거완료는 과거 사실과 반대되는 상황을 가정하거나 상상할 때 사용되며, 형태는 'If+주어+had+과거분사+~, 주어+과거형 조동사(would/could/might)+have+과거분사+~'입니다. 이때, if절과 주절의 주어는 같을 수도, 다를 수도 있습니다.

예 1 | If **I** had checked the time, **I** wouldn't have been late. 내가 시간을 확인했더라면, 늦지 않았을 텐데.
   → if절과 주절의 주어는 'I'로 동일함.

예 2 | If **he** had called me, **I** would have helped him. 그가 나에게 전화했더라면, 나는 그를 도왔을 텐데.
   → if절의 주어는 'he', 주절의 주어는 'I'로 다름.

해수쌤의 점검 QUIZ

정답 및 해설 p. 29

A. 주어진 우리말을 바르게 영작한 것을 고르시오. (   )

> 만약 우리가 시험을 잘 봤었다면, 우리는 어제 파티를 열 수 있었을 텐데.
> (실제로는 시험을 잘 보지 못해서 파티를 열지 못함.)

① If we did well on the exam, we could have had a party yesterday.
② If we had done well on the exam, we can have a party yesterday.
③ If we had done well on the exam, we could have had a party yesterday.
④ If we have done well on the exam, we can have have a party yesterday.

B. 제시된 영단어를 알맞은 순서로 배열하여 문장을 완성하시오.

(1) (could have / we / if it / had not rained / played soccer)
   → _____
   만약 비가 오지 않았더라면, 우리는 축구 할 수 있었을 텐데.

(2) (wouldn't / had / have / if you / the project / asked for help / failed)
   → _____
   만약 네가 도움을 요청했더라면, 그 프로젝트는 실패하지 않았을 텐데.

해수쌤의 문법 Q&A

Q 가정법에서 would, could, might, should를 썼을 때 차이가 있나요?

A 이들 모두는 문법적으로 가정법에서 사용할 수 있지만, 각각 의미가 다릅니다. would는 '~했을 텐데'처럼 결과를 강조하고, could는 '~할 수 있었을 텐데'처럼 능력이나 가능성을 나타냅니다. might는 '~했을지도 몰라'처럼 약한 가능성을, should는 '~했어야 했는데'처럼 의무나 후회의 의미를 담고 있습니다. 조동사에 따라 문장의 뉘앙스가 달라지므로 문맥에 맞게 선택하는 것이 중요합니다.

해수쌤의 문법 정리 TIPS

가정법 과거완료의 의미와 구조를 정확히 이해하고 올바르게 해석하는 것이 중요합니다. 핵심 개념 TABLE에 제시된 가정법 과거완료의 구조와 예문을 옮겨 쓰세요. 예문을 소리 내어 반복해서 읽고 해석하며, 가정법 과거완료의 의미와 구조에 익숙해지도록 연습해 보세요.

UNIT 063

서로 다른 시제의 가정법 결합

혼합 가정법

중요도 ★★★☆☆
난이도 ★★★★★

혼합 가정법은 과거와 현재의 시점을 섞어 가정할 때 사용하는 표현입니다. 주로 '과거의 조건+현재의 결과' 형태로, 과거의 일이 현재에 영향을 미치는 상황을 가정할 때 쓰입니다.

> ✅ **해수쌤의 필수 CHECK** 혼합 가정법은 대부분 '과거의 조건+현재의 결과' 구조(혼합 가정법1)를 사용하므로, 이 형태를 중심으로 학습하는 것이 좋습니다. '현재의 조건+과거의 결과' 구조(혼합 가정법2)는 드물게 쓰이므로, 이러한 형태도 있다는 정도로 가볍게 이해하고 넘어가도 괜찮습니다.

핵심 개념 TABLE

혼합 가정법1 (사용 빈도↑)

의미	만약 (과거) ~했다면, (현재) …할 텐데 ▶ 과거의 조건+현재의 결과
구조	If + 주어 + had+과거분사 ~, 주어 + 과거형 조동사 + 동사원형 ….
예1)	If + I + had saved the dog yesterday, I + might + feel better now. : 만약 내가 어제 그 강아지를 구했더라면, 나는 지금 기분이 더 나을 텐데. → 과거의 행동(강아지를 구하지 못함)이 현재의 결과(기분이 좋지 않음)에 영향을 미쳤다고 가정
예2)	If + he + hadn't missed the bus, he + would + be here now. : 만약 그가 버스를 놓치지 않았더라면, 그가 지금 여기 있을 텐데. → 과거의 행동(버스를 놓침)이 현재의 결과(그가 여기 있지 않음)에 영향을 미쳤다고 가정

혼합 가정법2 (사용 빈도↓)

의미	만약 (현재) ~하다면, (과거) …했을 텐데 ▶ 현재의 조건+과거의 결과
구조	If + 주어 + 과거형 동사 ~, 주어 + 과거형 조동사 + have+과거분사 ….
예1)	If + I + were a vet, I + could + have saved the dog yesterday. : 만약 내가 수의사라면, 어제 그 강아지를 구할 수 있었을 텐데. → 현재의 상태(수의사가 아님)가 과거의 결과(강아지를 구하지 못함)에 영향을 미쳤다고 가정

예(2)	If + I + weren't injured, I + could + have gone skiing.
	: 만약 내가 부상당해 있지 않으면, 스키를 타러 갈 수 있었을 텐데. → 현재의 상태(부상을 당함)가 과거의 결과(스키를 타러 가지 못함)에 영향을 미쳤다고 가정

문법 PLUS

▶ 혼합 가정법은 '**가정법 과거(현재 상황 가정)**'와 '**가정법 과거완료(과거 상황 가정)**'**가 결합된 형태**입니다. 아래 표를 참고하면 C+B 또는 A+D 조합으로 이해할 수 있습니다.

	조건	결과
가정법 과거 (**현재** 사실과 반대)	If+주어+과거형 동사+~, A	주어+과거형 조동사+동사원형+~ B
가정법 과거완료 (**과거** 사실과 반대)	If+주어+had+과거분사+~, C	주어+과거형 조동사+have+과거분사+~ D

1. 과거 가정+현재의 결과 → C, B 조합(If+주어+had+과거분사+~, 주어+과거형 조동사+동사원형+~)
2. 현재 가정+과거의 결과 → A, D 조합(If+주어+과거형 동사+~, 주어+과거형 조동사+have+과거분사+~)

▶ 혼합 가정법1은 '과거의 조건(C)+현재의 결과(B)'로, **과거의 어떤 일이 달랐다면 현재 상황이 달라졌을 것이라고 가정**할 때 사용되는 형태입니다. (일반적으로 사용되는 형태)

▶ 혼합 가정법2는 '현재의 조건(A)+과거의 결과(D)'로, **현재 상황이 달랐다면, 과거의 결과가 달라졌을 것이라고 가정**하는 형태입니다. (주로 후회, 아쉬움 표현)

예 | If I were a vet, I could have saved the dog yesterday. 만약 내가 수의사라면, 어제 그 강아지를 구할 수 있었을 텐데.
: 이 문장은 논리적으로 이해할 수 있지만, 현재의 조건(수의사가 아님)이 되돌릴 수 없는 과거의 결과(강아지를 구하지 못함)에 영향을 미쳤다고 가정하는 형태는 일상적인 표현으로는 다소 어색할 수 있습니다. 이러한 이유로 혼합 가정법2는 실생활에서는 잘 사용되지 않으며, 주로 문학적이거나 학문적인 맥락에서 제한적으로 사용됩니다.

해수쌤의 점검 QUIZ

정답 및 해설 p. 30

A. 주어진 우리말을 바르게 영작한 것을 고르시오. (   )

> 네가 작년에 돈을 더 많이 저축했더라면, 지금 그 차를 살 수 있을 텐데.
> (실제로는 저축을 많이 하지 않아 그 차를 살 수 없음.)

① If you had saved more money last year, you could buy the car now.
② If you have saved more money last year, you could buy the car now.
③ If you saved more money last year, you could have bought the car now.

B. 제시된 영단어를 알맞은 순서로 배열하여 문장을 완성하시오.

(1) (angry now / we / had / if she / told the truth / wouldn't be)
→ _____
만약 그녀가 진실을 말했더라면(과거), 우리는 지금 화나지 않을 텐데(현재).

(2) (to lunch / I would / if I / have / a great cook / were / invited you)
→ _____
만약 내가 훌륭한 요리사라면(현재), 내가 당신을 점심식사에 초대했을 텐데(과거).

해수쌤의 문법 정리 TIPS

혼합 가정법이 쓰인 문장의 구조와 해석에 초점을 맞추어 학습하세요. 혼합 가정법1과 2의 구조와 예문을 직접 옮겨 적은 뒤, 여러 번 읽고 해석하며 자연스럽게 익혀 보세요.

UNIT 064

가정법으로 소망과 상상을 표현하는 방법

가정법: I wish, as if 활용

중요도 ★★★☆☆
난이도 ★★★★★

'I wish', 'as if' 및 'as though'는 현재 또는 과거의 사실과 반대되는 상황을 가정할 때 사용되며, 가정법 과거 또는 가정법 과거완료를 활용해 문장을 구성합니다.

✓ **해수쌤의 필수 CHECK** 현재 사실과 반대되는 상황을 가정할 때는 종속절에 '과거형 동사/조동사'를, 과거 사실과 반대되는 상황을 가정할 때는 'had+과거분사'를 사용한다는 점을 꼭 기억하세요!

핵심 개념 TABLE

		I wish 가정법
1. I wish 가정법 과거 → 현재 사실의 반대 가정·소망	구조	I wish+주어+과거형 동사/조동사
	의미	~라면 좋을 텐데
	예1)	I wish you **were** here now. : 네가 지금 여기 있다면 좋을 텐데. (→ 실제로는 네가 여기 없음)
	예2)	I wish you **would** call me. : 네가 나에게 전화해 주면 좋을 텐데. (→ 실제로는 전화하지 않고 있음)
2. I wish 가정법 과거완료 → 과거 사실의 반대 가정·후회	구조	I wish+주어+had+과거분사+~
	의미	~했더라면 좋았을 텐데
	예)	I wish she **had married** me. : 그녀가 나와 결혼했더라면 좋았을 텐데. (→ 실제로는 그녀가 나와 결혼하지 않음)

		as if(=as though) 가정법
1. as if 가정법 과거 → 현재 사실의 반대 가정	구조	as if+주어+과거형 동사/조동사+~
	의미	마치 ~인 것처럼
	예1)	He looks as if he **were** tired now. : 그는 지금 마치 피곤한 것처럼 보인다. (→ 실제로는 피곤하지 않지만, 피곤해 보임)

CHAPTER 12 가정법 | 237

	예2)	He talks as if he **could** speak five languages. : 그는 마치 5개 국어를 할 수 있는 것처럼 말한다. (→ 실제로는 할 수 없지만, 할 수 있는 것처럼 말함)
2. as if 가정법 과거완료 → 과거 사실의 반대 가정	구조	as if+주어+had+과거분사+~
	의미	마치 ~였던 것처럼
	예)	He looked as if he **had been** tired the day before. : 그는 전날 마치 피곤했던 것처럼 보였다. (→ 실제로는 전날 피곤하지 않았지만, 피곤해 보임)

➕ 문법 PLUS

▶ I wish 가정법은 **현재 또는 과거 사실과 반대되는 상황을 가정하거나 상상**할 때 사용됩니다.

1. **I wish**+가정법 과거
   - 의미: 현재와 반대되는 사실을 가정하거나 상상(현재 ~라면 좋을 텐데.)
   - 형태: **I wish**+주어+**과거형 동사**+~

   예 │ **I wish** I **had** a car. 내가 차가 있다면 좋을 텐데.

2. **I wish**+가정법 과거완료
   - 의미: 과거와 반대되는 사실을 가정하거나 상상(과거에 ~했더라면 좋았을 텐데.)
   - 형태: **I wish**+주어+**had+과거분사**+~

   예 │ **I wish** I **had studied** harder. 내가 더 열심히 공부했더라면 좋았을 텐데.

▶ as if 가정법은 'as if' 또는 'as though'와 함께 **현재 또는 과거 사실과 반대되는 상황을 가정하거나 상상**할 때 사용됩니다.

1. **as if**(=**as though**)+가정법 과거
   - 의미: 현재와 반대되는 사실을 가정하거나 상상(현재 마치 ~인 것처럼)
   - 형태: **as if**(=**as though**)+주어+**과거형 동사**+~

   예 │ She talks **as if** she **knew** everything. 그녀는 마치 모든 걸 아는 것처럼 말한다.

2. **as if**(=**as though**)+가정법 과거완료
   - 의미: 과거와 반대되는 사실을 가정하거나 상상(과거에 마치 ~였던 것처럼)
   - 형태: **as if**(=**as though**)+주어+**had+과거분사**+~

   예 │ He acted **as if** he **had won** the game. 그는 마치 그 경기를 이긴 것처럼 행동했다.

▶ 'as if'와 'as though'가 직설법으로 사용될 때는 실제로 그럴 가능성이 있는 상황을 나타냅니다.
   - 의미: 현재 실현 가능성이 있는 일을 나타냄(현재 마치 ~인 것처럼)
   - 형태: **as if**(=**as though**)+주어+**현재형 동사**+~

   예 │ He looks **as if** he **is** tired now. 그는 지금 마치 피곤해 보인다. (→ 피곤해 보이며, 실제로도 피곤할 가능성이 높음.)

해수쌤의 점검 QUIZ

정답 및 해설 p. 30

A. 빈칸에 공통으로 들어갈 수 있는 것을 고르시오. (　　)

> (1) I wish we _____ more careful yesterday.
> 우리가 어제 더 조심했더라면 좋았을 텐데.
>
> (2) The actors performed as if we _____ in a theater last week.
> 배우들은 지난주에 마치 우리가 극장에 있는 것처럼 공연했다.

① have　　　② had　　　③ had been　　　④ have been

B. 다음 중 시제의 쓰임이 옳지 않은 것을 고르시오. (　　)

> She treats me as if I ① <u>were</u> a child these days even though I'm 30 now. I wish she respected me as an adult. So I act as if I ② <u>were</u> older now. I wish I ③ <u>grew</u> taller during my teenage years.
>
> 내가 30살인데도 그녀는 요즘 나를 마치 아이인 것처럼 대한다. 나는 그녀가 나를 어른으로서 존중했으면 좋겠다. 그래서 나는 마치 내가 지금 더 나이가 많은 것처럼 행동한다. 내가 10대 시절에 키가 더 컸더라면 좋았을 텐데.

해수쌤의 문법 정리 TIPS

I wish와 as if를 활용한 가정법의 구조와 의미를 정확히 이해하는 것이 중요합니다. 제시된 모든 예문을 옮겨 적고, 각 예문의 구조를 분석하고 반복해서 읽으며 자연스럽게 익혀 보세요.

현실과 반대되는 조건을 표현하는 방법

가정법: without, but for 활용

'without'과 'but for'는 가정법에서 if절 대신 사용되어 '만약 ~이 없다면(없었다면) …할 텐데(했을 텐데).' 라는 뜻을 나타낼 때 쓰입니다. 이와 같은 의미로, 'If it were not for~' 또는 'If it had not been for~'도 사용할 수 있습니다.

해수쌤의 필수 CHECK 'without/but for+명사'는 가정법 과거(현재 사실의 반대) 또는 가정법 과거완료 (과거 사실의 반대)와 함께 사용됩니다. 예문을 통해 without이 문장에서 어떻게 해석되는지 확인하세요!

핵심 개념 TABLE

1. 현재 사실의 반대 가정

의미	만약 (현재) ~가 없다면, (현재) …할 텐데								
구조1	Without	+	명사,	주어	+	과거형 조동사	+	동사원형	….
예)	Without	+	your help,	I	+	couldn't wouldn't	+	pass	the exam.
구조2	But for	+	명사,	주어	+	과거형 조동사	+	동사원형	….
예)	But for	+	your help,	I	+	couldn't wouldn't	+	pass	the exam.
구조3	If it were not for	+	명사,	주어	+	과거형 조동사	+	동사원형	….
예)	If it were not for	+	your help,	I	+	couldn't wouldn't	+	pass	the exam.

: 만약 당신의 도움이 없다면, 저는 시험에 합격하지 못할 거예요.

2. 과거 사실의 반대 가정								
의미	만약 (과거에) ~가 없었다면, (과거에) …했을 텐데							
구조1	Without	+	명사,	주어	+	과거형 조동사	+	have+ 과거분사	….
예)	Without	+	your help,	I	+	couldn't wouldn't	+	have passed	the exam.
구조2	But for	+	명사,	주어	+	과거형 조동사	+	have+ 과거분사	….
예)	But for	+	your help,	I	+	couldn't wouldn't	+	have passed	the exam.
구조3	If it had not been for	+	명사,	주어	+	과거형 조동사	+	have+ 과거분사	….
예)	If it had not been for	+	your help,	I	+	couldn't wouldn't	+	have passed	the exam.

: 만약 당신의 도움이 없었다면, 저는 시험에 합격하지 못했을 거예요.

문법 PLUS

▶ without과 but for를 활용한 가정법은 현재 또는 과거 사실과 반대되는 상황을 가정하거나 상상할 때 사용됩니다. 'If it were not for~' 또는 'If it had not been for~'와 같은 표현으로 바꿔 쓸 수도 있으니 함께 익혀 두세요.

1. **without(=but for)+가정법 과거**
   - 의미: 현재와 반대되는 사실을 가정하거나 상상(만약 현재 ~가 없다면, 현재 …할 텐데.)
   - 구조1: **Without**+명사, 주어+**과거형 조동사**+동사원형+…
   - 구조2: **But for**+명사, 주어+**과거형 조동사**+동사원형+…
   - 구조3: **If it were not for**+명사, 주어+**과거형 조동사**+동사원형+…

2. **without(=but for)+가정법 과거완료**
   - 의미: 과거와 반대되는 사실을 가정하거나 상상(만약 과거에 ~가 없었다면, 과거에 …했을 텐데.)
   - 구조1: **Without**+명사, 주어+**과거형 조동사+have+과거분사**+…
   - 구조2: **But for**+명사, 주어+**과거형 조동사+have+과거분사**+…
   - 구조3: **If it had not been for**+명사, 주어+**과거형 조동사+have+과거분사**+…

▶ without 가정법은 'without+명사'만 보고 시제를 알 수 없으므로 주절의 형태를 통해 시제를 확인해야 합니다.

▶ without 가정법뿐만 아니라 with를 활용한 가정법도 존재합니다. with를 활용한 가정법은 상대적으로 사용 빈도가 낮지만, 드물게 나타날 수 있으니 참고해두세요.

1. **with+가정법 과거**
- 의미: 현재와 반대되는 사실을 가정하거나 상상(만약 현재 ~가 있다면, 현재 …할 텐데.)
- 형태: **with**+명사, 주어+**과거형 조동사**+동사원형+…
- 예 | **With** more money, I **would** travel the world. 돈이 더 있다면, 나는 세계를 여행할 텐데.

2. **with+가정법 과거완료**
- 의미: 과거와 반대되는 사실을 가정하거나 상상(만약 과거에 ~가 있었다면, 과거에 …했을 텐데.)
- 형태: **with**+명사, 주어+**과거형 조동사+have+과거분사**+…
- 예 | **With** better weather, we **could have gone** to the beach. 날씨가 더 좋았더라면, 우리는 해변에 갔을 텐데.

해수쌤의 점검 QUIZ

정답 및 해설 p. 30

A. 빈칸에 들어갈 수 <u>없는</u> 것을 고르시오. (　　)

> ＿＿＿＿＿＿ your help, I wouldn't have been able to finish my homework.
> 당신의 도움이 없었더라면, 나는 숙제를 끝내지 못했을 것이다.

① But　　　　　　　　　② But for
③ Without　　　　　　　④ If it had not been for

B. 제시된 영단어를 알맞은 순서로 배열하여 문장을 완성하시오.

(1) (for / were not / my computer / she / send emails / couldn't)
→ If it ＿＿＿＿＿＿＿＿＿＿＿＿＿＿＿＿＿＿＿＿＿＿＿＿＿＿＿＿.
만약 내 컴퓨터가 없다면(현재), 그녀는 이메일을 보내지 못한다(현재).

(2) (have / had not / I wouldn't / been for / succeeded / his support)
→ If it ＿＿＿＿＿＿＿＿＿＿＿＿＿＿＿＿＿＿＿＿＿＿＿＿＿＿＿＿.
만약 그의 지지가 없었다면(과거), 나는 성공하지 못했을 것이다(과거).

해수쌤의 문법 정리 TIPS

without과 but for를 활용해 가정법을 만들 수 있다는 사실을 알고 있는 것이 필요합니다. 'without', 'but for' 및 'If it were not for'와 'If it had not been for'를 활용한 가정법의 구조와 예문을 모두 옮겨 적으세요. 각 문장을 직접 해석해보고, 여러 번 소리 내어 반복해서 읽으며 구조에 자연스럽게 익숙해지세요.

UNIT 066 가정법: 도치 구문

도치를 통한 가정 강조하기

중요도 ★★★☆☆
난이도 ★★★★★

가정법 도치는 if를 생략하고 'had, were, should'를 문장 맨 앞으로 이동시켜 가정법을 강조하는 표현입니다.

✓ 해수쌤의 필수 CHECK 가정법 도치 구문은 if가 생략된 상태에서도 '만약~'이라는 의미를 정확히 파악해야 하므로, 예문을 반복해서 보며 도치 형태에 익숙해지는 것이 중요합니다.

핵심 개념 TABLE

예1)	If it were not for your help, I couldn't pass the exam. S V	
	도치 구문	Were it not for your help, I couldn't pass the exam. V S : 만약 당신의 도움이 없다면, 저는 시험에 합격하지 못할 거예요.
예2)	If it had not been for your help, I couldn't have passed the exam. S V	
	도치 구문	Had it not been for your help, I couldn't have passed the exam. V S : 만약 당신의 도움이 없었다면, 저는 시험에 합격하지 못했을 수도 있어요.
예3)	If I were to be born again, I would be a bird. S V	
	도치 구문	Were I to be born again, I would be a bird. V S : 만약 제가 다시 태어난다면, 저는 새가 되고 싶어요.
예4)	If you should need my help, just call me. S V	
	도치 구문	Should you need my help, just call me. V S : 만약 당신이 제 도움을 필요로 한다면, 바로 전화 주세요.

문법 PLUS

▶ if를 활용한 가정법에서 **if를 생략하고 도치를 사용할 수 있습니다.**
▶ 각 예문에 사용된 가정법의 형태를 확인하세요.

1. **If it were not for**+명사, 주어+과거형 조동사+동사원형+…

→ 도치 구문: **Were it not for**+명사, 주어+과거형 조동사+동사원형+…

: 만약 (현재) ~가 없다면, (현재) …할 텐데.

2. **If it had not been for**+명사, 주어+과거형 조동사+**have**+과거분사+…

→ 도치 구문: **Had it not been for**+명사, 주어+과거형 조동사+have+과거분사+…

: 만약 (과거에) ~가 없었다면, (과거에) …했을 텐데.

3. **If**+주어+**were to/should**+동사원형+~, 주어+과거형 조동사+동사원형+…

→ 도치 구문1: **Were+주어+to+동사원형+~,** 주어+과거형 조동사+동사원형+…

→ 도치 구문2: **Should+주어+동사원형+~,** 주어+과거형 조동사+동사원형+…

: 만약 (미래에) ~한다면, (미래에) …할 텐데.

해수쌤의 점검 QUIZ

정답 및 해설 p. 31

A. 다음 문장의 도치가 적절하지 <u>않은</u> 것을 고르시오. (　　)

① If I were an author, I would write a bestseller.
→ <u>Were I if an author</u>, I would write a bestseller.

② If I should see him again, I would tell him how much I miss him.
→ <u>Should I see him again</u>, I would tell him how much I miss him.

③ If it had not been for the rain, the concert would have been perfect.
→ <u>Had it not been for the rain</u>, the concert would have been perfect.

B. 다음 문장의 빈칸을 채워 도치된 문장을 완성하시오.

(1) If it were not for your advice, I might make wrong decisions.
→ Were _____, I might make wrong decisions.
만약 너의 조언이 없다면, 나는 잘못된 결정을 할지도 몰라.

(2) If it had not been for the scholarship, he couldn't have attended college.
→ Had _____, he couldn't have attended college.
만약 그 장학금이 없었다면, 그는 대학에 다닐 수 없었을 거야.

(3) If you should come to my house, let me know in advance.
→ Should _____, let me know in advance.
만약 네가 우리 집에 온다면, 나에게 미리 알려줘.

해수쌤의 문법 정리 TIPS

if가 생략되면 문장이 '동사+주어+~' 형태로 시작된다는 점을 이해하는 것이 중요합니다. 핵심 개념 TABLE에 제시된 예문을 모두 옮겨 적은 후, if를 생략하고 직접 도치 구문으로 바꿔보세요. 완성한 문장은 소리 내어 반복해 읽으며 의미를 해석하고, 도치된 구조에 자연스럽게 익숙해지도록 연습해 보세요.

해수쌤의 핵심 개념 REVIEW

CHAPTER 12
가정법

빈칸을 채워 핵심 개념을 이해했는지 점검하세요.

61 가정법 과거

가정법 과거는 현재 사실과 반대되는 상황을 가정할 때 사용하며, 주로 'If+주어+(①)+~, 주어+과거형 조동사+동사원형+~' 형태를 가집니다. 예를 들어, '만약 내가 마법사라면, 내 머리 색을 바꿀 수 있을 텐데.'라는 뜻을 지닌 문장은 'If I (②) a magician, I could change my hair color.'라고 표현할 수 있습니다.

62 가정법 과거완료

가정법 과거완료는 과거의 사실과 반대되는 상황을 가정할 때 사용하며, 주로 'If+주어+(①)+과거분사+~, 주어+과거형 조동사+(②)+과거분사+~' 형태를 가집니다. 예를 들어, '만약 내가 이전에 미국에 살았었다면, 나는 영어를 더 쉽게 배울 수 있었을 텐데.'라는 뜻을 지닌 문장은 'If I (③) in America before, I could have learned English more easily.'라고 표현할 수 있습니다.

63 혼합 가정법

(①)은(는) 현재와 과거의 시점을 섞어 가정할 때 사용하는 표현으로, 주로 '과거의 조건+현재의 결과' 형태로, 과거의 일이 현재에 영향을 미치는 상황을 가정할 때 쓰입니다. 이는 'If+주어+had+과거분사, 주어+과거형 조동사+동사원형' 형태로 표현됩니다. 예를 들어, '만약 그가 버스를 놓치지 않았더라면, 그는 지금 여기 있을 텐데.'라는 뜻을 지닌 문장은 'If he (②) the bus, he would be here now.'라고 표현할 수 있습니다.

64 가정법: I wish, as if 활용

'I wish'와 'as if'는 현재 또는 과거의 사실과 (①)되는 상황을 가정할 때 사용됩니다. 'I wish' 뒤에는 '주어+과거형 동사+~' 또는 '주어+had+과거분사+~' 형태가 옵니다. 예를 들어, '네가 지금 여기 있다면 좋을 텐데.'라는 뜻을 지닌 문장은 'I wish you (②) here now.'라고 표현할 수 있습니다.

65 가정법: without, but for 활용

'without' 또는 'but for'는 가정법에서 if절 대신 사용되어 '만약 ~이 없다면(없었다면) …할 텐데(했을 텐데).'라는 뜻을 나타낼 때 쓰입니다. 'without/but for+명사'는 가정법 과거 또는 가정법 과거완료와 함께 사용됩니다. 예를 들어, '만약 당신의 도움이 없었다면, 저는 시험에 합격하지 못했을 거예요.'라는 뜻을 지닌 문장은 '(①) your help, I couldn't (②) passed the exam.'이라고 표현할 수 있습니다.

66 가정법: 도치 구문

'가정법 도치'는 if를 생략하고 'had, were, should'를 문장 맨 앞으로 이동시켜 가정법을 강조하는 표현입니다. 예를 들어, '만약 당신의 도움이 없다면, 저는 시험에 합격하지 못할 거예요.'라는 뜻을 지닌 문장은 "Were (①) not for your help, I couldn't pass the exam."이라고 표현할 수 있습니다. 또한, '만약 당신의 도움이 없었다면, 저는 시험에 합격하지 못했을 거예요.'라는 뜻을 지닌 문장은 "(②) it not been for your help, I couldn't have passed the exam."이라고 표현할 수 있습니다.

CHAPTER 13

관계사

관계를 형성하고 의미를 확장하는 표현

관계사는 문장과 문장을 자연스럽게 연결하면서, 중복을 줄이고 표현을 더 유창하고 명확하게 만들어 줍니다. 특히 관계대명사(that, which, who)와 관계부사(where, when, why, how)는 앞에 있는 명사를 수식하는 형용사절을 이끌며, 문장을 더욱 풍부하게 만들어 줍니다. 또한, 복합관계사를 활용하면 한층 더 정교한 문장 구성이 가능합니다.

UNIT 067	관계대명사: that, which, who
UNIT 068	관계대명사: 주격·목적격·소유격
UNIT 069	관계대명사: 소유격 관계대명사
UNIT 070	관계대명사: that vs. which
UNIT 071	관계대명사: 계속적 용법 vs. 제한적 용법
UNIT 072	관계대명사: that vs. what
UNIT 073	의문사 what vs. 관계대명사 what
UNIT 074	관계대명사 that vs. 접속사 that
UNIT 075	접속사 that vs. 동격의 that
UNIT 076	that의 다양한 활용
UNIT 077	what의 다양한 활용
UNIT 078	관계부사: where, when, why, how
UNIT 079	관계대명사 vs. 관계부사
UNIT 080	관계부사: where의 다양한 선행사
UNIT 081	복합관계사: 개념과 형태
UNIT 082	복합관계사: 복합관계대명사
UNIT 083	복합관계사: 복합관계부사

UNIT 067

문장을 연결하고 명사를 대신하는 핵심 도구

관계대명사: that, which, who

중요도 ★★★★★
난이도 ★★★★☆

관계대명사 that, which, who가 이끄는 절은 앞에 있는 명사(선행사)를 수식하며, that은 사람·사물·동물 모두를, which는 사물·동물 등을, who는 사람을 수식할 때 사용됩니다.

✓ **해수쌤의 필수 CHECK** 관계대명사 that, which, who가 이끄는 절은 문장에서 선행사를 수식하는 형용사 역할을 한다는 점을 기억하세요!

핵심 개념 TABLE

예1) 선행사가 사람이 아닌 경우	I like **the toy**. ~~The toy~~ is in my room. (that/which) → I like **the toy** (**that/which** is in my room). 나는 내 방에 있는 그 장난감을 좋아한다.
예2) 선행사가 사람인 경우	**The girl** is tall. I know ~~the girl~~. (that/who) → **The girl** (**that/who** I know) is tall. 내가 아는 그 소녀는 키가 크다.

관계대명사	선행사가 사람인 경우	선행사가 사람이 아닌 경우(사물, 동물 등)
1. that	사용 가능 (O)	사용 가능 (O)
2. which	사용 불가 (X)	사용 가능 (O)
3. who	사용 가능 (O)	사용 불가 (X)

➕ 문법 PLUS

▶ 관계대명사는 두 문장을 연결하고(접속사 역할), 관계절 내의 명사를 대신(대명사 역할)합니다. 또한, 관계대명사가 이끄는 절은 형용사절을 형성하여 앞에 있는 선행사(명사)를 꾸밉니다.

▶ 두 문장을 관계대명사를 활용해 한 문장으로 만들 경우, 다음과 같은 과정을 거칩니다.

  1. 공통된 명사(선행사)를 찾고, 뒷 문장에서 중복되는 명사를 제거

  예 | The boy(선행사) is playing soccer. + He(The boy) lives next door.
       그 소년은 축구를 하고 있다.   +   그는 옆집에 산다.

  2. 선행사가 사람인지, 사람이 아닌지(사물·동물 등)에 따라 적절한 관계대명사 선택
  → 선행사가 사람(the boy)이므로 관계대명사 who 또는 that 사용

  3. 관계대명사절을 선행사 뒤에 배치하여 문장을 결합

  예 | The boy who/that lives next door is playing soccer. 옆집에 사는 그 소년은 축구를 하고 있다.

▶ 선행사가 사람인 경우 that 또는 who를 쓰며, 선행사가 사람이 아닌 경우 that 또는 which를 쓰는 것이 일반적입니다.

▶ 선행사가 동물인 경우, 일반적으로 that이나 which를 사용하지만, 동물을 의인화하거나 특별히 소중히 여기는 맥락에서는 who를 사용하기도 합니다.

  예 | My dog who is very loyal follows me everywhere. 충성스러운 나의 개는 어디든 나를 따라다닌다.

▶ that은 선행사의 성격(사람, 동물, 사물)과 상관없이 쓸 수 있지만, 다음과 같은 조건 및 제약이 있습니다.

  1. that만 쓸 수 있는 경우 예: 선행사 앞에 'the+최상급', 'the+서수', 'the last', 'the same', 'the only', 'the very' 등이 있을 때

  예1 | He is the smartest student that I know. 그는 내가 아는 가장 똑똑한 학생이다.
  예2 | This is the second book that I read this month. 이것이 내가 이번 달에 읽은 두 번째 책이다.
  예3 | He has the same phone that I use. 그는 내가 사용하는 것과 같은 휴대폰을 가지고 있다.

  2. that을 쓸 수 없는 경우 예: 쉼표가 바로 앞에 있을 때(즉, 계속적 용법이 쓰인 경우) ('UNIT 70. 관계대명사: that vs. which', 'UNIT 71. 관계대명사: 계속적 용법 vs. 제한적 용법' 참고)

  예 | I like the can, [~~that~~ / (which)] is reusable. 나는 재사용이 가능한 그 캔을 좋아한다.

해수쌤의 점검 QUIZ

정답 및 해설 p. 31

A. 빈칸에 들어갈 수 **없는** 것을 고르시오. (　　)

> The author _____ wrote this book is very famous.

① that　　　　　② which　　　　　③ who

B. 주어진 두 문장을 관계대명사를 활용하여 한 문장으로 완성하시오.

(1) I'll go to a park. The park is located in downtown.
→ I'll go to _____.
나는 시내에 위치한 공원에 갈 것이다.

(2) The children are my neighbors. The children are playing outside.
→ The children _____.
밖에서 놀고 있는 아이들은 나의 이웃이다.

해수쌤의 문법 Q&A

Q 관계사절은 언제나 선행사 바로 뒤에 와야 하나요?

A 꼭 그렇지는 않습니다. 관계사절은 원칙적으로 선행사 가까이에 오는 것이 일반적이지만, 중간에 짧은 표현(형용사, 전치사구 등)이 들어갈 수 있습니다. 예를 들어 'The girl next to me who is singing is my sister(노래하고 있는 내 옆의 소녀는 내 여동생이다.)'라는 문장에서 선행사는 'the girl(그 소녀)'이고, 관계사절은 'who is singing'입니다. 이 둘 사이에는 'next to me(내 옆에)'라는 전치사구가 들어가 있지만, 문장은 자연스럽고 의미도 명확하기 때문에 문법적으로 문제가 없습니다.

해수쌤의 문법 정리 TIPS

선행사가 사람이면 that과 who, 사람이 아닌 경우에는 that과 which를 사용할 수 있다는 점을 이해하는 것이 중요합니다. 핵심 개념 TABLE에 제시된 예문을 확인하고, 각각 어떤 관계대명사가 사용 가능한지 비교해 보세요. 또한 that, which, who가 이끄는 관계사절은 형용사 역할을 하여 앞에 있는 선행사(명사)를 수식한다는 점도 함께 기억하세요.

역할에 따른 관계대명사의 격 구분

UNIT 068 관계대명사: 주격 · 목적격 · 소유격

중요도 ★★★★★
난이도 ★★★★☆

관계대명사는 주어, 목적어, 소유를 나타내는 명사를 대신하고 문장을 연결하며, 형용사처럼 앞의 명사를 꾸며주는 절(형용사절)을 이끕니다.

✓ **해수쌤의 필수 CHECK** 목적격 관계대명사는 생략될 수 있으며, 전치사 바로 뒤에는 whom, which만 올 수 있고 that은 사용할 수 없다는 점에 유의하세요.

핵심 개념 TABLE

1. 주격 관계대명사: who/which/that

예)1	I like **the toy**. ~~The toy~~ is on my desk. 　　　선행사: 사물　S　V → I like **the toy** (that/which is on my desk). 　　　　　　　　　　S　　　V : 나는 내 책상 위에 있는 그 장난감을 좋아한다.
예)2	I like **the girl**. ~~The girl~~ is my classmate. 　　　선행사: 사람　S　V → I like **the girl** (that/who is my classmate). 　　　　　　　　　　S　　V : 나는 우리 반 친구인 그 소녀를 좋아한다.

2. 목적격 관계대명사: who(m)/which/that

예)1	I like **the toy**. My friend gave ~~the toy~~ to me. 　　　선행사: 사물　S　　V　　O 　　　　　　　　　　┌ 목적격 관계대명사: 생략 가능 → I like **the toy** (that/which my friend gave to me). 　　　　　　　　　　O　　　S　　V : 나는 내 친구가 나에게 준 그 장난감을 좋아한다.
예)2	I met **a woman**. My friend loved **her**. 　　　선행사: 사람　S　　V　　O 　　　　　　　　　　┌ 목적격 관계대명사: 생략 가능 → I met **a woman** (that/who/whom my friend loved). 　　　　　　　　　　O　　　　　　S　　V : 나는 내 친구가 사랑했던 여자를 만났다.

CHAPTER 13 관계사 | 253

예(3)

I met **a woman**. My friend gave a toy **to** the woman.
   선행사: 사람   전치사 O
                       목적격 관계대명사: 생략 가능
→ I met **a woman** (that/who/whom my friend gave a toy **to**).
                     전치사가 바로 앞에 온 목적격 관계대명사: whom만 가능, 생략 불가능
→ I met **a woman** (**to** whom my friend gave a toy).
                 전치사+O   S   V
: 나는 내 친구가 장난감을 준 여자를 만났다.

3. 소유격 관계대명사: whose

예)

I know **the man**. The man's car is blue.
                   소유격+명사
→ I know **the man** (whose car is blue).
                     소유격+명사
: 나는 차가 파란색인 그 남자를 안다.

➕ 문법 PLUS

▶ 관계대명사가 관계절 내에서 하는 역할에 따라 '주격·목적격·소유격 관계대명사'로 나뉩니다. 각 관계대명사의 특징은 다음과 같습니다.
  1. **주격 관계대명사**: 관계대명사 뒤에 주어 없이 '동사'가 옴.
  2. **목적격 관계대명사**: 관계대명사 뒤에 '목적어가 없는 문장'이 옴. 목적격 관계대명사는 생략 가능
  3. **소유격 관계대명사**: 관계대명사 뒤에 소유격 없이 '명사'가 바로 옴.

▶ 목적격 관계대명사는 관계절 내에서 동사의 목적어뿐만 아니라 전치사 뒤의 목적어 역할을 하기도 합니다.
  예) I met **a woman**. [that/who/whom] my friend gave a toy **to** the woman.
       → I met a woman **that/who/whom** my friend gave a toy **to**. 나는 내 친구가 장난감을 준 여자를 만났다.
       : 목적격 관계대명사 that/who/whom은 전치사 to의 목적어 역할을 함.

▶ 구어체에서는 목적격 관계대명사로 whom보다 who를 더 자주 씁니다. 단, 전치사가 관계대명사 앞에 바로 오는 경우에는 whom만 사용할 수 있으며, 이때는 생략 불가능합니다.
  예) I met a woman **to** [that/which/who/ whom] my friend gave a toy. 나는 내 친구가 장난감을 준 여자를 만났다.
       : 이 문장에서 선행사 a woman은 사람이므로 관계대명사 자리에는 보통 who나 whom이 올 수 있지만, 전치사 to가 바로 앞에 있기 때문에 whom만 가능하며, 생략 불가능함.

▶ 관계대명사는 관계절 내에서 보어 역할을 할 수도 있으며, 이를 '보격 관계대명사'라고 합니다. 보격 관계대명사는 선행사와 보어(be동사 뒤의 부분)를 연결하며, 생략이 가능합니다. ('UNIT 106. 관계대명사 that의 생략' 참고)

예 | I am not **the person**. [that/who] I(주어) was(동사) ~~the person~~(보어) before.
→ I am not the person that/who I was before. 나는 예전의 내가 아니다.
: that 또는 who는 'I am not person'이라는 문장과 'I was the person before.'라는 문장을 연결하며, 생략 가능함.

해수쌤의 점검 QUIZ

정답 및 해설 p. 32

A. 다음 중 밑줄 친 관계대명사를 생략할 수 있는 문장을 고르시오. (   )

① I lost the letter <u>that</u> she wrote to me.
② He gave me a book <u>which</u> is a bestseller.
③ I met a musician <u>whose</u> songs are very popular.

B. 괄호에 알맞은 것에 동그라미 치시오.

(1) He has a friend (who / whom) loves to travel.
(2) The girl to (who / whom) I sent an email is my best friend.

해수쌤의 문법 Q&A

Q 'See you next time you go shopping(다음에 네가 쇼핑 갈 때 보자).'이라는 문장에서 time 뒤에 목적격 관계대명사 that이 생략된 건가요?

A 아닙니다. 이 문장에서 목적격 관계대명사 that이 생략된 것은 아닙니다. 관계대명사가 생략되려면 뒤에 나오는 절이 불완전해야 하는데, you go shopping은 주어(you)와 동사(go)가 모두 갖추어진 완전한 절이기 때문입니다. 대신 이 문장에서는 관계부사 when이 생략된 것으로 보는 것이 맞습니다.

Q 그런데 go 뒤에 '어디로 가는지'가 쓰이지 않았으니, 불완전한 문장 아닌가요?

A 아닙니다. 문장이 완전한지 불완전한지는 필수 성분(주어, 동사, 목적어, 보어)의 유무로 판단합니다. '어디로', '누구와', '무엇을 위해' 등은 선택적 정보이므로 없어도 'you go shopping'은 문법적으로 완전합니다.

해수쌤의 문법 정리 TIPS
관계대명사는 관계절 내에서 하는 역할에 따라 주격, 목적격, 소유격으로 나뉘며, 이에 따른 문장 구조를 이해하는 것이 중요합니다. 핵심 개념 TABLE에 제시된 예문을 옮겨 적고, 각 관계대명사가 관계절 안에서 어떤 역할을 하는지 함께 기록해 두세요.

소유를 나타내는 관계대명사

관계대명사: 소유격 관계대명사

소유격 관계대명사 whose는 선행사가 가리키는 사람이나 사물의 소유 관계를 나타낼 때 사용하며, 뒤에 명사가 따라옵니다.

> **해수쌤의 필수 CHECK** 사물의 소유격을 나타낼 때는 of which를 사용할 수도 있지만 일상적인 대화나 글에서의 사용 빈도는 낮습니다.

핵심 개념 TABLE

1. 선행사가 사람 또는 동물일 때

예1)	I met **a woman**. ~~The woman's~~ job is a nurse. 　　　　　　　　　소유격+명사 → I met **a woman** (whose job is a nurse). : 나는 직업이 간호사인 여자를 만났다.
예2)	He raised **a cat** in the room. ~~The cat's~~ name was Kiki. 　　　　　　　　　　　　　　소유격+명사 → He raised **a cat** (whose name was Kiki) in the room. : 그는 방에서 이름이 Kiki인 고양이를 키웠다.

2. 선행사가 사물일 때(선행사가 사람 또는 동물이 아닐 때)

예1)	I bought **a book**. ~~The book's~~ cover is blue. 　　　　　　　　　소유격+명사 → I bought **a book** (whose cover is blue). : 나는 표지가 파란 책을 샀다.
예2)	I bought **a book**. The cover of ~~the book~~ is blue. → I bought **a book** (the cover of which is blue). → I bought **a book** (of which the cover is blue). : 나는 표지가 파란 책을 샀다.

문법 PLUS

▶ 선행사가 사람 또는 동물인 경우 소유격 관계대명사 **whose**를 사용합니다. 단, 선행사가 동물인 경우에도 드물게 **of which**를 사용하기도 합니다.

예1 | I saw **a dog**(선행사: 동물) **whose** leg was injured. (O) 나는 다리가 다친 개를 봤어.
예2 | I saw **a dog**(선행사: 동물) the leg **of which** was injured. (O)

▶ 선행사가 사물인 경우에는 원칙적으로는 of which가 맞지만, 실제 영어에서는 whose도 널리 사용됩니다.

예1 | I have **a car**(선행사: 사물) **whose** color is red. (O) 나는 색깔이 빨간 차를 가지고 있다.
예2 | I have **a car**(선행사: 사물) the color **of which** is red. (O)

▶ of which가 쓰인 문장은 일반적으로 2가지 형태를 지닙니다.

1. '선행사+명사+of which' 형태 (일반적)
   예 | I bought **a book**(선행사) **the cover**(명사) **of which** is blue. 나는 표지가 파란 책을 샀다.
2. '선행사+of which+명사' 형태 (드물게 격식을 갖춘 문장이나 문학적 표현에서 사용)
   예 | I bought **a book**(선행사) **of which the cover**(명사) is blue. 나는 표지가 파란 책을 샀다.

해수쌤의 점검 QUIZ

정답 및 해설 p. 32

A. 다음 중 옳지 않은 문장을 고르시오. (   )

① Charles has a dog whose is very soft. Charles는 털이 매우 부드러운 개를 가지고 있다.
② The tree whose leaves are yellow is old. 잎이 노란 그 나무는 오래됐다.
③ I know a company the CEO of which is Tom. 나는 CEO가 톰인 회사를 알고 있다.

B. 제시된 영단어를 알맞은 순서로 배열하여 문장을 완성하시오.

(1) (is / complex / the plot / which / I read / a novel / of)
→ _____
나는 줄거리가 복잡한 소설을 읽었다.

(2) (root / was sold / whose / the house / was damaged)
→ _____
지붕이 손상된 그 집은 팔렸다.

해수쌤의 문법 Q&A

Q 'I bought a book whose cover is blue.'에서 whose 뒤에 the를 써야 하는 것이 아닌가요? 'I bought a book whose the cover is blue.'처럼요.

A 아닙니다. whose는 그 자체로 한정사 역할을 하기 때문에, 그 뒤에 the와 같은 다른 한정사를 덧붙일 수 없습니다. 영어에서 한정사는 명사 앞에 위치하여 그 명사의 범위를 제한하는 역할을 합니다. 따라서 한정사 없이 'I bought a book whose cover is blue.'라고 쓰면 됩니다. 반면, of which를 사용할 경우에는 a, the와 같은 한정사를 함께 사용해야 하며, 'I bought a book of which the cover is blue.'와 같이 써야 합니다.

해수쌤의 문법 정리 TIPS

소유격 관계대명사 whose의 쓰임과 of which로 바꿀 때의 형태를 이해하는 것이 중요합니다. 핵심 개념 TABLE에 제시된 예문을 whose를 사용한 문장과 of which로 바꾼 문장으로 직접 작성하며 연습해 보세요. 또한 예문을 반복해서 읽고 해석하며 소유를 나타내는 관계사의 쓰임을 자연스럽게 익혀 보세요.

UNIT 070

비슷해 보이지만 쓰임의 차이가 큰 관계대명사

관계대명사: that vs. which

중요도 ★★★★☆
난이도 ★★★★☆

관계대명사 that과 which는 둘 다 선행사를 수식하는 형용사절을 이끈다는 공통점이 있지만, 몇 가지 차이점도 존재합니다.

✓ **해수쌤의 필수 CHECK** 관계대명사 that은 사용이 제한되는 경우가 많기 때문에, that을 사용할 수 없는 경우를 중심으로 학습하는 것이 효과적입니다.

핵심 개념 TABLE

1	사람 선행사	I like **the boy** ↳사람 선행사	that (O) / which (X)		~~The boy~~ is polite.
		: 나는 공손한 그 소년을 좋아한다.			
2	사물 선행사	I like **the car** ↳사물 선행사	that (O) / which (O)		~~The car~~ is fast.
		: 나는 빠른 그 차를 좋아한다.			
3	쉼표(,) 뒤	I like the can**,** ↳쉼표	~~that~~ (X) / which (O)		~~The can~~ is reusable.
		: 나는 그 캔을 좋아하는데, 그것은 재사용이 가능하다.			
4	전치사 뒤	I like the can **in** ↳전치사	~~that~~ (X) / which (O)		I can put trash ~~in the can~~.
		: 나는 내가 쓰레기를 넣을 수 있는 그 캔을 좋아한다.			
5	문장 전체 수식	**You like a bug,** ↳문장 전체 선행사	~~that~~ (X) / which (O)		~~That you like a bug~~ is unbelievable.
		: 너는 벌레를 좋아하는데, 그것은 믿을 수 없다.			

	명사 수식		쉼표(,) 뒤	전치사 뒤	문장 전체수식 (선행사가 앞 문장 전체일 때)
	선행사 사람 O	선행사 사람 X			
that	O	O	X	X	X
which	X	O	O	O	O

➕ 문법 PLUS

▸ 관계대명사 that은 일반적으로 선행사의 종류(사람, 동물, 사물)와 상관없이 사용할 수 있습니다. ('UNIT 67. 관계대명사: that, which, who' 참고)

▸ 하지만 다음과 같은 경우에는 관계대명사 that을 사용할 수 없습니다.

  1. 쉼표(,) 뒤
  2. 전치사 뒤
  3. 문장 전체를 수식할 때(선행사가 앞 문장 전체를 가리킬 때)

▸ 단, 'in that(~라는 점에서)'이라는 표현에서 that은 관계대명사가 아닌 접속사이므로 전치사 뒤에 올 수 있습니다.

  예 | He is lucky **in that** he has good friends. 그는 좋은 친구들이 있다**는 점에서** 운이 좋다.

▸ 쉼표 뒤에 that을 쓸 수 없다는 것은, 선행사에 대한 추가적인 정보를 제공하는 계속적 용법에서 that을 사용할 수 없다는 말과 같습니다. ('UNIT 71. 관계대명사: 계속적 용법 vs. 제한적 용법' 참고)

▸ 관계대명사 which가 앞 문장 전체를 수식할 때는 단수 동사를 사용합니다.

  예 | He likes to take care of babies(선행사), **which makes** me respect him more.
  그는 아기들을 돌보는 것을 좋아하는데, 그것이 내가 그를 더 존경하게 만든다.

해수쌤의 점검 QUIZ

정답 및 해설 p. 33

A. 빈칸에 들어갈 영어 단어를 바르게 짝지은 것을 고르시오. (   )

> which와 that 중 쉼표(,) 뒤에 올 수 있는 것은 ⓐ 이며, 선행사가 사람일 때 쓸 수 있는 것은 ⓑ 입니다. 전치사 뒤에 올 수 있는 것은 ⓒ 이며, 문장 전체를 수식할 수 있는 것은 ⓓ 입니다.

	ⓐ	ⓑ	ⓒ	ⓓ
①	which	which	that	which
②	which	that	which	which
③	that	which	which	that
④	that	that	that	which

B. 다음 문장이 문법적으로 옳으면 O, 옳지 않으면 X에 ✓표시하시오.

(1)	The box in that I placed my clothes is heavy. 내가 옷을 넣은 그 상자는 무겁다.	O / X
(2)	I like sugar, which adds sweetness to my coffee. 나는 내 커피에 단맛을 더해주는 설탕을 좋아한다.	O / X
(3)	He got up early in the morning, that surprised me. 그는 이른 아침에 일어났는데, 그 사실은 나를 놀라게 했다.	O / X

해수쌤의 문법 정리 TIPS

관계대명사 that을 사용할 수 없는 경우(쉼표 뒤, 전치사 뒤, 문장 전체 수식 등)를 정확히 이해하는 것이 중요합니다. 제시된 예문을 모두 기록한 후, that과 which 중 어떤 관계대명사가 사용 가능한지 표시하고, 그 이유도 함께 메모해 보세요.

관계대명사가 전달하는 부가정보와 핵심정보

UNIT 071 관계대명사: 계속적 용법 vs. 제한적 용법

계속적 용법은 선행사에 대한 부가적인 정보를 제공하며 문장의 의미를 확장합니다. 반면, 제한적 용법은 선행사에 필수적인 정보를 제공하며 문장의 의미를 제한합니다.

> **해수쌤의 필수 CHECK** 계속적 용법에서는 that을 사용할 수 없으며, 쉼표가 들어간 구조가 계속적 용법의 힌트가 됩니다. 계속적 용법과 제한적 용법이 만들어내는 미묘한 의미 차이를 파악해 보세요!

핵심 개념 TABLE

계속적(비한정적) 용법: nonrestrictive

[특징1] 필수가 아닌 부가적인 정보 제공 (의미 제한·한정X)
[특징2] 쉼표로 구분
[특징3] 관계대명사 that 사용 불가

예1)	King Sejong, **who** was the king of Joseon, created Hangeul. : 조선의 왕이었던 세종대왕이 한글을 창제했다.
예2)	The villagers, **who** heard the alarm, ran away. : 마을 사람들은 도망갔는데, 그들은 모두 알람을 들었다. (함축: 모든 마을 사람들은 알람을 들음)
예3)	The man has two sons, **who** are doctors. : 그 남자에게는 아들이 둘 있는데, 그들은 모두 의사이다. (함축: 아들이 두 명뿐임)
예4)	The company recorded the comments, **which** were written yesterday. : 그 회사는 논평들을 기록했는데, 그 논평들은 어제 작성되었다. (함축: 모든 논평들은 어제 작성됨)

제한적(한정적) 용법: restrictive

[특징1] 필수적인 정보 제공 (의미 제한·한정O)
[특징2] 쉼표 사용하지 않음
[특징3] 관계대명사 that 사용 가능

예1)	The king **who** created Hangeul was King Sejong. : 한글을 창제한 왕은 세종대왕이다.
예2)	The villagers **who** heard the alarm ran away. : 알람을 들은 그 마을 사람들은 도망쳤다. (함축: 알람을 듣지 못한 마을 사람도 있을 수 있음)

예(3)	The man has two sons **who** are doctors. : 그 남자에게는 의사인 두 아들이 있다. (함축: 아들이 두 명 이상일 수도 있음)
예(4)	The company recorded the comments **which** were written yesterday. : 그 회사는 어제 작성된 논평들을 기록했다. (함축: 어제 작성된 것이 아닌 논평들도 있을 수 있음)

문법 PLUS

▶ 이 개념은 원어로 'nonrestrictive clause(비한정적 절/계속적 용법)'와 'restrictive clause(한정적 절/제한적 용법)'입니다.

▶ 계속적 용법과 제한적 용법의 **가장 큰 차이점은 쉼표의 유무이며, 계속적 용법에서는 관계대명사 that을 사용할 수 없습니다.**

  예 | Her dress, [~~that~~ / (which)] is red, looks beautiful. 그녀의 드레스는 빨간색인데, 아름다워 보인다.

▶ **계속적 용법은 부가적인 정보를 제공**하므로, 문장의 의미를 제한하거나 한정하지 않습니다. 따라서 계속적 용법의 관계절은 제거해도 문장의 핵심 의미는 유지됩니다.

  예 | King Sejong, ~~who was the king of Joseon,~~ created Hangeul. 조선의 왕이었던 세종대왕이 한글을 창제했다.
  : 'who was the king of Joseon'을 삭제해도 '세종대왕이 한글을 창제했다.'라는 의미는 변하지 않음.

▶ **제한적 용법은 필수적인 정보를 제공**하므로, 문장의 의미를 제한하거나 한정합니다. 따라서 이 용법으로 쓰인 관계대명사가 이끄는 절을 제거하면 문장의 의미가 달라질 수 있습니다.

  예 | The king ~~who created Hangeul~~ was King Sejong. 한글을 창제한 왕은 세종대왕이다.
  : 모든 왕이 세종대왕인 것은 아니므로, 'who created Hangeul'을 제거하면 문장의 의미가 불완전하며 달라짐.

해수쌤의 점검 QUIZ

정답 및 해설 p. 33

A. 다음 중 문장이 함축하는 의미에 ✓표시하시오.

(1)	Her uncles that live nearby like hiking.	삼촌들이 모두 근처에 산다.	
		근처에 살지 않는 삼촌도 있을 수 있다.	
(2)	My daughters, who live in Jeju island, will visit me this week.	딸들 모두 제주도에 산다.	
		제주도에 살지 않는 딸도 있을 수 있다.	
(3)	Her laptops, which she bought last year, are already outdated.	노트북을 전부 작년에 샀다.	
		작년에 사지 않은 노트북도 있을 수 있다.	

B. 주어진 우리말을 바르게 영작한 것을 고르시오. (　　　)

> 우리가 극장에서 봤던 영화들은 모두 코미디였다.
> (함축: 우리가 극장에서 보지 않고 다른 곳에서 본 영화들도 있다.)

① The movies that we watched at the theater were all comedies.
② The movies, that we watched at the theater, were all comedies.
③ The movies, which we watched at the theater, were all comedies.

해수쌤의 문법 정리 TIPS

계속적 용법과 제한적 용법이 만들어내는 함축적 의미의 차이를 이해하는 것이 중요합니다. 제시된 예문을 각각 기록한 뒤, 각 문장이 함축하는 의미를 정리하면서 두 용법의 차이를 비교해 보세요.

형용사절을 이끄는 that과 명사절을 이끄는 what

관계대명사: that vs. what

중요도 ★★★★★
난이도 ★★★★☆

관계대명사 that은 선행사를 수식하는 형용사절을 이끕니다. 반면, what은 '~하는 것'이라는 의미로 선행사를 포함한 명사절을 이끕니다.

✓ **해수쌤의 필수 CHECK** that은 앞에 명사(선행사)가 반드시 필요하고, what은 'the thing(s) that/which' 처럼 자체적으로 선행사를 포함한 구조이기 때문에, 앞에 명사가 따로 오지 않는 다는 점을 기억하세요!

핵심 개념 TABLE

제시 문장: I like **the toy**. **The toy** is in my room.
　　　　　　　　　선행사

that이 쓰인 문장	예)	I like the toy (**that** is in my room). 　　　　선행사 : 나는 내 방에 있는 그 장난감을 좋아한다.
what이 쓰인 문장	예)	I like [**what** is in my room]. 　　　　=the thing that/which : 나는 내 방에 있는 것을 좋아한다.

	관계대명사 that	관계대명사 what
1. 선행사 포함 여부	선행사를 포함하지 않음	자체적으로 선행사를 포함함 *what = the thing(선행사) that/which
2. 앞부분	수식할 선행사 필요	선행사 불필요
3. 뒷부분	불완전한 절(주어, 목적어, 보어 등의 명사 빠짐)	
4. 이끄는 절의 종류	형용사절	명사절
5. 관계절의 해석	~한, ~하는	~하는 것, ~인 것

🞤 문법 PLUS

▶ 관계대명사 **that**은 반드시 선행사가 필요하며, 선행사를 수식하는 형용사절을 이끕니다. 반면, 관계대명사 **what**은 자체적으로 선행사를 포함하기 때문에 선행사가 필요 없으며, 문장에서 명사절(주어, 목적어, 보어)을 이끕니다.

▶ 또한, that과 what 둘 다 문장을 연결하며 명사를 대신하는 역할을 하므로, 뒤에는 명사 하나가 빠진 불완전한 절이 옵니다.

예1 | I lost the bag **that** you gave me. 나는 네가 나에게 준 가방을 잃어버렸다.

: 앞 – 선행사(the bag) 존재

: 뒤 – 'you gave me'는 목적어(bag)가 빠진 불완전한 절

예2 | I lost **what** you gave me. 나는 네가 나에게 준 것을 잃어버렸다.

: 앞 – 선행사 없음

: 뒤 – 'you gave me'는 목적어(bag)가 빠진 불완전한 절

▶ 관계대명사 what은 선행사를 포함하므로 'the thing(선행사) which' 또는 'the thing(선행사) that'으로 바꿔쓸 수 있습니다.

예 | I made **what** you like. = I made **the thing which/that** you like. 나는 네가 좋아하는 것을 만들었다.

▶ 관계대명사 that이 이끄는 절은 '~한, ~하는' 등으로 형용사처럼 해석 가능합니다.

예1 | The book (**that I read**) was interesting. 내가 읽은 책은 재미있었다.

예2 | The picture (**that hangs on the wall**) is beautiful. 벽에 걸려 있는 그림은 아름답다.

▶ 관계대명사 what이 이끄는 절은 '~하는 것, ~인 것' 등으로 명사처럼 해석 가능합니다.

예1 | I like [**what is in my room**]. 나는 내 방에 있는 것을 좋아한다.

예2 | [**What he said**] surprised everyone. 그가 말한 것이 모두를 놀라게 했다.

해수쌤의 점검 QUIZ

정답 및 해설 p. 34

A. 빈칸에 what 또는 that을 알맞게 써넣으시오.

(1) I don't understand _____ you mean.

(2) I found the keys _____ you had lost yesterday.

(3) He showed me _____ he bought at the department store.

(4) The phone _____ we bought 10 years ago is still working.

B. 다음 중 관계대명사가 올바르게 쓰인 문장을 고르시오. (　　)

① Can you tell me <u>what</u> you want?

② This is the product <u>what</u> I was looking for.

③ I found the phone <u>that</u> I lost it last month.

해수쌤의 문법 정리 TIPS

관계대명사 that과 what의 특징과 차이를 이해하고, 문장에서 어떻게 활용되는지 파악하는 것이 중요합니다. that이 쓰인 문장과 what이 쓰인 문장의 예시를 기록하고 문장의 구조를 비교해 보세요. 또한, 두 개념의 특징을 표로 정리하며 그 차이를 비교해 보세요.

UNIT 073

미세한 차이를 지닌 두 가지 what

의문사 what vs. 관계대명사 what

중요도 ★☆☆☆☆
난이도 ★★★★☆

의문사 what은 의문문에 쓰이거나 의문·인지와 관련된 표현이 있는 문장에 자주 쓰입니다. 관계대명사 what은 앞에 따로 선행사가 없이, 그 자체로 '~하는 것'이라는 의미의 명사절을 만듭니다.

✓ **해수쌤의 필수 CHECK** 두 가지 what을 엄격히 구분하기보다 문맥에서 의미를 이해하는 게 훨씬 중요합니다.

핵심 개념 TABLE

판별법 ①	*의문, 인지와 관련된 표현 유무 살피기 → 있으면 의문사 what일 가능성이 높음 예) 인지와 관련된 표현 예시: know, understand, don't know, wonder, ask, question, remember, not sure 등 – 단, 인지 관련 표현이 있다고 해서 what이 무조건 의문사인 것은 아니므로, 문맥과 의미를 함께 고려해야 함.
판별법 ②	*what을 why나 how로 바꿔보기 → 바꿔서 맥락이 자연스러우면 의문사 what일 가능성이 높음 – 단, what을 why 또는 how로 변환이 가능하다고 해서 what이 무조건 의문사인 것은 아니므로, 문맥과 의미를 함께 고려해야 함.

	예문	판별법 ① (의문·인지 표현 유무)	판별법 ② (why/how 대체 가능 여부)	판단
1)	**What** is your name? : 당신의 이름이 무엇인가요?	직접의문문이므로 판별법 적용 불필요		의문사 what
2)	They know **what** I ate. : 그들은 내가 무엇을 먹었는지 알고 있다.	적용됨 : know는 인지 표현임	적용됨 : 'They know why/how~' 가능 (이유나 방법은 알 수 있음)	의문사 what
3)	I'm not sure **what** he wants. : 나는 그가 원하는 것을 확신할 수 없다.	적용됨 : not sure는 인지 표현임	적용됨 : 'I'm not sure why/how~' 가능 (이유나 방법은 확신하지 못할 수 있음)	의문사 what

4)	I will buy **what** you need. : 나는 네가 필요로 하는 것을 살 거다.	적용되지 않음 : buy는 인지 표현 아님	적용되지 않음 : 'I will buy why/how~'는 어색함 (이유나 방법은 살 수 없음)	관계대명사 what
5)	They cooked **what** I like. : 그들은 내가 좋아하는 것을 요리했다.	적용되지 않음 : cooked는 인지 표현 아님	적용되지 않음 : 'They cooked why/how~'는 어색함 (이유나 방법은 요리할 수 없음)	관계대명사 what
6)	They bought **what** I like. : 그들은 내가 좋아하는 것을 샀다.	적용되지 않음 : bought는 인지 표현 아님	적용되지 않음 : 'They bought why/how~'는 어색함 (이유나 방법은 살 수 없음)	관계대명사 what

✚ 문법 PLUS

▶ 의문사 what과 관계대명사 what을 명확히 구별하는 것은 실제 영어 사용에서 크게 중요하지 않습니다. 다만, 학습 과정에서 두 개념의 차이를 궁금해하는 경우가 많으므로, 이 교재에서는 이해를 돕기 위해 간단히 다뤘습니다.

▶ 판별법을 사용할 때 유의할 점
1. 직접의문문(예: **What is your name?**)에서는 별도의 판별 없이 항상 의문사 **what**이 사용됩니다.
2. **what**이 의문·인지 관련 표현(**know, wonder** 등)과 함께 쓰인 경우, 의문사 **what**일 가능성이 높지만, 절대적인 기준은 아닙니다.
3. **why/how**로 바꾸었을 때 맥락이 자연스러운 경우, 의문사 **what**일 가능성이 높지만, 절대적인 기준은 아닙니다.
4. 판별법 ①과 ② 중 하나만 충족된 경우, 반드시 문맥과 의미를 함께 고려해 최종 판단해야 합니다.
5. 이외에도 몇 가지 판별법이 있지만, 이 교재에서는 가장 직관적이고 간단한 2가지 방법만 소개했습니다. 어떤 판별법도 절대적인 기준은 아니며, 문맥을 함께 고려해야 한다는 점을 기억하세요.

해수쌤의 점검 QUIZ

정답 및 해설 p. 34

A. 문장에 쓰인 what이 의문사인지 관계대명사인지 파악하여 해당하는 것에 동그라미 치시오.

(1) What made you so happy? → (의문사 what / 관계대명사 what)
(2) He gave me what I needed. → (의문사 what / 관계대명사 what)
(3) They asked what my name is. → (의문사 what / 관계대명사 what)
(4) I want you to show me what you've learned. → (의문사 what / 관계대명사 what)

B. 문장에 쓰인 what이 관계대명사일 때, 빈칸에 적절한 동사를 고르시오. (   )

I _____ what you like.

① understand   ② have   ③ realize   ④ remember

해수쌤의 문법 Q&A

Q 의문사 what은 '무엇', 관계대명사 what은 '~것'으로 해석하면 되나요?

A 아닙니다. 의문사인지 관계대명사인지 구분하여 해석하려 하기보다는, 문맥에 따라 자연스럽게 이해하는 것이 더 중요합니다. 예를 들어 'They know what I ate.'라는 문장에서 what절은 '**무엇**을 먹었는지'라고 해석해도 자연스럽고, '내가 먹은 **것**'으로 표현해도 뜻이 잘 통합니다. 이처럼 what의 해석은 문맥에 따라 유연하게 달라지며, 반드시 '무엇'과 '~것'으로 나누어 해석할 필요는 없습니다. 문법 용어에 얽매이기보다는 문장에서 what이 어떤 역할을 하는지 파악하고, 자연스러운 흐름에 맞게 해석하는 것이 중요합니다.

해수쌤의 문법 정리 TIPS

의문사 what과 관계대명사 what을 구별하고 싶다면 ① 의문·인지 관련 표현이 있는지, ② what을 why/how로 바꾸었을 때 문장이 자연스럽게 이어지는지 확인해 보세요. 이 두 가지 판별법을 메모해 두고 참고하되, 절대적인 기준이 아니라는 점을 기억하세요. 두 개념을 억지로 구분하려 하기보다는, 문맥 속에서 쓰임을 자연스럽게 익히는 것이 가장 중요합니다.

형용사절과 명사절을 이끄는 that의 역할 비교

관계대명사 that vs. 접속사 that

관계대명사 that은 앞의 명사를 수식하는 형용사절을 이끌고, 접속사 that은 주어·목적어·보어 역할을 하는 명사절을 이끕니다.

해수쌤의 필수 CHECK 관계대명사 that이 이끄는 절은 형용사절로, 문장에서 수식어의 역할을 하며 문장을 구성하는 필수 성분은 아닙니다. 반면, 접속사 that이 이끄는 절은 명사절로, 일반적으로 문장에서 주어, 목적어, 보어 역할을 하는 필수 성분이라는 것을 기억하세요!

핵심 개념 TABLE

	관계대명사 that 예문		접속사 that 예문
1)	I have a pen (**that** is expensive). : 나는 비싼 펜을 가지고 있다. → that의 역할: 선행사 'a pen'을 수식하는 형용사절 이끎	1)	I hope [**that** you stay healthy]. : 나는 네가 건강하길 바란다. → that의 역할: 동사 'hope'의 목적어 역할을 하는 명사절 이끎
2)	The girl (**that** won the contest) is my cousin. : 대회에서 우승한 그 소녀는 내 사촌이다. → that의 역할: 선행사 'the girl'을 수식하는 형용사절 이끎	2)	[**That** you feel hungry] surprised me. : 네가 배고프다는 것이 나를 놀라게 했다. → that의 역할: 주어 역할을 하는 명사절 이끎
3)	He is not the man (**that** he used to be). : 그는 예전의 그 사람이 아니다. → that의 역할: 선행사 'the man'을 수식하는 형용사절 이끎	3)	The problem is [**that** we started too late]. : 문제는 우리가 너무 늦게 시작했다는 것이다. → that의 역할: 보어 역할을 하는 명사절 이끎

	관계대명사 that의 특징	접속사 that의 특징
1. 이끄는 절의 종류	형용사절	명사절
2. that절의 해석	~한, ~하는	~라는 것
3. 앞부분	수식할 선행사(명사) 필요	앞에 별도 명사(선행사)는 불필요
4. 뒷부분	불완전한 절(주어, 목적어, 보어 등의 명사 빠짐)	완전한 절
5. that절의 존재 필수 여부	문장의 필수 성분 아님(수식어 역할)	문장의 필수 성분임(주어, 목적어, 보어 역할)
6. 생략	목적격 관계대명사 that은 생략 가능	목적절을 이끄는 that은 생략 가능

문법 PLUS

▶ **that이 이끄는 형용사 절은**, 문장에서 앞의 명사를 꾸며주는 수식어 역할만 하기 때문에 문장의 **필수 성분이 아닙니다**. 반면, **접속사 that이 이끄는 명사절은** 주어, 목적어, 보어처럼 문장의 **필수 성분**으로 쓰이므로, 생략되면 문장이 성립하지 않습니다.

예1 | The car **that(관계대명사) he bought** is very expensive. 그가 산 차는 매우 비싸다.
: that절을 없애도 'The car is very expensive.'라는 완전한 문장임.

예2 | They believe **that(접속사) he is honest**. 그들은 그가 정직하다는 것을 믿는다.
: that절을 없애면 'They believe'가 되며, 목적어가 부족한 불완전한 문장임.

▶ 접속사 that은 '~라는 것'으로 해석할 수 있지만, 문맥에 따라 '~라고', '~하다는 점' 등으로 자연스럽게 바꾸어 사용됩니다.

예 | We heard **that the concert was canceled**.
: 우리는 콘서트가 **취소됐다는 것**을 들었다. = 우리는 콘서트가 **취소되었다고** 들었다.

▶ 접속사 that이 이끄는 절이 주어 역할을 할 때 문장 앞이 길어지면, 이를 피하기 위해 가주어 it을 사용하고, that절은 문장의 끝에 위치하는 진주어가 됩니다. ('UNIT 118. 가주어와 진주어' 참고)

예 | **That(접속사) you feel hungry** surprised me. 네가 배고프다는 것이 나를 놀라게 했다.
→ **It(가주어)** surprised me **that(접속사) you feel hungry**.

해수쌤의 점검 QUIZ

정답 및 해설 p. 35

A. 다음 중 밑줄 친 <u>that</u>이 관계대명사인 것을 고르시오. (　　)

① She believes <u>that</u> we will arrive on time.
② <u>That</u> he won the award surprised everyone.
③ They told me the truth <u>that</u> she had already left.
④ The meeting <u>that</u> I wanted to attend was canceled.

B. 다음 영어 문장을 우리말로 바르게 해석하시오.

(1) The book that I borrowed is interesting.
→ _____

(2) He knows that the book I borrowed is interesting.
→ _____

해수쌤의 문법 Q&A

Q 관계대명사는 언제나 형용사절을 이끈다고 생각해도 되나요?

A 꼭 그렇지는 않습니다. 관계대명사 that, which, who는 형용사절을 이끌지만, what은 예외적으로 명사절을 이끈다는 점을 기억해 두어야 합니다. 예를 들어, 'The book that I read was interesting(내가 읽은 책은 재미있었다).'에서 관계사절 'that I read'는 명사인 the book을 꾸며주는 형용사절입니다. 반면, 'What she said surprised me(그녀가 말한 것이 나를 놀라게 했다).'에서는 관계사절 'what she said'가 문장의 주어 역할을 하는 명사절로 쓰였습니다. ('UNIT 72. 관계대명사: that vs. what' 참고)

해수쌤의 문법 정리 TIPS

관계대명사 that과 접속사 that의 차이를 명확히 이해하는 것이 중요합니다. 핵심 개념 TABLE에 제시된 예문을 기록하고 직접 해석해 보세요. 관계대명사 that과 접속사 that의 특징이 정리된 표를 함께 옮겨 적고, 예문을 보며 특징이 적용되는 방식을 확인하고 메모해 보세요.

접속사와 동격 구문에서 사용된 that 비교

접속사 that vs. 동격의 that

접속사 that은 문장에서 주어, 목적어, 보어 등의 명사절을 이끄는 반면, 동격의 that은 앞에 있는 추상명사의 내용을 구체적으로 부연 설명하는 동격절을 이끕니다.

✓ 해수쌤의 필수 CHECK 접속사 that은 문장에서 필수적인 성분(주어, 목적어, 보어)인 명사절을 이끕니다. 동격의 that은 앞의 추상명사를 구체적으로 설명하는 명사절을 이끌며, 문장의 구조상 필수 성분은 아니지만, 의미 전달에는 중요한 역할을 합니다.

핵심 개념 TABLE

	접속사 that		동격의 that
예1)	I know [**that** you are a student]. : 나는 네가 학생이라는 것을 안다. → that의 역할: 동사 'know'의 목적어인 명사절 이끎		I know the fact [**that** you are a student]. └명사 └명사절 : 나는 네가 학생이라는 사실을 안다. → that의 역할: 추상명사 'the fact'의 내용을 부연 설명하는 명사절 이끎
예2)	[**That** he visited here] surprised me. : 그가 여기를 방문했다는 것이 나를 놀라게 했다. → that의 역할: 주어인 명사절 이끎		The belief [**that** you can fly] is false. └명사 └명사절 : 네가 날 수 있다는 믿음은 잘못된 것이다. → that의 역할: 추상명사 'the belief'의 내용을 부연설명하는 명사절 이끎

	접속사 that	동격의 that
that절의 해석	~라는 것	~라는
that절의 존재 필수 여부	문장의 필수 성분임	문장의 필수 성분 아님
이끄는 절의 종류	명사절(주어, 목적어, 보어 역할)	명사절(앞 명사의 내용 부연 설명)

앞부분	that절이 문장의 주어 · 목적어 · 보어로 쓰이며, 앞에 별도 명사는 불필요	추상명사 필요 (예: fact, belief, hope, idea, evidence, news 등)
뒷부분		완전한 절

🕂 문법 PLUS

▶ 접속사 that은 문장의 구성 요소가 되는 명사절을 이끄는 반면, 동격의 that은 앞에 있는 명사의 의미를 구체화하는 명사절을 이끌며, 다음과 같은 특성을 지닙니다.

1. 앞에 오는 명사의 내용을 that절이 부연 설명해 주며, '명사+that절'이 하나의 의미 단위로 묶여서, 전체가 한 덩어리처럼 쓰이며, that절은 '~라는'과 같이 해석됩니다.

예 | the news(명사) that he moved to Canada(명사절=동격의 that절) 그가 캐나다로 이사했다는 소식

2. 동격의 that은 주로 부연 설명이 필요한 추상명사 뒤에 쓰입니다. 따라서 that절은 문장 구조상 필수는 아니지만, 의미를 보다 명확하게 전달하는 데 중요한 역할을 합니다.

예1 | He rejected **the idea**. 그는 그 생각에 반박했다.
: 문장은 성립하지만, 어떤 생각인지 알 수 없음.

예2 | He rejected **the idea** that the earth is flat. 그는 지구가 평평하다는 생각에 반박했다.
: 동격의 that절이 추상명사(idea)의 구체적인 내용을 부연 설명하며 내용이 명확해짐.

3. 동격의 that은 특정한 추상명사들과 자주 결합되어 그 의미를 구체화합니다.

자주 쓰이는 추상명사: fact 사실   belief 믿음   hope 소망   idea 생각   evidence 증거   news 소식
chance 가능성   possibility 가능성   likelihood 가능성

▶ '관계대명사 that', '접속사 that', '동격의 that'의 차이점을 표로 살펴보면 다음과 같습니다.

	관계대명사 that	접속사 that	동격의 that
1. 이끄는 절의 종류	형용사절(선행사 수식)	명사절(주어, 목적어, 보어)	명사절(앞 명사의 내용을 부연 설명)
2. that절의 해석	~한, ~하는	~라는 것	~라는
3. 앞부분	수식할 선행사(명사) 필요	앞에 별도 선행사(명사)는 불필요	부연 설명 할 선행사(추상명사) 필요
4. 뒷부분	불완전한 절(주어, 목적어, 보어 등의 명사 빠짐)	완전한 절	완전한 절

5. that절의 존재 필수 여부	문장의 필수 성분 아님(수식어 역할)	문장의 필수 성분임(주어, 목적어, 보어 역할)	문장의 필수 성분 아님(부연 설명하는 역할)
6. 예문	She has a bag **that** is very cute. : 그녀는 아주 귀여운 가방을 가지고 있다.	I think **that** he is kind. : 나는 그가 친절하다고 생각한다.	I heard the news **that** he moved. : 나는 그가 이사했다는 소식을 들었다.

해수쌤의 점검 QUIZ

정답 및 해설 p. 36

A. 다음 중 밑줄 친 <u>that</u>이 동격을 나타내지 <u>않는</u> 것을 고르시오. (   )

① He said <u>that</u> he would be late tomorrow.
② Did you hear the news <u>that</u> she got promoted?
③ I heard a rumor <u>that</u> they will hire a new CEO.
④ She made a promise <u>that</u> she would arrive on time.

B. 다음 영어 문장을 우리말로 바르게 해석하시오.

(1) He realized the truth that health is wealth.
→ _____

(2) He realized that health is wealth.
→ _____

해수쌤의 문법 정리 TIPS

동격의 that이 문장에서 어떻게 쓰이는지 이해하는 것이 중요합니다. 핵심 개념 TABLE에 제시된 동격의 that이 쓰인 예문을 기록하고, 추상명사 뒤에서 그 내용을 구체적으로 설명하는 명사절을 이끈다는 점을 파악하세요. 또한, 접속사 that과 동격의 that의 차이를 정리한 표를 기록하며, 각 특징을 예문과 함께 비교하여 이해해 보세요.

that의 다양한 활용 총정리

that의 다양한 활용

중요도 ★★★★★
난이도 ★★★★☆

that은 접속사, 동격, 관계대명사, 지시사, 부사 등으로 다양하게 쓰이며, 쓰임에 따라 문장에서의 기능과 위치도 달라집니다.

✓ **해수쌤의 필수 CHECK** that은 형태는 같아도 문장에서 하는 역할이 전혀 다를 수 있으므로, 반드시 문맥과 구조를 함께 보고 해석해야 합니다.

핵심 개념 TABLE

활용	역할		예문
1. 접속사	주어, 목적어, 보어 역할을 하는 명사절 이끎	1)	I hope [**that** you win the game]. ↳ ~라는 것(명사절 이끎) : 나는 **네가 그 경기에서 이기길** 바란다.
		2)	She told me [**that** she would be late]. ↳ ~라는 것(명사절 이끎) : 그녀는 나에게 **그녀가 늦을 것이라고** 말했다.
2. 동격	앞 명사의 내용을 부연 설명하는 명사절 이끎	1)	I remember the fact [**that** you called me yesterday]. ↳ ~라는(동격) : 나는 **네가 어제 나에게 전화했다는** 사실을 기억해.
		2)	The news [**that** he quit] shocked us. ↳ ~라는(동격) : **그가 그만뒀다는** 소식은 우리를 놀라게 했다.
3. 관계대명사	선행사를 수식하는 형용사절 이끎	1)	The man (**that** is dancing) is my friend. ↳ 선행사 수식 : **춤추고 있는** 그 남자는 내 친구다.
		2)	I read a book (**that** I bought yesterday). ↳ 선행사 수식 : 나는 **어제 산** 책을 읽었다.
4. 지시사	'저것(지시대명사)' 또는 '저~(지시형용사)'라는 의미를 나타냄	1)	Look at **that**! ↳ 저것 : **저것**을 봐!

CHAPTER 13 관계사 | 277

		2)	I love **that** book. ↳저~ : 나는 **저** 책을 사랑한다.
5. 부사	'그렇게' 또는 '그 정도로'라는 의미로 정도를 나타냄	1)	She is not **that** tall. ↳그렇게 : 그녀는 **그렇게** 키가 크지 않다.

✚ 문법 PLUS

▶ that은 다양한 쓰임을 가진 단어로 문장에서 자주 사용됩니다. **문맥과 문장의 구조를 통해 that의 역할을 구분**하는 것이 중요합니다. 쓰임에 따른 주요 특징은 다음과 같습니다. ('UNIT 75. 접속사 that vs. 동격의 that' 참고)

1. 접속사 **that**

: 완전한 절을 이끌며, 문장에서 주어, 목적어, 보어 역할을 하는 명사절을 만듦. ('UNIT 74. 관계대명사 that vs. 접속사 that' 참고)

예 ┃ I think [**that** he is right]. 나는 그가 맞다고 생각한다.
   → that절은 동사 think의 목적어 역할을 함.

2. 동격의 **that**

: 완전한 절을 이끌고, 앞에 오는 추상명사의 내용을 부연 설명하는 명사절을 만듦. ('UNIT 75. 접속사 that vs. 동격의 that' 참고)

예 ┃ The news [**that** he quit] surprised us. 그가 그만뒀다는 소식은 우리를 놀라게 했다.
   → that절은 추상명사 'the news'의 구체적인 내용을 덧붙이는 명사절이며, 'the news'와 that절이 내용상 같은 대상을 가리키는 동격 관계임.

3. 관계대명사 **that**

: 불완전한 절을 이끌고, 앞의 명사(선행사)를 수식하는 형용사절을 만듦. ('UNIT 74. 관계대명사 that vs. 접속사 that' 참고)

예 ┃ I read a book (**that** I bought yesterday). 나는 어제 산 책을 읽었다.
   → that절은 선행사 'book'을 꾸미는 형용사절이며, 'that I bought yesterday'는 목적어(book)가 빠진 불완전한 절임.

4. 지시사 **that**

: '저것'이라는 의미의 지시대명사 또는 '저~'라는 의미의 지시형용사로 사용됨.

예1 ┃ Look at **that**! 저것 좀 봬 → 'that'은 단독으로 명사를 대신하는 지시대명사로 쓰임.
예2 ┃ I love **that** movie. 나는 저 영화를 좋아해. → 'that'은 명사를 꾸며주는 지시형용사로 쓰임.

5. 부사 **that**

: '그렇게', '그 정도로'라는 의미로, 형용사나 부사 앞에서 정도를 나타내는 부사로 사용됨. 특히 부정문에서 자주 사용됨.

예 ┃ I'm not **that** hungry. 나는 그렇게 배고프진 않아. → that은 배고픔(hungry)의 정도를 표현함.

해수쌤의 점검 QUIZ

정답 및 해설 p. 36

A. 다음 영어 문장을 우리말로 바르게 해석하시오.

(1) Do you know that boy?
→ _____

(2) I'm not that much older than you.
→ _____

(3) I know the fact that you are a teenager.
→ _____

(4) I want to buy a house that has a large kitchen.
→ _____

B. 다음 중 밑줄 친 **that**이 나머지 둘과 다른 쓰임을 가진 것을 고르시오. (   )

① The cake that he baked yesterday was delicious.
② She is the friend that helped me during difficult times.
③ They rejected the belief that money can solve all problems.

해수쌤의 문법 정리 TIPS

that의 다양한 쓰임을 문맥과 문장 구조에 따라 정확히 파악하는 것이 중요합니다. 주어진 예문을 모두 옮겨 쓰고 직접 해석해 보세요. 각 예문에서 that을 표시하고, 해당 that이 어떤 역할을 하며 어떤 의미로 쓰였는지 메모해 보세요.

UNIT 077

what의 다양한 활용 총정리

what의 다양한 활용

중요도 ★★★★★
난이도 ★★★☆☆

what은 문장에서 '무엇', '~것'이라는 의미의 의문사로 쓰일 수 있고, 관계대명사절을 이끌거나, 감탄문을 만드는 데에도 사용됩니다. 또한, 드물게 little, few와 함께 강조 표현으로 쓰이기도 합니다.

✓ 해수쌤의 필수 CHECK what은 문장에서의 쓰임에 따라 의미와 기능이 달라집니다. 예문을 통해 다양한 쓰임을 자연스럽게 익혀 보세요!

핵심 개념 TABLE

활용	역할		예문
1. 의문사	'무엇', '무슨', '~것' 등으로 해석되며, 질문을 하거나 의문 내용을 전달할 때 사용됨	예1)	**What** is your name? : 너의 이름은 **무엇**이니?
		예2)	**What** color do you like? : 너는 **무슨** 색을 좋아하니?
		예3)	He asked [**what** my name is]. : 그는 내 이름이 **무엇**인지 물었다.
		예4)	I know [**what** you want]. : 나는 네가 원하는 **것**을 안다
2. 관계대명사	선행사를 포함한 관계대명사로서 '무엇', '~것' 등으로 해석되는 명사절을 이끎	예1)	I don't believe [**what** you say]. : 나는 네가 말하는 **것**을 믿지 않는다.
		예2)	I want to eat [**what** you made]. : 나는 네가 만든 **것**을 먹고 싶다.
3. 감탄문 구성	'What+a(n)+형용사+명사+(주어+동사)'의 형태로, 감탄이나 놀라움을 표현할 때 사용됨	예)	**What** a nice day! : 정말 멋진 날이다!
4. little, few 강조	'what+little/few'의 형태로, '적지만 있는 전부'를 의미함	예1)	I used **what little** money I had. : 나는 내가 가진 **얼마 안 되는 돈 전부**를 썼다.
		예2)	She gave **what few** candies she had to me. : 그녀는 가진 **몇 안 되는 사탕 전부**를 나에게 주었다.

문법 PLUS

▶ what은 다양한 쓰임을 가진 단어이며, 문장에서 자주 사용됩니다. 쓰임에 따른 주요 특징은 다음과 같습니다.

1. 의문사 what

: 질문의 대상이 되는 것을 가리키며 '무엇', '무슨', '~것' 등의 의미로 사용됨.

: 주로 의문문에서 쓰이며, what이 이끄는 절은 문장의 주어, 목적어, 보어 자리에 올 수 있음. ('UNIT 73. 의문사 what vs. 관계대명사 what' 참고)

예1 | **What** is your name? 너의 이름은 무엇이니?

→ what은 의문문에서 '무엇'을 뜻하며 질문의 대상이 됨.

예2 | I don't know [**what** he wants]. 나는 그가 원하는 것을 모른다.

→ what절은 문장의 목적어 자리에 쓰였으며, '(그가 원하는) 무엇, ~것'을 뜻함.

2. 관계대명사 what

: '무엇', '~것'의 의미로 쓰이며, 선행사를 포함한 관계대명사임.

: 보통 'the thing(s) which/that'으로 바꿀 수 있으며, 명사절을 이끎. ('UNIT 72. 관계대명사: that vs. what' 참고)

예 | He didn't say [**what** he meant]. 그는 자신이 말하려던 것을 말하지 않았다.

= He didn't say [the thing that he meant].

→ what은 동사 say의 목적어인 명사절을 이끎.

3. 감탄문에 쓰인 what

: 놀라움이나 감탄을 표현할 때 쓰이며, '정말 ~하다'와 같은 의미로 사용됨.

: What+a(n)+형용사+명사+(주어+동사)!'의 형태로 쓰임. ('UNIT 31. 감탄문' 참고)

예 | **What** a beautiful day (it is)! 정말 아름다운 날이다!

4. what으로 little/few를 강조

: '적지만 있는 전부'를 의미할 때 쓰이며, 'what little/few+명사'의 형태로 사용됨.

예 | He shared **what** little food he had left. 그는 남은 적은 음식이었지만 전부를 나눠주었다.

해수쌤의 점검 QUIZ

정답 및 해설 p. 37

A. 다음 영어 문장을 우리말로 바르게 해석하시오.

(1) Do you remember what you promised me?
→ _____

(2) What did you learn in your English class?
→ _____

(3) What a beautiful day!
→ _____

B. 빈칸에 what을 쓸 수 <u>없는</u> 것을 고르시오. (   )

① _____ a great idea he had!
② I don't know _____ happened to them.
③ The dress _____ you bought is beautiful.
④ They wonder _____ she is doing right now.

해수쌤의 문법 정리 TIPS

what의 다양한 활용을 문맥과 문장 구조에 따라 정확히 파악하는 것이 중요합니다. 주어진 예문을 모두 옮겨 쓰고 직접 해석해 보세요. 각 예문에서 what을 표시하고, 해당 what이 어떤 쓰임을 가지며 어떤 의미로 쓰였는지 메모해 보세요.

UNIT 078

장소, 시간, 이유, 방법을 표현하는 문장 연결

관계부사:
where, when, why, how

관계부사 where, when, why, how가 이끄는 절은 앞에 나온 명사(선행사)를 수식하는 형용사절로 쓰입니다. 각각 장소(where), 시간(when), 이유(why), 방법(how)을 나타냅니다.

> **해수쌤의 필수 CHECK** 관계부사는 '전치사+관계대명사' 구조로 바뀔 수 있으며, 이때 전치사는 문맥이나 동사에 따라 달라지므로 예문을 통해 쓰임을 익혀 보세요!

핵심 개념 TABLE

1. 관계부사 where: (주로) '장소'를 나타내는 선행사 뒤에 씀.

예)	I'll go to **the restaurant**. My older brother is a cook **at ~~the restaurant~~**.
	→ I'll go to the restaurant **which/that** my older brother is a cook **at**.
	→ I'll go to the restaurant **at which** my older brother is a cook. 　　　　　　　└ 전치사+관계대명사
	⇒ I'll go to the restaurant **where** my older brother is a cook. : 나는 내 형이 요리사로 일하는 식당에 갈 것이다.

2. 관계부사 when: '시간'을 나타내는 선행사 뒤에 씀.

예)	Christmas is **the day**. We have a party **on ~~the day~~**.
	→ Christmas is the day **which/that** we have a party **on**.
	→ Christmas is the day **on which** we have a party. 　　　　　　└ 전치사+관계대명사
	⇒ Christmas is the day **when** we have a party. : 크리스마스는 우리가 파티를 하는 날이다.

3. 관계부사 why: '이유'를 나타내는 선행사 뒤에 씀.

예)	It is the very **reason**. I called you **for ~~the reason~~**.
	→ It is the very reason **which/that** I called you **for**.
	→ It is the very reason **for which** I called you. 　　　　　　└ 전치사+관계대명사
	⇒ It is the very reason **why** I called you. : 그것이 바로 내가 너에게 전화한 이유이다.

4. 관계부사 how: '방법'을 나타내는 선행사 뒤에 씀.

예)	I like **the way**. You talk **in** ~~the way~~.
	→ I like the way **which/that** you talk **in**.
	→ I like the way **in which** you talk.
	↳ 전치사+관계대명사
	→ I like **the way** you talk.
	↳ the way(선행사)와 how(관계부사)는 중복된 의미이므로, 둘 중 하나만 써야 함.
	⇒ I like **how** you talk.
	: 나는 네가 말하는 방식을 좋아한다.

🔷 문법 PLUS

▶ 관계부사는 두 문장을 연결하고(접속사 역할), 관계절 내에서 부사로서 장소, 시간, 이유, 방법 등의 의미를 나타냅니다. 부사는 문장의 필수 성분이 아니며, 관계부사는 이러한 부사를 대신하므로 뒷부분에는 완전한 절이 옵니다.

▶ 관계부사가 이끄는 절은 문장에서 형용사 역할(형용사절)을 하며 앞에 있는 선행사(명사)를 수식합니다.

▶ 관계부사 where, when, why, how는 각각 '장소', '시간', '이유', '방법'을 나타내는 선행사와 주로 함께 쓰입니다.

예1 | where의 일반적인 선행사: place 장소   location 위치   area 지역
예2 | when의 일반적인 선행사: time 시간   day 날   moment 순간
예3 | why의 일반적인 선행사: reason 이유
예4 | how의 일반적인 선행사: way 방법

▶ 단, where는 선행사로 장소가 아닌 추상명사(예: style, case, tradition, example, point, situation 등)를 취하기도 합니다. ('UNIT 80. 관계부사: where의 다양한 선행사' 참고)

예 | There are many **cases**(추상명사) **where** medicine doesn't work. 약이 효과가 없는 경우가 많다.

▶ 일반적인 선행사(the place, day, reason 등)와 관계부사 'where, when, how'가 함께 쓰인 경우, 둘 중 하나를 생략할 수 있습니다. ('UNIT 110. 관계부사의 생략' 참고)

예 | This is **the place**(선행사) **where**(관계부사) she stayed before. 여기가 그녀가 전에 머물렀던 장소이다.
= This is **the place**(선행사) she stayed before. = This is **where**(관계부사) she stayed before.

▶ 단, how는 '~하는 방법'이라는 의미를 내포한 관계부사입니다. 즉, 'how=the way in which'이므로 선행사 'the way'와 관계부사 'how'는 의미가 중복되기 때문에, 둘 중 하나를 반드시 생략해야 합니다. ('UNIT 110. 관계부사의 생략' 참고)

예 | I like **the way**(선행사) **how**(관계부사) you talk. (X) 나는 네가 말하는 방식을 좋아한다.
→ I like **the way**(선행사) you talk. (O)
→ I like **how**(관계부사) you talk. (O)

▶ 관계부사는 '전치사+관계대명사(which)'의 형태로 바꿔 쓸 수 있으며, 전치사는 관계대명사 앞 또는 문장 끝에 위치할 수 있습니다.

1. **where** = **at/in/to/from+which**

예 | This is the house **where** I was born. 이곳은 내가 태어난 집이다.
= This is the house **which** I was born **in**. = This is the house **in which** I was born.

2. **when** = **on/in/at+which**

예 | I remember the day **when** we first met. 나는 우리가 처음 만난 날을 기억한다.
= I remember the day **which** we first met **on**. = I remember the day **on which** we first met.

3. **why** = **for+which** (단, 이때는 전치사 for가 문장 끝에 오는 경우는 거의 없음.)

예 | That's the reason **why** I was late. 그것이 내가 늦은 이유이다.
= That's the reason **for which** I was late.

4. **how** = **in+which** (단, 이때는 전치사 in이 문장 끝에 오는 경우는 거의 없음.)

예 | I like **how** she teaches English. 나는 그녀가 영어를 가르치는 방식을 좋아한다.
= I like the way **in which** she teaches English.

해수쌤의 점검 QUIZ

정답 및 해설 p. 37

A. 다음 중 옳지 <u>않은</u> 문장을 고르시오. (   )

① That is the reason why I called you.
② Tell me the way you made this cake.
③ I remember the day when we first met.
④ We went to the building where was built in 1890.

B. 제시된 단어 중 알맞은 것을 빈칸에 써넣으시오.

| which / where / in |

(1) We visited the city _____ he was born.
(2) We visited the city _____ _____ he was born.
(3) We visited the city _____ he was born _____.

해수쌤의 문법 정리 TIPS

각 관계부사가 어떤 의미의 선행사를 수식하는지 이해하는 것이 중요합니다. 또한, 관계부사는 '전치사+관계대명사' 형태로 바꿀 수 있다는 점을 기억하세요. 각 관계부사가 쓰인 예문을 옮겨 적고 해석해 보며, 해당 관계부사를 '전치사+관계대명사' 형태로 스스로 바꿔보는 연습을 하세요.

UNIT 079

형용사절을 이끄는 두 관계사의 기능 차이

관계대명사 vs. 관계부사

중요도 ★★★★★
난이도 ★★★☆☆

관계대명사와 관계부사 모두 문장에서 형용사절을 이끌지만, 관계절 안에서의 역할은 다릅니다. 관계절 안에서 관계대명사는 주어, 목적어, 보어 역할을 하고, 관계부사는 장소, 시간, 이유, 방법 등을 나타내며 부사 역할을 합니다.

✓ **해수쌤의 필수 CHECK** 관계대명사 뒤에는 주어, 목적어, 보어 등의 필수 성분인 명사가 빠진 불완전한 절이 오고, 관계부사 뒤에는 문장 성분이 모두 갖춰진 완전한 절이 온다는 점을 꼭 기억하세요!

핵심 개념 TABLE

	관계대명사
예1)	Tomorrow is **the day**. Sally will leave on ~~the day~~. → 명사 → Tomorrow is **the day** (that/which Sally will leave on). 내일은 Sally가 떠나는 날이다. 　　　　　선행사　관계대명사
예2)	I like **the cafe**. I studied at ~~the cafe~~. → 명사 → I like **the cafe** (that/which I studied at). 나는 내가 공부했던 그 카페를 좋아한다. 　　　선행사　관계대명사
예3)	**The house** was old. I lived in ~~the house~~. → 명사 → **The house** (that/which I lived in) was old. 내가 살았던 그 집은 오래됐다. 　　선행사　관계대명사

	관계부사
예1)	Tomorrow is **the day**. Sally will leave ~~on the day~~. → 부사 역할 → Tomorrow is **the day** (when Sally will leave). 내일은 Sally가 떠날 날이다. 　　　　선행사　관계부사

예2)	I like **the cafe**. I studied ~~at the cafe~~. ↳ 부사 역할 → I like **the cafe** (where I studied). 나는 내가 공부했던 그 카페를 좋아한다. 　　　　선행사　관계부사	
예3)	**The house** was old. I lived ~~in the house~~. ↳ 부사 역할 → **The house** (where I lived) was old. 내가 살았던 그 집은 오래됐다. 　　선행사　관계부사	

	관계대명사 that, which, who	관계부사 when, where, why, how
1. 대신하는 역할	명사를 대신함	부사를 대신함
2. 이끄는 절의 종류	형용사절(선행사 수식)	
3. 앞부분	수식할 선행사(명사) 필요	
4. 뒷부분	불완전한 절 (주어, 목적어, 보어 등의 명사 빠짐)	완전한 절 (문장 성분 모두 있음)

➕ 문법 PLUS

▶ 관계대명사와 관계부사가 이끄는 절은 **모두 형용사절로, 앞의 명사(선행사)를 수식**하는 역할을 합니다.

▶ 단, 관계절 내에서 관계대명사는 주어, 목적어, 보어처럼 명사 역할을, 관계부사는 장소, 시간, 이유, 방법과 같은 부사적 의미를 나타내는 부사 역할을 한다는 점에서 차이가 있습니다. ('UNIT 72. 관계대명사: that vs. what', 'UNIT 78. 관계부사: where, when, why, how' 참고)

▶ **관계대명사 뒤에는 주어·목적어·보어 등 문장 성분(명사 형태)이 빠진 불완전한 절**이 오고, **관계부사 뒤에는 문장 성분이 모두 갖춰진 완전한 절**이 온다는 것이 큰 차이입니다.

　예1 | This is the book (**that** I read yesterday). 이것은 내가 어제 읽은 책이다.
　　　: that은 절 내에서 목적어 역할을 하며, 뒷부분인 'I read ~'는 목적어가 빠진 불완전한 절입니다.
　예2 | I remember the day (**when** we first met). 나는 우리가 처음 만난 그날을 기억한다.
　　　: when은 절 내에서 부사 역할을 하며, 뒷부분인 'we first met'은 완전한 절입니다.

▶ 표에 언급되지 않은 what 역시 관계사로서 두 문장을 연결하지만, what은 선행사를 포함한 특수한 관계대명사로, 'the thing(s) which/that'의 의미를 지니며 명사절을 이끕니다. 이처럼 what은 일반적인 관계대명사(선행사가 따로 있으며, 선행사를 수식하는 구조)와는 성격이 다르기 때문에, 본 UNIT에서는 다루지 않습니다. ('UNIT 72. 관계대명사: that vs. what' 참고)

해수쌤의 점검 QUIZ

정답 및 해설 p. 38

A. 다음 중 관계사가 올바르게 쓰인 문장을 고르시오. (   )

① The girl who helped me is my daughter.
② This is the house which we had the party.
③ The place where we stayed in was beautiful.
④ I forgot the shop where we bought our shoes at.

B. 제시된 단어 중 알맞은 것을 빈칸에 써넣으시오.

which / who / when / where

(1) I visited the school _____ has a swimming pool.
(2) I visited the school _____ I met my best friend.

해수쌤의 문법 Q&A

Q 관계대명사절은 명칭에 '명사'가 들어가니까 문장에서 명사 역할을 하고, 관계부사절은 '부사'가 들어가니까 문장에서 부사 역할을 하나요?

A 아닙니다. 관계대명사 that, which, who가 이끄는 절과 관계부사절 모두 문장에서 형용사 역할을 하며, 선행사를 수식합니다. 관계대명사는 관계사절 내에서는 명사를 대신하는 대명사적 성격을 가지지만, 관계대명사절 자체는 선행사를 꾸며주는 형용사절입니다. 예를 들어, 'The book that you gave me is interesting(네가 내게 준 그 책은 흥미롭다).'에서 'that(관계대명사) you gave me'절은 선행사 'the book'을 수식하는 형용사절입니다. 관계부사절도 마찬가지로 관계사절 내에서는 장소, 시간, 이유, 방법 등을 나타내는 '부사' 역할을 하지만, 그 관계절 전체는 역시 앞의 명사를 수식하는 형용사절입니다. 예를 들어, 'I remember the day when we met(나는 우리가 만났던 그날을 기억한다).'에서 'when we met'절은 선행사 'the day'를 수식하는 형용사절입니다.

> **해수쌤의 문법 정리 TIPS**
>
> 관계대명사와 관계부사는 모두 선행사(명사)를 수식하는 형용사 역할을 하지만, 관계대명사 뒤에는 불완전한 절이, 관계부사 뒤에는 완전한 절이 온다는 차이점이 중요합니다. 핵심 개념 TABLE에 제시된 예문을 직접 옮겨 적고 해석해 본 뒤, 두 개념의 특징을 정리한 표를 참고하며 공통점과 차이점을 비교해 보세요.

UNIT 080

장소가 아닌 선행사 뒤에도 쓰이는 where

관계부사: where의 다양한 선행사

중요도 ★☆☆☆☆
난이도 ★★★☆☆

관계부사 where는 반드시 물리적인 장소를 나타내는 명사뿐 아니라, 상황이나 상태처럼 추상적인 개념을 나타내는 명사도 선행사로 취할 수 있습니다.

✓ 해수쌤의 필수 CHECK 장소 외의 추상적인 명사를 수식하는 where의 예문을 통해, 구체적으로 어떤 선행사들과 함께 쓰일 수 있는지 확인해 보세요!

핵심 개념 TABLE

예1)	I will go to <u>the house/city/country</u> (**where** you lived before). ↳ 장소 O : 나는 네가 전에 살았던 <u>집/도시/나라</u>로 갈 것이다.
예2)	It's <u>a style of dancing</u> (**where** we don't use our hands). ↳ 장소 X (style: 추상명사) : 이것은 손을 사용하지 않고 추는 <u>춤의 한 스타일</u>이다.
예3)	I found <u>a study</u> (**where** people recorded their stress level). ↳ 장소 X (study: 추상명사) : 나는 사람들의 스트레스 수준을 기록한 <u>연구</u>를 발견했다.
예4)	There are <u>many cases</u> (**where** medicine doesn't work). ↳ 장소 X (case: 추상명사) : 약이 효과가 없는 <u>경우</u>가 많다.
예5)	They have <u>a tradition</u> (**where** town people play tug-of-war). ↳ 장소 X (tradition: 추상명사) : 그들은 마을 사람들이 줄다리기를 하는 <u>전통</u>을 가지고 있다.

➕ 문법 PLUS

▶ 관계부사 where의 선행사는 일반적으로 '장소'와 관련되지만, 경우에 따라 **추상적인 명사**(예: **style** 스타일·방식, **case** 경우, **tradition** 전통, **example** 예시, **point** 지점·요점, **situation** 상황, **circumstance** 환경·상황 등)도 선행사로 쓰일 수 있습니다.

CHAPTER 13 관계사 | 289

▶ 관계대명사(that, which 등)와의 큰 차이점은 '뒷부분의 완전성'에 있습니다. 관계부사 뒤에는 문장 성분이 모두 갖춰진 완전한 절이 오고, 관계대명사 뒤에는 주어나 목적어 등이 빠진 불완전한 절이 옵니다. ('UNIT 79. 관계대명사 vs. 관계부사' 참고)

예1 | There are many cases **where** medicine doesn't work. 약이 효과가 없는 경우가 많다.
: 관계부사 where의 뒷부분(medicine doesn't work)은 완전한 절임. (medicine이 '약'의 의미로 쓰임.)

예2 | There are many cases **which** don't work for medicine. 의학에 적용할 수 없는 경우가 많다.
: 관계대명사 which의 뒷부분(don't work for medicine)은 주어가 없는 불완전한 절임. (medicine이 '의학'의 의미로 쓰임.)

해수쌤의 점검 QUIZ

정답 및 해설 p. 38

A. 빈칸에 공통으로 들어갈 수 있는 단어를 고르시오. (   )

- The situation _____ I missed my chance was rare.
  내가 기회를 놓친 상황은 드물었다.
- The tradition _____ they dance around the fire is ancient.
  그들이 불 주위에서 춤을 추는 전통은 고대의 것이다.
- The case _____ they found the missing keys was unexpected.
  그들이 잃어버린 열쇠를 찾은 사건은 예상되지 않았었다.

① when   ② where   ③ how   ④ why

B. 다음 영어 문장을 우리말로 바르게 해석하시오.

(1) The situation where they met was romantic.
→ _____

(2) That was the point where everything changed.
→ _____

해수쌤의 문법 정리 TIPS

관계부사 where의 선행사는 반드시 구체적인 장소 명사일 필요는 없습니다. 추상적인 개념을 나타내는 명사도 선행사로 쓰일 수 있다는 점을 기억하세요. 핵심 개념 TABLE의 예문을 옮겨 적고 해석하면서, where가 수식할 수 있는 추상 명사에는 어떤 것들이 있는지 정리해 보세요.

UNIT 081

-ever로 끝나는 관계사

복합관계사: 개념과 형태

중요도 ★★★☆☆
난이도 ★★★☆☆

복합관계사는 관계대명사 또는 관계부사에 -ever가 붙은 형태로, 문장에서 명사절(주어, 목적어, 보어 역할)이나 부사절을 이끌 수 있습니다.

✓ **해수쌤의 필수 CHECK** 복합관계사는 '~든지'처럼 불특정한 대상이나 상황을 나타내거나, '~하더라도'처럼 양보의 의미를 나타내기도 합니다.

핵심 개념 TABLE

종류		역할 및 의미	
		명사절 이끌 때	부사절 이끌 때
복합관계대명사 (뒷부분 불완전)	whoever (목적격일 때는 종종 whomever 사용)	누가 ~하든지	누가 ~하더라도
	whichever	무엇이든 ~하는 것	무엇을 ~하더라도
	whatever	무엇이든 ~하는 것	무엇을 ~하더라도
	whosever	누구의 ~이든지	누구의 ~이든 상관없이
복합관계부사 (뒷부분 완전)	whenever	–	언제 ~하더라도
	wherever		어디 ~하더라도
	however		어떻게 ~하더라도, 아무리 ~하더라도

⊕ 문법 PLUS

▶ 복합관계대명사(whoever, whomever, whichever, whatever, whosever)는 **명사절 또는 부사절**을 이끌며, **뒤에는 불완전한 절**이 옵니다.

예1 | **Whoever comes first** will get a prize. **누가 먼저 오든지** 상을 받을 것이다.
→ whoever는 주어 역할을 하는 명사절을 이끌며, 뒷부분인 'comes first'는 주어가 빠진 불완전한 절임.

예2 | I will help you, **whoever you are**. **네가 누구든지 간에**, 나는 널 도와줄게.
→ whoever는 부사절을 이끌며, 뒷부분인 'you are'는 보어가 빠진 불완전한 절임.

▶ 복합관계부사(whenever, wherever, however)는 일반적으로 **부사절(~하더라도)**을 이끌며, **뒤에는 완전한 절이** 옵니다.

예 | Go **wherever you want to go**. 네가 가고 싶은 어디든지 가.
  → wherever는 부사절을 이끌며, 뒷부분인 'you want to go'는 완전한 문장임.

▶ 복합관계대명사 중 whichever와 whatever는 'whichever/whatever+명사'의 형태로 뒤의 명사를 수식하는 '복합관계형용사'로도 쓰일 수 있으며, 이 경우, '어떤 ~든지', '어떤 ~라도'라고 해석됩니다.

예1 | Choose **whichever** color(명사) you like. 네가 좋아하는 **어떤 색이든** 골라라.
예2 | Take **whatever** books(명사) you need. 네가 필요한 **어떤 책이든** 가져가라.

▶ 복합관계부사는 일반적으로 부사절을 이끕니다. (명사절을 이끄는 경우도 드물게 존재하지만, 매우 예외적이며 거의 사용되지 않음.)

▶ however는 '그러나'라는 뜻의 접속부사로서도 자주 사용됩니다. 복합관계부사로 쓰이면 '아무리 ~하더라도'라는 의미가 되므로 유의해야 합니다.

해수쌤의 점검 QUIZ

정답 및 해설 p. 38

A. 다음 중 옳지 않은 설명을 고르시오. (   )

① 복합관계사의 형태는 -ever로 끝난다.
② 복합관계대명사는 명사절 또는 부사절을 이끈다.
③ 복합관계대명사 뒤에 오는 절의 형태는 완전하다.

B. 다음 중 복합관계사가 아닌 것을 고르시오. (   )

① whoever   ② whyever   ③ whatever   ④ wherever   ⑤ however

해수쌤의 문법 Q&A

Q 관계대명사와 복합관계대명사는 문장에서의 역할이 같나요?

A 아닙니다. 둘 다 뒤에 오는 절이 불완전하다는 공통점은 있지만, 문장에서의 역할이 다릅니다. 관계대명사는 선행사를 수식하는 형용사절을 이끕니다. 예를 들어, 'This is the boy **who** won the race(이 소년은 경주에서 이긴 소년이다).'에서 'who(관계대명사) won the race'는 'the boy'라는 선행사를 수식하는 형용사절입니다. 반면, 복합관계대명사는 선행사 없이 주로 명사절을 이끌며, 경우에 따라 부사절을 이끌 수도 있습니다. 예를 들어, '**Whoever** calls first will get the ticket(누가 먼저 전화하든 그 사람이 티켓을 받을 것이다).'라는 문장에서, 'Whoever(복합관계대명사) calls first'는 선행사 없이 문장의 주어 역할을 하는 명사절입니다.

Q 그러면 관계부사와 복합관계부사의 문장에서의 역할은 같나요?

A 관계부사와 복합관계부사도 뒤에 오는 절의 형태는 완전하다는 공통점은 있지만, 문장에서의 역할은 다릅니다. 관계부사는 선행사를 수식하는 형용사절을 이끕니다. 예를 들어, 'This is the restaurant **where** we had dinner yesterday(여기가 우리가 어제 저녁을 먹은 식당이다).'에서 'where(관계부사) we had dinner yesterday'는 'the restaurant'라는 선행사를 수식하는 형용사절입니다. 반면, 복합관계부사는 선행사 없이 주로 부사절을 이끕니다. 예를 들어, 'You can sit **wherever** you like(너는 네가 좋아하는 어디든 앉을 수 있어).'라는 문장에서, 'wherever(복합관계부사) you like'는 선행사 없이 부사 역할을 하는 절입니다.

해수쌤의 문법 정리 TIPS

복합관계사의 형태와 종류를 알고 있어야 합니다. 핵심 개념 TABLE에 제시된 복합관계사의 종류를 뜻과 함께 옮겨 적고 기억해 두세요. ('UNIT 82. 복합관계사: 복합관계대명사', 'UNIT 83. 복합관계사: 복합관계부사' 참고)

UNIT 082 복합관계사: 복합관계대명사

뒤에 불완전한 절이 오는 복합관계사

중요도
난이도

복합관계대명사는 'whoever(누가 ~하든지, 누가 ~하더라도)', 'whichever(무엇이든 ~하는 것, 무엇을 ~하더라도)'와 같이 관계대명사에 -ever가 붙은 형태로, 문장에서 명사절 또는 부사절을 이끌 수 있습니다.

> **해수쌤의 필수 CHECK** 복합관계대명사가 명사절과 부사절을 이끌 때, 문장에서 어떤 의미로 쓰이는지 예문을 통해 확인하세요!

핵심 개념 TABLE

복합관계대명사	이끄는 절		예문
whoever	명사절 (의미: 누가 ~하든지)	1)	[**Whoever** gets the present] will be surprised. ↳=Anyone who/that~ : 누가 선물을 받든 놀랄 것이다.
		2)	You can invite [**whoever** you like]. ↳=anyone who/that : 네가 좋아하는 누구든 초대해도 된다.
	부사절 (의미: 누가 ~하더라도)	3)	I love you, (**whoever** you are). ↳=no matter who~ : 네가 누구이더라도 나는 널 사랑한다.
whichever	명사절 (의미: 무엇이든 ~하는 것)	1)	You can choose [**whichever** you prefer]. ↳=anything that/which~ : 무엇이든 네가 원하는 것을 선택해도 된다.
		2)	You can choose [**whichever** pen you prefer]. ↳복합관계형용사(명사 pen 수식) : 어떤 펜이든 네가 원하는 것을 선택해도 된다.
	부사절 (의미: 무엇을 ~하더라도)	1)	(**Whichever** they choose), I will support them. ↳=no matter which~ : 그들이 무엇을 선택하더라도 상관없이 나는 그들을 지지할 것이다.

whatever	명사절 (의미: 무엇이든 ~하는 것)	1)	I'm willing to buy [**whatever** you sell]. 　　　　　　　　↳=anything that/which~ : 무엇이든 네가 파는 것을 나는 기꺼이 살 것이다.
	부사절 (의미: 무엇을 ~하더라도)	1)	He always does his best (**whatever** he learns). 　　　　　　　　　　↳=no matter what~ : 그는 무엇을 배우더라도 항상 최선을 다한다.
		2)	He always does his best (**whatever** language he learns).　　　　　　　↳복합관계형용사 　　　　　　　　　　(명사 language 수식) : 그는 어떤 언어를 배우더라도 항상 최선을 다한다.

➕ 문법 PLUS

▶ 복합관계대명사에는 whoever, whomever, whichever, whatever, whosever가 있으며, 이들이 이끄는 절은 문장에서 **명사나 부사의 역할**을 합니다. 또한, 복합관계대명사 **뒤에는 불완전한 절**이 옵니다.

▶ 복합관계대명사가 명사절을 이끌 때는, 문맥에 따라 'anyone who/that~', 'anything that/which~'의 형태로 바꾸어 표현할 수 있습니다.

　예　| [**Whoever** gets the prize] will be happy. 누가 상을 받든 기뻐할 것이다.
　　　= [**Anyone who** gets the prize] will be happy.

▶ 복합관계대명사가 부사절을 이끌 때는, 문맥에 따라 'no matter+의문사(who/which/what 등)'의 형태로 바꾸어 표현할 수 있습니다.

　예　| I'll help you, (**whoever** you are). 네가 누구든 상관없이, 나는 널 도와줄게.
　　　= I'll help you, (**no matter who** you are).

▶ 한국어로 해석 시 '~든지'와 '~하더라도 (상관없이)'가 둘 다 자연스러운 경우가 많으므로, 문맥을 통해 자연스럽게 해석하는 것이 중요합니다.

　예　| **Whoever gets the present** will be surprised.
　　　　누가 선물을 받든 놀랄 것이다. = **선물을 받는 누구더라도 (상관없이)** 놀랄 것이다.

▶ 사람을 가리키면서 절 내에서 목적어 역할을 할 때는 whoever를 쓰는 것이 일반적입니다. 하지만 드물게 whomever를 쓰기도 합니다.

　예　| I don't care [**whoever/whomever you love**]. 네가 누구를 사랑하든 상관없다.
　　　→ 절 내에서 동사 'love'의 목적어를 대신하는 목적격을 지니므로 whoever와 whomever 둘 다 가능함.

▶ whichever와 whatever는 '복합관계형용사'로도 쓰일 수 있으며, 'whichever/whatever+명사'의 형태로 '어떤 ~든지', '어떤 ~라도'의 뜻을 가집니다.

　예　| **whichever pen** 어떤 펜이든지/어떤 펜이라도　**whatever song** 어떤 노래든지/어떤 노래라도

▶ whosever는 복합관계대명사와 복합관계형용사로 모두 쓰일 수 있습니다. 복합관계형용사로 사용될 때는

CHAPTER 13 관계사 | 295

'whosever+명사'의 형태로 쓰입니다. '누구의 ~이든(상관없이)'이라고 해석되며, 드물게 사용됩니다.

예 | **Whosever fault it is**, we need to fix the problem. 누구의 잘못이든, 우리는 문제를 해결해야 한다.

해수쌤의 점검 QUIZ

정답 및 해설 p. 39

A. 제시된 영단어를 알맞은 순서로 배열하여 문장을 완성하시오.

(1) (whatever / will / believe you / I / you say)

→ _____

당신이 무엇을 말하더라도, 나는 당신을 믿을 것이다.

(2) (whoever / will receive / the game / wins / a prize)

→ _____

게임에서 이기는 누구든지 상을 받을 것이다.

B. 다음 중 옳지 않은 문장을 고르시오. (   )

① Whoever stole my bag will be punished.
② Whatever happens in life, let's try to stay positive.
③ You will get the job, whichever company you apply to it.

해수쌤의 문법 정리 TIPS

복합관계대명사의 종류와 문장에서의 쓰임을 이해하는 것이 중요합니다. '~든지'와 '~하더라도 (상관없이)'라는 해석을 꼭 구분해서 외우기보다, 문맥에 따라 자연스럽게 해석하는 연습이 필요합니다. 핵심 개념 TABLE에 제시된 예문을 옮겨 적고 직접 해석해 보면서, 복합관계대명사가 문장에서 어떤 역할을 하고 어떤 의미로 쓰이는지 익혀 보세요.

UNIT 083

뒤에 완전한 절이 오는 복합관계사

복합관계사: 복합관계부사

중요도 ★★★☆☆
난이도 ★★★★☆

복합관계부사는 'whenever(언제 ~하더라도)', 'wherever(어디 ~하더라도)'와 같이 관계부사에 -ever가 붙은 형태로, 주로 부사절을 이끌지만 드물게 명사절을 이끌기도 합니다.

✓ 해수쌤의 필수 CHECK 각 복합관계부사가 문장에서 어떤 의미로 쓰이는지 예문을 통해 확인하세요!

핵심 개념 TABLE

복합관계부사	이끄는 절		예문
whenever	부사절 (의미: 언제 ~하더라도)	1)	Call me (**whenever** it is possible). 　　　　↳=at any time when~ : 가능할 때 언제든 나에게 전화해.
		2)	(**Whenever** you need my help), I'll be next to you. 　↳=No matter when~ : 네가 내 도움이 필요할 때는 언제든지 내가 네 곁에 있을게.
wherever	부사절 (의미: 어디 ~하더라도)	1)	We can go (**wherever** we want to go). 　　　　　↳=to any place where~ : 우리는 우리가 가고 싶어 하는 곳은 어디든 갈 수 있어.
		2)	(**Wherever** you go), I will follow you. 　↳=No matter where~ : 네가 어디를 가든 나는 너를 따라갈게.
however	부사절 (의미: 어떻게 ~하더라도, 아무리 ~하더라도)	1)	(**However** you cook it), it will taste great. 　↳=In whatever way~ : 네가 어떻게 요리하든 맛있을 것이다.
		2)	(**However** difficult it is), I'll try to solve it. 　↳=No matter how~ : 그것이 아무리 어려워도, 나는 해결하려고 노력할 것이다.
		3)	She never praised me (**however** hard I worked). 　　　　　　　　　↳=no matter how~ : 내가 아무리 열심히 일해도, 그녀는 나를 결코 칭찬하지 않았다.

문법 PLUS

▶ 복합관계부사에는 whenever, wherever, however가 있으며, 이들이 이끄는 절은 '~하더라도'라는 의미로 부사 역할을 합니다. 또한, 문맥에 따라 다음과 같은 표현으로 바꿔 쓸 수도 있습니다.

1. **whenever** → no matter when, at any time that 등
2. **wherever** → no matter where, anywhere that, in any place where 등
3. **however** → no matter how, in any way that, in whatever way, any way 등

▶ 복합관계부사는 관계부사처럼 **뒷부분에 완전한 절**이 옵니다. 단, 다음과 같은 경우에는 뒷부분이 불완전해 보일 수 있으므로 유의해야 합니다.

1. 문맥상 유추가능하거나 중복된 부분의 생략으로 인해 불완전해 보이는 경우

예1 | We can go **wherever we want to go**. 우리는 가고 싶어 하는 곳은 어디든 갈 수 있어.
   → We can go **wherever we want**.

예2 | **Wherever I travel to any place**, I enjoy exploring historical sites.
   내가 어디를 여행하든, 나는 역사적인 장소를 탐험하는 것을 즐긴다.
   → **Wherever I travel to**, I enjoy exploring historical sites.

2. 복합관계부사 **however**의 뒷부분이 어순 변화로 인해 불완전해 보이는 경우

예1 | **However difficult it is**, I'll try to solve it. 그것이 아무리 어렵더라도, 나는 해결하려고 노력할 것이다.
   : 형용사인 difficult가 however의 뒤로 이동하였지만 필요 성분을 모두 갖춘 완전한 절(it is difficult)임.

예2 | My mom never praised me **however hard I worked**. 내가 아무리 열심히 일해도, 엄마는 나를 칭찬하지 않았다.
   : 부사인 hard가 however의 뒤로 이동하였지만 필요 성분을 모두 갖춘 완전한 절(I worked hard)임.

▶ 복합관계부사는 일반적으로 부사절을 이끌지만, 드물게 명사절을 이끌기도 합니다.

예 | **[Whenever you arrive]** is fine with me. 네가 언제 도착하든 나는 괜찮다.
   : whenever가 이끄는 절은 문장의 주어의 역할을 하는 명사절임.

해수쌤의 점검 QUIZ

정답 및 해설 p. 39

A. 제시된 영단어를 알맞은 순서로 배열하여 문장을 완성하시오.

(1) (to tell me / decide / you / to go / don't forget)

→ Wherever _____.

당신이 어디를 가기로 결정하든, 저에게 말하는 것을 잊지 마세요.

(2) (how hard / this puzzle / I try / I can't solve)

→ No matter _____.

제가 아무리 열심히 노력해도, 이 퍼즐을 풀 수 없습니다.

B. 다음 중 옳지 <u>않은</u> 문장을 고르시오. (   )

① Wherever is safe, we can meet there.
　안전한 곳이면 어디든, 우리는 그곳에서 만날 수 있다.

② Whenever she gets angry, her voice gets louder.
　그녀가 화를 낼 때마다, 그녀의 목소리가 더 커진다.

③ However late she was, her friends waited for her.
　그녀가 아무리 늦었어도, 친구들은 그녀를 기다렸다.

해수쌤의 문법 Q&A

Q however가 문장에서 접속부사인지 복합관계대명사인지 어떻게 구분하나요?

A however가 '그러나'라는 의미의 접속부사로 사용될 경우, 보통 문장의 앞이나 중간에 위치하면서 대조나 전환을 나타내며 문장 전체의 의미를 연결합니다. 예를 들어, "She was tired. However, she didn't stop(그녀는 피곤했지만 멈추지 않았다)."에서 however는 두 문장을 연결하면서 '그러나'라는 의미를 전달하므로 접속부사입니다. 반면, however가 복합관계부사로 쓰일 경우, 'however+형용사/부사' 형태로 자주 나타나며 '어떻게/아무리 ~하디라도'라는 의미를 지닙니다. 이 경우 however는 부사절을 이끌며, 형용사나 부사를 바로 앞에서 수식하는 형태로 나타납니다. 예를 들어, 'However strange your actions seem, I still trust you(네 행동이 아무리 이상해 보일지라도, 나는 여전히 너를 믿어).'라는 문장에서는 however가 'however+형용사(strange)' 형태로서 '아무리 이상해 보일지라도'라는 의미를 나타내는 복합관계부사로 사용되었습니다.

CHAPTER 13 관계사 | 299

해수쌤의 문법 정리 TIPS

복합관계부사의 종류와 그 의미를 정확히 이해하는 것이 중요합니다. 핵심 개념 TABLE에 제시된 예문을 옮겨 적고 스스로 해석해 보세요. 또한, 예문을 반복해서 읽으며 복합관계부사의 쓰임에 자연스럽게 익숙해지세요.

해수쌤의 핵심 개념 REVIEW

CHAPTER 13
관계사

빈칸을 채워 핵심 개념을 이해했는지 점검하세요.

67 관계대명사: that, which, who

관계대명사(that, which, who)가 이끄는 절은 앞에 있는 명사(선행사)를 수식하며, that은 사람·사물·동물 모두를, which는 사물·동물 등을, who는 사람을 지칭할 때 사용됩니다. 예를 들어, '내 방에 있는 그 장난감을 좋아한다.'라는 뜻을 지닌 문장은 'I like the toy (①) is in my room.'이라고 표현할 수 있습니다. 또한, '내가 아는 그 소녀는 키가 크다.'라는 뜻을 지닌 문장은 'The girl (②) I know is tall.'이라고 표현할 수 있습니다.

68 관계대명사: 주격·목적격·소유격

관계대명사는 주어, 목적어, 소유를 나타내는 명사를 대신하고 문장을 연결하며, 형용사처럼 앞의 명사를 꾸며주는 절을 이끕니다. 예를 들어, '내 방에 있는 그 장난감을 좋아한다.'라는 뜻을 지닌 문장은 'I like the toy that is in my room.'이라고 표현할 수 있습니다. 여기서 that은 (①) 관계대명사로서 동사의 주어 역할을 합니다. 또한, '나는 내 친구가 나에게 준 그 장난감을 좋아한다.'라는 뜻을 지닌 문장은 'I like the toy which my friend gave to me.'라고 표현할 수 있으며, 여기서는 which가 (②) 관계대명사로서 동사의 목적어 역할을 합니다.

69 관계대명사: 소유격 관계대명사

소유격 관계대명사 whose는 선행사가 가리키는 사람이나 사물의 소유 관계를 나타낼 때 사용하며, 뒤에 명사가 따라옵니다. 예를 들어, '나는 직업이 간호사인 여자를 만났다.'라는 뜻을 지닌 문장은 'I met a woman (①) job is a nurse.'라고 표현할 수 있습니다. 또한, 'of which'는 격식적인 표현에서 사용되는 형태로, of 뒤에 관계대명사 which가 오면서 소유의 의미를 나타냅니다. 예를 들어, '나는 표지가 파란 책을 샀다.'라는 뜻을 지닌 문장은 'I bought a book (②) which the cover is blue.'라고 표현할 수 있습니다.

70 관계대명사: that vs. which

관계대명사 that과 which는 둘 다 사람 또는 동물이 아닌 선행사 뒤에 올 수 있지만, (①)은(는) 쉼표(,) 뒤, 전치사 뒤, 선행사가 앞 문장 전체를 가리킬 때 사용할 수 없습니다. 예를 들어, 전치사 뒤에는 which만 사용할 수 있으므로, '나는 내가 쓰레기를 넣을 수 있는 그 캔을 좋아한다.'라는 뜻을 지닌 문장은 'I like the can in (②) I can put trash.'라고 표현할 수 있습니다.

71 관계대명사: 계속적 용법 vs. 제한적 용법

관계대명사는 계속적 용법과 제한적 용법으로 나뉩니다. 계속적 용법은 선행사에 대한 (①) 정보를 제공하며 쉼표(,)를 사용하고, 제한적 용법은 (②) 정보를 전달하며 쉼표 없이 that을 사용할 수 있습니다. 예를 들어, '그 회사는 논평들을 기록했는데, 그 논평들은 어제 작성되었다(함축: 모든 논평들은 어제 작성됨).'라는 뜻의 문장은 'The company recorded the comments, which were written yesterday.'로 표현됩니다. 반면, '그 회사는 어제 작성된 논평들을 기록했다(함축: 어제 작성된 것이 아닌 논평들도 있을 수 있음).'라는 뜻의 문장은 'The company recorded the comments which were written yesterday.'로 표현됩니다.

72 관계대명사: that vs. what

관계대명사 that은 선행사를 수식하는 형용사절을 이끕니다. 반면, what은 '~하는 것'이라는 의미로 선행사를 포함한 명사절을 이끕니다. 예를 들어, '나는 네가 좋아하는 것을 안다.'라는 뜻을 지닌 문장은 'I know (①) you like.'라고 표현할 수 있으며, 여기서 (②)은(는) 선행사를 포함하며 명사절을 이끕니다. 반면, '나는 네가 잃어버린 열쇠를 찾았다.'라는 뜻을 지닌 문장은 'I found the keys (③) you had lost yesterday.'라고 표현되며, (④)은(는) 선행사를 포함하지 않고 앞에 있는 명사 'the keys'를 수식합니다.

73 의문사 what vs. 관계대명사 what

(①) what은 의문문에 쓰이거나 know, understand, ask, wonder와 같은 의문·인지와 관련된 표현이 있는 문장에 자주 쓰입니다. 또한, what을 같은 맥락에서 다른 의문사인 why나 how로 바꿔도 문장이 자연스럽게 이어지는 경우가 많습니다. 반면, (②) what은 'the thing(s) that/which'의 의미를 가지며, 선행사를 포함하여 문장에서 명사 역할을 합니다. 단, 이러한 구별법은 절대적인 기준이 아니므로, 문맥을 통해 자연스럽게 의미를 파악하는 것이 가장 중요합니다.

74 관계대명사 that vs. 접속사 that

관계대명사 that은 앞 명사(선행사)를 수식하며 형용사절을 이끄는 반면, 접속사 that은 주어·목적어·보어 역할을 하는 명사절을 이끕니다. 따라서, 관계대명사 that이 포함된 절은 문장에서 수식어의 역할을 하며 문장을 구성하는 필수 성분이 아니지만, 접속사 that이 이끄는 절은 문장에서 필수적인 요소가 됩니다. 예를 들어, '나는 비싼 펜을 가지고 있다.'라는 뜻을 지닌 문장은 'I have a pen that is expensive.'라고 표현되며, 여기서 that은 (①)이며 선행사 'a pen'을 수식하는 형용사절을 이끕니다. 반면, '나는 네가 건강하길 바란다.'라는 뜻을 지닌 문장은 'I hope that you stay healthy.'라고 표현되며, 여기서 that은 (②)이며, 문장에서 목적어 역할을 하는 명사절을 이끕니다.

75 접속사 that vs. 동격의 that

접속사 that은 문장에서 주어, 목적어, 보어 등의 명사절을 이끄는 반면, 동격의 that은 앞에 있는 추상명사의 내용을 부연 설명하는 동격절을 이끕니다. 예를 들어, '나는 네가 학생이라는 사실을 안다.'라는 뜻을 지닌 문장은 'I know the fact that you are a student.'라고 표현되며, 여기서 that은 (①) that이며, 앞의 명사 'the fact'의 내용을 부연 설명하는 역할을 하는 동격절을 이끕니다. 반면, '나는 네가 학생이라는 것을 안다.'라는 뜻을 지닌 문장은 'I know that you are a student.'라고 표현되며, 여기서 that은 (②)(으)로서 문장의 목적어인 명사절을 이끕니다.

76 that의 다양한 활용

that은 접속사, 동격 관계대명사, 지시사, 부사 등으로 다양하게 쓰이며, 쓰임에 따라 문장에서의 기능과 위치도 달라집니다. 접속사 that은 문장에서 필수적인 요소가 되는 명사절을 이끄는 반면, 관계대명사 that은 선행사를 수식하는 (①)절을 이끕니다. that이 지시사로 쓰일 때는 '(②)'라는 뜻이며, 부사로 쓰이면 '그렇게' 또는 '그 정도로'라는 뜻으로 형용사나 부사 앞에 사용됩니다.

77 what의 다양한 활용

what은 의문사, 관계대명사, 감탄문 구성 및 little과 few의 강조 등 다양한 역할을 합니다. 예를 들어, 의문사 what은 '무엇', '무슨', '~것' 등으로 해석되며, 질문을 하거나 의문 내용을 전달할 때 쓰입니다. 따라서 'What color do you like?'는 '너는 (①)을(를) 좋아하니?'라는 의미입니다. 또한, 또한 what은 감탄문을 구성하며 '정말 ~하다'라는 의미로 쓰입니다. 그러므로 'What a nice day!'는 '(②)'(이)라고 해석할 수 있습니다.

78 관계부사: where, when, why, how

관계부사 where, when, why, how가 이끄는 절은 앞에 나온 명사(선행사)를 수식하는 형용사절로 쓰이며, 각각 장소(where), 시간(when), 이유(why), 방법(how)을 나타냅니다. 예를 들어, '나는 내 형이 요리사로 일하는 식당에 간다.'라는 뜻을 지닌 문장은 'I go to the restaurant (①) my older brother is a cook.'이라고 표현되며, 여기서 (②)은(는) 'at which'로 바꿀 수 있습니다. 또한, '그것이 바로 내가 너에게 전화한 이유이다.'라는 뜻을 지닌 문장은 'It is the very reason (③) I called you.'라고 표현되며, 여기서 why는 'for which'로 변환 가능합니다.

79 관계대명사 vs. 관계부사

관계대명사와 관계부사 모두 형용사절을 이끌지만, 관계절 안에서의 역할은 다릅니다. 관계절 안에서 관계대명사는 주어, 목적어, 보어 역할을 하고, 관계부사는 장소, 시간, 이유, 방법 등을 나타내며 부사 역할을 합니다. 따라서 관계대명사 뒤에는 (①) 절이 오며, 관계부사 뒤에는 (②) 절이 옵니다. 예를 들어, '나는 내가 공부했던 카페를 좋아한다.'라는 의미는 'I like the cafe (③) I studied at.' 또는 'I like the cafe (④) I studied.'와 같이 표현할 수 있습니다.

80 관계부사: where의 다양한 선행사

관계부사 where는 반드시 물리적인 장소를 나타내는 명사뿐 아니라, 상황이나 상태처럼 추상적인 개념을 나타내는 명사도 선행사로 취할 수 있습니다. 예를 들어, '이것은 손을 사용하지 않고 추는 춤의 한 스타일이다.'라는 뜻을 지닌 문장은 "It's a style of dancing where we don't use our hands."라고 표현되며, 여기서 where는 장소와 관련이 없는 선행사 (①)을(를) 수식합니다. 또한, '약이 효과가 없는 경우가 많다.'라는 뜻을 지닌 문장은 "There are many cases where medicine doesn't work."라고 표현되며, 여기서 where는 장소와 관련이 없는 선행사 (②)을(를) 수식합니다.

81 복합관계사: 개념과 형태

복합관계사는 관계대명사 또는 관계부사에 -ever가 붙은 형태로, 복합관계대명사와 복합관계부사가 있습니다. 복합관계대명사에는 '(①)(누가 ~하든지, 누가 ~하더라도), whichever(무엇이든 ~하는 것, 무엇을 ~하더라도), whatever(무엇이든 ~하는 것, 무엇을 ~하더라도), whosever(누구의 것이든 ~하는, 누구의 ~이든 상관없이)' 등이 있으며, 명사절 또는 부사절을 이끕니다. 복합관계부사에는 '(②)(언제 ~하더라도), wherever(어디 ~하더라도), however(어떻게 ~하더라도, 아무리 ~하더라도)'가 있으며, 주로 부사절을 이끌지만 드물게 명사절을 이끌기도 합니다.

82 복합관계사: 복합관계대명사

복합관계대명사에는 'whoever(누가 ~하든지, 누가 ~하더라도), whichever(무엇이든 ~하는 것, 무엇을 ~하더라도), whatever(무엇이든 ~하는 것, 무엇을 ~하더라도)' 등이 있으며, 이들이 이끄는 절은 (①)절 또는 (②)절을 이끌 수 있습니다. 또한, 복합관계대명사는 관계대명사처럼 뒷부분에 (③)한 절이 옵니다. 문맥에 따라 'anyone who', 'anything that/which' 또는 'no matter who/which/what' 등의 형태로 바꾸어 표현할 수 있습니다.

83 복합관계사: 복합관계부사

복합관계부사에는 'whenever(언제 ~하더라도), wherever(어디 ~하더라도), however(어떻게 ~하더라도, 아무리 ~하더라도)'가 있으며, 주로 (①)절을 이끌지만 드물게 명사절을 이끌기도 합니다. 또한, 복합관계부사는 관계부사처럼 뒷부분에 (②)한 절이 오며, 문맥에 따라 'no matter when/where/how' 또는 'any time that', 'any place that', 'any way that'과 같은 형태로 바꿀 수 있습니다.

정답

67 that(또는 which) ② that(또는 who) 68 주격 관계대명사 69 whose ② of 70 that ② which ③ 부가적인 ④ 필수적인
72 what ③ that ④ that 73 의문사 ③ 이유 74 관계대명사 ⑤ 관계부사 75 동격의 ② 정당성 76 형용사 ② 자격, 수단
77 수단 ② 사실 ③ 정말 알지 못하고 78 where ② where ③ why 79 불완전한 ③ that(또는 which) ④ where
80 a style (또는 a style of dancing) ② (many) cases 81 whoever ② whenever 82 양사 ③ 부사 83 부사절 ② 완전

CHAPTER 14

분사

동사를 활용해 의미를 압축하는 표현 기법

분사는 동사에서 파생된 형태로, 형용사처럼 명사를 꾸미는 수식어 역할을 할 수 있습니다. 또한 분사구문을 활용하면 복잡한 문장을 간결하게 표현할 수 있으며, 독립 분사구문과 완료 분사구문까지 익히면 보다 다양한 문장 구성이 가능해집니다.

UNIT 084 분사: 개념과 형태

UNIT 085 분사: 분사구의 후치 수식

UNIT 086 후치 수식의 다양한 활용

UNIT 087 with 부대 상황

UNIT 088 분사구문: 개념과 형태

UNIT 089 분사구문: 독립 분사구문

UNIT 090 분사구문: 완료 분사구문

UNIT 091 분사구문: 부정과 생략

UNIT 092 분사 vs. 분사구문

UNIT 093 -ed의 활용 총정리

UNIT 094 -ing의 활용 총정리

동사와 형용사의 성질을 지닌 단어

분사: 개념과 형태

분사는 동사에서 파생된 형태로, 현재분사(-ing)와 과거분사(-ed, 불규칙 변화형)가 있습니다.

> **해수쌤의 필수 CHECK** 현재분사는 능동·진행, 과거분사는 수동·완료의 의미를 가지며, 같은 동사에서 파생되었더라도 분사에 따라 의미가 완전히 달라집니다. 표를 통해 현재분사와 과거분사의 형태와 의미 차이를 비교해 보세요!

핵심 개념 TABLE

구분	현재분사	과거분사
형태	동사+ing	동사+ed *단, 불규칙한 형태도 많음 (예: broken, gone, fallen, made 등)
뜻	~하는(능동), ~하고 있는(진행)	~된(수동, 완료)
예시	interest**ing** 흥미를 주는 surpris**ing** 놀라운 disappoint**ing** 실망시키는 shock**ing** 충격적인	interest**ed** 흥미를 느끼는 surpris**ed** 놀란 disappoint**ed** 실망한 shock**ed** 충격받은
쓰임	1. 형용사적 쓰임(명사 수식, 보어) 2. 동사적 쓰임(진행 시제, 수동태, 완료 시제의 일부)	

분사의 쓰임	1. 형용사적 쓰임 (명사를 수식하거나 보어로 쓰임)	명사 수식	1)	I know the **dancing** boy. : 나는 춤추고 있는 그 소년을 안다. → 현재분사(dancing)가 명사(boy)를 **형용사**처럼 수식함.
			2)	The **stolen** phone was expensive. : 도난당한 전화기는 비쌌다. → 과거분사(stolen)가 명사(phone)를 **형용사**처럼 수식함.
			3)	I met a boy **waiting for his friend**. : 나는 친구를 기다리고 있는 그 소년을 만났다. → 현재분사(waiting)가 이끄는 구가 명사(boy)를 **형용사**처럼 수식함.

		4)	Look at the leaves **fallen on the ground**. : 땅에 떨어진 잎사귀들을 보아라. → 과거분사(fallen)가 이끄는 구가 명사(leaves)를 **형용사**처럼 수식함.
	보어 역할	1)	The news sounds **shocking**. : 그 뉴스는 충격적으로 들린다. → 현재분사(shocking)가 **형용사**처럼 주어(news)를 보충 설명하는 주격 보어 역할을 함.
		2)	She got the car **fixed** yesterday. : 그녀는 어제 차를 수리했다. → 과거분사(fixed)가 **형용사**처럼 목적어(car)를 보충 설명하는 목적격 보어 역할을 함.
2. 동사적 쓰임 (동사의 일부로 쓰임)	진행 시제 구성	1)	He is **studying** English. : 그는 영어를 공부하고 있다. → 현재분사(studying)가 진행 시제(be동사+현재분사)를 구성하며 **동사**의 일부로 쓰임.
	수동태 구성	2)	All seats were **taken**. : 모든 좌석이 다 차 있었다. → 과거분사(taken)가 수동태(be동사+과거분사)를 구성하며 **동사**의 일부로 쓰임.
	완료 시제 구성	3)	They have **cleaned** the room. : 그들은 방을 청소했다. → 과거분사(cleaned)가 현재완료 시제(have+과거분사)를 구성하며 **동사**의 일부로 쓰임.

문법 PLUS

▶ 분사는 동사에서 파생된 형태로, 형용사와 동사의 특징을 모두 지닙니다.

▶ 현재분사(-ing)는 능동(~하는)과 진행(~하고 있는)의 의미를 가지며, 과거분사(주로 -ed)는 수동(~된)의 의미를 가집니다.

▶ 수식하는 명사와의 관계에 따라 현재분사와 과거분사 중 적절한 형태를 선택해야 합니다.

  예1 | **disappointing** score 실망시키는 점수
    : '점수'는 실망을 주는 주체(능동)이므로 현재분사를 씀.

  예2 | **disappointed** student 실망한 학생
    : '학생'은 실망을 느낀 대상(수동)이므로 과거분사를 씀.

▶ 과거분사는 단순히 ~ed 형태로 끝나지 않는 불규칙 형태도 많으므로 다양한 형태를 익혀 두어야 합니다. (p.312~314 '과거·과거분사의 불규칙 변화표' 참고)

  예 | **broken** 부서진(break의 과거분사) **gone** 가버린(go의 과거분사) **fallen** 떨어진(fall의 과거분사) **made** 만들어진(make의 과거분사)

해수쌤의 점검 QUIZ

정답 및 해설 p. 40

A. 빈칸에 들어갈 우리말을 바르게 짝지은 것을 고르시오. (   )

> 분사는 동사에서 파생된 형태로, ⓐ 와 형용사의 특징을 동시에 지닙니다. disappointing, surprising과 같은 단어는 ⓑ 분사에 해당하며, 능동적인 의미나 진행 중인 동작을 나타내고 명사를 수식하거나 (be동사와 함께) 진행 시제를 구성합니다. disappointed, surprised와 같은 단어는 ⓒ 분사에 해당하며, 수동적인 의미나 완료된 상태를 나타내고 명사를 수식하거나 (be동사와 함께) 수동태 또는 (have와 함께) 완료 시제를 구성합니다.

	ⓐ	ⓑ	ⓒ
①	동사	과거	현재
②	동사	현재	과거
③	형용사	과거	현재
④	형용사	현재	과거

B. 괄호 안에 주어진 단어를 활용하여 빈칸을 완성하시오.

(1) We watched the _____ sun. (rise)
    우리는 떠오르는 태양을 보았다.

(2) The _____ team shook hands with the winning team. (defeat)
    패배한 팀이 승리한 팀과 악수했다.

(3) The _____ water overflowed. (boil)
    끓는 물이 넘쳐흘렀다.

(4) She was _____ as a leader of our community. (choose)
    그녀는 우리 지역사회의 지도자로 선출되었다.

**해수쌤의
문법 정리
TIPS**

현재분사와 과거분사의 형태와 의미 차이를 이해하는 것이 중요합니다. 핵심 개념 TABLE을 보며 두 분사의 차이를 비교해 보고, 주어진 예문을 옮겨 적어 보세요. 예문 속에 쓰인 현재분사와 과거분사를 표시하고, 각 문장을 해석하면서 분사가 문장에서 어떤 의미로 쓰였는지 메모해 두세요.

과거 · 과거분사의 불규칙 변화표

★-★-★ 형태의 불규칙 변화

	원형	과거형	과거분사형	뜻
1	hit	hit	hit	때리다
2	let	let	let	~하게 하다, 허락하다
3	put	put	put	놓다
4	set	set	set	놓다, 설정하다
5	burst	burst	burst	터지다

	원형	과거형	과거분사형	뜻
6	quit	quit	quit	그만두다
7	shut	shut	shut	닫다
8	cut	cut	cut	자르다
9	hurt	hurt	hurt	다치게 하다, 아프다
10	cost	cost	cost	비용이 들다

★-♡-★ 형태의 불규칙 변화

	원형	과거형	과거분사형	뜻
11	come	came	come	오다
12	become	became	become	~가 되다

	원형	과거형	과거분사형	뜻
13	overcome	overcame	overcome	극복하다
14	run	ran	run	달리다

★-♡-♡ 형태의 불규칙 변화

	원형	과거형	과거분사형	뜻
15	mean	meant	meant	의미하다
16	meet	met	met	만나다
17	pay	paid	paid	지불하다

	원형	과거형	과거분사형	뜻
27	feel	felt	felt	느끼다
28	sleep	slept	slept	자다
29	fight	fought	fought	싸우다

#	원형	과거형	과거분사형	뜻	#	원형	과거형	과거분사형	뜻
18	send	sent	sent	보내다	30	buy	bought	bought	사다
19	sit	sat	sat	앉다	31	bring	brought	brought	가져오다
20	hang	hung	hung	매달다	32	teach	taught	taught	가르치다
21	have	had	had	가지다	33	think	thought	thought	생각하다
22	hear	heard	heard	듣다	34	feed	fed	fed	먹이다
23	hold	held	held	잡다	35	lead	led	led	이끌다
24	keep	kept	kept	유지하다	36	understand	understood	understood	이해하다
25	win	won	won	이기다	37	read	read [ri:d]	read [red]	read [red] 읽다
26	stand	stood	stood	일어서다	38	build	built	built	짓다

★-♡-♣ 형태의 불규칙 변화

#	원형	과거형	과거분사형	뜻	#	원형	과거형	과거분사형	뜻
39	rise	rose	risen [rizn]	오르다, 일어나다	59	begin	began	begun	시작하다
40	drink	drank	drunk	마시다	60	choose	chose	chosen	선택하다
41	ride	rode	ridden [ridn]	타다	61	know	knew	known	알다
42	hide	hid	hidden	숨다	62	fall	fell	fallen	떨어지다
43	eat	ate	eaten	먹다	63	give	gave	given	주다
44	steal	stole	stolen	훔치다	64	forgive	forgave	forgiven	용서하다
45	speak	spoke	spoken	말하다	65	get	got	gotten (영국식: got)	얻다
46	tear [ter] *참고) 눈물 tear [tir]	tore	torn	찢다	66	forget	forgot	forgotten	잊다
					67	draw	drew	drawn	그리다
47	wear	wore	worn	입다	68	fly	flew	flown	날다
48	write	wrote	written	쓰다	69	wake	woke	woken	잠이 깨다
49	arise	arose	arisen	발생하다	70	go	went	gone	가다

50	awake	awoke	awoken	깨어나다	71	sing	sang	sung	노래하다
51	bite	bit	bitten	물다	72	sink	sank	sunk	가라앉다
52	break	broke	broken	깨다, 부수다	73	spring	sprang	sprung	솟아오르다
53	blow	blew	blown	불다	74	swim	swam	swum	수영하다
54	freeze	froze	frozen	얼다	75	swear	swore	sworn	맹세하다
55	mistake	mistook	mistaken	실수하다	76	throw	threw	thrown	던지다
56	shake	shook	shaken	흔들다	77	weave	wove	woven	짜다, 엮다
57	lie	lay	lain	눕다 *참고) '거짓말하다'라는 뜻일 때는 'lie→lied→lied' 형태로 변화함.	78	withdraw	withdrew	withdrawn	철회하다, 인출하다
					79	foresee	foresaw	foreseen	예견하다
58	show	showed	shown (영국식: showed)	보여주다	80	forbid	forbade	forbidden	금지하다

UNIT 085 분사: 분사구의 후치 수식

다른 단어와 함께 명사 뒤에서 수식하는 분사구

중요도 ★★★★☆
난이도 ★★★☆☆

분사 후치 수식은 분사가 다른 단어와 함께 명사를 꾸밀 때 명사 뒤에 위치하여 수식하는 것을 말합니다.

해수쌤의 필수 CHECK 전치 수식과 후치 수식에서 분사가 어떻게 쓰이는지 예문을 통해 비교해 보세요!

핵심 개념 TABLE

전치 수식	분사가 단독으로 명사 수식할 때	예1)	I heard a **surprising** story. 　　　　　분사　　명사 : 나는 놀라운 이야기를 들었다.
		예2)	The **stolen** phone was expensive. 　　　분사　　명사 : 도난당한 전화기는 비쌌다.
후치 수식	분사가 다른 단어들과 함께 명사 수식	예1)	I met a boy **waiting for his friend**. 　　　　　명사　　　분사 덩어리 : 나는 친구를 기다리고 있는 소년을 만났다.
		예2)	Look at the leaves **fallen on the ground**. 　　　　　　명사　　　분사 덩어리 : 땅에 떨어진 잎사귀들을 보아라.

➕ 문법 PLUS

▶ '후치 수식'은 수식어가 **뒤에서 앞의 말을 꾸미는 것**이며, 반대 개념인 '전치 수식'은 수식어가 앞에서 뒤의 말을 꾸미는 것입니다.

▶ 분사가 단독으로 명사를 수식할 경우, 명사를 전치 수식(앞에서 수식)합니다. 하지만 **분사가 다른 단어와 함께 분사구를 이루면 명사를 후치 수식(뒤에서 수식)**합니다.
　예1 | a **crying** baby 우는 아기: 분사(crying)가 단독으로 명사(baby)를 꾸미므로 전치 수식
　예2 | a baby **crying loudly** 큰 소리로 우는 아기: 분사구(crying loudly)가 명사(baby)를 꾸미므로 후치 수식

▶ 단, 분사나 형용사가 구를 이루지 않고 **단독으로 쓰이는 경우에도, 문맥상 자연스럽게 명사를 설명할 수 있다면 후치 수식이 가능**합니다. 특히, 일부 분사나 형용사는 관용적으로 후치 수식 형태로 많이 사용되며, 주로 다음과 같은 표현에서 자주 나타납니다.

1. 관용적으로 후치 수식하는 형용사

예 | the best solution **possible** 가능한 최고의 해결책   better option **available** 이용 가능한 더 나은 선택
every difficulty **imaginable** 상상할 수 있는 모든 어려움   all the people **present** 출석한 모든 사람들
the students **concerned** 관련된 학생들   the people **involved** 관련된 사람들   the measures **taken** 취해진 조치
the president **elect** 당선된 대통령

2. 문맥상 어떤 행동을 당했는지(수동 의미)가 명확하게 드러나 분사 단독 후치 수식이 가능한 경우

예 | the data **collected** 수집된 자료   the money **saved** 절약된 돈   the results **obtained** 얻어진 결과
the answers **given** 주어진 답변   the man **arrested** 체포된 남자   the students **selected** 선발된 학생들
the patient **treated** 치료받은 환자   the documents **submitted** 제출된 서류
the changes **expected** 예상된 변화   the bacterium **tested** 검사된 박테리아

▶ 후치 수식은 '주격 관계대명사(that/who/which)+be동사'가 포함된 관계대명사절로 바꿀 수 있습니다. 이를 활용하면 현재분사와 과거분사 중 어떤 것이 적절한지 쉽게 구분할 수 있습니다. ('UNIT 108. 주격 관계대명사와 be동사의 생략' 참고)

예1 | a baby crying loudly → a baby **who is** crying loudly 큰 소리로 울고 있는 아기
예2 | a chair broken by the wind → a chair **that was** broken by the wind 바람에 의해 부서진 의자

해수쌤의 점검 QUIZ

정답 및 해설 p. 41

A. 다음 중 제시된 표현이 들어가기 가장 적절한 위치를 고르시오.

(1) | reading a book | (   )

I know (①) the boy (②) is waiting (③) for you (④).
나는 책을 읽고 있는 소년이 너를 기다리고 있다는 것을 알고 있어.

(2) | smiling | (   )

The (①) boy (②) is reading (③) a book (④) on investment.
웃고 있는 그 소년은 투자에 관한 책을 읽는 중이다.

B. 제시된 영단어를 알맞은 순서로 배열하여 문장을 완성하시오.

(1) (sleeping on the bed / the baby / so peaceful / looks)
→ _____
침대에서 자고 있는 아기는 매우 평화로워 보인다.

(2) (drink / fresh fruits / I'd like to / some juice / made from)
→ _____
나는 신선한 과일로 만들어진 주스를 마시고 싶다.

해수쌤의 문법 정리 TIPS

'분사가 단독'으로 명사를 수식할 때는 명사 앞에 위치하며(전치 수식), '분사구'일 때는 명사 뒤에 위치한다(후치 수식)는 점을 이해하는 것이 중요합니다. 핵심 개념 TABLE에 제시된 예문을 옮겨 적고, 수식을 받는 명사와 이를 꾸미는 분사 또는 분사구를 표시해 보세요. 또한, 분사와 분사구가 문장에서 어디에 위치했는지도 함께 메모해 두세요.

명사를 뒤에서 수식하는 다양한 형태

후치 수식의 다양한 활용

중요도 ★★★★☆
난이도 ★★★☆☆

일반적으로 명사는 앞에서 수식을 받지만, 전치사구나 형용사(구), 분사구, to부정사, 관계절 등의 특정 표현은 명사를 뒤에서 꾸밉니다.

✓ **해수쌤의 필수 CHECK** 어떤 경우에 후치 수식이 사용되는지 예문을 통해 확인해 보세요!

핵심 개념 TABLE

1. 전치사구의 후치 수식
→ '전치사+명사'가 명사를 뒤에서 꾸밈.

예1)	The car **in the park** is expensive. 공원 안에 있는 그 차는 비싸다.
예2)	She is a friend **of mine**. 그녀는 나의 친구이다.

2. some/any/no+one/thing/body 형태의 명사 뒤 수식
→ 'someone, something, somebody, anyone, anything, anybody, no one, nothing, nobody'와 같은 명사는 형용사가 뒤에서 꾸밈.

예)	some**thing** useful 유용한 무언가, some**one** interesting 흥미로운 누군가

3. 관용적으로 후치 수식하는 형용사
→ possible, available, imaginable는 특정 표현에서는 관용적으로 명사 뒤에 위치함.

예)	the best solution **possible** 가능한 최고의 해결책, better option **available** 이용 가능한 더 나은 선택, every difficulty **imaginable** 상상할 수 있는 모든 어려움, all the people **present** 출석한 모든 사람들, the students **concerned** 관련된 학생들, the people **involved** 관련된 사람들, the measures **taken** 취해진 조치, the president **elect** 당선된 대통령 등

4. 형용사구의 후치 수식
→ '형용사+전치사구' 등으로 이루어진 형용사구는 명사를 뒤에서 꾸밈.

예1)	He is a writer **famous for his books**. 그는 그의 책으로 유명한 작가이다.
예2)	I visited a city **rich in history**. 나는 역사가 풍부한 도시를 방문했다.

5. '분사구'의 후치 수식

→ 현재분사(-ing) 또는 과거분사(p.p.)로 시작하는 구는 명사를 뒤에서 꾸밈.

예1)	I met a boy **waiting for his friend**. 나는 친구를 기다리고 있는 소년을 만났다.
예2)	Look at the leaves **fallen on the ground**. 땅에 떨어진 잎사귀들을 보아라.

6. 'to부정사'의 후치 수식

→ to부정사가 형용사처럼 쓰여 '~할, ~하기 위한'과 같은 의미일 때는 명사를 뒤에서 꾸밈.

예1)	Give me some books **to read**. 나에게 읽을 책을 좀 주세요.
예2)	I need a room **to sleep in**. 나는 잘 수 있는 방이 필요하다.
예3)	I found a bench **to sit on**. 나는 앉을 벤치를 하나 찾았다.

7. '관계절'의 후치 수식

→ 관계대명사(who, that 등)나 관계부사(where, when 등)가 이끄는 절은 명사를 뒤에서 꾸밈.

예1)	I saw a girl **(who/that was)** playing the piano. 나는 피아노를 치고 있는 소녀를 보았다.
예2)	The boy **(that)** you met yesterday is my younger brother. 네가 어제 만난 그 소년은 내 동생이다.
예3)	I know a teacher **who speaks French well**. 나는 프랑스어를 잘하는 한 선생님을 안다.
예4)	I lived in the town **where you were born**. 나는 네가 태어난 그 마을에 살았다.

✚ 문법 PLUS

▸ 명사는 보통 앞에서 수식을 받지만, 특정 구조에서는 뒤에서 꾸며지기도 합니다. 이를 **후치 수식**이라 하며, **전치사구, 형용사(구), 분사구, to부정사, 관계절** 등이 사용됩니다.

▸ 관계절이 후치 수식으로 쓰일 때, '주격 관계대명사+be동사'가 생략되면 남은 형용사구, 전치사구, 분사구 등이 전치 수식합니다. ('UNIT 108. 주격 관계대명사와 be동사의 생략' 참고)

　예 1 | I know the writer **(that is)** famous for his novels. 나는 소설로 유명한 작가를 안다.
　　　→ I know the writer **famous for his novels**(형용사구).
　예 2 | He has a friend **(who is)** from Canada. 그는 캐나다 출신의 친구가 있다.
　　　→ He has a friend **from Canada**(전치사구).

▸ 관계절이 후치 수식으로 쓰일 때, '목적격 관계대명사'가 생략되면 '주어+동사+~' 형태의 절이 전치 수식합니다.
　('UNIT 106. 관계대명사 that의 생략' 참고)

예 | I know the writer **(that) you like**. 나는 네가 좋아하는 그 작가를 안다.
→ I know the writer **you like**(주어+동사).

해수쌤의 점검 QUIZ

정답 및 해설 p. 41

A. 다음 문장에서 예시처럼 명사를 후치 수식하는 표현을 소괄호( )로 묶으시오.

> 예) The dog (in the park) is playing with a ball.

(1) Do you have something to say?
(2) The people living upstairs are kind.
(3) The letter written by my friend is very touching.
(4) I want to buy the cup my favorite artist designed.

B. 다음 영어 문장을 우리말로 바르게 해석하시오.

(1) I ate all the food left on the table.
→ _____

(2) The bag you bought last year is too heavy.
→ _____

해수쌤의 문법 Q&A

Q 'I know the girl who is tall(나는 키가 큰 그 소녀를 안다).'이라는 문장에서 'who is'를 생략해도 되나요?

A 아닙니다. 형용사 하나만으로는 명사를 후치 수식하는 것이 자연스럽지 않기 때문에, who is를 생략하면 'I know the girl tall. **(X)**'처럼 어색한 문장이 됩니다. 하지만 'I know the girl who is taller than me(나는 나보다 키가 큰 그 소녀를 안다).'처럼 수식어가 여러 단어로 이루어진 경우에는 who is를 생략해 'I know the girl taller than me.'라고 말할 수 있습니다.

해수쌤의 문법 정리 TIPS

후치 수식이 일어난 문장의 구조를 파악하고, 자연스럽게 해석하는 연습이 중요합니다. 제시된 예문을 모두 기록하고, 반복해서 해석 연습을 하세요. 후치 수식 예문을 자주 접하면 문장 구조를 빠르게 파악하는 능력이 향상됩니다.

UNIT 087

with를 통해 주절과 동시에 일어나는 상황 표현하기

with 부대 상황

with 부대 상황은 'with+명사+분사/형용사(구)/전치사(구)' 형태로 쓰이며, 명사의 상태나 주절과 동시에 일어나는 부가적인 상황을 표현할 때 사용됩니다.

✓ **해수쌤의 필수 CHECK** 분사를 선택할 때, 명사가 스스로 어떤 동작을 하는 중이라면 현재분사(능동·진행), 외부의 영향을 받아 어떤 상태에 놓인 경우라면 과거분사(수동·완료)를 사용한다는 점을 기억하세요!

핵심 개념 TABLE

해석	~가 …을 한 채로
형태	with+명사+분사/형용사(구)/전치사(구)

예문		
	1)	I ran with **my dog** [following / ~~followed~~] me. : 나는 강아지가 따라오고 있는 채로 뛰었다. → 강아지는 외부의 힘 없이 스스로(능동) 따라오는 동작을 하고 있으므로 현재분사(following) 사용.
	2)	I ran with **my arms** [~~crossing~~ / crossed]. : 나는 팔을 엇갈리게 한 채로 달렸다. → 팔이 스스로 교차하는 것이 아니라, 내가 팔을 교차시켰거나 외부의 힘에 의해(수동) 이미 교차된 상태이므로 과거분사(crossed) 사용.
	3)	I ran with **my radio** [~~turning~~ / turned] on. : 나는 라디오를 켠 채로 달렸다. → 라디오가 스스로 켜진 것이 아니라, 외부의 힘에 의해(수동) 이미 켜진 상태이므로 과거분사(turned) 사용.

⊕ 문법 PLUS

▶ '부대(附帶)'는 주된 것에 덧붙여 함께 존재한다는 뜻입니다. 따라서 with 부대 상황은 **명사의 상태나 주절과 동시에 일어나는 부가적인 상황을 표현할 때 사용**됩니다.

▶ with 부대 상황의 형태는 'with+명사+분사/형용사(구)/전치사(구)'이며, 명사 자리에는 대명사도 올 수 있습니다. 이때 with는 전치사이므로, **대명사가 올 경우 반드시 목적격**을 사용해야 합니다.

예 | He sat quietly with **her** crying next to him. 그는 그녀가 옆에서 울고 있는 상태로 조용히 앉아 있었다.
  → with 뒤에는 her처럼 목적격 대명사만 올 수 있음. (주격 대명사 she 불가)

▶ 현재분사는 능동·진행의 의미를, 과거분사는 수동·완료의 의미를 나타냅니다. 따라서 **with** 부대 상황에서 분사의 형태에 따라 의미가 다음과 같이 달라집니다.

1. **with**+목적어+현재분사: 목적어가 ~한 채로/~하면서 (능동, 진행)
2. **with**+목적어+과거분사: 목적어가 ~된 채로 (수동, 완료)

예1 | She slept with **the baby crying**. 아기가 울고 있는 상태로 그녀가 잠들었다.
  : '아기'는 우는 주체이므로 현재분사(능동) 사용

예2 | She slept with **the baby covered** with a blanket. 그녀는 아기가 담요에 덮인 채로 잤다.
  : '아기'는 덮여 있는 대상이므로 과거분사(수동) 사용

▶ 목적어 뒤에 형용사(구)와 전치사(구)가 오는 예문은 다음과 같습니다.

예1 | He spoke with his voice **calm(형용사)**. 그는 목소리를 차분하게 한 채로 말했다.
예2 | He stood with his hands **in his pockets(전치사구)**. 그는 손을 주머니에 넣은 채로 서 있었다.

해수쌤의 점검 QUIZ

정답 및 해설 p. 42

A. 다음 중 밑줄 친 부분이 옳지 않은 것을 고르시오. (   )

① I left the room with the TV on.
② I can't concentrate with her standing so close to me.
③ He couldn't close his suitcase with the zipper broken.
④ She slept in the train with her head faced the window.

B. 괄호에 알맞은 단어에 동그라미 치시오.

(1) The table setting looked tidy with the napkin (folding / folded) neatly.
(2) He apologized for his words with the tears (rolling / rolled) down his cheeks.
(3) She watched the sunrise with her hands (holding / held) the coffee cup.

해수쌤의 문법 Q&A

Q with 부대 상황에서 현재분사와 과거분사 중 무엇을 써야 할지 헷갈려요.

A 'with+명사(목적어)+분사' 구조에서 분사를 선택할 때 그 명사가 동작의 주체인지, 영향을 받는 대상인지를 생각해 보세요. 헷갈릴 땐 목적어를 주어로, 분사를 동사로 바꿔서 문장을 만들어보면 도움이 됩니다. 문장이 자연스럽다면 현재분사(~ing), 어색하다면 과거분사(p.p.)를 쓰면 됩니다. 예를 들어, 'She slept with the baby [crying/cried].'라는 문장에서, 명사 'the baby'를 주어, 'crying/cried'를 동사라고 생각하면 'The baby cries(아기가 운다)'는 자연스러우므로 crying이 적절합니다. 반면, 'She slept with the baby [covering/covered] with a blanket.'이라는 문장에서 명사 'the baby'를 주어, 'covering/covered'를 동사라고 생각하면 '*The baby covers with a blanket(*아기가 담요로 ~을 덮는다). **(X)**'라는 어색한 문장이 됩니다. 즉, 'cover'는 타동사인데 목적어가 없고, 의미상으로도 아기가 담요를 덮는 것이 아니라 덮여 있는 상태이므로 과거분사 covered가 적절합니다.

해수쌤의 문법 정리 TIPS

with 부대 상황의 해석과 형태를 이해하는 것이 중요합니다. 특히, 분사를 사용할 때 명사와의 관계에 따라 능동·진행이면 현재분사, 수동·완료면 과거분사를 써야 한다는 점을 기억하세요. 핵심 개념 TABLE에 제시된 예문을 기록하며, 왜 현재분사나 과거분사가 사용되었는지 그 이유를 파악하고 메모해 두세요.

UNIT 088 분사를 활용한 간결한 문장 구성법

분사구문: 개념과 형태

중요도 ★★★★★
난이도 ★★★★★

분사구문은 부사절에서 접속사와 주어를 생략하고 동사를 분사 형태로 바꾼 구조로, 문장을 더 간결하게 만듭니다. 주로 시간, 이유, 조건, 양보 등의 의미를 전달할 때 사용됩니다.

> **해수쌤의 필수 CHECK** 분사구문의 정확한 해석을 위해서는 생략된 주어와 동사를 유추할 수 있어야 합니다. 많은 분사구문을 직접 해석하며 자연스럽게 익혀 보세요!

핵심 개념 TABLE

분사구문을 만들기 위한 3단계 변형 과정	step 1	(문맥상 의미가 분명하면) **접속사 생략**
	step 2	(주절과 종속절의 주어가 같으면) 종속절의 **주어 생략**
	step 3	(주절과 종속절의 시제가 같으면) 종속절의 **동사를 −ing 형태로 바꾸기**

예1)	원래 문장	She felt excited while she listened to the song. : 그녀는 그 노래를 듣는 동안 신이 났다.

	변형 과정	She felt excited ~~while~~ ~~she~~ ~~listened~~ ➡ listening to the song.
		       step1 step2 step3
		       ↳접속사 생략 ↳주어 생략 ↳ −ing 형태로 바꾸기

	분사구문	She felt excited, listening to the song.
예2)	원래 문장	As he was left alone, he cried. : 혼자 남겨졌기 때문에 그는 울었다.
	변형 과정	~~As~~ ~~he~~ ~~was~~ ➡ being left alone, he cried. step1 step2 step3 ↳접속사 생략 ↳주어 생략 ↳ −ing 형태로 바꾸기
	분사구문	(Being) left alone, he cried. ↳생략 가능 = Left alone, he cried.

예3)	원래 문장	Because she was unhappy with the job, she decided to quit. : 그녀는 그 일이 마음에 들지 않았기 때문에, 그만두기로 결심했다.
	변형 과정	~~Because~~　　~~she~~　　~~was~~ ➡ being unhappy with the job, she decided to quit. 　step1　　　step2　　　step3 　　↳접속사 생략　↳주어 생략　↳-ing 형태로 바꾸기
	분사구문	(Being) unhappy with the job, she decided to quit. 　　↳생략 가능 = Unhappy with the job, she decided to quit.

➕ 문법 PLUS

▶ **분사구문**은 부사절을 현재분사 또는 과거분사로 시작하는 부사구로 바꾸어 간결하게 표현한 것입니다. 또한, '시간, 이유, 조건, 양보' 등의 의미를 나타냅니다.

▶ 접속사가 이끄는 절을 분사구문으로 바꾸기 위해서는 다음과 같은 단계를 따릅니다.
　1. 문맥상 의미가 분명하다면 접속사 생략
　2. 주절과 주어가 같다면 종속절의 주어 생략
　3. 주절과 시제가 같다면 종속절의 동사를 -ing 형태(분사)로 바꾸기

▶ 부사절에서 '때'나 '동시 동작'을 나타내는 접속사기 생략되어 만들어진 분사구문이 많습니다. 따라서 분사구문은 '~하면서(while, as)', '~할 때(when, as)', '그리고 나서 ~하다(and then)'의 의미로 자주 해석됩니다.

▶ 분사구문을 만들 때 생략될 수 있는 접속사와 예문은 다음과 같습니다.
　1. 때를 나타내는 접속사: **when, as**(~할 때) 등
　예 | **When** I was walking in the park, I met my friend. 공원에서 걷고 있을 **때**, 나는 친구를 만났다.
　　　→ **Walking** in the park, I met my friend.
　2. 동시 동작을 나타내는 접속사: **while, as**(~하면서, ~하는 동안) 등
　예 | **While** she was talking on the phone, she cooked dinner. 전화**하면서**, 그녀는 저녁을 요리했다.
　　　→ **Talking** on the phone, she cooked dinner.
　3. 연속 동작을 나타내는 접속사: **and then**(그리고 나서), **after**(~한 후에) 등
　예 | **After** he finished his homework, he went out to play. 숙제를 끝낸 **후** 그는 놀러 나갔다.
　　　→ **Finishing** his homework, he went out to play.
　4. 원인·이유를 나타내는 접속사: **because, since, as**(~때문에, ~이므로) 등
　예 | **Because** she felt tired, she went to bed early. 피곤했기 **때문에**, 그녀는 일찍 잠자리에 들었다.
　　　→ **Feeling** tired, she went to bed early.

▶ 조건을 나타내는 if절(만약 ~라면)은 분사구문으로 바꿀 수는 있지만, 문맥상 의미 유추가 어렵고, 오해의 여지가 있으므로 실제로는 잘 쓰이지 않습니다.

예 | **If** you work hard, you will achieve your goals. 열심히 일**하면**, 너는 목표를 달성할 것이다.
  → **Working** hard, you will achieve your goals.

▶ 진행형(be동사+~ing)이 포함된 문장을 분사구문으로 바꿀 때는 be동사를 생략하고 현재분사(-ing)만 남깁니다.

예 | While I **was making** a cake, I asked him for help. 케이크를 만들면서, 나는 그에게 도움을 요청했다.
  → **Making** a cake, I asked him for help.
  : be동사 was를 생략하고 현재분사 making만 남김

▶ 분사구문이 'Being'으로 시작될 경우, 보통 생략이 가능합니다. ('UNIT 91. 분사구문: 부정과 생략' 참고)

예 | **Being** left alone, he cried. 혼자 남겨졌기 때문에 그는 울었다.
  → Left alone, he cried.

▶ 따라서 수동태 문장은 분사구문으로 바꾸면 '과거분사(p.p.)'로 시작될 수 있습니다.

예 | Because he **was invited** to the party, he was excited. 파티에 초대되어서, 그는 신이 났다.
  → **Being** invited to the party, he was excited.
  → **Invited** to the party, he was excited.

해수쌤의 점검 QUIZ

정답 및 해설 p. 42

A. 밑줄 친 부분을 분사구문으로 바꾸시오.

(1) I read a novel <u>as I think about the historical context</u>.
  → I read a novel _____.

(2) <u>Since I was busy with work</u>, I couldn't help you.
  → _____, I couldn't help you.

B. 다음 영어 문장을 우리말로 바르게 해석하시오.

(1) She couldn't sleep, worried about her sick child.
  → _____

(2) Looking at the sky, he smiled with happiness.
  → _____

해수쌤의 문법 Q&A

Q 분사구문 앞에는 항상 쉼표(,)를 써야 하나요?

A 분사구문의 위치와 문장에서의 역할에 따라 쉼표 사용 여부가 달라집니다. 문장 앞이나 중간에 오는 부사적 분사구문은 보통 쉼표로 구분하는 것이 일반적입니다. 예를 들어, 'Having finished his homework, he went out to play(숙제를 끝마친 후, 그는 밖에 나가 놀았다).'처럼 문장 앞에 오는 경우나 'He, eating a sandwich, watched TV(그는 샌드위치를 먹으며 TV를 봤다).'처럼 문장 중간에 오는 경우 쉼표를 사용하는 것이 자연스럽습니다. 반면, 분사구문이 문장 끝에 위치할 때는 문맥상 자연스럽게 이어지면 쉼표 없이 써도 되고, 의미를 더 명확히 하고 싶을 경우, 쉼표를 써도 됩니다. 예를 들어, 'He sat on the bench reading a book(그는 벤치에 앉아 책을 읽고 있었다).'과 같은 경우에는 쉼표를 쓰지 않아도 되고, 써도 괜찮습니다.

해수쌤의 문법 정리 TIPS

접속사가 포함된 절을 분사구문으로 바꾸는 방법을 익히고, 예문을 통해 형태에 익숙해지는 것이 중요합니다. 핵심 개념 TABLE에 정리된 '분사구문을 만들기 위한 3단계 변형 과정'을 기록하며 이해한 뒤, 제시된 문장을 직접 분사구문으로 바꾸는 연습을 해보세요. 익숙해지면 문법 PLUS에 있는 예문도 반복해서 읽고 해석해 보며, 분사구문의 형태와 의미를 자연스럽게 익혀 보세요.

주절과 종속절의 주어가 다른 분사구문

분사구문: 독립 분사구문

중요도 ★★★☆☆
난이도 ★★★★★

독립 분사구문은 주절과 분사구문의 주어가 다를 때, 분사 앞에 주어를 명시하여 의미를 명확히 하는 구문입니다.

✅ **해수쌤의 필수 CHECK** 독립 분사구문은 분사 앞에 주어가 함께 쓰이기 때문에 구조가 복잡하게 느껴질 수 있습니다. 예문을 반복해서 접하며 독립 분사구문의 형태와 의미를 자연스럽게 익혀 보세요!

핵심 개념 TABLE

독립 분사구문을 만들기 위한 3단계 변형 과정	step 1	(문맥상 의미가 분명하면) **접속사 생략**
	step 2	주절과 종속절의 주어가 같으면 종속절의 주어를 생략하지만, **'주절의 주어 ≠ 분사구문의 의미상 주어(종속절의 주어)'인 경우**, 종속절의 **주어를 생략하지 않음** → **'독립 분사구문'**
	step 3	(주절과 종속절의 시제가 같으면) 종속절의 **동사를 –ing 형태로 바꾸기**

예1)	원래 문장	As **it** was rainy yesterday, **I** couldn't go to the park. : 어제 비가 왔기 때문에, 나는 공원에 갈 수 없었다. → 주절의 주어('I')와 종속절의 주어(it)가 다름
	변형 과정	<u>As</u>　<u>it</u>　　　　　<u>was</u> → being rainy yesterday, I couldn't go to the park. **step1　step2** (it ≠ I)　　**step3** └접속사 생략　└주어 **생략 안 함**　└–ing 형태로 바꾸기
	분사구문	It being rainy yesterday, I couldn't go to the park.

예2)	원래 문장	**The room** felt cold because **the windows** were open. : 창문이 열려 있어서 방이 차가웠다. → 주절의 주어(The room)와 종속절의 주어(the windows)가 다름
	변형 과정	The room felt cold <s>because</s>　　**the windows**　　　<s>were</s> → being open. 　　　　　　　　　　**step1**　　**step2**(room ≠ windows)　　**step3** 　　　　　　　접속사 생략 ↵　　　└주어 **생략 안 함**　　　└–ing 형태로 바꾸기
	분사구문	The room felt cold, the windows being open.

예(3)	원래 문장	If **the weather** permits, **the event** will be held outdoors. : 만약 날씨가 허락한다면, 행사는 야외에서 열릴 것이다. → 주절의 주어(the event)와 종속절의 주어(the weather)가 다름
	변형 과정	~~If~~ **the weather** ~~permits~~ → permitting, the event will be held outdoors. step1 step2(weather ≠ event) step3 ↳접속사 생략 ↳주어 **생략 안 함** ↳–ing 형태로 바꾸기
	분사구문	Weather permitting, the event will be held outdoors.

✚ 문법 PLUS

▶ 일반적으로 접속사가 이끄는 절을 분사구문으로 바꾸려면, 문맥상 의미를 유추할 수 있는 접속사를 생략한 후, 주절과 같은 종속절의 주어도 생략하고, 주절과 시제가 같으면 종속절의 동사를 –ing 형태로 바꿉니다.

▶ 하지만 주절과 종속절의 주어가 다를 경우, 주어를 생략하면 의미 유추가 어려우므로 그대로 남겨야 합니다.
이렇게 **종속절의 주어가 남아 있는 분사구문을 '독립 분사구문'**이라고 합니다.

예 | Since **there** was a lot of noise, **I** couldn't sleep. 소음이 많았기 때문에 나는 잘 수 없었다.
→ **There** being a lot of noise, **I** couldn't sleep.
: 주절의 주어('I')와 분사구문의 의미상 주어(There)가 다르므로 생략 불가

▶ '**비인칭(impersonal) 독립 분사구문**'은 **일반적인 사람(화자, 독자 등)을 의미하는 주어를 따로 명시하지 않고, 관용적으로 굳어진 분사 표현**을 말합니다. 이때 주어는 일반인을 의미하므로 생략되며, 말하는 방식이나 판단, 조건 등을 덧붙이는 표현으로 자주 쓰입니다.

예 | When **we** generally speak, **fast food** is cheaper than healthy food.
우리가 일반적으로 말할 때, 패스트푸드는 건강식보다 더 저렴하다.
→ **We** generally speaking, **fast food** is cheaper than healthy food. (X)
→ **Generally speaking**(비인칭 독립 분사구문), **fast food** is cheaper than healthy food. (O)
: 주절의 주어(fast food)와 분사구문의 의미상 주어(we)가 다르므로 원칙적으로는 주어를 생략하지 않아야 하지만, 비인칭 분사구문에서는 'we'를 일반적인 사람을 뜻하는 관용적 표현으로 보고 생략해야 함.

▶ 다음과 같이 **관용적으로 자주 쓰이는 비인칭 독립 분사구문**들을 암기해두면 유용하게 활용할 수 있습니다.

예 | **generally speaking** 일반적으로 말해서   **roughly speaking** 대략적으로 말해서
frankly speaking 솔직히 말해서   **strictly speaking** 엄격히 말해서   **simply put** 간단히 말해서
supposing/assuming~ ~라고 가정하면   **considering~** ~을 고려해 볼 때   **given (that)~** ~을 고려하면
concerning/regarding~ ~에 관하여   **including~** ~을 포함하여   **depending on~** ~에 따라서
judging from~ ~로 판단해 보면   **based on~** ~에 근거해서   **compared to/with~** ~와 비교하면
granted/granting that~ 가령 ~이라 하더라도/~을 인정하더라도/~을 감안하더라도
talking/speaking of~ ~에 대해 말하자면   **seeing that~** ~인 것으로 보아
providing/provided that~ ~라는 조건하에   **taking ~ into consideration** ~을 고려할 때

해수쌤의 점검 QUIZ

정답 및 해설 p. 43

A. 밑줄 친 부분을 분사구문으로 바꾸시오.

(1) <u>When the sun disappeared</u>, the room became dark.
→ _____, the room became dark.

(2) <u>Since my friend was late</u>, I waited at the bus stop.
→ _____, I waited at the bus stop.

B. 다음 영어 문장을 우리말로 바르게 해석하시오.

(1) There being no hot water, we had to take cold showers.
→ _____

(2) Her parents arriving home, she turned off the TV.
→ _____

해수쌤의 문법 정리 TIPS

주어가 남아 있는 독립 분사구문의 구조를 쉽게 파악하고 해석할 수 있도록, 다양한 예문을 접하는 것이 중요합니다. 특히 Step 2에 집중하며, 독립 분사구문을 만들기 위한 변형 과정 3단계를 이해해 보세요. 그다음 핵심 개념 TABLE에 제시된 예문을 옮겨 적고, 단계에 따라 스스로 바꿔 본 뒤 반복해서 읽으며 구조에 익숙해지세요. 충분히 익숙해진 후에는, 문법 PLUS에 나온 비인칭 독립 분사구문 표현들도 함께 암기해 보세요.

090

주절과 종속절의 시제가 다른 분사구문

분사구문: 완료 분사구문

중요도 ★★★★☆
난이도 ★★★★★

완료 분사구문은 'having+과거분사' 형태로, 주절의 동사보다 먼저 일어난 일을 표현할 때 사용됩니다.

> ✓ **해수쌤의 필수 CHECK** 문맥에서 시간의 선후 관계가 분명할 때는 완료 분사구문을 사용하지만, 시제 차이가 뚜렷하지 않거나 굳이 구분할 필요가 없는 경우에는 단순 분사구문으로도 충분히 표현할 수 있으므로, 의미에 따라 적절히 선택하세요!

핵심 개념 TABLE

완료 분사구문을 만들기 위한 3단계 변형 과정	step 1	(문맥상 의미가 분명하면) **접속사 생략**
	step 2	(주절과 종속절의 주어가 같으면) 종속절의 **주어 생략**
	step 3	주절과 종속절의 시제가 같으면 종속절의 동사를 –ing 형태로 바꾸지만, **'주절의 시제 ≠ 종속절의 시제'**인 경우(종속절의 시제가 앞서는 경우), 종속절의 동사를 **'having+과거분사(p.p.)'** 형태로 바꾸기 ➡ **'완료 분사구문'**

예(1)	원래 문장	After he **had finished** the work, he **played** a board game. 　　　　　　대과거　　　　　　　　과거 : 그는 일을 끝낸 후에 보드게임을 했다. → 주절의 시제(played: 과거)와 종속절의 시제(had finished: 대과거)가 다름
	변형 과정	~~After~~　　~~he~~　　~~had finished~~ ➡ **having finished** the work, he **played** a board game. **step1**　**step2**　　　**step3**(주절의 시제 ≠ 종속절의 시제) └접속사 생략　└주어 생략　└동사를 'having+과거분사(p.p.)' 형태로 바꾸기
	분사구문	Having finished the work, he played a board game.
예(2)	원래 문장	She **avoids** him because she **heard** the rumors. 　　　　현재　　　　　　　　　과거 : 그녀는 소문을 들었기 때문에 그를 피한다. → 주절의 시제(avoids: 현재)와 종속절의 시제(heard: 과거)가 다름
	변형 과정	She **avoids** him ~~because~~　~~she~~　　~~heard~~ ➡ **having heard** the rumors. 　　　　　　　　**step1**　**step2**　**step3**(주절의 시제 ≠ 종속절의 시제) 　　　　　　접속사 생략┘　주어 생략┘　└동사를 'having+과거분사(p.p.)' 형태로 바꾸기
	분사구문	She avoids him, having heard the rumors.

문법 PLUS

- 일반적으로 접속사가 이끄는 절을 분사구문으로 바꾸려면, 의미상 유추할 수 있는 접속사를 생략한 후, 주절과 같은 종속절의 주어도 생략하고, 주절과 시제가 같으면 종속절의 동사를 -ing 형태로 바꿉니다.
- 하지만 주절과 종속절의 시제가 다른 경우(종속절의 시제가 주절보다 앞서는 경우), 시간적인 순서를 명확하게 표현하기 위해서 동사를 'having+과거분사(p.p.)' 형태로 바꾸기도 합니다. 이렇게 **분사구문에서 동작이 주절보다 먼저 일어날 때 'having+과거분사(p.p.)'를 활용하는 것을 '완료 분사구문'**이라고 합니다.
- 완료 분사구문에서는 시간적인 순서가 명확하게 드러나기 때문에 '연속 동작(생략되는 접속사: and then, after)'이나 '원인·이유(생략되는 접속사: because, since, as)'의 의미로 자주 쓰입니다.

  예1 | <u>After</u> she <u>had read</u> the book, she <u>wrote</u> a review. 책을 읽은 **후**, 그녀는 리뷰를 썼다.
  → **Having read** the book, she **wrote** a review.

  예2 | <u>Since</u> she <u>had missed</u> the train, she <u>arrived</u> late. 기차를 놓쳤기 **때문에**, 그녀는 늦게 도착했다.
  → **Having missed** the train, she **arrived** late.

- 주절보다 먼저 일어난 종속절의 동작을 표현할 때, **시간적 순서를 분명히 하고자 하면 'having+과거분사(완료 분사구문)'를 사용**합니다. 단, **문맥상 선후 관계가 명확하다면 현재분사(~ing)만으로도 충분**한 경우가 많습니다.

  예1 | **Missing** the train, she arrived late. 기차를 놓쳤기 때문에 그녀는 늦게 도착했다.
  : 문맥상 '기차를 놓친 후 늦게 도착한 것'이 분명하므로, 'having missed' 대신 'missing'을 써도 의미가 명확함.

  예2 | **Hearing** the alarm, he jumped out of bed. 알람 소리를 듣고 그는 침대에서 벌떡 일어났다.
  : 문맥상 '알람 소리를 들은 후 벌떡 일어난 것'이 분명하므로, 'having heard' 대신 'hearing'을 써도 의미가 명확함.

- 분사구문에서 맨 앞에 오는 'Being'뿐만 아니라 'Having been'도 생략 가능합니다. ('UNIT 91. 분사구문: 부정과 생략' 참고)

  예 | <u>Because</u> she <u>was</u> **betrayed** by him, she **avoids** him. 그녀는 그에게 배신당했기 때문에 그를 피한다.
  → ~~Having been~~ **betrayed** by him, she avoids him.
  → **Betrayed** by him, she avoids him.

해수쌤의 점검 QUIZ

정답 및 해설 p. 43

A. 밑줄 친 부분을 분사구문으로 바꾸시오.

(1) After I had taken yoga classes, I became more flexible.
→ _____, I became more flexible.

(2) She feels fine now because she rested at home.
→ She feels fine now, _____.

B. 다음 중 더 과거에 일어난 일에 ✓표시하시오.

(1)	Having passed the exam, I felt proud of myself.	시험에 통과함	
		자신감을 가짐	
(2)	I have a phobia of cycling now, having fallen off my bike before.	자전거 타기를 두려워함	
		자전거에서 떨어짐	

해수쌤의 문법 정리 TIPS

완료 분사구문의 형태와 사용 이유를 이해하는 것이 중요합니다. Step 3에 주목하며, '완료 분사구문을 만들기 위한 변형 과정 3단계'를 기록하고 익혀 보세요. 예문을 옮겨 적은 뒤, 단계에 따라 스스로 완료 분사구문으로 바꾸는 연습을 해보세요. 그런 다음 문장을 반복해서 읽으며 자연스럽게 구조에 익숙해지세요.

부정어의 사용과 being, having been의 생략

분사구문: 부정과 생략

분사구문의 부정은 분사 앞에 not 또는 never를 붙여서 표현합니다. 또한, 분사구문에 쓰인 'being'이나 'having been'은 문맥상 의미가 분명할 경우 생략될 수 있습니다.

✅ **해수쌤의 필수 CHECK** 분사구문에서 생략이 일어나면 구조가 복잡하게 느껴질 수 있으므로, 반복적으로 예문을 보며 구조와 의미에 익숙해지세요!

핵심 개념 TABLE

분사구문에서의 부정: 분사 앞에 not 또는 never를 붙임.		
예1)	원래 문장	Since I **didn't** know her, I didn't say anything. : 나는 그녀를 몰랐기 때문에, 나는 아무 말도 하지 않았다.
	변형 과정	~~Since~~ ~~I~~ ~~didn't know~~ ➡ **not** knowing her, I didn't say anything. **step1** **step2** **step3** ↳접속사 생략 ↳주어 생략 ↳동사에 ing 붙이기, 앞에 부정어 not
	분사구문	**Not** knowing her, I didn't say anything.
예2)	원래 문장	As I had **never** tried to dance, I was so nervous. : 나는 춤을 춰본 적이 없었기 때문에, 매우 긴장했다.
	변형 과정	~~As~~ ~~I~~ ~~had never tried~~ ➡ **never** having tried to dance, I was so nervous. **step1** **step2** **step3**(주절의 시제 ≠ 종속절의 시제) ↳접속사 ↳주어 ↳동사를 'having+과거분사(p.p.)' 형태로 바꾸기, 생략 생략 앞에 부정어 never
	분사구문	**Never** having tried to dance, I was so nervous.
분사구문에서의 생략: 'being' 또는 'having been'은 문맥상 의미가 명확한 경우, 생략 가능함.		
예1)	원래 문장	As I was left alone, I cried. : 내가 혼자 남겨졌기 때문에, 나는 울었다.
	변형 과정	~~As~~ ~~I~~ ~~was~~ ➡ **being** left alone, I cried. **step1** **step2** **step3** ↳접속사 생략 ↳주어 생략 ↳동사에 **ing** 붙이기

예(2)	분사구문	**(Being)** left alone, I cried. 　　↳생략 가능 = Left alone, I cried.
	원래 문장	Since I was unhappy with the result, I cried. : 내가 그 결과에 만족하지 않았기 때문에, 나는 울었다.
	변형 과정	~~Since~~　　　　↓　　~~was~~ ➡ being unhappy with the result, I cried. **step1**　　　**step2**　　　**step3** 　↳접속사 생략　↳주어 생략　↳동사에 ing 붙이기
	분사구문	**(Being)** unhappy with the result, I cried. 　　↳생략 가능 = Unhappy with the result, I cried.
예(3)	원래 문장	As I was born in China, I can speak Chinese. : 나는 중국에서 태어났기 때문에, 중국어를 할 수 있다.
	변형 과정	~~As~~　　　　↓　　~~was~~ ➡ having been born in China, I can speak Chinese. **step1**　　　**step2**　　**step3**(주절의 시제 ≠ 종속절의 시제) 　↳접속사 생략　↳주어 생략　↳동사를 'having+과거분사(p.p.)' 형태로 바꾸기
	분사구문	**(Having been)** born in China, I can speak Chinese. 　　　↳생략 가능 = Born in China, I can speak Chinese.

➕ 문법 PLUS

▸ 분사구문에서 부정어(not, never)는 분사 앞에 위치해야 하며, 'never(절대 ~않다)'는 'not(~않다)'보다 강한 부정을 의미합니다.

▸ 분사구문에서 'Being'과 'Having been'은 문맥상 의미가 명확한 경우에 생략 가능합니다.

　예1 | As the house was built in 1980, it is quite old. 1980년에 그 집이 지어졌기 때문에, 그것은 꽤 오래되었다.
　　　= ~~Being~~ built in 1980, the house is quite old.
　　　= **Built** in 1980, the house is quite old.

　예2 | As the clothes had been washed and dried, they smelled fresh. 옷이 세탁되고 건조되었기 때문에, 상쾌한 냄새가 났다.
　　　= ~~Having been~~ washed and dried, the clothes smelled fresh.
　　　= **Washed and dried**, the clothes smelled fresh.

▸ 'having+과거분사(p.p.)'가 포함된 분사구문에서는 부정어를 일반적으로 having 앞에 두지만, 드물게 having 뒤에 쓰는 경우도 있습니다.

　예1 | **Never** having tried to dance, I was so nervous. 나는 춤을 춰본 적이 없기 때문에, 매우 긴장했다.
　　　= Having **never** tried to dance, I was so nervous.

예2 | **Not** having eaten breakfast, I was hungry. 아침 식사를 하지 않아서, 나는 배가 고팠다.

= Having **not** eaten breakfast, I was hungry.

해수쌤의 점검 QUIZ

정답 및 해설 p. 44

A. 밑줄 친 부분을 분사구문으로 바꾸시오.

(1) I couldn't buy new clothes <u>since I didn't have enough money</u>.

→ I couldn't buy new clothes, _____.

(2) <u>As I have never drunk coffee</u>, I don't need to buy coffee beans.

→ _____, I don't need to buy coffee beans.

B. 다음 중 분사구문의 생략이 옳지 않은 것을 고르시오. (   )

① ~~Being~~ tired of eating out, I want to cook at home.

→ Tired of eating out, I want to cook at home.

② ~~Having~~ been raised in a rural area, they value nature.

→ Been raised in a rural area, they value nature.

해수쌤의 문법 정리 TIPS

분사구문에서 부정어가 오는 위치와 being, having been이 생략된 문장의 구조를 정확히 이해하는 것이 중요합니다. 부정어가 포함된 분사구문의 예문을 옮겨 적고 직접 해석해 보세요. 또한, 생략이 일어난 분사구문의 예문도 기록한 뒤, 해석과 함께 생략된 단어를 유추하는 연습을 해보세요.

092 분사 vs. 분사구문

'단순 분사'와 '분사를 활용한 구문'

중요도 ★★★★★
난이도 ★★★★☆

분사는 동사에서 파생된 형태로, 형용사처럼 명사를 수식하거나 보어로 쓰이며, 동사구의 일부로 시제나 수동 표현을 만드는 데 쓰입니다. 반면, 분사구문은 부사절을 대신하여 문장 전체를 수식하는 부사구로 쓰입니다.

✓ **해수쌤의 필수 CHECK** 문장에서 현재분사나 과거분사를 만났을 때, 단순히 명사를 꾸미는 분사인지, 아니면 문장 전체를 수식하는 분사구문의 일부인지를 정확히 구분하는 것이 중요합니다. 많은 예문을 접하며 문맥 속에서 자연스럽게 쓰임을 익혀 보세요!

핵심 개념 TABLE

	분사	분사구문
쓰임	1. 형용사적 쓰임(명사 수식, 보어) 2. 동사적 쓰임(진행 시제, 수동태, 완료 시제의 일부)	(접속사가 있는 부사절을 분사를 활용하여 간단히 만든) 부사(구)
해석	– 현재분사: ~하는(능동), ~하고 있는(진행) – 과거분사: ~된(수동, 완료)	~하면서, ~할 때, ~ 때문에 등
예문	1) I heard a **surprising** story. : 나는 놀라운 이야기를 들었다. → 현재분사(surprising)가 명사(story)를 **형용사**처럼 수식함. 2) I had my car **washed**. : 나는 내 차가 세차되도록 했다. → 과거분사(washed)가 **형용사**처럼 목적어(my car)를 보충 설명하는 목적격 보어 역할을 함.	1) **원래 문장**: He studied while he listened to the radio. **변형 과정**: He studied ~~while~~ ~~he~~ ~~listened~~ ➡ listening to the radio. **분사구문**: He studied, **listening to the radio**. : 그는 라디오를 들으면서(듣는 동안) 공부했다. → 현재분사(listening)가 분사구문의 일부로 쓰여, '~하면서'라는 의미로 문장 전체를 수식하는 **부사구**를 구성함.

3)	She is **dancing** on the stage. 　　　└ 진행 시제(be동사+현재분사) : 그녀는 무대에서 춤추고 있다. → 현재분사(dancing)가 진행 시제(be동사+현재분사)를 구성하며 **동사**의 일부로 쓰임.		원래 문장	Because he was left alone, Tom cried.
4)	The window was **broken** by him. 　　　└ 수동태 　　　(be동사+과거분사) : 그 창문은 그에 의해 깨졌다. → 과거분사(broken)가 수동태(be동사+과거분사)를 구성하며 **동사**의 일부로 쓰임.	2)	변형 과정	~~Because~~ ~~he~~ ~~was~~ ➡ being left alone, Tom cried.
5)	They have **lived** in London since 1990.　└ 현재완료 시제 　　　(have+과거분사) : 그들은 1990년부터 런던에서 살아왔다. → 과거분사(lived)가 현재완료 시제(have+과거분사)를 구성하며 **동사**의 일부로 쓰임.		분사 구문	(**Being**) **Left alone**, Tom cried. : Tom은 혼자 남겨졌기 때문에 울었다. → 과거분사(left)가 분사구문의 일부로 쓰여, '~되었기 때문에'라는 의미로 문장 전체를 수식하는 **부사**구를 구성함.

✚ 문법 PLUS

▶ 분사는 동사에서 파생되어 **형용사와 동사의 특징을 모두 지닌 단어**입니다. **분사구문**은 이러한 분사를 활용하여 접속사가 있는 **부사절을 간단하게 만든 부사구**입니다. ('UNIT 84. 분사: 개념과 형태', 'UNIT 88. 분사구문: 개념과 형태' 참고)

▶ '**분사구**'는 분사 또는 분사로 이루어진 구를 포괄적으로 나타낸 표현입니다. '**분사구문**'과는 구분되며, 문장에서 수행하는 역할도 다릅니다.

　예1 | The boy **playing the piano** is my cousin. 피아노를 치고 있는 소년은 내 사촌이다.
　　　: 'playing the piano'는 '**분사구**'로, 명사(boy)를 수식하는 형용사 역할을 함.
　예2 | **Playing the piano**, the boy looked happy. 피아노를 치면서, 그 소년은 행복해 보였다.
　　　: 'Playing the piano'는 '**분사구문**'으로, 문장 전체를 수식하며 '~하면서'라는 의미의 부사 역할을 합니다.

▶ 분사는 일반적으로 **형용사처럼 명사를 수식하거나 보어**로 사용됩니다. 하지만 '진행 시제(be동사+현재분사)', '수동태(be동사+과거분사)', '완료 시제(have+과거분사, had+과거분사)' 등의 문법 구조에서 **동사의 일부**로도 사용됩니다.

▶ 현재분사는 '**~하는(능동)**' 또는 '**~하고 있는(진행)**'의 의미를 가지며, 과거분사는 '**~된(수동, 완료)**'의 의미를 가집니다. 반면, 분사구문은 의미상 중요한 접속사가 생략된 형태이므로, 생략된 접속사에 따라 '**~하면서, ~할 때, ~ 때문에**' 등으로 다양하게 해석됩니다.

해수쌤의 점검 QUIZ

정답 및 해설 p. 45

A. 빈칸에 들어갈 우리말을 바르게 짝지은 것을 고르시오. (　　　)

> ⓐ 는(은) 동사에서 파생된 형태로, 동사와 형용사의 특징을 동시에 지닙니다. 형용사처럼 명사를 수식하거나, 동사의 성질을 유지하여 진행 시제, 완료 시제, 수동태와 같은 문법 구조를 형성하는 데 사용됩니다. 또한, 보어로도 쓰일 수 있습니다. 반면에 ⓑ 는(은) 문장에서 시간(~할 때, ~하면서), 이유(~ 때문에) 등 다양한 의미를 표현하며 문장에서 ⓒ (구)의 역할을 합니다.

	ⓐ	ⓑ	ⓒ
①	분사	분사구문	동사
②	분사	분사구문	부사
③	분사구문	분사	동사
④	분사구문	분사	부사

B. 밑줄 친 부분이 분사(구)인지 분사구문인지 파악하고 ✓표시하시오.

	분사(구)	
(1) I avoided making eye contact, <u>feeling nervous</u>.	분사(구)	
	분사구문	
(2) He is trying to catch the <u>falling</u> leaves.	분사(구)	
	분사구문	
(3) I sold the car <u>used for commuting to work</u>.	분사(구)	
	분사구문	
(4) <u>Surrounded by people</u>, he felt afraid.	분사(구)	
	분사구문	

해수쌤의 문법 정리 TIPS

분사와 분사구문의 차이를 확실히 이해하면, 문장에서 분사의 기능을 정확히 파악하고 해석하는 데 도움이 됩니다.

핵심 개념 TABLE에 제시된 예문을 옮겨 적고, 분사와 분사구문에 해당하는 부분을 표시해 보세요. 각 문장에서 쓰인 분사 또는 분사구문이 어떤 역할을 하는지 메모하고 해석해 보며, 두 개념의 쓰임과 차이를 익혀 보세요.

093

-ed 형태의 여러 가지 활용법

-ed의 활용 총정리

중요도 ★★★★★
난이도 ★★★★☆

-ed는 규칙 동사의 과거형일 뿐만 아니라, 수동태, 완료 시제, 분사 및 분사구문에서도 사용됩니다.

✅ **해수쌤의 필수 CHECK** 예문을 통해 -ed의 쓰임을 정확히 파악하는 것이 중요합니다. 단순히 동사의 과거형이라고 생각하면 문장 구조를 정확히 이해하는 데 어려움을 겪을 수 있으니 유의하세요!

핵심 개념 TABLE

종류	설명		예문
1. 동사의 과거형	– 과거 시제를 나타냄 – 해석: ~했다	1)	He **danced** last night. : 그는 어젯밤 춤을 췄다. → 동사의 **과거형**(danced)이 동작을 나타냄
		2)	I **played** baseball. : 나는 야구를 했다. → 동사의 **과거형**(played)이 동작을 나타냄
2. 수동태 구성	– 'be동사+과거분사' 형태로 사용됨 – 해석: ~되다	1)	The flowers **were picked**. : 그 꽃들은 꺾였다. → 과거분사(picked)가 수동태(be동사+과거분사)를 구성하며 **동사**의 일부로 쓰임
		2)	She **was surprised** by the ghost. : 그녀는 유령에 의해 놀랐다. → 과거분사(surprised)가 수동태(be동사+과거분사)를 구성하며 **동사**의 일부로 쓰임
3. 완료 시제 구성	– 현재완료(have+과거분사), 과거완료(had+과거분사) 등 완료 시제에 사용됨 – 해석: 경험(~해본 적 있다), 계속(~을 해오고 있다), 완료(~을 완료했다), 결과(~해버렸다)	1)	He **has visited** London once. : 그는 런던을 한 번 방문한 적이 있다. → 과거분사(visited)가 현재완료 시제(have+과거분사)를 구성하며 **동사**의 일부로 쓰임
		2)	I **had cleaned** the room before the guests arrived. : 손님들이 도착하기 전에 나는 방을 청소했었다. → 과거분사(cleaned)가 과거완료 시제(had+과거분사)를 구성하며 **동사**의 일부로 쓰임

4. 과거분사의 형용사적 쓰임	명사 수식	− 과거분사가 형용사처럼 명사를 수식함 해석: ~된	1)	He ate the **baked** cookies. : 그는 구워진 쿠키를 먹었다. → 과거분사(baked)가 명사(cookies)를 **형용사**처럼 수식함
			2)	I like the flowers **picked** by the boys. : 나는 소년들에 의해 꺾인 꽃들을 좋아한다. → 과거분사(picked)가 이끄는 구가 명사(flowers)를 **형용사**처럼 수식함
	보어 역할	− 주격 보어나 목적격 보어로 사용됨 − 해석: 문맥에 따라 다양함	1)	The window remained **closed**. : 그 창문은 닫힌 상태로 있었다. → 과거분사(closed)가 **형용사**처럼 주어(window)를 보충 설명하는 주격 보어 역할을 함
			2)	I found the door **locked**. : 나는 문이 잠겨 있는 것을 발견했다. → 과거분사(locked)가 **형용사**처럼 목적어(door)를 보충 설명하는 목적격 보어 역할을 함
5. 분사구문 구성		− 과거분사를 활용하여 접속사가 있는 부사절을 부사구로 간단하게 표현함 − 해석: ~하면서, ~할 때, ~때문에 등(생략된 접속사에 따라 다름)	1)	The ball was lost, **kicked** by the players. : 그 공은 선수들에 의해 차여서 없어졌다. → 과거분사(kicked)가 분사구문의 일부로 쓰여, '~때문에'라는 의미로 문장 전체를 수식하는 **부사구**를 구성함
			2)	**Disappointed** by the news, they cried out. : 그들은 그 소식에 실망하여 소리쳐 울었다. → 과거분사(disappointed)가 분사구문의 일부로 쓰여, '~때문에'라는 의미로 문장 전체를 수식하는 **부사구**를 구성함

➕ 문법 PLUS

▶ 영어에서 '−ed 형태'는 동사의 과거형으로도 쓰이고, 과거분사로서 다양한 문법적 기능을 하기도 합니다.

▶ 과거분사는 동사의 일부로 쓰여 'be동사+과거분사' 형태로 수동태, 'have/has/had+과거분사' 형태로 완료 시제를 구성할 수 있습니다. 또한, 과거분사는 형용사처럼 쓰여 명사를 수식('~된'이라는 의미)하거나 보어로 사용되며, 분사구문(부사구 역할)에도 쓰입니다. ('UNIT 92. 분사 vs. 분사구문' 참고)

▶ 모든 동사의 과거형과 과거분사가 −ed인 것은 아닙니다. 불규칙 동사는 −ed가 아닌 다른 형태로 변화하므로 주의해야 합니다. 불규칙 변화 예시는 다음과 같습니다. (p.312~314 '과거·과거분사의 불규칙 변화표' 참고)

예1 | go 가다(원형): went(과거형) / **gone**(과거분사형)

예2 | come 오다(원형): came(과거형) / **come**(과거분사형)

예3 | give 주다(원형): gave(과거형) / **given**(과거분사형)

해수쌤의 점검 QUIZ

정답 및 해설 p. 45

A. 다음 중 밑줄 친 –ed 형태 단어가 나머지 셋과 다른 쓰임을 가진 것을 고르시오.

( )

① I heard your name called.
② I fixed my car on Monday.
③ I know that you missed the bus.
④ He graduated from college last year.

B. 밑줄 친 부분의 알맞은 우리말 해석을 쓰시오.

(1) I read the letter written in English.
→ 나는 _____ 편지를 읽었다.

(2) He was invited to her birthday party.
→ 그는 그녀의 생일파티에 _____.

(3) Damaged by the storm, the house needed to be repaired.
→ 폭풍에 의해 _____, 그 집은 고쳐질 필요가 있었다.

해수쌤의 문법 정리 TIPS

–ed 형태의 다양한 쓰임을 문맥과 문장 구조에 따라 정확히 이해하는 것이 중요합니다. 주어진 예문을 모두 옮겨 적고 직접 해석해 보세요. 그리고 예문에 포함된 –ed 형태의 단어를 표시하고 해당 단어의 문법적 역할과 의미를 메모하며 정리해 보세요.

UNIT 094 -ing의 활용 총정리

-ing 형태의 여러가지 활용법

-ing는 진행 시제뿐만 아니라 현재분사, 분사구문, 그리고 동명사에서도 사용됩니다.

해수쌤의 필수 CHECK -ing가 문장에서 어떤 문법적 역할과 의미를 갖는지 정확히 파악하는 것이 중요합니다. 같은 '-ing 형태'라도 문맥과 문장 구조에 따라 쓰임이 달라질 수 있으므로, 다양한 예문을 직접 해석하고 분석하면서 익혀 보세요!

핵심 개념 TABLE

종류	설명		예문
1. 진행 시제 구성	- 'be동사+현재분사' 형태로 사용됨 - 해석: ~하는 중이다	1)	He is **dancing**. : 그는 춤추고 있는 중이다. → 현재분사(dancing)가 **진행 시제**(be동사+현재분사)를 구성함
		2)	I was **studying**. : 나는 공부하고 있는 중이었다. → 현재분사(studying)가 **진행 시제**(be동사+현재분사)를 구성함
2. 현재분사의 형용사적 용법	명사 수식	- 현재분사가 형용사처럼 명사를 수식함 - 해석: ~하고 있는, ~하는	1)	We need an **exciting** trip. : 우리는 신나는 여행이 필요하다. → 현재분사(exciting)가 명사(trip)를 **형용사**처럼 수식함
			2)	I know the girl **dancing** on the stage. : 나는 무대에서 춤추고 있는 소녀를 안다. → 현재분사(dancing)가 이끄는 구가 명사(girl)를 **형용사**처럼 수식함
	보어 역할	- 주격 보어나 목적격 보어로 사용됨 - 해석: 문맥에 따라 다양함	1)	The movie was **exciting**. : 그 영화는 흥미로웠다. → 현재분사(exciting)가 **형용사**처럼 주어(movie)를 보충 설명하는 주격 보어 역할을 함
			2)	I saw him **running**. : 나는 그가 뛰고 있는 것을 보았다. → 현재분사(running)가 **형용사**처럼 목적어(him)를 보충 설명하는 목적격 보어 역할을 함

3. 분사구문 구성	– 현재분사를 활용하여 접속사가 있는 부사절을 부사구로 간단하게 표현 – 해석: ~하면서, ~할 때, ~때문에 등 (생략된 접속사에 따라 다름)	1)	She became angry **watching** the news. : 그녀는 뉴스를 보면서(보고) 화가 났다. → 현재분사(watching)가 분사구문의 일부로 쓰여, '~하면서'라는 의미로 문장 전체를 수식하는 **부사구**를 구성함
		2)	He hurt his leg **playing** soccer. : 그는 축구를 하다가 다리를 다쳤다. → 현재분사(playing)가 분사구문의 일부로 쓰여, '~하면서'라는 의미로 문장 전체를 수식하는 **부사구**를 구성함
4. 동명사	– 명사처럼 사용됨 – 해석: ~하는 것, ~하기	1)	I love **cooking**. : 나는 요리하는 것을 좋아한다. → 동명사(cooking)가 목적어 역할을 하는 **명사**로 쓰임
		2)	**Studying** English is fun. : 영어를 공부하는 것은 재미있다. → 동명사(studying)가 주어 역할을 하는 **명사**로 쓰임

➕ 문법 PLUS

▶ 영어에서 '-ing 형태'는 동명사로도 쓰이고, 현재분사로서 다양한 문법적 기능을 하기도 합니다.

▶ 현재분사는 동사의 일부로 쓰여 'be동사+현재분사' 형태로 진행 시제를 만들 수 있습니다. 또한, 형용사처럼 쓰여 '~하는, ~하고 있는'의 의미로 명사를 수식하거나 보어로 사용되며, 문장 전체를 수식하는 분사구문(부사구 역할)을 구성하기도 합니다. ('UNIT 92. 분사 vs. 분사구문' 참고)

▶ 동명사는 명사처럼 사용되며, 문장에서 주어, 목적어, 보어 역할뿐 아니라, 전치사의 목적어로도 자주 쓰입니다. 전치사 뒤에는 명사 역할을 하는 표현이 목적어로 오기 때문에, 동사를 쓸 때 그 의미를 살려 명사처럼 표현하고 싶을 때는 동명사(-ing)를 사용해야 합니다. ('UNIT 44. 전치사' 참고)

예1 | I'm thinking **about getting** a part-time job. (O) 나는 아르바이트하는 것을 고민 중이다.
: 전치사 about 뒤에는 동명사(getting)처럼 명사 역할을 하는 표현이 와야 함.

예2 | I'm thinking **about get** a part-time job. (X)
: 전치사 about 뒤에는 동사원형(get)이 올 수 없음.

해수쌤의 점검 QUIZ

정답 및 해설 p. 46

A. 다음 중 밑줄 친 –ing 형태 단어가 나머지 셋과 다른 쓰임을 가진 것을 고르시오.

( )

① I'm looking for my key.
② Reading books is good for kids.
③ Your key was hanging on a string.
④ Bees are flying around the flowers.

B. 밑줄 친 부분의 알맞은 우리말 해석을 쓰시오.

(1) The crying baby seems to be hungry.
→ 그 _____는 배고픈 것 같다.

(2) She enjoys wearing jeans.
→ 그녀는 _____을 즐긴다.

(3) Losing my wallet, I was out of money.
→ 나는 내 지갑을 _____, 돈이 없었다.

해수쌤의 문법 정리 TIPS

–ing 형태의 다양한 쓰임을 문맥과 문장 구조에 따라 정확히 이해하는 것이 중요합니다. 주어진 예문을 모두 옮겨 적고 직접 해석해 보세요. 그리고 예문에 포함된 –ing 형태의 단어를 표시한 뒤, 해당 단어의 문법적 역할과 의미를 메모하며 정리해 보세요.

해수쌤의 핵심 개념 REVIEW

CHAPTER 14
형용사 및 부사

빈칸을 채워 핵심 개념을 이해했는지 점검하세요.

84 분사: 개념과 형태

분사는 동사에서 파생된 형태로, 현재분사(-ing)와 과거분사(-ed 또는 불규칙 변화형)가 있으며, 형용사적 성질과 동사적 성질을 함께 지닙니다. 현재분사(-ing)는 '(①)'의 의미를 가지며, 과거분사(-ed, 불규칙 변화형)는 '(②)'의 의미를 가집니다. 예를 들어, 동사 disappoint에서 파생된 분사를 활용하면 '실망시키는 점수'라는 뜻을 지닌 표현은 '(③) score'이며, '실망한 학생'이라는 뜻을 지닌 표현은 '(④) student'입니다.

85 분사: 분사구의 후치 수식

분사가 단독으로 명사를 수식할 경우 명사 (①)에서 수식하며, 다른 단어와 함께 구를 이루면 명사 (②)에서 수식합니다. 예를 들어, '놀라운 이야기'라는 뜻을 지닌 표현은 'surprising story'이며, '모두를 놀라게 하는 이야기'라는 뜻을 지닌 표현은 'a story surprising to everyone'입니다.

86 후치 수식의 다양한 활용

후치 수식은 수식어가 명사를 (①)에서 꾸미는 것으로, 주로 '전치사+명사', 형용사(구), 분사구, to부정사, 관계절 등이 사용됩니다. 예를 들어, '공원 안에 있는 차'라는 뜻을 지닌 표현은 'the car (②)'이며, '네가 만난 그 소년'이라는 뜻을 지닌 표현은 'the boy (③)'입니다.

87 with 부대 상황

'with 부대 상황'은 'with+명사+부사/형용사(구)/전치사(구)'의 형태로, 명사의 상태나 주절과 동시에 일어나는 부가적인 상황을 표현할 때 사용됩니다. 목적어와의 관계에 따라 '능동, 진행'의 의미일 경우 (①)분사를, '수동, 완료'의 의미일 경우 (②)분사를 사용해야 합니다. 예를 들어, '아기가 울고 있는 채로'라는 뜻을 지닌 표현은 'with the baby crying'이며, '아기가 담요에 덮인 채로'라는 뜻을 지닌 표현은 'with the baby covered with a blanket'입니다.

88 분사구문: 개념과 형태

분사구문은 부사절을 간결하게 표현하기 위해 동사를 분사 형태로 바꾼 구로, 시간, 이유, 조건, 양보 등의 다양한 의미를 나타냅니다. 분사구문을 만들기 위해서는 문맥상 의미가 분명한 경우 (①)을(를) 생략하고, 주절과 종속절의 주어가 같을 경우 (②)을(를) 생략한 후, 주절과 종속절의 시제가 같다면 동사를 -ing 형태로 바꿉니다.

89 분사구문: 독립 분사구문

독립 분사구문은 주절과 분사구문의 의미상 주어(종속절의 주어)가 다를 때, 의미를 명확하게 하기 위해 분사 앞에 (①)을(를) 명시하여 의미를 명확히 하는 구문입니다. 예를 들어, '창문이 열려 있어서 방이 차가웠다.'라는 문장은 'The room felt cold, (②) being open.'이라고 표현할 수 있습니다.

90 분사구문: 완료 분사구문

완료 분사구문은 주절의 동사보다 먼저 일어난 일을 표현할 때 '(①)' 형태를 사용한 구문을 말합니다. 예를 들어, '그는 일을 끝낸 후에 보드게임을 했다.'라는 문장은 '(②) finished the work, he played a board game.'으로 표현할 수 있습니다. 하지만 시제 차이가 뚜렷하지 않거나 굳이 구분할 필요가 없는 경우에는 단순 분사구문으로도 충분히 표현할 수 있으므로, 굳이 완료 분사구문을 쓰지 않아도 됩니다.

91 분사구문: 부정과 생략

분사구문에서 부정을 표현할 때는 분사의 (①)에 not 또는 never를 붙입니다. 예를 들어, '나는 그녀를 몰랐기 때문에 아무 말도 하지 않았다.'라는 문장은 '(②) knowing her, I didn't say anything.'으로 표현할 수 있습니다. 또한, 분사구문에서 (③)이나 (④)은(는) 문맥상 의미가 분명할 경우 생략될 수 있습니다. 예를 들어, '나는 중국에서 태어났기 때문에, 중국어를 할 수 있다.'라는 문장은 'Having been born in China, I can speak Chinese.'로 표현할 수도 있지만, 'Born in China, I can speak Chinese.'처럼 더 간결하게 쓸 수도 있습니다.

92 분사 vs. 분사구문

(①)는 동사에서 파생된 형태로, 형용사처럼 명사를 수식하거나, 동사구의 일부로 시제(진행 및 완료시제)나 수동 표현을 만드는 데 쓰입니다. 반면에 (②)은(는) 분사를 활용하여 접속사가 있는 부사절을 간단하게 만든 부사구이며, 문장에서 시간(~할 때, 하면서), 이유(때문에) 등 다양한 의미를 표현할 수 있습니다.

93 -ed의 활용 총정리

-ed는 규칙 동사의 과거형일 뿐만 아니라, 수동태, 완료 시제, 분사 및 분사구문에서도 사용됩니다. 예를 들어, '그는 어젯밤 춤을 췄다.'라는 문장은 'He danced last night.'라고 표현되며, 여기서 danced는 동사의 (①)형입니다. 또한, '그녀는 유령에 의해 놀랐다.'라는 문장은 'She was surprised by the ghost.'로 표현되며, 여기서 surprised는 'be동사+과거분사' 형태인 (②)을(를) 구성합니다.

94 -ing의 활용 총정리

-ing는 진행 시제뿐만 아니라 현재분사, 분사구문, 그리고 동명사에서도 사용됩니다. 예를 들어, '나는 공부하고 있는 중이다.'라는 문장은 'I am studying.'으로 표현되며, studying은 'be동사+현재분사' 형태인 (①) 시제를 구성합니다. 또한, '나는 요리하는 것을 좋아한다.'라는 문장은 'I love cooking.'으로 표현되며, 여기서 cooking은 (②)로 사용된 것입니다.

CHAPTER 15

구와 절

문장의 구조를 이해하는 핵심 요소

구와 절의 차이를 이해하면 문장의 구조를 정확하게 분석하고 해석할 수 있습니다.
'구(phrase)'는 주어와 동사가 없는 단위, '절(clause)'은 주어와 동사가 포함된 단위입니다.
이 구분을 명확히 익히고, 부사·명사·형용사 역할을 하는 다양한 구와 절의 쓰임을
함께 익히면 문장 분석과 해석에 큰 도움이 됩니다.

UNIT 095 구와 절
UNIT 096 부사구
UNIT 097 부사절
UNIT 098 명사구
UNIT 099 명사절
UNIT 100 형용사구
UNIT 101 형용사절

구와 절

문장 구성의 기본 단위

중요도 ★★★★☆
난이도 ★★★☆☆

구는 '주어+동사'가 없는 단어 덩어리이며 명사구, 형용사구, 부사구 등으로 나뉩니다. 절은 주어와 동사를 포함한 단어 덩어리로, 단독으로 문장이 될 수 있는 독립절과, 주절과 함께 쓰여야 하는 종속절(명사절, 형용사절, 부사절)로 나뉩니다.

> **해수쌤의 필수 CHECK** 한 문장에는 본동사가 하나이지만, 절이 포함되면 동사가 여러 개처럼 보일 수 있습니다. 그러나 절은 문장에서 하나의 성분(명사, 형용사, 부사) 역할을 하므로 혼동하지 않도록 유의하세요!

핵심 개념 TABLE

구분	단어(word)	구(phrase)	절(clause)	문장(sentence)
정의	의미를 가진 가장 작은 언어 단위	'주어+동사' 없이 두 개 이상의 단어로 구성된 언어 단위	주어와 동사를 포함해 두 개 이상의 단어로 구성된 언어 단위	완전한 의미를 가지는 독립적인 언어 단위
특징	품사에 따라 문장에서 다양한 역할을 함.	문장에서 하나의 성분(명사, 형용사, 부사 등) 역할을 함.	독립절과 종속절이 있으며, 종속절은 문장에서 하나의 성분(명사, 형용사, 부사 등) 역할을 함.	한 개 이상의 독립절로 구성됨.
예	play, soccer	playing soccer	When I play soccer	I play soccer.

	예시 문장		문장 분석
1)	My hobby is playing soccer. : 내 취미는 축구를 하는 것이다.	단어	My, hobby, is, playing, soccer
		구	My hobby(명사구), playing soccer(명사구)
		절	독립절: 문장 전체
2)	The window broken by you is yellow. : 네가 깨뜨린 창문은 노란색이다.	단어	The, window, broken, by, you, is, yellow
		구	The window(명사구), broken by you(분사구)
		절	독립절: The window is yellow, 문장 전체

		단어	I, feel, happy, to, meet, you
3)	I feel happy to meet you. : 나는 너를 만나서 행복하다.	구	to meet you(부사구)
		절	독립절: I feel happy, 문장 전체
		단어	He, is, happy, but, I, am, sad
4)	He is happy but I am sad. : 그는 행복하지만 나는 슬프다.	구	없음
		절	독립절: He is happy, I am sad, 문장 전체
		단어	I, know, who, you, are
5)	I know who you are. : 나는 네가 누구인지 안다.	구	없음
		절	독립절: I know, 문장 전체 종속절: who you are(명사절)
		단어	The, window, that, you, broke, is, yellow
6)	The window that you broke is yellow. : 네가 깨뜨린 창문은 노란색이다.	구	The window(명사구)
		절	독립절: The window is yellow, 문장 전체 종속절: that you broke(형용사절)
		단어	I, feel, happy, when, I, see, you
7)	I feel happy when I see you. : 나는 너를 볼 때 행복하다.	구	없음
		절	독립절: I feel happy, 문장 전체 종속절: when I see you(부사절)

➕ 문법 PLUS

▶ 단어, 구, 절, 문장의 관계를 알면 복잡한 문장의 구조도 정확하게 파악할 수 있습니다.

1. **단어**: 의미를 가진 가장 작은 언어 단위로, 8품사(명사, 대명사, 형용사, 부사, 동사, 전치사, 접속사, 감탄사)로 구분됨. ('UNIT 01. 8품사' 참고)

2. **구**: 두 개 이상의 단어로 구성되며, '주어+동사'가 없음. 문장의 한 부분으로 기능하지만 독립적인 의미를 갖지 않음. ('UNIT 98. 명사구', 'UNIT 100. 형용사구', 'UNIT 96. 부사구' 참고)

3. **절**: 주어와 동사가 포함된 언어 단위임. 문장의 일부로 기능하는 종속절(명사절, 형용사절, 부사절)과 단독으로 문장이 되는 독립절이 있음. ('UNIT 99. 명사절', 'UNIT 101. 형용사절', 'UNIT 97. 부사절' 참고)

4. **문장**: 하나 이상의 절로 이루어져 완전한 의미를 전달하는 언어 단위

해수쌤의 점검 QUIZ

정답 및 해설 p. 46

A. ⓐ~ⓓ에 들어갈 우리말을 바르게 짝지은 것을 고르시오. (   )

> 언어(문법) 단위를 작은 단위부터 차례대로 나열하면 'ⓐ→ⓑ→ⓒ→ⓓ' 순입니다. 'love'와 같이 의미를 가진 가장 작은 언어 단위는 ⓐ이며, 'to love'처럼 '주어+동사' 없이 두 단어 이상이 결합되어 하나의 기능을 하는 언어 단위는 ⓑ입니다. 'I love you'처럼 '주어+동사'를 포함하며 단독으로 문장이 될 수 있는 표현과, 'that I love you'처럼 '주어+동사'는 있지만 단독 문장이 될 수 없는 표현은 모두 ⓒ에 해당합니다. 'I love you so much'와 같이 하나 이상의 절을 포함하고 완전한 의미를 지닌 것은 ⓓ에 해당합니다.

	ⓐ	ⓑ	ⓒ	ⓓ
①	단어	절	구	문장
②	단어	구	절	문장
③	구	단어	절	문장
④	구	절	단어	문장
⑤	절	구	단어	문장

해수쌤의 문법 Q&A

Q 문장과 절은 같은 개념인가요?

A 아닙니다. 문장(sentence)과 절(clause)은 서로 다른 개념입니다. **모든 문장은 하나 이상의 절을 포함하지만, 모든 절이 문장이 되는 것은 아닙니다.** 문장은 완전한 의미를 전달하는 언어 단위이며, 한 개 이상의 절로 구성됩니다. 반면, 절은 '주어+동사'를 포함하는 단어의 묶음으로, 독립절과 종속절로 나뉩니다. 독립절은 단독으로 문장이 될 수 있지만, 종속절은 독립절 없이는 문장이 될 수 없습니다. 예를 들어, 'She likes coffee(그녀는 커피를 좋아한다).'는 독립절로 문장이 되지만, 'Because she likes coffee~(그녀가 커피를 좋아하기 때문에~)'는 종속절이므로 단독으로 문장이 될 수 없습니다.

해수쌤의 문법 정리 TIPS

구와 절은 모두 두 개 이상의 단어로 이루어지지만, 절은 '주어+동사'를 포함한다는 점에서 구와 구별됩니다. 이 차이를 명확히 이해하는 것이 중요합니다. 핵심 개념 TABLE에 제시된 단어, 구, 절, 문장의 정의와 특징, 예시를 옮겨 적으며, 각 구성 단위의 차이를 비교하고 이해해 보세요.

UNIT 096 부사구

하나의 부사처럼 기능하는 구

중요도 ★★★★☆
난이도 ★★★☆☆

부사구는 문장에서 부사의 역할을 하는 구로, 형용사·동사·다른 부사(구, 절) 등을 수식하며 시간, 방법, 이유, 정도 등의 의미를 나타냅니다.

해수쌤의 필수 CHECK 부사구는 '부사+부사, 전치사구, to부정사구, 분사구문' 등 다양한 형태로 구성될 수 있으며, 문장의 앞, 중간, 끝 등 여러 위치에서 자유롭게 쓰일 수 있습니다.

핵심 개념 TABLE

종류			
	1. 부사+부사	예1)	I can run (**very fast**). : 나는 **매우 빠르게** 달릴 수 있다.
		예2)	I can run (**so well**). : 나는 **아주 잘** 달릴 수 있다.
	2. 전치사구	예1)	He is running (**at the park**). : 그는 **공원에서** 달리고 있다.
		예2)	(**In the morning**), I ran (**with my friends**). : **아침에** 나는 **친구들과 함께** 달렸다.
		예3)	I, (**with my friends**), run every morning. : 나는, **친구들과 함께**, 매일 아침에 달린다.
	3. to부정사구	예1)	I'll run (**to meet his friends**). : 나는 **그의 친구들을 만나기 위해** 달릴 것이다.
		예2)	I feel happy (**to see you**). : 나는 **너를 보게 되어** 행복하다.
	4. 분사구문	예1)	I can run (**singing a song**). : 나는 **노래를 부르면서** 달릴 수 있다.
		예2)	(**Being left alone**), he cried. : **혼자 남겨졌기 때문에**, 그는 울었다.

🔖 문법 PLUS

▶ 핵심 개념 TABLE의 예문에서 소괄호로 표시된 부분이 부사구에 해당합니다.

▶ 부사구는 부사처럼 **형용사, 부사, 다른 부사구·부사절 및 문장 전체를 수식하며, 시간, 장소, 방법, 이유, 정도 등의 의미**를 나타냅니다. 또한, '구'이므로 '주어+동사'를 포함하지 않습니다.

▶ 구는 '형태'와 '문장에서의 역할'에 따라 명칭이 달라질 수 있습니다.

예1 | I run **in the school**. 나는 학교 안에서 달린다.

: 'in the school'은 전치사(in)와 명사(the school)로 이루어져 있으므로, '형태'를 기준으로 하면 **전치사구**임. 하지만 장소를 설명하는 부사의 역할을 하므로 '문장에서의 역할'을 기준으로는 **부사구**임.

예2 | I want **to travel the world**. 나는 세계를 여행하고 싶다.

: 'to travel the world'는 to부정사(to+동사원형+목적어)로 이루어져 있으므로, '형태'를 기준으로 하면 **to부정사구**임. 하지만 동사 want의 목적어 역할을 하므로 '문장에서의 역할'을 기준으로는 **명사구**임.

예3 | **Reading books** is fun. 책을 읽는 것은 재미있다.

: 'Reading books'는 동명사(reading)와 목적어(books)로 이루어져 있으므로, '형태'를 기준으로 하면 **동명사구**임. 하지만 문장에서 주어 역할을 하므로 '문장에서의 역할'을 기준으로는 **명사구**임.

예4 | A boy **wearing glasses** came in. 안경을 쓴 소년이 들어왔다.

: 'wearing glasses'는 현재분사(wearing)와 목적어(glasses)로 이루어져 있으므로, '형태'를 기준으로 하면 **분사구**임. 하지만 앞의 명사 'a boy'를 수식하므로 '문장에서의 역할'을 기준으로는 **형용사구**임.

해수쌤의 점검 QUIZ

정답 및 해설 p. 46

A. 다음 문장에서 예시처럼 부사구에 해당하는 부분을 소괄호( )로 묶으시오.

> 예) I miss you (so much).
> 나는 당신을 매우 많이 그리워한다.

(1) Let's take a walk before sunset. 해가 지기 전에 산책하자.
(2) She cut the paper with scissors. 그녀는 가위로 종이를 잘랐다.
(3) Feeling tired, she closed her eyes. 그녀는 피곤해서 눈을 감았다.

B. 다음 중 밑줄 친 부분이 구가 아닌 것을 고르시오. (   )

① There is a bank <u>near my house</u>.
② He put on a jacket <u>feeling very cold</u>.
③ Don't forget to lock the door <u>when you leave</u>.
④ <u>To lose weight</u>, she didn't eat bread yesterday.

해수쌤의 문법 Q&A

Q 'There is a bank near my house.'에서 'near my house'는 전치사 near가 이끄는 구니까 '전치사구'라고 말하면 되나요?

A 네, 맞습니다. 'near my house'는 전치사 near가 명사구 my house를 이끄는 구조이므로, '형태' 기준으로는 **전치사구**라고 할 수 있습니다. 하지만 'There is a bank near my house(내 집 근처에 은행이 있다).'라는 문장에서 'near my house'는 위치를 나타내는 부사의 역할을 하고 있으므로, '문장에서의 역할'을 기준으로는 **부사구**라고 할 수도 있습니다.

해수쌤의 문법 정리 TIPS

다양한 부사구의 형태와 문장에서의 의미 및 역할을 정확히 이해하는 것이 중요합니다. 핵심 개념 TABLE에 제시된 예문을 모두 옮겨 적고, 부사구를 소괄호로 표시해 보세요. 이 과정을 통해 부사구가 문장의 어느 위치에, 어떤 의미로 쓰이는지 감각적으로 익힐 수 있습니다.

하나의 부사처럼 기능하는 절

부사절

부사절은 문장에서 부사처럼 쓰이는 절로, 종속접속사(when, because, if, although 등)나 복합관계사(whoever, whichever, whatever, whenever, wherever, however 등)가 이끌 수 있습니다.

✓ 해수쌤의 필수 CHECK 부사절은 종속절이므로 주절 없이 단독으로 쓸 수 없으며, 문장의 앞, 중간, 끝 등 다양한 위치에 올 수 있다는 점에 유의하세요!

핵심 개념 TABLE

종속접속사가 부사절을 이끄는 경우	
1. 시간을 나타내는 접속사: when(~할 때), after(~한 후에), before(~하기 전에), while(~하는 동안), until(~할 때까지), as soon as(~하자마자)	
예1)	I washed the dishes (**while he was cooking**). 그가 요리하는 동안 나는 설거지를 했다.
예2)	He cried (**as soon as he heard the news**). 그는 그 소식을 듣자마자 울었다.
2. 이유를 나타내는 접속사: because(~때문에), since(~때문에), now that(이제 ~이므로)	
예)	He stayed home (**because he was sick**). 그는 아팠기 때문에 집에 있었다.
3. 조건을 나타내는 접속사: if(만약 ~라면), unless(~하지 않으면), so long as(~하는 한), as long as(~하는 한), once(일단 ~하면)	
예1)	(**If it rains**), we will cancel the picnic. 비가 오면 우리는 소풍을 취소할 것이다.
예2)	You won't succeed (**unless you try**). 노력하지 않으면 성공할 수 없다.
4. 양보를 나타내는 접속사: though, although, even though, even if(비록 ~일지라도)	
예)	(**Though it was raining**), they went hiking. 비가 왔지만 그들은 하이킹을 갔다.
5. 대조를 나타내는 접속사: while, whereas(~인 반면에)	
예1)	He likes coffee, (**while I prefer tea**). 그는 커피를 좋아하는 반면 나는 차를 선호한다.
예2)	She enjoys city life, (**whereas he prefers the countryside**). 그녀는 도시 생활을 좋아하는 반면, 그는 시골을 선호한다.
6. 목적을 나타내는 접속사: so that(~하기 위해), in order that(~하기 위해)	
예1)	He studied hard (**so that he could pass the test**). 그는 시험에 합격하기 위해 열심히 공부했다.

| 예2) | She worked overtime (**in order that she might earn more money**). 그녀는 더 많은 돈을 벌기 위해 늦게까지 일했다. |

7. 그 외의 접속사: as if, as though(마치 ~인 것처럼), in case(~한 경우를 대비하여)

| 예1) | He talks (**as if he knew everything**). 그는 마치 모든 것을 아는 것처럼 말한다. |
| 예2) | Take your umbrella (**in case it rains**). 비가 올 경우를 대비해 우산을 챙겨라. |

복합관계사가 부사절을 이끄는 경우

1. 복합관계대명사: whoever(누가 ~하더라도 상관없이), whichever(무엇을 ~하더라도 상관없이), whatever(~하는 무엇이든, 무엇을 ~하더라도 상관없이) 등

예1)	I love you, (**whoever you are**). 네가 누구이더라도 나는 널 사랑한다.
예2)	(**Whichever they choose**), I will support them. 그들이 무엇을 선택하더라도 상관없이 나는 그들을 지지할 것이다.
예3)	He always does his best (**whatever he learns**). 그는 무엇을 배우더라도 항상 최선을 다한다.

2. 복합관계부사: whenever(~할 땐 언제든, 언제 ~하더라도 상관없이), wherever(~하는 곳은 어디든, 어디를 ~하더라도 상관없이), however(어떻게 ~하든, 아무리 ~하더라도 상관없이)

| 예1) | (**Wherever you go**), I will follow you. 네가 어디를 가든 나는 너를 따라갈게. |
| 예2) | She never praised me (**however hard I worked**). 내가 아무리 열심히 일해도, 그녀는 나를 결코 칭찬하지 않았다. |

➕ 문법 PLUS

▶ 핵심 개념 TABLE의 예문에서 소괄호로 표시된 부분이 부사절에 해당합니다.
▶ 부사절은 부사처럼 형용사, 부사, 다른 부사구·부사절 및 문장 전체를 수식하며, 종속접속사가 부사절을 이끌 때는 시간, 이유, 조건, 양보, 대조, 목적 등의 의미를 나타냅니다. 또한, '절'이므로 주어와 동사를 반드시 포함해야 합니다. ('UNIT 49. 접속사: 종속접속사' 참고)
▶ 부사절은 주로 문장 앞과 끝에 오며, 드물게 중간에 오기도 합니다. 또한, 위치에 따라 쉼표 사용이 달라질 수 있습니다.

예 1 | **When the meeting ends,** we'll go to lunch. 회의가 끝나면, 우리는 점심을 먹으러 갈 것이다.
: 부사절이 문장 앞에 온 경우, 뒤에 쉼표 사용이 일반적임.

예 2 | You will**, if you try hard enough,** succeed. 열심히만 노력한다면, 넌 성공할 수 있어.
: 부사절이 문장 중간에 온 경우, 양쪽에 쉼표 사용이 일반적임.

예 3 | We'll go to lunch**(,) after the meeting ends.** 회의가 끝난 후 우리는 점심을 먹으러 갈 것이다.
: 부사절이 문장 끝에 온 경우, 뒤에 쉼표를 사용해도 되고, 생략해도 무방함.

▶ 종속접속사 if는 부사절뿐만 아니라 명사절을 이끌 수도 있습니다. ('UNIT 99. 명사절' 참고)

예1 | He will be happy (if you come). 만약 네가 온다면 그는 행복할 것이다.
: if(만약 ~라면)가 부사절을 이끎.

예2 | I don't know [if it is true or not]. 나는 그것이 사실인지 아닌지 모르겠다.
: if(~인지 아닌지)가 명사절(목적어 역할)을 이끎.

▶ 복합관계대명사(whoever, whichever, whatever)는 부사절뿐만 아니라 명사절을 이끌 수도 있습니다. 복합관계부사(whenever, wherever, however)도 주로 부사절을 이끌지만, 드물게 명사절을 이끌 수 있습니다. ('UNIT 82. 복합관계사: 복합관계대명사', 'UNIT 83. 복합관계사: 복합관계부사' 참고)

예1 | I love you, (whoever you are). 네가 누구이더라도 나는 널 사랑한다.
→ whoever(복합관계대명사)가 부사절 이끎.

예2 | [Whoever gets the present] will be surprised. 선물을 받는 누구든 놀랄 것이다.
→ whoever(복합관계대명사)가 명사절(주어 역할) 이끎.

해수쌤의 점검 QUIZ

정답 및 해설 p. 47

A. 다음 영어 문장의 우리말 해석이 옳지 않은 것을 고르시오. (   )

① Once it rains, we will stay inside. 일단 비가 오면 우리는 실내에 있을 것이다.
② Unless you hurry, you'll miss the bus. 서두르지 않으면 당신은 버스를 놓칠 것이다.
③ Even though it is expensive, I'm willing to buy it. 비록 그것이 비싸도 나는 기꺼이 살 것이다.
④ I studied hard so that I could become a lawyer. 나는 변호사가 되었기 때문에 열심히 공부했다.

B. 밑줄 친 부분이 부사구인지 부사절인지 파악하고 ✓표시하시오.

(1) Before going to bed, brush your teeth. 잠자리에 들기 전에 이를 닦아라.	부사구	
	부사절	
(2) Don't forget to warm up before you start exercising. 운동을 시작하기 전에 준비운동을 하는 것을 잊지 마라.	부사구	
	부사절	

**해수쌤의
문법 정리
TIPS**

부사절을 이끄는 종속접속사와 복합관계사의 종류와 의미를 익히고, 문장에서의 쓰임을 이해하는 것이 중요합니다. 핵심 개념 TABLE에 제시된 종속접속사와 복합관계사를 모두 기록하고, 예문을 통해 각 부사절이 문장에서 어떤 역할을 하는지 확인해 보세요. 또한, 절의 구조를 정확히 파악하기 위해 종속접속사와 복합관계사 뒤에 오는 주어와 동사를 찾아 메모해 보세요.

UNIT 098 하나의 명사처럼 기능하는 구

명사구

명사구는 두 개 이상의 단어가 만나 문장에서 명사의 역할을 하는 구로, 문장에서 주어, 목적어, 보어로 쓰일 수 있습니다.

> **해수쌤의 필수 CHECK** 'to부정사구, 동명사구, 의문사+to부정사, 명사/대명사+수식어' 등이 명사구가 될 수 있습니다. 문장에서 어떤 단어들이 함께 묶여 하나의 명사 역할을 하는지 파악하며 예문을 분석해 보세요!

핵심 개념 TABLE

종류			
	1. to부정사구	예1)	I like [**to sing a song**]. : 나는 노래 부르는 것을 좋아한다.
		예2)	[**To travel the world**] is my dream. : 전 세계를 여행하는 것이 나의 꿈이다.
	2. 동명사구	예1)	My dream is [**becoming a nurse**]. : 내 꿈은 간호사가 되는 것이다.
		예2)	[**Learning English**] takes time. : 영어를 배우는 것은 시간이 걸린다.
	3. '의문사+to부정사'구	예1)	I don't know [**what to do**]. └→ what to 동사 : 무엇을 ~할지 : 나는 무엇을 해야 할지 모르겠다.
		예2)	Can you tell me [**when to go**]? └→ when to 동사 : 언제 ~할지 : 언제 갈지 나에게 말해줄 수 있니?
		예3)	[**Where to go**] is the big question. └→ where to 동사 : 어디를 ~할지 : 어디로 가야 할지가 큰 의문이다.
		예4)	He explained [**how to solve it**]. └→ how to 동사 : 어떻게 ~할지(~하는 방법) : 그는 그것을 어떻게 해결할지 설명했다.

4. 명사/대명사+수식어	예1)	[**A book about history**] is on the table. : 역사에 관한 책이 테이블 위에 있다.
	예2)	[**The kids playing in the park**] look happy. : 공원에서 노는 아이들은 행복해 보인다.
	예3)	[**A chance to travel abroad**] is valuable. : 해외여행을 할 기회는 소중하다.
	예4)	[**Anyone interested in math**] can join the club. : 수학에 관심 있는 사람은 누구나 클럽에 가입할 수 있다.

➕ 문법 PLUS

▶ 핵심 개념 TABLE의 예문에서 대괄호로 표시된 부분이 명사구에 해당합니다.

▶ 명사구는 명사처럼 주어, 목적어, 보어의 역할을 합니다. 부정사구, 동명사구, '의문사+to부정사'구 등이 명사구에 포함됩니다. 또한, '구'이므로 '주어+동사'를 포함하지 않습니다.

▶ 명사구는 동사의 목적어뿐만 아니라 전치사의 목적어 역할도 할 수 있습니다.

예1 | I am interested in [learning new skills]. 나는 새로운 기술을 배우는 것에 관심이 있다.

예2 | We talked about [where to go for lunch]. 우리는 점심을 어디로 먹으러 갈지에 대해 이야기했다.

▶ 명사적 용법으로 쓰인 to부정사는 '~하는 것', '~하기'라는 의미를 가집니다. ('UNIT 51. to부정사: 개념과 형태' 참고)

▶ '의문사+to부정사'는 명사구로서 문장에서 주어, 목적어, 보어, 그리고 전치사의 목적어 역할을 할 수 있습니다. 하지만 if와 why는 to부정사와 함께 쓸 수 없기 때문에, 'if+to부정사'와 'why+to부정사' 형태는 문법적으로 올바르지 않습니다. ('UNIT 60. 의문사+to부정사' 참고)

해수쌤의 점검 QUIZ

정답 및 해설 p. 47

A. 다음 문장에서 예시처럼 명사구에 해당하는 부분을 대괄호[ ]로 묶으시오.

> 예) I want to know [how to speak French].
> 나는 프랑스어를 어떻게 말하는지(프랑스어를 말하는 방법)를 알고 싶다.

(1) I like to watch movies. 나는 영화를 보는 것을 좋아한다.

(2) Eating sugar is unhealthy. 설탕을 먹는 것은 건강에 좋지 않다.

(3) We have to decide where to go. 우리는 어디를 갈지 결정해야 한다.

B. 괄호에 알맞은 단어에 동그라미 치시오.

(1) He enjoys (play / playing) soccer.
그는 축구하는 것을 즐긴다.

(2) When to plant flowers (depend / depends) on your local climate.
언제 꽃을 심을지는 당신의 지역 기후에 달려 있다.

(3) Taking pictures (is / are) her hobby.
사진 찍는 것은 그녀의 취미이다.

해수쌤의 문법 Q&A

Q 'Eating vegetables is good for health(채소를 먹는 것은 건강에 좋다).'에서 주어 자리에 복수형 명사 vegetables가 있는데, 왜 단수 동사 is를 사용하나요?

A 문장의 주어는 'Eating vegetables' 전체이며, 이는 동명사(Eating)가 이끄는 명사구입니다. 이 명사구는 '채소를 먹는 것'이라는 하나의 행위나 개념을 나타내기 때문에 단수 취급되며, 따라서 동사 is가 사용됩니다. vegetables는 명사구 안에서 동명사의 목적어 역할을 할 뿐, 주어 역할을 하는 것은 아닙니다. 즉, 명사구 안에 복수 명사가 포함되어 있어도, 전체 명사구가 단수 개념을 나타낸다면 동사도 단수형을 사용해야 합니다.

해수쌤의 문법 정리 TIPS

다양한 명사구의 형태와 문장에서의 의미 및 역할을 정확히 이해하는 것이 중요합니다. 핵심 개념 TABLE에 제시된 예문을 모두 기록하고, 대괄호로 명사구를 표시해 보세요. 이 과정에서 명사구가 문장의 필수 성분인 주어, 목적어, 보어로 어떻게 사용되는지 익혀 보세요.

명사절

하나의 명사처럼 기능하는 절

중요도 ★★★★☆
난이도 ★★★★☆

명사절은 두 개 이상의 단어가 만나 문장에서 명사의 역할을 하는 절로, 문장에서 주어, 목적어, 보어로 쓰일 수 있습니다.

해수쌤의 필수 CHECK 명사절은 '관계대명사 what, 접속사 that/if/whether, 의문사+주어+동사, 복합관계대명사(whatever, whichever 등)'로 시작할 수 있습니다. '절'이기 때문에 주어와 동사를 포함한다는 것을 기억하세요!

핵심 개념 TABLE

종류			
	1. 관계대명사 what절	예)	I will buy [**what you need**]. : 나는 네가 필요한 것을 살 것이다.
	2. 접속사 that절	예)	The problem is [**that you are young**]. : 문제는 네가 어리다는 것이다.
	3. 동격의 that절	예)	I know [the fact] [**that you are a spy**]. 명사 명사절 : 나는 네가 스파이라는 사실을 안다.
	4. if, whether절	예1)	I don't know [**if it is true or not**]. : 나는 그것이 사실인지 아닌지 모르겠다.
		예2)	I wonder [**whether you will come or not**]. : 나는 네가 올지 안 올지 궁금하다.
	5. '의문사+주어+동사'절	예1)	I told you [**when I study**]. ↳언제 ~하는지 : 나는 네게 내가 언제 공부하는지 말했다.
		예2)	I told you [**how I study**]. ↳어떻게 ~하는지 : 나는 네게 내가 어떻게 공부하는지 말했다.
	6. 복합관계사절	예1)	You can do [**whatever you want**]. : 너는 네가 원하는 것은 무엇이든 할 수 있다.
		예2)	You can talk to [**who(m)ever you meet**]. : 너는 네가 만나는 누구에게든 말할 수 있다.

➕ 문법 PLUS

- ▶ 핵심 개념 TABLE의 예문에서 대괄호로 표시된 부분이 명사절에 해당합니다.
- ▶ 명사절은 명사처럼 문장에서 **주어, 목적어, 보어의 역할**을 합니다. 관계대명사 what, 접속사 that/if/whether, 의문사+주어+동사, 복합관계사가 명사절을 이끌 수 있습니다. 또한, '절'이므로 주어와 동사를 반드시 포함해야 합니다.
- ▶ 종속접속사 if와 whether는 '~인지 아닌지'라는 같은 뜻을 지니고 있지만, **if가 이끄는 절은 주어 자리에서는 사용하지 못합니다.** ('UNIT 50. 접속사: if와 whether의 차이점' 참고)

  예1 | [If he comes or not] doesn't matter. (X) 그가 오는지 안 오는지는 중요하지 않다.

  예2 | [Whether he comes or not] doesn't matter. (O)
  : if가 이끄는 절은 주어 자리에 쓰일 수 없으므로 If를 Whether로 고쳐야 함.

- ▶ 복합관계대명사(whoever, whichever, whatever)는 명사절과 부사절 모두를 이끌 수 있습니다. 또한, 복합관계부사(whenever, wherever, however)는 주로 부사절을 이끌며, 드물게 명사절을 이끌 수 있습니다. ('UNIT 82. 복합관계사: 복합관계대명사', 'UNIT 83. 복합관계사: 복합관계부사' 참고)

- ▶ **동격의 that**은 앞의 명사를 구체화하는 명사절을 이끕니다. ('UNIT 75. 접속사 that vs. 동격의 that' 참고)

  예 | The belief [that you can fly] is false. 네가 날 수 있다는 믿음은 잘못된 것이다.
  → 동격의 that이 이끄는 절이 앞의 명사(the belief)와 동격을 이루는 명사절이며, 명사의 내용을 구체적으로 설명함.

- ▶ **'의문사+주어+동사' 형태의 절은 간접의문문**이라고 말할 수 있으며, 간접의문문은 의문문이 다른 문장의 일부(명사절)로 사용되는 표현입니다. ('UNIT 32. 간접의문문: 의문사가 있는 경우' 참고)

  예 | [Where you live] doesn't matter. 당신이 어디 사는지는 중요하지 않아요.
  : 간접의문문(Where you live)이 명사절로서 주어 역할을 함.

해수쌤의 점검 QUIZ

정답 및 해설 p. 47

A. 다음 중 옳지 <u>않은</u> 문장을 고르시오. (   )

① I am curious if received my email. 나는 네가 나의 이메일을 받았는지 궁금하다.
② I can understand whatever you say. 나는 네가 무슨 말을 하든지 이해할 수 있다.
③ I heard the news that he got a promotion. 나는 그가 승진했다는 소식을 들었다.

B. 다음 중 밑줄 친 부분이 절이 <u>아닌</u> 것을 고르시오. (   )

① I don't care <u>what you eat</u>.
② He asked me <u>when to begin</u>.
③ I thought <u>that he was just joking</u>.
④ <u>Whether he will come</u> is still uncertain.

해수쌤의 문법 정리 TIPS	다양한 명사절의 형태와 문장에서의 의미 및 역할을 정확히 이해하는 것이 중요합니다. 핵심 개념 TABLE에 제시된 예문을 모두 기록하고, 대괄호로 명사절을 표시해 보세요. 또한, 각 명사절 안에 포함된 주어와 동사를 찾아 표시하며 절의 구조를 명확히 파악해 보세요.

UNIT 100 형용사구

하나의 형용사처럼 기능하는 구

형용사구는 두 개 이상의 단어로 이루어져, 문장에서 형용사의 역할을 하며 주로 명사를 수식합니다.

> ✅ **해수쌤의 필수 CHECK** 형용사구는 'to부정사구, 전치사구, 분사구' 등으로 이루어지며, 대부분 명사 뒤에서 수식하는 '후치 수식' 형태로 나타납니다.

핵심 개념 TABLE

종류			
	1. to부정사구	예1)	I need something (**to drink**). : 나는 마실 것이 필요하다.
		예2)	I have a lot of homework (**to finish**). : 나는 끝내야 할 숙제가 많다.
	2. 전치사구	예)	The book (**on the desk**) is mine. : 책상 위에 있는 그 책은 내 것이다.
	3. 분사구	예1)	The cake (**made by my son**) was delicious. : 내 아들에 의해 만들어진 그 케이크는 맛있었다.
		예2)	Look at the people (**waiting in line**). : 줄 서서 기다리고 있는 저 사람들을 봐.
	참고) 형용사절→형용사구로의 축약 : 형용사절에서 '주격 관계대명사+be동사'가 생략되면, 형용사구로 축약될 수 있음.	예1)	The book (~~which is~~ **on the desk**) is mine. → The book (**on the desk**) is mine. : 책상 위에 있는 그 책은 내 것이다.
		예2)	The cake (~~that was~~ **made by my son**) was delicious. → The cake (**made by my son**) was delicious. : 내 아들에 의해 만들어진 그 케이크는 맛있었다.
		예3)	Look at the people (~~who are~~ **waiting in line**). → Look at the people (**waiting in line**). : 줄 서서 기다리고 있는 저 사람들을 봐.

🞥 문법 PLUS

▶ 핵심 개념 TABLE의 예문에서 소괄호로 표시된 부분이 형용사구에 해당합니다.

▶ 형용사구는 형용사처럼 명사 또는 일부 대명사(someone, something, anyone 등)를 수식하는 역할을 합니다. to부정사구, 전치사구, 분사구 등이 형용사구로 쓰일 수 있습니다. 또한, '구'이므로 '주어+동사'를 포함하지 않습니다.

예 | I saw **someone** waiting outside. 나는 밖에서 기다리고 있는 누군가를 보았다.

: 현재분사(waiting)가 이끄는 형용사구가 대명사(someone)를 뒤에서 수식함.

▶ 한 단어로 된 형용사는 일반적으로 명사를 앞에서 수식하지만, 형용사구는 명사를 뒤에서 수식합니다.

예1 | a **beautiful**(형용사) place(명사) 아름다운 장소

예2 | a place(명사) **to visit**(형용사구) 방문할 장소

▶ 한 단어로 된 형용사가 명사 뒤에 쓰이는 예외적인 경우도 있습니다. ('UNIT 86. 후치 수식의 다양한 활용' 참고)

1. 'some/any/no'+'one/thing/body' 형태의 단어들(someone, something, somebody, anyone, anything, anybody, no one, nothing)

예 | something(명사) **useful**(형용사) 유용한 무언가   somebody(명사) **special**(형용사) 특별한 누군가

2. 특정 표현에서 관용적으로 명사 뒤에 위치하는 형용사(possible, available, imaginable 등)

예 | the best solution **possible** 가능한 최고의 해결책   better option **available** 이용 가능한 더 나은 선택

every difficulty **imaginable** 상상할 수 있는 모든 어려움   all the people **present** 출석한 모든 사람들

the students **concerned** 관련된 학생들   the people **involved** 관련된 사람들   the measures **taken** 취해진 조치

the president **elect** 당선된 대통령

▶ 관계대명사가 이끄는 절은 형용사절이며, '주격 관계대명사+be동사'는 생략될 수 있습니다. 이때 절이 축약되어 형용사구로 남고, 명사를 뒤에서 꾸미는 구조가 됩니다. ('UNIT 101. 형용사절', 'UNIT 108. 주격 관계대명사와 be동사의 생략' 참고)

예 | She met a boy **who was dressed in blue**(형용사절). 그녀는 파란색 옷을 입은 소년을 만났다.

= She met a boy **dressed in blue**(형용사구).

해수쌤의 점검 QUIZ

정답 및 해설 p. 48

A. 다음 문장에서 예시처럼 밑줄 친 명사를 수식하는 형용사구를 소괄호( )로 묶으시오.

> 예) The man (leading the team) is very knowledgeable.
> 팀을 이끄는 그 남자는 매우 지식이 풍부하다.

(1) I want to buy a book to read.
나는 읽을 책을 하나 사고 싶다.

(2) I work in a restaurant known for excellent food.
나는 훌륭한 음식으로 알려진(유명한) 식당에서 일한다.

(3) I bought the car repaired by my friend at a low price.
나는 내 친구에 의해 수리된 차를 저렴한 가격에 샀다.

B. 제시된 영단어를 알맞은 순서로 배열하여 문장을 완성하시오.

(1) (I / written in English / many books / have)
→ _____
나는 영어로 쓰인 책을 많이 가지고 있다.

(2) (new people / a great chance / this is / to meet)
→ _____
이것은 새로운 사람들을 만날 좋은 기회이다.

해수쌤의 문법 정리 TIPS

다양한 형용사구의 형태와 문장에서의 쓰임을 정확히 이해하는 것이 중요합니다. 핵심 개념 TABLE에 제시된 예문을 모두 옮겨 적고, 소괄호로 형용사구를 표시해 보세요. 또한, 형용사구가 수식하는 명사도 함께 표시하여 문장 구조를 명확히 파악하세요.

UNIT 101 형용사절

하나의 형용사처럼 기능하는 절

형용사절은 두 개 이상의 단어로 이루어져 문장에서 형용사처럼 명사를 수식합니다. 주로 관계대명사(that, which, who 등)나 관계부사(where, when, why 등)로 시작되며, 앞에 있는 명사(선행사)를 꾸며 줍니다.

✓ **해수쌤의 필수 CHECK** 형용사절은 반드시 선행사를 수식하므로, 어떤 명사를 꾸미는지 정확히 파악해야 자연스럽게 해석할 수 있습니다.

핵심 개념 TABLE

종류			
	1. 관계대명사절 (that, which, who ~)	예1)	I know the book (**that you will buy**). : 나는 네가 살 책을 안다.
		예2)	I lost the watch (**which I got from my teacher**). : 나는 선생님에게 받은 시계를 잃어버렸다.
		예3)	The girl (**who won the prize**) is my friend. : 상을 받은 그 소녀는 내 친구이다.
		예4)	I know the girl (**whom you like**). : 나는 네가 좋아하는 소녀를 안다.
	2. 관계부사절 (where, when, why ~)	예1)	The place (**where I live**) is quiet. : 내가 사는 곳은 조용하다.
		예2)	Do you remember the day (**when we first met**)? : 우리가 처음 만났던 날을 기억하니?
		예3)	I know the reason (**why you came**). : 나는 네가 온 이유를 안다.
	3. 유사 관계대명사절 (than, but, as ~)	예1)	I need more food (**than you think**). : 나는 네가 생각하는 거보다 더 많은 음식이 필요하다.
		예2)	There is no one (**but wants to be happy**). : 행복해지기를 원하지 않는 사람은 없다. → 'There is no one **who** does **not** want to be happy.'와 같은 의미임
		예3)	I have the same pen (**as you have**). : 나는 네가 가지고 있는 것과 같은 펜을 가지고 있다.

문법 PLUS

▶ 핵심 개념 TABLE의 예문에서 소괄호로 표시된 부분이 형용사절에 해당합니다.

▶ 형용사절은 형용사처럼 앞에 있는 **명사 또는 일부 대명사(someone, something, anyone 등)를 수식**합니다. 형용사절에는 관계사절(관계대명사절, 관계부사절)과 유사 관계사절이 있으며, '절'이므로 주어와 동사를 반드시 포함해야 합니다.

예 | **Anyone who wants to join** is welcome. 참여하고 싶은 사람은 누구든지 환영한다.

▶ 관계부사 how는 형용사절을 이끌 수 없기 때문에, 'the way how~'와 같이 'the way'(명사)와 how를 함께 쓰는 표현은 문법적으로 잘못된 구조입니다. 'the way'와 how는 모두 '~하는 방식'이라는 뜻을 가지고 있어 의미가 중복 되므로, 반드시 둘 중 하나만 사용해야 합니다. ('UNIT 110. 관계부사의 생략' 참고)

예 | Teach me **(the way) (how)** you made the food. **(X)**: 문법적으로 틀린 문장
                선행사 관계부사
→ Teach me **the way** you made the food. **(O)**
→ Teach me **how** you made the food. **(O)** 네가 음식을 만든 방법을 나에게 가르쳐줘.

▶ 목적격 관계대명사와 일반적인 선행사 뒤에 오는 관계부사 **when, where, why는 생략 가능**하며, 이 경우 형용 사절은 '주어+동사~' 형태가 됩니다. ('UNIT 110. 관계부사의 생략', 'UNIT 106. 관계대명사 that의 생략' 참고)

예1 | I know the book **(that you will buy)**. 나는 네가 살 책을 안다.
→ I know the book **(you will buy)**.
: 목적격 관계대명사 that이 생략되었으며, 'you will buy'가 명사 'the book'을 수식하는 형용사절로 쓰임.

예2 | I know the place **(where you stayed)**. 나는 네가 머물렀던 장소를 안다.
→ I know the place **(you stayed)**.
: 관계부사 where가 생략되었으며, 'you stayed'가 명사 'the place'를 수식하는 형용사절로 쓰임.

▶ 유사 관계대명사는 'than, but, as'가 관계대명사처럼 두 개의 절을 연결하며, 형용사절 내에서 **주어, 목적어, 보어** 역할을 합니다.

1. **than**: 비교급 표현과 함께 쓰이며, 관계대명사처럼 뒤에 절이 올 수 있음.

예 | I need **more** food **(than** you think**)**. 나는 네가 생각하는 것보다 더 많은 음식이 필요하다.

2. **but**: 부정어와 함께 'who not', 'which not'의 의미로 사용됨. 관계대명사처럼 뒤에 절이 올 수 있음.

예1 | There is **no** one **(but** wants to be happy**)**. 행복해지기를 원하지 않는 사람은 없다.
= There is **no** one **(who doesn't** want to be happy**)**.

예2 | There is **no** rule **(but** has an exception**)**. 예외가 없는 규칙은 없다.
= There is **no** rule **(which doesn't** have an exception**)**.

3. **as**: 'the same', 'such'를 포함한 선행사와 함께 쓰임. 관계대명사처럼 뒤에 절이 올 수 있음.

예1 | I have **the same** pen **(as** you have**)**. 나는 네가 가지고 있는 것과 같은 펜을 가지고 있다.

예2 | He is **such** a kind man **(as** I have never seen before**)**. 그는 내가 본 적 없는 그런 친절한 남자다.

해수쌤의 점검 QUIZ

정답 및 해설 p. 49

A. 다음 영어 문장의 우리말 해석이 옳지 <u>않은</u> 것을 고르시오. (　　　)

① Stress is the reason why I quit my job. 스트레스가 내가 직장을 그만둔 이유이다.

② I found the key that you were looking for. 나는 네가 열쇠를 찾고 있는 것을 발견했다.

③ This is the same book as I read yesterday. 이것은 내가 어제 읽은 책과 같은 책이다.

B. 다음 중 밑줄 친 부분이 형용사절이 <u>아닌</u> 하나를 고르시오. (　　　)

① I want to know the time <u>when you arrive</u>.

② I wonder <u>when the store opens tomorrow</u>.

③ The man <u>who lives next door</u> is very kind.

④ I don't know the reason <u>why she was upset</u>.

해수쌤의 문법 정리 TIPS

형용사절의 다양한 형태와 문장에서의 의미 및 역할을 정확히 이해하는 것이 중요합니다. 핵심 개념 TABLE에 제시된 예문을 모두 옮겨 적고, 소괄호로 형용사절을 표시해 보세요. 또한, 각 형용사절 안에 포함된 주어와 동사를 찾아 표시하며 절의 구조를 명확히 파악해 보세요.

해수쌤의 핵심 개념 REVIEW

CHAPTER 15
구와 절

빈칸을 채워 핵심 개념을 이해했는지 점검하세요.

95 구와 절

언어(문법) 단위를 작은 단위부터 차례대로 나열하면 '단어-구-절-문장' 순입니다. 'I love you so much'와 같이 하나 이상의 독립절로 이루어져 완전한 의미를 전달하는 언어 단위는 (①)에 해당합니다. 반면, 'that I love you'처럼 주어와 동사는 있지만 단독으로 문장이 될 수 없는 표현과, 'I love you'처럼 단독으로 문장이 될 수 있는 표현은 모두 (②)에 해당합니다. 'love'와 같이 의미를 가진 가장 작은 언어 단위는 (③)이며, 'to love'처럼 '주어+동사' 없이 두 단어 이상이 결합되어 하나의 기능을 하는 언어 단위는 (④)입니다.

96 부사구

부사구는 문장에서 (①)처럼 쓰이는 구로, 형용사·동사·다른 부사(구, 절) 등을 수식하며 시간, 방법, 이유, 정도 등의 의미를 나타냅니다. 부사구에는 '부사+부사', 전치사구, to부정사구, 분사구문 등이 있습니다. 또한, '구'이므로 '주어+동사'가 (②).

97 부사절

부사절은 문장에서 (①)처럼 쓰이며, 종속접속사(when, because, if, although 등)나 복합관계사(whoever, whichever, whatever, whenever, wherever, however 등)가 이끌 수 있습니다. 또한, 절이므로 주어와 동사가 (②).

98 명사구

명사구는 문장에서 (①)처럼 쓰이며, 주어, 목적어, 보어 역할을 할 수 있습니다. 명사구에는 to부정사구, 동명사구, '의문사+to부정사', '(대)명사+수식어' 등이 있습니다. 또한, '구'이므로 '주어+동사'가 (②).

99 명사절

명사절은 문장에서 (①)처럼 쓰이며, 주어, 목적어, 보어 역할을 할 수 있습니다. 명사절은 '관계대명사 what, 접속사 that/if/whether, 의문사+주어+동사, 복합관계대명사(whatever, whichever 등)'로 시작할 수 있습니다. 또한, '절'이므로 주어와 동사가 (②).

100 형용사구

형용사구는 문장에서 (①)처럼 쓰이며, 주로 명사를 수식합니다. 형용사구는 'to부정사구, 전치사구, 분사구' 등으로 이루어지며, 대부분 명사 뒤에서 수식하는 '후치 수식' 형태로 나타납니다. 또한, '구'이므로 '주어+동사'가 (②).

101 형용사절

형용사절은 문장에서 (①)처럼 쓰이며, 주로 명사를 수식합니다. 형용사절은 주로 '관계대명사(that, which, who)나 관계부사(where, when, why)'로 시작됩니다. 또한, '절'이므로 주어와 동사가 (②).

CHAPTER 16

일치

문장 요소 간의 균형을 맞추는 법

주어와 동사의 수 일치와 시제 일치는 문장을 구성할 때 가장 기본이 되는 원칙입니다. 이 원칙들을 정확히 이해하고 적용하면, 명확하고 자연스러운 문장을 쓸 수 있습니다. 또한 시제 일치의 예외나 병렬구조까지 익히면, 문장의 의미를 보다 효과적으로 전달할 수 있습니다.

UNIT 102 수 일치
UNIT 103 시제 일치
UNIT 104 시제 일치의 예외
UNIT 105 병렬구조

주어와 동사의 수 일치시키기

수 일치

수 일치는 문장의 주어와 동사의 수를 서로 일치시키는 원칙입니다. 주어가 단수이면 동사도 단수형을, 주어가 복수이면 동사도 복수형을 사용해야 합니다.

> **해수쌤의 필수 CHECK** 수 일치는 문법적으로 올바른 문장을 만들기 위해 필수적이며, 각종 시험에서도 자주 등장하는 개념입니다. 올바른 수 일치를 위해 주어를 정확히 파악한 후에 적절한 동사를 선택해야 한다는 것을 기억하세요!

핵심 개념 TABLE

	예문	수 일치 기준
1)	Many people [is / **are**] studying English. [**like** / likes] to study English. : 많은 사람들이 영어를 공부하고 있다. : 많은 사람들이 영어 공부하는 것을 좋아한다.	복수 주어(Many people) → 복수 동사(are, like) 사용
2)	The girl (who [**is** / are] dancing with people) [look / **looks**] happy. : 사람들과 춤추고 있는 그 소녀는 행복해 보인다.	단수 주어(girl) → 단수 동사(is, looks) 사용
3)	One (of the students) [**is** / are] from Korea. : 학생들 중 한 명은 한국 출신이다.	단수 주어(One) → 단수 동사(is) 사용
4)	Jane is a teenager, which [surprise / **surprises**] me. : Jane은 십 대인데, 그것이 나를 놀라게 한다.	선행사 문장 전체 → 단수 취급, 단수 동사(surprises) 사용
5)	Playing computer games [**is** / are] fun. : 컴퓨터 게임을 하는 것은 재미있다.	주어 동명사 → 단수 취급, 단수 동사(is) 사용
6)	Every / Each [**student** / students] [**has** / have] a desk. 단수 명사 단수 동사 : 모든 학생은 책상을 갖고 있다. : 각 학생은 책상이 있다.	every, each 포함 주어 → 단수 명사(student)+단수 동사(has) 사용

7)	Either	Tom A	or	his parents [~~is~~ / **are**] coming. B	상관접속사 'either A or B', 'neither A nor B', 'not only A but also B' → B(his parents)에 수 일치, 복수 동사(are) 사용
	Neither		nor		
	Not only		but also		

: Tom 또는 그의 부모님이 오고 있다.
: Tom도 그의 부모님도 오고 있지 않다.
: Tom뿐만 아니라 그의 부모님도 오고 있다.

| 8) | The president **as well as** the ministers [**is** / ~~are~~] attending the meeting. B   A | B as well as A 구조 → B(The president)에 수 일치, 단수 동사(is) 사용 |

: 장관들뿐만 아니라, 대통령도 회의에 참석하고 있다.

➕ 문법 PLUS

▶ 주어와 동사 사이에 전치사구, 형용사구·절, 삽입구 등이 있어도 주어를 정확히 파악하여 동사와 수를 일치시켜야 합니다.

예1 | **One(단수 주어)** of the students **is(단수 동사)** from Korea. 학생들 중 한 명은 한국 출신이다.
: 주어 'One(단수형)'이 아닌 전치사구 'of the students(복수형)'에 수를 맞추지 않도록 유의

예2 | **The boy(단수 주어)**, along with his friends, **is(단수 동사)** going to the park. 그 소년은 친구들과 함께 공원에 간다.
: 주어 'The boy(단수형)'가 아닌 삽입구 'along with his friends(복수형)'에 수를 맞추지 않도록 유의

▶ 형태나 의미에 따라 수 일치가 헷갈릴 수 있는 명사들을 유의해야 합니다.

1. **집합명사** – 전체(집단)로 볼 때는 단수, 구성원 각각을 강조할 때는 복수로 취급

   예시 단어: family 가족   people 민족   committee 위원회   team 팀   group 집단   cattle 소 떼   herd 무리   crew 선원

   예1 | The committee **has** made its decision. 위원회는 결정을 내렸다. (집단 전체로 봄)
   예2 | The committee **have** different opinions. 위원들은 의견이 서로 다르다. (개별 구성원에 초점)
   예3 | My family **is** large. 우리 가족은 대가족이다. (집단 전체로 봄)
   예4 | My family **are** wearing the same cap. 우리 가족은 모두 같은 모자를 쓰고 있다. (개별 구성원에 초점)

2. **'-s'가 포함된 형태지만 단수 취급하는 명사**

   예시 단어: news 소식   mathematics 수학   politics 정치학, 정치   ethics 윤리학, 윤리   billiards 당구

   예 | Mathematics **is** difficult. 수학은 어렵다.

3. **단수 취급하지만 복수 의미가 담긴 표현** – 의미상 전체를 포함하는 것처럼 보이지만, 단수 동사와 함께 사용

   예시 단어: each 각각   every 모든   either 어느 하나   neither 어느 것도 ~아닌

   예1 | **Each** student **has** a book. 각 학생은 책을 가지고 있다.
   예2 | **Each** of the students **has** a book. 학생들 각자가 책을 가지고 있다.
   예3 | **Every** student **has** a book. 모든 학생이 책을 가지고 있다.

예4 | **Either** dress **looks** good on you. 어느 쪽 드레스든 네게 잘 어울린다.

예5 | **Neither** option **is** perfect. 두 선택지 중 어느 것도 완벽하지 않다.

▶ 관계대명사 which가 앞 문장 전체를 수식할 때는 단수 동사를 사용합니다. ('UNIT 70. 관계대명사: that vs. which' 참고)

예 | **They are teenagers**, which **is** hard to believe. 그들은 십 대인데, 그것은 믿기 어렵다.

▶ 동명사나 to부정사는 단수 취급하여 단수 동사를 사용합니다.

예1 | **Playing** computer games **is** fun. 컴퓨터 게임을 하는 것은 재미있다.

예2 | **To eat** vegetables **is** good for your health. 채소를 먹는 것은 건강에 좋다.

▶ 상관접속사는 다음과 같이 수를 맞춥니다. ('UNIT 48. 접속사: 상관접속사' 참고)

1. 항상 복수 동사를 사용하는 상관접속사: both A and B (A와 B 둘 다)
2. B에 수를 일치시키는 상관접속사: either A or B(A 아니면 B), neither A nor B(A도 B도 아닌), not A but B(A가 아니라 B), not only A but also B(A뿐만 아니라 B도), B as well as A(A뿐만 아니라 B도)

해수쌤의 점검 QUIZ

정답 및 해설 p. 49

A. 다음 중 동사의 쓰임이 옳지 않은 것을 고르시오. (   )

> I have many friends who ① are living abroad. One of my friends ② live in Singapore. Her name is Julie. Living abroad ③ is not easy. Fortunately, her uncle as well as her family members ④ is living together.
> 나는 해외에 사는 친구들이 많다. 친구들 중 한 명은 싱가포르에 살고 있다. 그녀의 이름은 Julie이다. 해외에 사는 것은 쉽지 않다. 다행히도 그녀의 가족들뿐만 아니라 삼촌도 함께 살고 있다.

B. 괄호에 알맞은 단어에 동그라미 치시오.

(1) The boy who is tall (has / have) blue eyes.

(2) Each country (has / have) different laws.

(3) Raising birds (is / are) a difficult job.

**해수쌤의
문법 정리
TIPS**

문장에서 주어를 정확히 파악하고, 그에 맞춰 동사의 수를 일치시키는 것이 중요합니다. 핵심 개념 TABLE에 제시된 예문을 옮겨 적은 후, 주어와 수 일치하는 동사 형태를 직접 선택해 보세요. 또한, 동사의 수 일치 기준이 된 주어를 표시하고, 왜 해당 동사를 선택했는지 이유를 메모해 두세요.

문장의 시간대 통일하기

시제 일치

중요도 ★★★★★
난이도 ★★★☆☆

시제 일치란 문장의 주절과 종속절의 시제를 문맥에 맞게 일치시키는 원칙을 말하며, 문장 전체의 시간 흐름을 자연스럽게 유지하기 위해 필요한 문법 개념입니다.

해수쌤의 필수 CHECK 주절이 현재 시제일 경우, 종속절은 상황에 따라 다양한 시제를 사용할 수 있습니다. 하지만 주절이 과거 시제일 경우에는 종속절도 일반적으로 과거 또는 대과거 시제로 일치시켜야 한다는 점을 기억하세요!

핵심 개념 TABLE

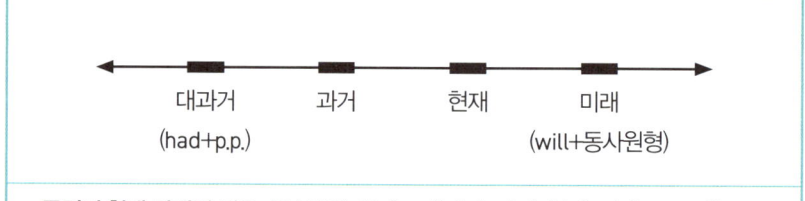

- **주절이 현재 시제**인 경우, 종속절의 시제 ➡ **대과거, 과거, 현재, 미래** 모두 가능
- **주절이 과거 시제**인 경우, 종속절의 시제 ➡ **대과거, 과거**만 가능

	예문	종속절의 시제
1)	I think [she **was/is/will be** busy]. : 나는 그녀가 바빴다고/바쁘다고/바쁠 것이라고 생각한다.	: 주절이 현재(think) 시제인 경우, 종속절에는 상황에 따라 다양한 시제 사용 가능 → 과거(was), 현재(is), 미래(will be) 시제 모두 사용 가능
2)	I know [she **had left** before I arrived]. : 나는 그녀가 내가 도착하기 전에 떠났었다는 것을 안다.	: 주절이 현재(know) 시제인 경우, 종속절에는 상황에 따라 다양한 시제 사용 가능 → 과거(arrived)보다 더 이전 상황을 말할 경우, 대과거(had left) 시제도 사용 가능

3)	I thought [she **had been/was/would be** busy]. : 나는 그녀가 바빴었다고/바빴다고/바쁠 것이라고 생각했다.	: 주절이 과거(thought) 시제일 경우, 종속절에는 일반적으로 과거 시제 또는 대과거 시제만 사용 가능 → 대과거(had been) 시제와 과거(was, would be) 시제는 가능하지만, 현재 시제(is)나 미래 시제(will be)는 사용 불가능

➕ 문법 PLUS

▶ **종속절의 시제는 주절의 시제에 영향을 받으며**, 문장의 의미 전달과 문법적 정확성을 위해 시제 일치가 필요합니다.

1. 주절이 현재 시제일 때

: 종속절의 시제 선택에 제약이 적으며, 문맥에 따라 다양한 시제를 사용할 수 있음.

예1 | She **says(현재)** that she **likes(현재)** coffee. 그녀는 커피를 좋아한다고 말한다.
예2 | He **knows(현재)** that she **was(과거)** at home yesterday. 그는 그녀가 어제 집에 있었다는 것을 안다.
예3 | She **believes(현재)** that he **will come(미래)** soon. 그녀는 그가 곧 올 것이라고 믿는다.

2. 주절이 미래 시제일 때

: 종속절은 미래 시제를 사용할 수도 있지만, **시간·조건을 나타내는 접속사(when, after, before, if 등)가 이끄는 종속절에서는 미래의 일이라도 현재 시제를 사용함.** ('UNIT 104. 시제 일치의 예외' 참고)

예1 | You **will see(미래)** that I **will succeed(미래)** in the end. 너는 결국 내가 성공할 거라는 걸 알게 될 거야.
예2 | I **will call(미래)** you **when** he **arrives(현재)**. 그가 도착할 때 나는 너에게 전화할 것이다.

: 시간을 나타내는 접속사 when(~할 때)이 쓰였으므로, 종속절에는 미래 시제(will arrive) 대신 현재 시제를 (arrives) 사용함.

3. 주절이 과거 시제일 때

: 종속절은 일반적으로 과거 시제나 대과거 시제를 사용함.

1) He **said(과거)** that he **was(과거)** tired. 그는 피곤하다고 말했다.
2) She **explained(과거)** that she **had finished(대과거)** her homework. 그녀는 숙제를 끝냈다고 설명했다.

▶ 주절의 시제가 과거일지라도, 종속절이 '일반적 사실'을 나타내는 경우에는 현재 시제를 사용해야 합니다. 이 외에도 **주절과 종속절의 시제가 일치하지 않는 경우가 있으니 유의하세요.** ('UNIT 104. 시제 일치의 예외' 참고)

예 | He **said(과거)** that the sun **rises(현재)** in the east. 그는 태양이 동쪽에서 뜬다고 말했다.

: 태양이 동쪽에서 뜨는 것은 변하지 않는 일반적인 사실이므로, 주절의 동사가 과거 시제(said)이더라도 종속절의 동사는 현재 시제(rises) 사용.

해수쌤의 점검 QUIZ

정답 및 해설 p. 49

A. 다음 중 옳지 <u>않은</u> 문장을 고르시오. (   )

① I believe that she will succeed. 나는 그녀가 성공할 것이라고 믿는다.

② He said that he goes to the concert last night. 그는 어젯밤 콘서트에 간다고 말했다.

③ She said that the weather was sunny yesterday. 그녀는 어제 날씨가 맑았다고 말했다.

④ I know that you tried your best for the exam. 나는 네가 시험을 위해 최선을 다했다는 것을 안다.

B. 빈칸에 들어갈 수 <u>없는</u> 것을 고르시오. (   )

I realized that they _____ to a new house.

① move   ② moved   ③ had moved   ④ would move

해수쌤의 문법 정리 TIPS

문장의 시간 흐름을 자연스럽게 전달하기 위해, 영어 문장에서는 주절과 종속절의 동사 시제를 일치시키는 것이 중요합니다. 핵심 개념 TABLE에 제시된 예문을 옮겨 적으며, 주절이 현재 시제일 때와 과거 시제일 때 각각 종속절에 어떤 시제가 가능한지 비교해 보고, 그 차이를 메모해 두세요.

UNIT 104 시제 일치의 예외

문장의 시간대를 통일시키지 않는 경우

중요도 ★★★☆☆
난이도 ★★★★☆

시제 일치는 일반적인 원칙이지만, 문맥이나 의미에 따라 주절과 종속절의 시제를 꼭 일치시키지 않아도 되는 예외적인 경우들이 있습니다.

✓ **해수쌤의 필수 CHECK** 어떠한 경우에 시제 일치의 예외가 발생하는지 예문을 통해 꼼꼼히 확인하세요!

핵심 개념 TABLE

	예문	종속절의 시제
1)	I learned [that the earth **is** round]. 나는 지구가 둥글다는 것을 배웠다.	▶ 주절: 과거 시제 ▶ 종속절: **일반적/과학적 사실** → **현재 시제만 가능** ∴ 과거(was) 시제 사용 불가능
2)	I said [that she **is** a doctor]. 나는 그녀가 의사라고 말했다.	▶ 주절: 과거 시제 ▶ 종속절: **현재에도 사실** → **과거(was) 시제뿐만 아니라, 현재(is) 시제도 가능**
3)	I learned [that the Korean War **ended** in 1953]. 나는 한국 전쟁이 1953년에 끝났다는 것을 배웠다.	▶ 주절: 과거 시제 ▶ 종속절: **역사적 사실** → **과거 시제만 가능** ∴ 대과거(had ended) 시제 사용 불가능
4)	I wish [you **were** here]. 네가 여기 있으면 좋을 텐데.	▶ 주절: 현재 시제 ▶ 종속절: (현재에 관한 이야기지만 가정법이므로) **가정법의 형태 따름** → **과거 시제 사용** ∴ 현재(are) 시제 사용 불가능
5)	I will call you (when she **arrives** tomorrow). 그녀가 내일 도착하면 내가 너에게 전화할 것이다.	▶ 주절: 미래 시제 ▶ 종속절: **시간을 나타내는 부사절**(접속사 'when, while, after, before, until, as soon as' 등 사용) → **현재 시제가 미래 시제를 대신함** ∴ 미래(will arrive) 시제 사용 불가능

6)	(If it **rains** tomorrow), the trip will be canceled. 내일 비가 온다면 여행은 취소될 것이다.	▶ 주절: 미래 시제 ▶ 종속절: **조건을 나타내는 부사절**(접속사 'if, unless' 등 사용) → **현재 시제가 미래 시제를 대신함** ∴ 미래(will rain) 시제 사용 불가능
7)	I advised [that she **(should) see** a doctor]. 나는 그녀에게 의사를 보러 가라고 조언했다.	▶ 주절: 과거 시제 ▶ 종속절: **제안·주장·요구·명령·당위성 관련 동사**(order, request, advise, suggest, insist 등) 뒤 → **동사원형** ∴ 과거(saw) 시제 사용 불가능
8)	It's necessary [that he **(should) have** a balanced diet]. 그가 균형 잡힌 식사를 하는 것은 필수적이다.	▶ 주절: 현재 시제 ▶ 종속절: **제안·주장·요구·명령·당위성 관련 형용사**(important, vital, essential, obligatory 등) 뒤 → **동사원형** ∴ 과거(had) 시제 사용 불가능

➕ 문법 PLUS

▶ 시제 일치는 문장의 의미 전달과 문법적 정확성을 위해 일반적으로 필요하지만, 특정한 문맥이나 표현 목적에 따라 **예외적으로 시제 일치를 적용하지 않는 경우도 있으므로 아래의 상황을 유의하세요.**

1. **주절이 과거 시제일지라도, 종속절이 일반적인 사실이나 과학적 진리일 경우** → 현재 시제 유지
2. 주절이 과거 시제일지라도, 종속절이 현재에도 사실인 내용일 경우 → 현재 시제 사용 가능
3. 주절이 과거 시제일지라도, 종속절이 역사적 사실을 나타내는 경우 → 과거 시제 사용(대과거는 쓰지 않음)
4. 가정법 문장 → 시제 일치 대신 가정법 시제 규칙을 따름 ('UNIT 61. 가정법 과거' 참고)
5. 시간 및 조건을 나타내는 부사절 → 미래 대신 현재 시제 사용
6. 제안·주장·요구·명령·당위성 관련 단어 뒤 → (should)+동사원형 사용 ('UNIT 111. should의 생략' 참고)

해수쌤의 점검 QUIZ

정답 및 해설 p. 50

A. 괄호에 알맞은 것에 동그라미 치시오.

(1) I understood that light (travels / traveled) faster than sound.

(2) If they (come / will come) tomorrow, I want to go for a walk together.

(3) She will cook for us before we (arrive / will arrive) at the house this weekend.

B. 다음 중 밑줄 친 부분이 옳지 않은 것을 고르시오. (　　　)

① I wish I were a superhero. 내가 슈퍼히어로라면 좋을 텐데.

② I insisted that he apologized for his mistake. 나는 그가 실수에 대해 사과해야 한다고 주장했다.

③ It is essential that she communicate with members. 그녀가 회원들과 소통하는 것은 필수적이다.

해수쌤의 문법 정리 TIPS

어떤 경우에 주절과 종속절의 시제를 일치시키지 않아도 되는지 예문을 통해 익히는 것이 중요합니다. 핵심 개념 TABLE에 제시된 예문을 옮겨 적고, 주절과 종속절의 동사를 표시한 뒤 각 시제를 메모해 보세요. 또한, 시제 일치가 적용되지 않은 이유를 간단히 메모해 두세요.

UNIT 105

연결되는 요소들의 형태 통일하기

병렬구조

중요도 ★★★★★
난이도 ★★★★☆

병렬구조란, 문장 속에서 동일한 문법 형태를 가진 단어, 구, 절 등을 나란히 연결하여 문장을 균형 있게 표현하는 문장 구성 방식입니다.

✅ **해수쌤의 필수 CHECK** 등위접속사(and, but, or, nor)나 상관접속사(both A and B, not only A but also B 등)가 사용될 때, 나열되는 요소들이 서로 동일한 품사와 형태를 유지하고 있는지 반드시 확인하세요!

핵심 개념 TABLE

	예문	병렬 요소 및 이유
1)	Tom enjoys **dancing**, **singing** and ~~to cook~~. └→cooking : Tom은 춤추는 것, 노래하는 것, 그리고 요리하는 것을 즐긴다.	▶ 병렬 요소: 목적어 역할을 하는 동명사 dancing, singing, cooking ∴ to cook→cooking으로 수정
2)	Tom **enjoys** dancing and ~~like~~ to read. └→likes : Tom은 춤추는 것을 즐기고 책 읽는 것을 좋아한다.	▶ 병렬 요소: 동사 enjoys, likes ∴ like→likes로 수정
3)	Your role is ~~making~~ some food and ~~to wash~~ the dishes. └→to make (또는 to wash를 washing으로 수정) : 당신의 역할은 음식을 만들고 설거지를 하는 것이다.	▶ 병렬 요소: 보어 역할을 하는 동명사 'making, washing' 또는 to부정사 'to make, to wash' ∴ making→to make 또는 to wash→washing으로 수정
4)	She insists that he (should) **take** a note and ~~concentrates~~ on his class. └→concentrate : 그녀는 그가 필기를 하고 수업에 집중해야 한다고 주장한다.	▶ 병렬 요소: 종속절의 동사 take, concentrate(동사원형) ∴ concentrates→concentrate로 수정 (concentrates라고 쓰면 주절의 동사 insists와 병렬되어 '그녀가 주장하고, 집중한다'라는 뜻이 되므로 의미가 어색함)

388 | 이토록 심플한 영문법

5)	**Stop** thinking about games and ~~**studying**~~ hard! ↳study : 게임에 대해 생각하는 것을 멈추고 열심히 공부해라!	▶ 병렬 요소: 명령문의 동사 stop, study ∴ studying→study로 수정 (studying이라고 쓰면 목적어 thinking과 병렬되어 '생각하는 것과 공부하는 것을 멈추라'라는 뜻이 되므로 의미가 어색함)

➕ 문법 PLUS

▶ 병렬구조는 대등한 관계의 단어, 구, 또는 절이 연결될 때, 모두 동일한 문법 형태를 유지하는 문장 구성 방식입니다. 병렬구조를 지키면 문장이 더 명확하고 읽기 쉬워지며 문법적으로도 정확해집니다.

▶ '등위접속사' 및 '상관접속사'로 연결된 표현들은 병렬구조를 유지해야 합니다. ('UNIT 47. 접속사: 등위접속사', 'UNIT. 48. 접속사: 상관접속사' 참고)

1. **등위접속사**: and(그리고), but(하지만), or(또는), nor(또한 ~도 아니다) 등

예 1 | I enjoy **swimming**, **but** she doesn't enjoy **swimming**. 나는 수영을 즐기지만, 그녀는 그렇지 않다.

예 2 | I want to **watch** TV **or** **listen** to music. 나는 TV를 보거나 음악을 듣고 싶다.

2. **상관접속사**: both A and B(A와 B 둘 다), either A or B(A 아니면 B), neither A nor B(A도 B도 아닌), not A but B(A가 아니라 B), not only A but also B(A뿐만 아니라 B도) 등

예 1 | She is **not only kind but also intelligent**. 그녀는 친절할 뿐만 아니라 똑똑하기도 하다.

예 2 | You can **either stay** here **or go** home. 당신은 여기 머물거나 집에 갈 수 있다.

▶ to부정사는 병렬구조에서 맨 앞에 한 번만 사용하고, 나머지는 동사원형만 나열하는 것이 일반적입니다.

예 | He likes **to swim, run, and ride** a bike. 그는 수영하고, 달리고, 자전거 타는 것을 좋아한다.

▶ 병렬구조에 따라 문장의 의미가 달라질 수도 있습니다.

예 1 | **Stop** thinking about games **and study** hard! 게임에 대해 생각하는 것을 멈추고 열심히 공부해라!

: Stop(동사원형)과 study(동사원형)가 병렬구조를 이룸.

예 2 | Stop **thinking** about games **and studying** hard! 게임에 대해 생각하는 것과 열심히 공부하는 것을 멈춰라!

: thinking(동명사)과 studying(동명사)이 병렬구조를 이룸.

해수쌤의 점검 QUIZ

정답 및 해설 p. 50

A. 주어진 우리말 해석에 맞게 괄호에 알맞은 단어에 동그라미 치시오.

(1) She enjoys playing the piano, drawing pictures and (to cook / cooking).
그녀는 피아노 연주하기, 그림 그리기 그리고 요리하기를 즐긴다.

(2) To get a good grade, he sleeps less and (study / studies) more.
좋은 성적을 받기 위해서, 그는 덜 자고 더 공부한다.

(3) The teacher asked the students to read the article and (discuss / discussed) their opinions.
그 선생님은 학생들에게 기사를 읽고 그들의 의견을 토론하라고 요청했다.

B. 다음 중 밑줄 친 부분이 옳지 <u>않은</u> 것을 고르시오. (　　　)

① Stop thinking about the past and <u>keep</u> focusing on the present.
과거에 대해 생각하는 것을 그만두고 현재에 계속 집중해라.

② It is essential that you attend the meeting and <u>giving</u> your opinion.
당신이 회의에 참석하고 의견을 내는 것이 중요하다.

③ You can lose weight by exercising regularly and <u>drinking</u> lots of water.
당신은 규칙적으로 운동하고 물을 많이 마심으로써 체중을 줄일 수 있다.

해수쌤의 문법 정리 TIPS

문장에서 병렬구조가 어떻게 나타나는지 이해하는 것이 중요합니다. 주어진 예문을 옮겨 적고, 문장 속 등위접속사에 표시한 뒤, 등위접속사로 연결된 대등한 관계의 두 요소를 찾아 표시해 보세요. 또한, 이 두 요소가 동명사, to부정사, 형용사, 동사원형 등 어떤 동일한 문법 형태를 유지하며 병렬되고 있는지 확인하고 메모해 두세요.

해수쌤의 핵심 개념 REVIEW

CHAPTER 16
일치

빈칸을 채워 핵심 개념을 이해했는지 점검하세요.

102 수 일치

문장에서 주어가 단수이면 동사도 단수형을, 주어가 복수이면 동사도 복수형을 사용해야 합니다. 단, every, each는 해석상으로는 복수로 해석되지만 실제로는 (①) 취급하여 단수 동사를 사용합니다. 또한, either A or B, neither A nor B, not only A but also B 등의 상관접속사에서는 항상 (②)에 맞춰 동사를 결정해야 합니다. 예를 들어, 'Tom 또는 그의 부모님이 오고 있다.'라는 문장은 'Either Tom or his parents (③) coming.'으로 표현됩니다.

103 시제 일치

주절이 현재 시제일 경우, 종속절은 상황에 따라 다양한 시제를 사용할 수 있습니다. 하지만 주절이 과거 시제일 경우에는 종속절도 일반적으로 (①) 또는 대과거 시제로 일치해야 합니다. 다만, 일반적 사실을 나타낼 때는 주절이 과거라도 종속절에서 (②) 시제를 사용할 수 있으며, 가정법 등에서는 시제 일치 규칙이 적용되지 않는 예외가 있습니다.

104 시제 일치의 예외

주절이 과거 시제라도 종속절이 일반적인 사실이나 과학적 진리를 나타내면 (①) 시제를 사용할 수 있습니다. 또한, 가정법에서는 주절이 현재라도 종속절에서 시제 일치 대신 가정법 시제 규칙을 따릅니다. 시간 및 조건을 나타내는 부사절에서는 미래 시제 대신 (②) 시제를 사용해야 합니다. 또한, 제안·주장·요구·명령·당위성을 표현 뒤의 종속절에서 should를 사용하거나 생략한 뒤에 (③)을(를) 써야 합니다.

105 병렬구조

병렬구조란, 문장 속에서 동일한 문법 형태를 가진 단어, 구, 절 등을 나란히 연결하여 문장을 균형 있게 표현하는 문장 구성 방식입니다. 예를 들어, 'Tom enjoys dancing, singing and (①)(Tom은 춤추는 것, 노래하는 것, 그리고 요리하는 것을 즐긴다).'에서는 동명사들이 같은 형태로 병렬구조를 이룹니다. 또한, 'Tom enjoys dancing and (②) reading(Tom은 춤추는 것을 즐기고 책 읽는 것을 좋아한다).'에서는 동사가 같은 형태로 병렬구조를 이루고 있습니다.

정답 102 ① 단수 ② B(뒤 번째 주어) ③ are 103 ① 과거 ② 현재 104 ① 현재 ② 현재 ③ 동사원형 105 ① cooking ② likes

CHAPTER 17

생략되는 요소들

문장을 짧고 명확하게 정리하는 원리

영어에서는 문장을 더 간결하고 자연스럽게 만들기 위해, 문맥상 의미가 명확할 경우 일부 단어나 구가 생략되는 일이 자주 발생합니다. 이러한 생략은 불필요한 반복을 줄이고, 표현을 더욱 효과적으로 전달해 줍니다.

UNIT 106	관계대명사 that의 생략
UNIT 107	접속사 that의 생략
UNIT 108	주격 관계대명사와 be동사의 생략
UNIT 109	접속사 뒤 주어와 be동사의 생략
UNIT 110	관계부사의 생략
UNIT 111	should의 생략

없어도 문장의 의미에 지장 없는 that의 생략

관계대명사 that의 생략

관계대명사 that은 목적격이나 보격일 때 생략할 수 있으며, '주격 관계대명사 that/which/who+be동사'도 생략이 가능합니다.

> ✓ **해수쌤의 필수 CHECK** 주격 관계대명사는 단독으로 생략될 수 없다는 점을 기억하세요. 다양한 예문을 반복해서 접하며 that이 생략된 구조를 눈에 익히세요!

핵심 개념 TABLE

1. 목적격 관계대명사 생략

예1)	I know the writer (**that**) my older sister likes. 　　　　　　　　　　　S　　V　O → I know the writer my older sister likes. : 나는 나의 언니가 좋아하는 그 작가를 안다.
예2)	I have a bag (**that**) you made. 　　　　　　　　S　V　O → I have a bag you made. : 나는 네가 만든 가방을 가지고 있다.

2. 보격 관계대명사 생략

예)	I am not a fast runner (**that**) I used to be. 　　　　　　　　　　　　　　S　V　　C　(a fast runner) → I am not a fast runner I used to be. : 나는 예전의 나처럼 빠른 주자가 아니다.

3. 주격 관계대명사+be동사 생략

예)	I know the writer (**that is**) famous for his novels. 　　　　　　　　　　S　V → I know the writer famous for his novels. : 나는 소설로 유명한 그 작가를 안다.

✚ 문법 PLUS

▶ 목적격 관계대명사 that은 관계절 내에서 목적어 역할을 하며, **생략 가능**합니다. 생략된 후에는 문장 내에 '**명사(선행사)+주어+동사**' 구조가 나타납니다.

  예1 | I have a bag **(that)** you made. 나는 네가 만든 가방을 가지고 있다.

  → I have **a bag(명사) you(주어) made(동사).**

  : made 뒤의 목적어 'a bag'이 생략되었으므로, that은 목적격 관계대명사이며 생략 가능함.

  예2 | The book **(that)** I borrowed was very interesting. 내가 빌린 책은 매우 흥미로웠다.

  → **The book(명사) I(주어) borrowed(동사)** was very interesting.

  : borrowed 뒤의 목적어 'the book'이 생략되었으므로, that은 목적격 관계대명사이며 생략 가능함.

▶ 보격 관계대명사 that은 관계절 내에서 보어 역할을 하며, **생략 가능**합니다. ('UNIT 68. 관계대명사: 주격·목적격·소유격' 참고)

  예 | She became the person **(that)** she hoped to be. 그녀는 자신이 되고 싶어 한 사람이 되었다.

  → She became **the person(명사) she(주어) hoped(동사) to be.**

  : be 뒤의 보어 'the person'이 생략되었으므로, that은 보격 관계대명사이며 생략 가능함.

▶ '**주격 관계대명사+be동사**'는 함께 **생략 가능**합니다. ('UNIT 108. 주격 관계대명사와 be동사의 생략' 참고)

  예 | He is a person ~~(who is)~~ kind to everyone.

  → He is **a person(명사) kind(형용사) to everyone.** 그는 모든 사람에게 친절한 사람이다.

해수쌤의 점검 QUIZ

정답 및 해설 p. 51

A. 다음 글에서 생략이 가능한 것을 고르시오. (　　)

> Look at ① that. The machine ② that makes coffee is broken. The machine ③ that I bought last week is also not working.
> 저것 좀 봐. 커피를 만드는 기계가 고장 났어. 내가 지난주에 산 기계 또한 작동하지 않아.

B. 다음 문장의 생략이 적절하지 <u>않은</u> 것을 고르시오. (　　)

① I'm not the girl ~~that~~ my mom wants me to be.
→ I'm not the girl my mom wants me to be.

② The advice ~~that~~ he gave me was really helpful.
→ The advice he gave me was really helpful.

③ I like the restaurant ~~that~~ is known for its good service.
→ I like the restaurant is known for its good service.

해수쌤의 문법 정리 TIPS

관계대명사 that이 어떤 경우에 생략될 수 있는지 정확히 이해하고, that이 생략된 문장의 구조를 파악하는 것이 중요합니다. 핵심 개념 TABLE에 제시된 세 가지 생략 가능한 경우와 예문을 옮겨 적은 뒤, 생략 가능한 부분을 표시해 보세요.
그 후 생략된 문장을 반복해서 읽으며 문장 구조에 자연스럽게 익숙해지도록 연습하세요.

자연스러움을 위한 that의 생략

접속사 that의 생략

접속사 that은 문장에서 목적어 역할을 하는 절을 이끌 때, 또는 감정·확신·불확신을 나타내는 형용사 뒤에서 생략될 수 있습니다.

✓ **해수쌤의 필수 CHECK** 접속사 that이 생략된 문장을 반복해서 소리 내어 읽으며, 문장의 구조에 자연스럽게 익숙해지세요!

핵심 개념 TABLE

1. 목적어 자리를 이끄는 접속사 that 생략

예)	They think/believe/know/say [~~that~~ you will come tomorrow]. 　　　　　　　　　　　　　　↳문장에서 목적어 역할을 하는 절 이끎 → They think/believe/know/say you will come tomorrow. : 그들은 네가 내일 올 것이라 생각한다/믿는다/안다/말한다.

2. 감정을 나타내는 형용사 뒤 접속사 that 생략

예)	I'm happy/glad/sad/sorry/afraid [~~that~~ he will come tomorrow]. 　　↳감정을 나타내는 형용사 → I'm happy/glad/sad/sorry/afraid he will come tomorrow. : 나는 그가 내일 오는 것에 대해 기쁘다/슬프다/미안하다/두렵다.

3. 확신·불확신을 나타내는 형용사 뒤 접속사 that 생략

예)	I'm sure/not sure/unsure [~~that~~ he will pass the exam]. 　　　certain/uncertain 　　　convinced/unconvinced 　　　　　↳확신 또는 불확신을 나타내는 형용사 → I'm sure/not sure/unsure/certain/uncertain/convinced/unconvinced he will pass the exam. : 나는 그가 시험에 합격할 것이라고 확신한다/확신하지 않는다.

문법 PLUS

▶ 접속사 that은 명사절을 이끌며, 다음과 같은 경우에 생략이 가능합니다.

1. 목적어 자리를 이끄는 접속사 that
   → 함께 자주 쓰이는 동사:

   think 생각하다   believe 믿다   know 알다   say 말하다   hope 희망하다   expect 기대하다   suppose 추측하다
   guess 짐작하다

예 | I think (that) she is smart. = I think she is smart. 나는 그녀가 똑똑하다고 생각한다.

2. 감정을 나타내는 형용사 뒤의 접속사 that
   → 함께 자주 쓰이는 형용사:

   happy 기쁜   glad 기쁜   sad 슬픈   sorry 미안한   afraid 두려운   anxious 불안한   worried 걱정하는
   surprised 놀란   relieved 안도하는   convinced 확신하는   proud 자랑스러운   frightened 겁먹은   upset 속상한

예 | I'm happy (that) you are here. = I'm happy you are here. 나는 네가 여기 있어서 기쁘다.

3. 확신·불확신을 나타내는 형용사 뒤의 접속사 that
   → 함께 자주 쓰이는 형용사:

   sure 확신하는   not sure 확신하지 않는   unsure 확신하지 않는   certain 확실한   uncertain 불확실한
   convinced 확신하는   unconvinced 확신하지 않는

예 | I'm certain (that) she is at home. = I'm certain she is at home. 나는 그녀가 집에 있다고 확신한다.

▶ 명사절을 이끄는 종속접속사 that이 생략된 경우, 문장은 '주어+동사~+주어+동사~' 구조가 됩니다.

예1 | She believes (that) he can do it. 그녀는 그가 그것을 해낼 수 있다고 믿는다.
   → She(주어) believes(동사) he(주어) can(동사) do it.

예2 | I am glad (that) you enjoyed the meal. 나는 네가 그 식사를 즐겼다니 기쁘다.
   → I(주어) am(동사) glad you(주어) enjoyed(동사) the meal.

해수쌤의 점검 QUIZ

정답 및 해설 p. 52

A. 다음 중 접속사 that이 들어가기 가장 적절한 위치를 고르시오. (   )

> I'm (①) confident (②) the weather (③) will be good tomorrow.

B. 다음 중 접속사 that을 생략할 수 없는 문장을 고르시오. (   )

① <u>That</u> he won the award is unbelievable.
② I'm sorry <u>that</u> I hurt your feelings yesterday.
③ My mother said <u>that</u> I should be kind to others.

해수쌤의 문법 정리 TIPS

접속사 that이 생략되는 경우를 정확히 이해하고, 생략된 문장을 올바르게 해석하는 것이 중요합니다. 핵심 개념 TABLE에 제시된 세 가지 생략 가능한 경우와 예문을 옮겨 적은 뒤, 각 예문에서 that이 생략 가능한 이유를 함께 메모해 두세요.

UNIT 108

간결함을 위한 'that/who/which+be동사'의 생략

주격 관계대명사와 be동사의 생략

'주격 관계대명사+be동사'가 생략되면, 형용사구, 전치사구, 분사구 등이 남아 선행사를 수식하는 형태로 문장이 간결해집니다.

> ✓ **해수쌤의 필수 CHECK** '주격 관계대명사+be동사'가 생략되고 남은 뒷부분이 앞의 선행사(명사)를 꾸미므로, 정확한 해석을 위해서는 선행사를 잘 파악해야 합니다.

핵심 개념 TABLE

예1)
He is the person (~~who is~~ / ~~that is~~ full of energy). ← 형용사
→ He is the person full of energy.
: 그는 에너지가 가득 한 사람이다.

예2)
I know the school (~~which is~~ / ~~that is~~ in Busan). ← 전치사
→ I know the school in Busan.
: 나는 부산에 있는 그 학교를 알고 있다.

예3)
He repaired the windows (~~that were~~ / ~~which were~~ broken in the storm). ← 과거분사
→ He repaired the windows broken in the storm.
: 그는 폭풍으로 부서진 창문들을 수리했다.

예4)
The boy (~~who is~~ / ~~that is~~ running a marathon) is my friend. ← 현재분사
→ The boy running a marathon is my friend.
: 마라톤을 뛰고 있는 소년은 내 친구이다.

예5)
The documents (~~which were~~ / ~~that were~~ sent yesterday) are important. ← 과거분사
→ The documents sent yesterday are important.
: 어제 보내진 문서들은 중요하다.

🔖 문법 PLUS

▶ 관계대명사가 이끄는 관계절에서 '주격 관계대명사+be동사'가 생략되면, **형용사구, 전치사구, 분사구 등이 명사를 뒤에서 수식하는 구조**가 됩니다.

예1 | The book ~~(which is)~~ full of pictures is interesting. 사진이 가득한 그 책은 흥미롭다.
→ The book full of pictures(형용사구) is interesting.

예2 | The book ~~(which is)~~ on the table is mine. 책상 위에 있는 그 책은 내 것이다.
→ The book on the table(전치사구) is mine.

▶ '주격 관계대명사+be동사'가 생략되고 현재분사 또는 과거분사가 뒤따르는 경우, 이를 '분사 후치 수식'이라 합니다. 단, **분사가 수식어 없이 단독으로 명사를 꾸미는 경우**, 문장의 의미가 모호하거나 어색해질 수 있으므로 이러한 생략이 항상 가능한 것은 아닙니다. ('UNIT 85. 분사: 분사구의 후치 수식' 참고)

예1 | a baby that is crying 울고 있는 아기 → 'a baby crying'
: 현재분사(crying)가 아무런 수식어 없이 단독으로 명사(a baby)를 꾸미게 되어, 울음의 시점이나 상황이 분명하지 않음.

예2 | the chair that was broken 부서진 의자 → 'the chair broken'
: 과거분사(broken)가 아무런 수식어 없이 단독으로 명사(the chair)를 꾸미게 되어, 파손의 원인이나 시점이 분명하지 않음.

해수쌤의 점검 QUIZ

정답 및 해설 p. 52

A. 다음 문장에서 예시처럼 생략할 수 있는 '주격 관계대명사+be동사'를 소괄호( )로 묶으시오.

> 제시 문장: The book (that was) borrowed yesterday is missing.

(1) The person who is smiling is my best friend.
(2) He is reading the letters that were written by Jane.
(3) The book which is on the table is mine.

B. 다음 중 제시된 표현이 들어가기 가장 적절한 위치를 고르시오. (   )

> that is

My friend (①) built the house (②) located in (③) the city center (④).

해수쌤의 문법 정리 TIPS

관계대명사가 이끄는 절은 선행사(명사)를 수식하므로, '주격 관계대명사+be동사'가 생략된 후에도 남은 부분이 형용사구, 전치사구, 분사구 등의 형태로 명사를 수식한다는 점을 이해하는 것이 중요합니다. 핵심 개념 TABLE의 예문을 옮겨 적고, 생략 가능한 부분과 생략 후 남는 표현이 어떤 구조인지 함께 표시해 보세요.

UNIT 109

접속사의 뒷부분 간략하게 만들기

접속사 뒤 주어와 be동사의 생략

중요도 ★★★☆☆
난이도 ★★★★☆

접속사 뒤의 '주어+be동사'는 문맥상 의미가 명확하면 생략할 수 있습니다.

✓ **해수쌤의 필수 CHECK** '주어+be동사'를 생략한 후에는 접속사 뒤에 절이 아닌 형용사(구), 전치사(구), 분사(구) 등이 남을 수 있다는 것을 기억 하세요!

핵심 개념 TABLE

	예문
1)	┌─ 비록 ~일지라도 **Though** (~~it is~~) boring, the movie is famous. 　　　　　　S　V → Though boring, the movie is famous. : 비록 지루할지라도, 그 영화는 유명하다.
2)	┌─ 일단 ~하면 Chickens become crispy, **once** (~~chickens are~~) fried. 　　　　　　　　　　　　　　　S　　　　V → Chickens become crispy, once fried. : 닭고기는 일단 튀겨지면 바삭해진다.
3)	┌─ ~하는 동안에 **While** (~~you are~~) on a vacation, this book will be useful for you. 　　　　S　V → While on a vacation, this book will be useful for you. : 휴가 중에, 이 책이 너에게 유용할 것이다.
4)	┌─ ~할 때 **When** (~~you are~~) cooking, it is important to wash your hands. 　　　　S　V → When cooking, it is important to wash your hands. : 요리할 때는 손을 씻는 것이 중요하다.
5)	┌─ ~할 때 **When** (~~you are~~) busy, ask me to help you. 　　　　S　V → When busy, ask me to help you. : 바쁠 때 나에게 도움을 요청해라.

6)
　　　　　┌ 만약 ~라면
I want to eat this food **if** (~~it is~~) possible.
　　　　　　　　　　S V
→ I want to eat this food if possible.
: 가능하다면 나는 이 음식을 먹고 싶다.

➕ 문법 PLUS

▶ 접속사 뒤에는 주절과 종속절의 주어가 같을 때 생략이 자연스러운 경우가 많지만, 반드시 같아야 하는 것은 아닙니다. 문맥상 의미가 명확하게 전달된다면, **주어가 달라도 '주어+be동사'를 생략할 수 있습니다.**

예 1 | **If** (it is) necessary, we can postpone the meeting. 필요하다면, 우리는 회의를 연기할 수 있다.
　　　→ 주절의 주어: we, 종속절의 주어: it (주어가 다르지만 의미가 명확하므로, 'it is' 생략 가능)

예 2 | **Though** (the task is) difficult, she managed to finish it. 그 일이 어렵긴 했지만, 그녀는 그것을 끝냈다.
　　　→ 주절의 주어: she, 종속절의 주어: the task (주어가 다르지만 의미가 명확하므로, 'the task is' 생략 가능)

▶ 접속사 뒤에는 원칙적으로 주어와 동사가 포함된 절이 옵니다. 하지만 **'주어+be동사'가 생략되면, 접속사 뒤에 형용사(구), 분사(구), 전치사(구) 등이 올 수도 있습니다.** ('UNIT 45. 전치사 vs. 접속사' 참고)

예 1 | **Though** boring(형용사), the movie is famous. 비록 지루할지라도, 그 영화는 유명하다.
예 2 | **If** invited(분사), he will attend the meeting. 초대받는다면, 그는 회의에 참석할 것이다.
예 3 | **While** on vacation(전치사구), this book will be useful for you. 휴가 중에, 이 책이 너에게 유용할 것이다.

▶ 문맥 속에서 의미가 명확할 경우, 또는 주절과 종속절의 주어가 동일할 경우, '주어+be동사'는 생략 가능합니다. 하지만 **의미가 불명확해지거나 문장이 어색해질 경우에는 생략할 수 없습니다.**

예 1 | **Though** the test was hard, many students passed. 비록 그 시험이 어려웠지만, 많은 학생들이 통과했다.
　　　: 'the test was'를 생략할 경우, 무엇이 어려웠는지 문맥상 유추가 불가능하므로 생략 불가.

예 2 | We stayed indoors **because** the weather was bad. 날씨가 나빴기 때문에 우리는 실내에 머물렀다.
　　　: 접속사 because나 since 등이 이끄는 절은 주절의 주어와 무관한 독립적인 이유를 설명하는 경우가 많아, '주어+be동사(the weather was)'를 생략하면 원인이 불명확해지므로 생략 불가.

해수쌤의 점검 QUIZ

정답 및 해설 p. 52

A. 다음 중 밑줄 친 부분을 생략할 수 없는 문장을 고르시오. (   )

① While <u>he was</u> at school, Ben studied hard.
② We can start the meeting once <u>she is</u> ready for it.
③ Though <u>you are</u> nervous, you can perform well on stage.

B. 다음 중 옳지 않은 문장을 고르시오. (   )

① Though young, he is very wise.
   비록 어리지만, 그는 매우 현명하다.
② When asked about my plans, I remained silent.
   나의 계획에 대해 질문받았을 때, 나는 침묵을 유지했다.
③ When drinking coffee, she always adds some milk.
   커피를 마실 때, 그녀는 항상 약간의 우유를 추가한다.
④ Though studied hard, their grades did not improve.
   비록 공부를 열심히 했지만, 그들의 성적은 향상되지 않았다.

해수쌤의 문법 정리 TIPS

접속사 뒤에는 일반적으로 주어와 동사가 포함된 문장이 옵니다. 하지만 '주어+be동사'가 생략되면, 접속사 뒤에는 형용사, 전치사구, 분사구 등 문장이 아닌 다른 형태가 올 수 있다는 점을 이해하는 것이 중요합니다. 핵심 개념 TABLE에 제시된 예문을 옮겨 적고, 접속사 뒤의 '주어+be동사'를 생략해 본 다음, 그 문장을 반복해서 읽고 해석하며 이러한 생략 구조에 익숙해지도록 연습해 보세요.

선행사와 관계부사의 생략 조건

관계부사의 생략

일반적인 내용을 나타내는 선행사가 있을 경우, 문맥에 따라 선행사 또는 관계부사를 생략할 수 있습니다. 하지만 선행사가 구체적이고 명확한 대상을 나타내는 경우에는 관계부사를 생략할 수 없습니다.

✓ **해수쌤의 필수 CHECK** '선행사 the way'와 '관계부사 how'는 의미가 중복되므로 함께 쓰면 문법적으로 틀린 문장이 됩니다. 반드시 둘 중 하나만 사용해야 한다는 점을 기억하세요!

핵심 개념 TABLE

1. 일반적인 선행사 + 관계부사 where, when, why ➡ 선행사와 관계부사 중 하나 생략 가능

예1)	This is (**the place**) (**where**) she stayed before. 　　　　　선행사　관계부사 → This is **the place** she stayed before. → This is **where** she stayed before. 여기가 그녀가 전에 머물렀던 장소(곳)이다.
예2)	I remember (**the day**) (**when**) you left. 　　　　　선행사　관계부사 → I remember **the day** you left. → I remember **when** you left. 나는 네가 떠났던 날(때)을 기억한다.
예3)	I know (**the reason**) (**why**) she cried. 　　　　선행사　관계부사 → I know **the reason** she cried. → I know **why** she cried. 나는 그녀가 울었던 이유를 안다.

2. 일반적인 선행사 the way + 관계부사 how ➡ 선행사와 관계부사 중 하나를 반드시 생략해야 함

예)	Teach me (**the way**) (**how**) you made the food. (X): 문법적으로 틀린 문장 　　　　　　선행사　관계부사 → Teach me **the way** you made the food. → Teach me **how** you made the food. 네가 음식을 만든 방법을 나에게 가르쳐줘.

3. 구체적인 특정 선행사 + 관계부사 where ➡ 선행사와 관계부사 둘 다 생략 불가

예)
구체적인 특정 선행사
This is **the hotel where** she stayed before.
└→관계부사
여기가 그녀가 전에 머물렀던 호텔이다.

관계부사	일반적인 선행사	관계부사 또는 선행사 생략 가능 여부
where	place, location, area, space 등	둘 중 하나 생략 가능
when	time, day, year, moment 등	둘 중 하나 생략 가능
why	reason, cause 등	둘 중 하나 생략 가능
how	way 등	**둘 중 하나 생략 필수**

관계부사	구체적인 특정 선행사	관계부사 또는 선행사 생략 가능 여부
where	the hotel, the cafe, the library, the restaurant, the hospital 등	**둘 다 생략 불가**

✚ 문법 PLUS

▶ 일반적인 선행사가 있을 때, 선행사 또는 관계부사를 생략할 수 있습니다.

예 | Let's go to **the place**(선행사) **where(관계부사)** we met last time. 우리 지난번에 만났던 장소로 가자.
  → Let's go to **the place**(선행사) we met last time.
  → Let's go to **where(관계부사)** we met last time.
  : 'the place'는 일반적인 선행사이므로, 선행사 또는 관계부사 중 하나를 생략할 수 있음.

▶ 관계부사 how는 자체적으로 '방법'을 의미하므로 의미가 중복되는 'the way(방법)'와 함께 쓰지 않으며, 둘 중 하나를 반드시 생략해야 합니다.

예 | I like **the way**(선행사) **how(관계부사)** he speaks. (X) 나는 그가 말하는 방식을 좋아한다.
  • I like **the way**(선행사) he speaks. (O)
  → I like **how(관계부사)** he speaks. (O)

▶ 일반적인 선행사가 생략되면, 관계부사 where, when, why, how는 의문사 역할을 하며 간접의문문을 이끕니다.
('UNIT 32. 간접의문문: 의문사가 있는 경우' 참고)

예1 | I remember **the day** (**when you left**). 나는 네가 떠났던 날을 기억한다.
  : when은 선행사(the day)를 수식하는 형용사절을 이끄는 관계부사임.

예2 | I remember [**when you left**]. 나는 네가 떠났던 때를 기억한다.
  : when은 동사(remember)의 목적어인 간접의문문을 이끄는 의문사임.

해수쌤의 점검 QUIZ

정답 및 해설 p. 53

A. 다음 문장에서 생략이 적절하지 않은 것을 고르시오. (   )

① This is ~~the reason~~ why he has to leave early.
→ This is why he has to leave early.

② She explained the way ~~how~~ the camera works.
→ She explained the way the camera works.

③ I really love ~~the park~~ where I can enjoy nature.
→ I really love where I can enjoy nature.

④ Do you remember the day ~~when~~ we had the business meeting?
→ Do you remember the day we had the business meeting?

B. 다음 글에서 반드시 생략이 필요한 것을 고르시오. (   )

I still remember the day ① <u>when</u> Lucy taught me how to bake cookies. We met in our kitchen ② <u>where</u> we could use an oven. She taught me the way ③ <u>how</u> I can bake delicious cookies. She kindly explained the reason ④ <u>why</u> I should add more salt.

나는 Lucy가 쿠키 굽는 법을 가르쳐줬던 날을 여전히 기억한다. 우리는 오븐을 사용할 수 있는 우리 집 주방에서 만났다. 그녀는 내게 맛있는 쿠키를 굽는 방법을 가르쳐주었다. 그녀는 친절하게 내가 왜 소금을 더 추가해야 하는지 설명해주었다.

해수쌤의 문법 정리 TIPS

place, time, reason, way와 같은 일반적인 선행사 뒤에 관계부사가 올 경우, 선행사 또는 관계부사를 생략할 수 있다는 점을 확인하세요. 또한, the way와 how는 의미가 중복되므로 함께 사용할 수 없으며, 반드시 둘 중 하나만 남겨야 한다는 점도 중요합니다. 선행사 또는 관계부사가 생략된 예문을 옮겨 적고, 생략된 단어와 그 이유를 간단히 메모해 보세요. 그런 다음, 문장을 여러 번 소리 내어 읽으며 자연스럽게 익혀 보세요.

간결함과 자연스러움을 위한 should의 생략

should의 생략

제안·요구·명령·당위성을 나타내는 표현 뒤의 종속절에서는 조동사 should가 생략되는 경우가 많습니다. 이때 문장에는 should가 보이지 않지만, 원래 should 다음에 와야 할 동사원형은 반드시 그대로 써야 합니다.

> **해수쌤의 필수 CHECK** 종속절의 주어와 어울리지 않는 동사원형이 보인다면, 앞에 제안·주장·요구·명령·당위 표현이 나오며 should가 생략된 구조는 아닌지 점검해 보세요.

핵심 개념 TABLE

1. (제안 · 주장 · 요구 · 명령 · 당위성을 나타내는) 동사 뒤

예시 단어: suggest(제안하다), propose(제안하다), insist(주장하다), command(명령하다), order(명령하다), demand(요구하다), require(요구하다), request(요청하다), recommend(추천하다), urge(촉구하다) 등

예1)	I **suggest** [that you **(should)** take medicine]. └→동사원형 : 나는 네게 약을 먹어야 한다고 제안한다.
예2)	He **demanded** [that the soldiers **(should)** leave immediately]. └→동사원형(leaved 불가) : 그는 군인들에게 즉시 떠날 것을 요구했다.

2. (제안 · 주장 · 요구 · 명령 · 당위성을 나타내는) 형용사 뒤

예시 단어: important(중요한), necessary(필요한), essential(필수적인), vital(매우 중요한), crucial(결정적인), urgent(긴급한), imperative(반드시 필요한), natural(당연한), appropriate(적절한) 등

예1)	It is **important/necessary/essential** [that the boy **(should)** wear a helmet]. └→동사원형(wears 불가) : 그 소년이 헬멧을 착용하는 것은 중요하다/필요하다/필수적이다.

3. (제안 · 주장 · 요구 · 명령 · 당위성을 나타내는) 명사 뒤

예시 단어: suggestion(제안), recommendation(추천), demand(요구), request(요청), proposal(제안), requirement(요구사항), insistence(주장) 등

예1)	He agreed with my **suggestion/recommendation** [that he **(should)** be promoted]. ↳동사원형(was 불가) : 그는 그가 승진해야 한다는 나의 제안/추천에 동의했다.

4. 유의: insist, suggest가 있음에도 should가 생략되지 않는 경우

예1)	He **insisted** [that he didn't steal the wallet]. : 그는 자신이 그 지갑을 훔치지 않았다는 것을 주장했다. → (어떤 행동을 하자는 제안이나 요구가 아니라) 과거 사실에 대한 주장이므로 should를 쓰지 않음.
예2)	The research **suggested** [that the dinosaurs were more than 12 meters]. : 그 연구는 공룡들이 12미터 이상이었다는 것을 암시했다. → (어떤 행동을 하자는 제안이나 요구가 아니라) 과거 사실에 대한 암시이므로 should를 쓰지 않음.

✚ 문법 PLUS

▶ 제안, 주장, 요구, 명령, 당위성을 나타내는 표현이 포함된 문장의 종속절에서는 보통 'should+동사원형' 구조를 사용합니다. 이때 should가 생략되더라도, 동사는 반드시 원형을 유지해야 합니다. 또한 주어의 수, 인칭, 시제에 상관없이, should가 생략된 경우에는 동사원형을 그대로 써야 하므로, 이 구조는 시제 일치의 예외와도 관련됩니다.
('UNIT 104. 시제 일치의 예외' 참고)

예1 | It is **vital** [that he **(should) arrive** on time]. 그가 제시간에 도착하는 것이 매우 중요하다.
      : should가 생략되더라도, 'arrives' 대신 'arrive(동사원형)'를 써야 함.

예2 | She **insisted** [that he **(should) apologize**]. 그녀는 그가 사과해야 한다고 주장했다.
      : should가 생략되더라도, 'apologizes' 대신 'apologize(동사원형)'를 써야 함.

▶ **insist**와 **suggest**는 두 가지 의미로 쓰일 수 있으므로 문맥에 따라 해석에 주의해야 합니다.
  – 새로운 행동을 주장 또는 제안하는 경우 → 'should+동사원형' (또는 should 생략)
  – 과거의 사실을 주장 또는 암시하는 경우 → 일반적인 시제 규칙 따름

예1 | The evidence **suggested**(과거) that she **was**(과거) lying. 그 증거는 그녀가 거짓말을 하고 있었다는 것을 암시했다.
      : was(과거)를 'should be' 또는 'be'로 바꾸면 '그 증거가 그녀에게 거짓말을 하라고 제안했다.'라는 전혀 다른 의미가 됨.

예2 | The suspect **insisted**(과거) that he **was**(과거) at home. 그 용의자는 자신이 집에 있었다고 주장했다.
      : was(과거)를 'should be' 또는 'be'로 바꾸면 '그 용의자가 자신이 집에 있어야 한다고 주장했다.'라는 전혀 다른 의미가 됨.

해수쌤의 점검 QUIZ

정답 및 해설 p. 53

A. 다음 중 밑줄 친 부분이 옳지 <u>않은</u> 것을 고르시오. (　　)

① I demanded that he <u>apologize</u> immediately.
나는 그가 즉시 사과할 것을 요구했다.

② The footprints suggested that someone <u>walk</u> here.
발자국은 누군가 여기를 걸어갔다고 암시했다.

③ It is necessary that she <u>attend</u> the meeting regularly.
그녀가 정기적으로 회의에 참석하는 것은 필요하다.

B. 괄호에 알맞은 단어에 동그라미 치시오.

(1) She made a suggestion that he (took / take) a break.
그녀는 그가 휴식을 취해야 한다는 제안을 했다.

(2) She strongly insisted that the boy (stole / steal) the jewelry.
그녀는 그 소년이 보석을 훔쳤다고 강력하게 주장했다.

(3) It is essential that she (wear / wears) a helmet when riding a motorcycle.
오토바이를 탈 때 그녀가 헬멧을 쓰는 것은 필수적이다.

해수쌤의 문법 정리 TIPS

should는 조동사이므로 뒤에는 반드시 동사원형이 옵니다. should가 생략된 경우에도 동사원형은 그대로 남기 때문에, 이를 제대로 파악하지 못하면 문법적으로 틀린 문장으로 착각할 수 있습니다. 따라서 제안·주장·요구·명령·당위성을 나타내는 표현들을 익히고, 다양한 예문에 반복적으로 노출되는 것이 중요합니다. 핵심 개념 TABLE에 제시된 예문을 옮겨 적고, 생략 가능한 should와 그 뒤의 동사원형을 표시해 보세요.

CHAPTER 17
생략되는 요소들

빈칸을 채워 핵심 개념을 이해했는지 점검하세요.

106 관계대명사 that의 생략

관계대명사 that은 목적격이나 보격일 때 생략할 수 있으며, '주격 관계대명사 that/which/who+be동사'도 생략 가능합니다. 예를 들어, 'I know the writer that my older sister likes(나는 나의 언니가 좋아하는 그 작가를 안다).'에서는 (①)격 관계대명사 that이 생략될 수 있습니다. 또한, 'I am not a fast runner that I used to be(나는 예전의 나처럼 빠른 주자가 아니다).'에서는 보격 관계대명사 that이 생략될 수 있습니다. 마지막으로, 'I know the writer that is famous for his novels(나는 소설로 유명한 그 작가를 안다).'에서는 '주격 관계대명사+be동사'인 (②)이(가) 생략될 수 있습니다.

107 접속사 that의 생략

접속사 that은 문장에서 (①) 역할을 하는 절을 이끌 때, 또는 감정·확신·불확신을 나타내는 형용사 뒤에서 생략될 수 있습니다. 예를 들어, 'They think that you will come tomorrow(그들은 네가 내일 올 것이라 생각한다).'에서는 목적어를 이끄는 접속사 that이 생략될 수 있습니다. 또한, 'I'm happy that he will come tomorrow(나는 그가 내일 올 것에 대해 기쁘다).'에서는 감정을 나타내는 형용사 뒤의 (②)이(가) 생략될 수 있습니다.

108 주격 관계대명사와 be동사의 생략

'주격 관계대명사+be동사'가 생략되면, 형용사구, 전치사구, 분사구 등이 남아 선행사를 수식하는 형태로 문장이 간결해집니다. 예를 들어, 'He repaired the windows that were broken in the storm(그는 폭풍으로 부서진 창문들을 수리했다).'에서는 (①)이(가) 생략될 수 있습니다. 또한, 'The boy who is running a marathon is friend(마라톤을 뛰고 있는 소년은 내 친구이다).'에서는 (②)이(가) 생략될 수 있습니다.

109 접속사 뒤 주어와 be동사의 생략

접속사 뒤의 '주어+(①)'(은)는 문맥상 의미가 명확하면 생략할 수 있습니다. 생략이 일어난 후에는 접속사 뒤에 절이 아닌 형용사(구), 전치사(구), 또는 분사(구) 등이 남을 수 있습니다. 예를 들어, '비록 지루할지라도, 그 영화는 유명하다.'라는 뜻의 문장인 'Though it is boring, the movie is famous.'에서는 (②)을(를) 생략할 수 있습니다.

110 관계부사의 생략

일반적으로 관계부사 (①)은(는) 'place(장소), location(장소)' 같은 선행사를, (②)은(는) 'time(시간), day(날)' 같은 선행사를 수식합니다. 이렇게 일반적인 선행사가 있을 때, 선행사 또는 관계부사를 생략할 수 있습니다. 하지만 선행사가 구체적이고 명확한 대상을 나타내는 경우에는 관계부사를 생략할 수 없습니다. 또한, (③)은(는) 자체적으로 '방법'을 의미하므로 의미가 중복되는 'the way(방법)'와 함께 쓰지 않으며, 둘 중 하나를 반드시 생략해야 합니다.

111 should의 생략

제안·요구·명령·당위성을 나타내는 표현 뒤의 종속절에서는 조동사 (①)이(가) 생략되는 경우가 많습니다. 이때 문장에는 should가 보이지 않지만, 원래 should 다음에 와야 할 (②)은(는) 반드시 그대로 써야 합니다. 예를 들어, '그 소년이 헬멧을 착용하는 것이 중요하다.'라는 문장은 'It is important that the boy wear a helmet.'으로 표현되며, 종속절의 동사는 'wears'가 아닌 동사원형 'wear'가 되어야 합니다.

CHAPTER 18

특수 구문

문장을 강조하고 변형하는 다양한 표현

특수 구문은 문장을 강조하거나 구조적으로 변형하여, 의미를 더욱 분명하고 효과적으로 전달하는 문장 형식입니다. 이러한 구문을 익히면 문장의 표현력과 전달력을 높이고, 중요한 정보를 더욱 강조하는 문장 구성이 가능합니다.

UNIT 112	도치 구문: 부정어 및 장소 부사
UNIT 113	도치 구문: 보어 및 가정법
UNIT 114	도치 구문: there, here
UNIT 115	강조 구문: It~that
UNIT 116	재귀대명사
UNIT 117	동격
UNIT 118	가주어와 진주어
UNIT 119	가목적어와 진목적어
UNIT 120	be to 용법

UNIT 112
도치 구문: 부정어 및 장소 부사

부정어 및 장소·방향 관련 부사가 문장 맨 앞에 올 때

중요도 ★★★☆☆
난이도 ★★★★☆

부정어(구) 및 장소·방향을 나타내는 부사(구)가 문장 맨 앞에 오면, 강조를 위해 도치가 발생하며 동사가 주어보다 앞에 위치하게 됩니다.

> **해수쌤의 필수 CHECK** 의문문이 아닌 평서문에서도 도치가 일어날 수 있다는 점을 기억하세요. 특히 부정어구나 장소·방향을 나타내는 부사구가 문장 맨 앞에 올 때 자주 나타나며, 동사의 종류에 따라 도치 형태가 달라지므로 예문을 통해 자연스럽게 익혀 두세요!

핵심 개념 TABLE

1. 부정어(구)가 맨 앞인 경우
*부정어 예시: not(~않다), never(결코 ~않다), no(전혀 ~없는), hardly(거의 ~않다), scarcely(거의 ~않다), barely(간신히, 거의 ~않다), little(거의 ~없다: 셀 수 없는 명사와 함께 사용), few(거의 ~없다: 셀 수 있는 명사와 함께 사용), rarely(드물게, 거의 ~않다), seldom(좀처럼 ~않다) 등

동사 유형	도치 형태		예문
be동사	부정어(구)+be동사+주어+~ 　　　　　V　　S	1)	It is **not only** fun but also interesting. : 그것은 재미있을 뿐만 아니라 흥미롭기도 하다. 도치 형태 ➡ **Not only** is it fun but also interesting.
		2)	He was **never** more afraid in his life. : 그는 살면서 그렇게 두려웠던 적이 한 번도 없었다. 도치 형태 ➡ **Never** was he more afraid in his life.
조동사	부정어(구)+조동사+주어+~ 　　　　　V　　S	1)	I can **hardly** say a word. : 나는 거의 한마디도 할 수 없다. 도치 형태 ➡ **Hardly** can I say a word.
		2)	She had **rarely** seen such a view. : 그녀는 그런 광경을 좀처럼 본 적이 없었다. 도치 형태 ➡ **Rarely** had she seen such a view.

일반 동사	부정어(구)+do/does/did+주어+동사원형+~ 　　　　　　　V　　　S	1)	I **seldom** sleep well these days. : 나는 요새 좀처럼 잠을 잘 못 잔다. 도치 형태 ➡ **Seldom** do I sleep well these days.
		2)	I **barely** finished the task on time. : 나는 간신히 그 일을 제시간에 끝냈다. 도치 형태 ➡ **Barely** did I finish the task on time.

2. 장소 및 방향을 나타내는 부사(구)가 맨 앞인 경우
*장소 및 방향을 나타내는 단어 예시: up(위로), down(아래로), out(밖으로), in(안으로), away(멀리), back(뒤로), over(넘어), around(주위로), outside(밖에), inside(안에), upstairs(위층에), downstairs(아래층에), nowhere(어디에도 ~않다), near(근처에), under(아래에), on(위에), off(떨어져), aside(옆으로), abroad(해외에), somewhere(어딘가에)

도치 형태		예문
장소 및 방향을 나타내는 부사(구)+동사+주어+~ 　　　　　　　　　　　　V　S	1)	Tom stands **near** the tree. : Tom은 나무 근처에 서 있다. 도치 형태 ➡ **Near** the tree stands Tom.
	2)	The balloon went **up**. : 풍선이 위로 올라갔다. 도치 형태 ➡ **Up** went the balloon.
	3)	The kids ran **out** of the house. : 아이들이 집 밖으로 달려 나왔다. 도치 형태 ➡ **Out** of the house ran the kids.

📕 문법 PLUS

▶ 도치 구문은 일반적인 어순(주어+동사)이 바뀌어 **동사가 주어보다 먼저 오는 구조**입니다. 다음과 같은 경우 도치가 발생할 수 있습니다.

1. 부정어 또는 부정어가 포함된 구가 문장 맨 앞에 오는 경우

예 | We **rarely** get such an opportunity. 우리는 그런 기회를 거의 얻지 못한다.
  → **Rarely do**(V) **we**(S) get such an opportunity.

2. 장소 및 방향을 나타내는 부사 또는 부사구가 문장 맨 앞에 오는 경우

예 | The rain came **down**. 비가 내렸다.
  → **Down came**(V) **the rain**(S).

▶ 도치를 유발하는 관용적인 부정어구도 존재합니다.

부정어구 예시:

not only A but also B A뿐만 아니라 B도   **under no circumstances** 어떠한 경우에도 ~않다
in no case 어떠한 경우에도 ~아니다   **at no time** 한 번도 ~않다   **by no means** 결코 ~아니다

예1 | We will give up **under no circumstances**. 어떠한 경우에도 우리는 포기하지 않을 것이다.
  → **Under no circumstances will**(V) **we**(S) give up.

예2 | This is **by no means** your fault. 이것은 결코 네 잘못이 아니다.
  → **By no means is**(V) **this**(S) your fault.

▶ Only(오직, 단지)는 자체적으로 부정어는 아니지만, 문맥상 제한적이거나 부정적인 의미를 포함할 수 있습니다. 이때 **Only가 문장 맨 앞에 오면 도치가 발생**합니다.

예 | She started crying **only when he left**. 그가 떠난 후에야 그녀는 울기 시작했다.
  → **Only when he left did**(V) **she**(S) start crying.

▶ **장소 및 방향을 나타내는 부사(구)가 문장 맨 앞에 왔더라도, 도치가 일어나지 않는 경우도 존재**합니다.

1. 주어가 대명사인 경우

예 | He stood **in the garden**. 그는 정원에 서 있었다.
  → **In the garden he**(S) **stood**(V). (O)
  : 주어가 대명사(he)일 경우에는 도치가 일반적으로 허용되지 않음. (단, 문어체나 시적 표현에서는 사용되기도 함)

2. 도치를 하지 않고도 자연스럽고 명확한 경우

예 | Tom stood **on the stage**. 무대 위에 Tom이 서 있었다.
  → **On the stage Tom**(S) **stood**(V). (O)
  : 부사구(On the stage)가 문장 맨 앞에 왔지만, 도치 없이 '주어+동사(Tom stood)'를 유지하고 있음. 즉, 장소나 방향 부사(구)가 문장 맨 앞에 오더라도, 문맥상 의미가 분명하고 어순이 자연스럽다면, 도치 없이 일반적인 어순(주어+동사)을 유지할 수 있음.

해수쌤의 점검 QUIZ

정답 및 해설 p. 54

A. 다음 문장의 빈칸을 채워 도치 구문을 완성하시오.

(1) I rarely go out. → Rarely _____.
(2) She knows little about me. → Little _____.
(3) He could barely stand up. → Barely _____.
(4) Many flowers bloomed in the garden. → In the garden _____.

해수쌤의 문법 정리 TIPS

핵심 개념 TABLE의 예문을 옮겨 적은 뒤, 부정어 또는 장소·시간 부사를 문장 맨 앞에 두고 도치문을 스스로 완성해 보세요. 완성한 문장에서 주어와 동사를 표시하고, 동사의 종류(be동사, 조동사, 일반동사)에 따라 도치 형태가 어떻게 달라지는지 기록해 두세요.

UNIT 113 도치 구문: 보어 및 가정법

보어가 있는 문장과 if를 생략한 가정법에서의 도치

보어 도치는 보어 역할을 하는 형용사(구) 또는 분사(구)가 문장 맨 앞에 올 때 발생하며, 가정법 도치는 if가 생략될 때 발생합니다.

✓ **해수쌤의 필수 CHECK** 도치가 일어나면 문장이 형용사·분사(보어 도치) 또는 동사(가정법 도치)로 바로 시작되며, 이러한 형태가 낯설지 않도록 예문을 반복해서 확인하세요!

핵심 개념 TABLE

1. 형용사(구) 및 분사(구)인 보어가 맨 앞인 경우

도치 형태		예문
형용사(구) 보어+동사+주어+~ 　　　　　　　V　　S	1)	The weather was **beautiful**. : 날씨가 아름다웠다. 도치 형태 ➡ **Beautiful** was the weather.
	2)	The box is **so heavy** that I can't carry it. : 그 상자는 너무 무거워서 내가 들 수 없다. 도치 형태 ➡ **So heavy** is the box that I can't carry it.
분사(구) 보어+동사+주어+~ 　　　　　　　V　　S	3)	The children were **playing in the park**. : 아이들은 공원에서 놀고 있었다. 도치 형태 ➡ **Playing in the park** were the children.
	4)	A cat was **hidden behind the curtain**. : 고양이 한 마리가 커튼 뒤에 숨어 있었다. 도치 형태 ➡ **Hidden behind the curtain** was a cat.

2. 가정법에서 if를 생략하는 경우

도치 형태		예문
동사+주어+~ 　V　　S	1)	~~If~~ I were you, I would play more. : 내가 너라면, 나는 더 많이 놀 텐데. 도치 형태 ➡ Were I you, I would play more.
	2)	~~If~~ you had played more, you would have been happier. : 네가 더 많이 놀았더라면, 너는 더 행복했을 텐데. 도치 형태 ➡ Had you played more, you would have been happier.

3)	**If** you should need my help, just call me. : 만약 당신이 저의 도움이 필요하다면, 그냥 저를 부르세요. 도치 형태 ➡ **Should** you need my help, just call me.

🔖 문법 PLUS

▶ 부정어(구)나 장소·방향을 나타내는 부사(구)가 문장 맨 앞에 올 때 도치가 흔히 일어납니다. ('UNIT 112. 도치 구문: 부정어 및 장소 부사' 참고) 이 외에도 다음과 같은 경우에도 도치가 발생할 수 있습니다.

1. 보어 역할을 하는 형용사 또는 형용사구가 문장 맨 앞에 오는 경우

예 | The girl was **happy and proud** when she won the contest. 그 소녀는 대회에서 우승했을 때 행복하고 자랑스러웠다.
   → **Happy and proud was**(V) **the girl**(S) when she won the contest.

2. 보어 역할을 하는 분사 또는 분사구가 문장 맨 앞에 오는 경우

예 | The book was **written by a famous author**. 그 책은 유명한 작가에 의해 쓰였다.
   → **Written by a famous author was**(V) **the book**(S).

3. 가정법에서 if가 생략된 경우 ('UNIT 66. 가정법: 도치 구문' 참고)

예 | If it **were** not for your help, I couldn't pass the exam. 만약 당신의 도움이 없으면, 저는 시험에 합격하지 못할 거예요.
   → **Were**(V) **it**(S) not for your help, I couldn't pass the exam.

▶ 'so~that', 'such~that' 구문에서도 'so~', 'such~'가 강조를 위해 문장 맨 앞에 오는 경우 도치가 발생할 수 있습니다.

1. **so**+형용사+**that**+~: 너무 (형용사)해서 …하다

예 | The weather was **so cold that** we stayed inside. 날씨가 너무 추워서 우리는 실내에 있었다.
   → **So cold was**(V) **the weather**(S) **that** we stayed inside.

2. **such**+(**a/an**)+형용사+명사+**that**+~: 너무 (형용사한) (명사)이어서 …하다

예 | It was **such a spicy dish that** I couldn't eat it. 그것은 너무 매운 음식이어서 먹을 수 없었다.
   → **Such a spicy dish was**(V) **it**(S) **that** I couldn't eat it.

▶ 'so(~도 그렇다)'를 활용한 긍정 동의 표현 및 'neither(~도 안 그렇다)'을 활용한 부정 동의 표현에서도 도치가 발생합니다.

예1 | A: I love listening to classical music. 나는 클래식 음악 듣는 것을 좋아해.
    B: **So do**(V) **I**(S). 나도 좋아해.

예2 | A: I don't like crowded places. 나는 붐비는 곳을 좋아하지 않아.
    B: **Neither do**(V) **I**(S). 나도 안 좋아해.

▶ 보어로 사용된 형용사 또는 형용사구가 문장 맨 앞에 왔더라도, 주어가 대명사인 경우에는 일반적으로 도치가 부자연스럽습니다.

예3 | She was **excited about the trip**. 그녀는 여행에 들떠 있었다.

→ **Excited about the trip** was(V) she(S).
: 주어가 대명사(she)이므로, 일반적인 구어체에서는 어색하며, 문어체에서 제한적으로 사용됨.

해수쌤의 점검 QUIZ

정답 및 해설 p. 55

A. 다음 영어 문장의 우리말 해석이 옳지 <u>않은</u> 것을 고르시오. (　　)

① Surprisingly successful was my project.
　놀랍게도 프로젝트를 성공시킨 것은 나였다.
② Had you arrived on time, you would have caught the train.
　만약 네가 제시간에 도착했더라면, 너는 기차를 탈 수 있었을 텐데.
③ So expensive was the phone that I couldn't afford to buy it.
　그 휴대폰은 너무 비싸서 나는 그것을 살 여유가 없었다.

B. 다음 중 도치가 발생하지 <u>않은</u> 문장을 고르시오. (　　)

① Old houses were standing there.
② Were the book cheaper, I would buy it.
③ So difficult was the exam that many students failed.

해수쌤의 문법 정리 TIPS

핵심 개념 TABLE에 나온 문장을 참고하여, 보어 역할을 하는 형용사구나 분사구를 문장 맨 앞에 두고 도치문을 스스로 완성해 보세요. 또한, if가 포함된 가정법 문장을 if 없이 표현해 보며 도치문을 연습해 보세요. 완성한 문장에서 주어(S)와 동사(V)를 표시하고, 도치의 구조를 정리해 두세요.

UNIT 114

문장 앞에 오는 there와 here로 인한 도치

도치 구문: there, here

중요도 ★★★★★
난이도 ★★★☆☆

there와 here가 문장 맨 앞에 오면, 주어와 동사의 어순을 바꾸는 도치를 유발할 수 있습니다. 이때 동사는 보통 be동사이지만, live, remain, come, arrive와 같은 자동사가 올 수도 있습니다.

✅ **해수쌤의 필수 CHECK** there는 be동사와 결합할 때 '~이 있다', here는 be동사와 결합할 때 '여기에 ~이 있다'는 의미로 쓰입니다. 자동사가 올 경우에는 등장, 이동, 변화 등을 자연스럽게 표현합니다.

핵심 개념 TABLE

1. there가 문장 맨 앞인 경우

동사 유형	도치 형태		예문
be동사	there+be동사+주어 　　　V　　S : ~가 있다	1)	**There is** a boy in the bus, isn't there? 　　V　　S : 버스 안에 한 소년이 있어, 그렇지 않니?
		2)	**There are** four people in the bus. 　　V　　　S : 버스 안에 네 명의 사람이 있다. *주어가 복수명사인 four people이므로, is 대신 are를 써야 함
		3)	**There** will **be** no water available in the future. 　　　V　　　　S : 미래에는 이용 가능한 물이 없을 것이다. *There will be no~는 '~가 없을 것이다'라는 의미임
		4)	**There** must **be** some mistake. 　　V　　　　S : 어떤 실수가 있음이 틀림없다. *There must be~는 '~가 분명히 있을 것이다'라는 의미임
		5)	**There** have **been** many changes recently. 　　　V　　　　S : 최근에 많은 변화가 있어 왔다. *There have been~은 현재완료 시제로, '~가 있어 왔다'라는 의미를 나타냄

자동사	there+자동사+주어 　　　　V　 S : ~가 …하다	1)	**There lived** a greedy king. 　　　V　　　　S : 욕심 많은 왕이 살았다. *자동사 live가 be동사 대신 올 수 있음
		2)	**There remains** one last chance. 　　　　V　　　　S : 단 하나의 마지막 기회만이 남아 있다. *자동사 remain이 be동사 대신 올 수 있음

2. here가 문장 맨 앞인 경우

동사 유형	도치 형태		예문
be동사	here+be동사+주어 　　　V　　 S : 여기 ~가 있다	1)	**Here is** a boy. 　　V　　S : 여기에 한 소년이 있다.
		2)	**Here are** four people. 　　V　　　S : 여기에 네 명의 사람이 있다. *주어가 복수명사인 four people이므로, is 대신 are를 써야 함
자동사	here+자동사+주어 　　　V　　 S : 여기에 ~가 …하다	1)	**Here comes** a bus. 　　V　　S : 여기에 버스가 온다. *자동사 come이 be동사 대신 올 수 있음
		2)	**Here arrives** the train at last. 　　V　　　S : 여기 마침내 기차가 도착했다. *자동사 arrive가 be동사 대신 올 수 있음

➕ 문법 PLUS

▶ there와 here는 모두 문장 맨 앞에 올 때 주어와 동사의 도치를 유발하며 주로 존재나 상태 등을 소개하며, 'there/here+be동사+주어' 구조로 사용됩니다. 또한 일부 자동사와 결합하여 등장, 이동, 변화 등을 표현할 수도 있으며, 이 경우 'there/here+자동사+주어' 구조가 사용됩니다.

1. be동사에 의한 도치(존재나 상태 소개): **there/here+be동사+주어+~**

예1 | **There are**(V) **many books**(S) on the shelf. 선반 위에 많은 책들이 있다.

예2 | **Here is**(V) **your receipt**(S). 여기 당신의 영수증이 있다.

2. 자동사에 의한 도치(등장, 이동, 변화 등): **there/here+자동사+주어+~**

- 존재/상태를 나타내는 자동사:

    live 살다   exist 존재하다   remain 남다/유지되다   lie 놓여 있다/위치하다   stand 서 있다   sit 앉아 있다

- 이동/등장과 관련된 자동사:

    come 오다   go 가다   appear 나타나다   arrive 도착하다   fall 떨어지다/넘어지다   follow 뒤따르다

- 발생/변화와 관련된 자동사:

    happen 발생하다   occur 발생하다   arise 생기다/발생하다

예1 | **There appeared**(V) **a bright light**(S) in the sky. 하늘에 밝은 빛이 나타났다.

예2 | **Here lies**(V) **the problem**(S). 문제가 바로 여기 있다.

▶ there는 존재를 소개하는 데 쓰이는 **유도 부사**입니다. 문장에서 형식상 주어처럼 보이지만, 실제 주어는 동사 뒤에 오는 명사입니다. 또한 문장 맨 앞에 오면, 주어와 동사의 어순을 바꾸는 도치를 일으킵니다. here는 특정 장소를 나타내는 **장소 부사**로, 문장 앞에 올 경우 마찬가지로 주어와 동사의 도치를 유발합니다.

해수쌤의 점검 QUIZ

정답 및 해설 p. 55

A. 다음 중 밑줄 친 there가 나머지 둘과 다른 쓰임을 가진 것을 고르시오. (   )

① There were many birds in the sky.

② I have already been there many times.

③ I think there is always hope for the future.

B. 다음 영어 문장을 우리말로 바르게 해석한 것을 고르시오. (   )

① There is no place like home. 그곳은 집 같은 곳이 아니다.

② There appeared a rainbow yesterday. 어제 거기에 무지개가 나타났다.

③ There was a sudden noise last night. 지난밤에 갑작스러운 소음이 있었다.

해수쌤의 문법 Q&A

Q 'There is a boy.'라는 문장을 '그곳에 한 소년이 있다.'라고 해석해도 되나요?

A 안 됩니다. 'There is a boy.'에서 there는 장소를 나타내는 부사('그곳에'라는 의미)가 아니라, 존재를 소개하는 유도 부사입니다. 따라서 '한 소년이 있다.'라고 해석하는 것이 맞습니다. '그곳에 한 소년이 있다.'라는 의미를 나타내기 위해서는 'A boy is there.' 또는 'There is a boy there.'처럼 문장 끝에 장소 부사 there를 따로 붙여야 합니다.

해수쌤의 문법 정리 TIPS

유도 부사 there는 주어 자리에 있지만, 해석할 때는 동사 뒤에 오는 명사가 실제 주어입니다. 핵심 개념 TABLE의 예문을 옮겨 적은 뒤, 동사와 실제 주어를 표시하고 해석해 보세요. 장소 부사 here도 마찬가지로 도치를 유발하므로, here가 포함된 예문도 함께 옮겨 적고, 실제 주어와 동사를 표시한 뒤 자연스럽게 해석하는 연습을 해보세요.

UNIT 115

it과 that으로 특정 요소 강조하기

강조 구문: It~that

'It~that 강조 구문'은 문장의 특정 부분을 강조하기 위해 'It is/was+강조 대상+that+문장의 나머지 부분' 형태로 사용됩니다.

> **해수쌤의 필수 CHECK** that을 관계대명사로 혼동하면 원래 의도한 강조의 의미가 제대로 전달되지 않을 수도 있습니다. 강조 구문임을 빠르게 인식할 수 있도록 다양한 예문을 반복해 읽고 익혀 두세요!

핵심 개념 TABLE

형태		It is/was + [강조 대상: 주어/목적어/부사어] + that + 문장의 나머지 부분
		제시 문장: Jenny will buy a cake in London.
		주어 목적어 부사어
예1)	주어 강조	**It is** <u>Jenny</u> **that** will buy a cake in London. : 케이크를 런던에서 살 사람은 (바로) Jenny이다.
예2)	목적어 강조	**It is** <u>a cake</u> **that** Jenny will buy in London. : Jenny가 런던에서 살 것은 (바로) 케이크이다.
예3)	부사어 강조	**It is** <u>in London</u> **that** Jenny will buy a cake. : Jenny가 케이크를 살 곳은 (바로) 런던이다.

➕ 문법 PLUS

▶ 'It~that 강조 구문'은 문장에서 특정 부분을 강조하기 위해 사용되며, '···한 것은 (바로) ~이다'라고 해석됩니다. 일반적으로 that을 사용하지만, 강조하는 대상이 사람인 경우 who, 사물일 경우 which, 시간과 관련된 것은 when, 장소와 관련된 것은 where을 사용할 수도 있습니다.

예1 | **It was** the gift **that** the boy really wanted. 그 소년이 정말로 원했던 것은 바로 그 선물이었다.
예2 | **It was** Sarah **who**(또는 that) fixed the computer. 컴퓨터를 고친 사람은 바로 Sarah였다.
예3 | **It is** a cake **which**(또는 that) Jenny will buy in London. Jenny가 런던에서 살 것은 바로 케이크이다.
예4 | **It was** yesterday **when**(또는 that) they finished the project. 그들이 프로젝트를 끝낸 것은 바로 어제였다.

▶ 'It~that 강조 구문'은 단어뿐 아니라 **구 또는 절로 된 표현**도 강조할 수 있습니다.

예1 | 전치사구(부사어) 강조 - 장소 강조

: It was **in the library** that I found the book. 내가 그 책을 찾은 것은 바로 도서관에서였다.

예2 | to부정사구(부사어) 강조 - 목적 강조

: It was **to win the game** that he trained so hard. 그가 그렇게 열심히 훈련한 것은 바로 게임에서 이기기 위해서였다.

예3 | 접속사절(부사어) 강조 - 이유 강조

: It was **because he was tired** that he left early. 그가 일찍 떠난 것은 바로 피곤했기 때문이었다.

예4 | 동명사구(주어) 강조

: It was **watching the movie** that made me cry. 나를 울게 한 것은 바로 그 영화를 본 것이었다.

예5 | what절(주어) 강조

: It was **what she said** that surprised everyone. 모두를 놀라게 한 것은 바로 그녀가 한 말이었다.

▶ 현재 시제 문장일 때는 be동사 **is**를, 과거 시제 문장일 때는 **was**를 사용합니다.

예1 | She **studies**(현재 시제) in the morning. 그녀는 아침에 공부한다.

→ 강조 구문: It **is** in the morning that she studies. 그녀가 공부하는 것은 바로 아침이다.

예2 | He **met**(과거 시제) Jane at the station. 그는 역에서 Jane을 만났다.

→ 강조 구문: It **was** at the station that he met Jane. 그가 Jane을 만난 곳은 바로 역이었다.

▶ 'It~that 강조 구문'을 관계대명사 that이 쓰인 문장으로 착각하여 직역하면, 문장이 단순한 설명처럼 보이고 강조의 의미가 약해질 수 있습니다.

예 | It was the book that she wrote last year.

→ **that**을 'It~that 강조 구문'의 일부로 볼 때의 해석: 그녀가 작년에 쓴 것은 바로 그 책이었다. ('the book' 을 강조)

→ **that**을 관계대명사로 볼 때의 해석: 그것은 그녀가 작년에 쓴 책이었다. ('the book'이 어떤 것인지 설명)

해수쌤의 점검 QUIZ

정답 및 해설 p. 56

A. 빈칸을 채워 다음 문장의 주어, 목적어, 부사어를 강조하는 문장을 완성하시오.

> I met my boss in front of the elevator.

(1) 주어 강조 → It was _____.
(2) 목적어 강조 → It was _____.
(3) 부사어 강조 → It was _____.

B. 다음 중 'It~that 강조 구문'이 쓰이지 <u>않은</u> 문장을 고르시오. (　　)

① It is my mother that I consider my best friend.
② It is possible that she will arrive late tomorrow.
③ It is tomorrow that I'm planning to have a party.

해수쌤의 문법 정리 TIPS

'It~that 강조 구문'에서 It을 '그것'이라고 해석하지 않도록 구문의 형태에 익숙해지는 것이 중요합니다. 핵심 개념 TABLE에 제시된 문장인 'Jenny will buy a cake in London.'을 주어, 목적어, 부사어를 각각 강조하는 문장으로 바꾸어 직접 작성해 보세요. 완성한 문장에서 강조된 부분을 표시한 후, 그 부분을 중심으로 강조의 의미가 드러나도록 자연스럽게 해석해 보세요.

−self 또는 −selves로 끝나는 대명사

재귀대명사

재귀대명사는 '~자신, ~스스로'라는 의미를 가지며, 주어와 목적어가 동일할 때(재귀용법) 또는 어떤 대상을 강조할 때(강조용법) 사용됩니다.

해수쌤의 필수 CHECK 재귀용법으로 쓰인 재귀대명사는 목적어 자리에 오며 문장에서 필수적이므로 생략할 수 없습니다. 반면, 강조용법으로 쓰인 재귀대명사는 강조하는 말(명사나 대명사) 바로 뒤 또는 문장의 끝에 위치하며, 필수 성분이 아니므로 생략 가능합니다. 예문을 통해 두 용법의 차이를 익혀 보세요!

핵심 개념 TABLE

재귀대명사	의미
myself	나 자신, 나 스스로
yourself	너 자신, 너 스스로
yourselves	너희들 자신, 너희들 스스로
herself	그녀 자신, 그녀 스스로
himself	그 자신, 그 스스로
itself	그것 자체, 그것 스스로
ourselves	우리들 자신, 우리들 스스로
themselves	그들 자신, 그들 스스로

1. 재귀용법(필수, 생략 불가)		
위치		예문
목적어 자리 (주어와 동일 대상 나타냄)	1)	I love **myself**. : 나는 나 자신을 사랑한다.
	2)	She looked at **herself**. : 그녀는 그녀 자신을 바라보았다.

2. 강조용법(선택, 생략 가능)		
위치		예문
강조하려는 대상 바로 뒤	1)	I **myself** clean the room. : 나는 나 스스로 방을 청소한다.
	2)	They **themselves** wash the dishes every day. : 그들은 그들 스스로 매일 설거지를 한다.
	3)	The teachers and we **ourselves** cleaned the classroom. : 선생님들과 우리 스스로가 교실을 청소했다.
문장의 맨 끝	4)	I clean the room **myself**. : 나는 나 스스로 방을 청소한다.
	5)	They wash the dishes every day **themselves**. : 그들은 그들 스스로 매일 설거지를 한다.

➕ 문법 PLUS

▶ 재귀대명사는 '~자신, ~스스로'라는 의미를 가지며, '-self(단수)' 또는 '-selves(복수)' 형태로 사용됩니다.

▶ 'you'를 활용한 재귀대명사는 단수를 지칭하는 'yourself(너 스스로, 너 자신)'와 복수를 지칭하는 'yourselves(너희들 스스로, 너희들 자신)'로 구분됩니다.

▶ 재귀대명사는 재귀용법 또는 강조용법으로 쓰이며, 각 용법의 특징은 다음과 같습니다.

1. 재귀용법
- 재귀대명사가 주어와 동일한 대상을 가리키며 목적어로 사용됨.
- 생략 불가능함.

  예 | **They**(주어) introduced **themselves**(목적어) at the meeting. 그들은 회의에서 그들 스스로를 소개했다.
  : themselves는 주어(they)와 동일한 대상을 가리키는 목적어임.

2. 강조용법
- 재귀대명사는 특정 명사나 대명사를 강조할 때 사용되며, 보통 강조하는 대상 바로 뒤에 위치함. 다만, 의미가 명확한 경우에는 문장 맨 끝에 둘 수도 있음.
- 생략 가능함.

  예 | The president **himself** attended the meeting. 대통령 본인이 직접 회의에 참석했다.
  = The president attended the meeting **himself**.
  : himself는 명사 'the president'를 강조함. (문장 맨 끝에 써도 의미가 명확하고 자연스러움)

▶ 다음과 같이 재귀대명사를 포함한 관용 표현도 알아두세요.

  예 | **by oneself** 혼자서   **for oneself** 혼자 힘으로, 자신을 위해   **in itself** 그 자체로, 본래   **of itself** 저절로
  beside oneself 이성을 잃은, 감정이 격해진   **in spite of oneself** 자신도 모르게   **avail oneself of** ~을 이용하다

pride oneself on ~에 자부심을 갖다　**behave oneself** 예의 바르게 행동하다　**apply oneself to** ~에 전념하다
help oneself 마음껏 먹다, 자유롭게 사용하다　**make oneself at home** 편하게 있다, 집처럼 지내다
come to oneself 정신을 차리다, 의식을 회복하다　**kill oneself** 자살하다, 극단적인 선택을 하다

해수쌤의 점검 QUIZ

정답 및 해설 p. 56

A. 다음 중 밑줄 친 부분이 생략 불가능한 것을 고르시오. (　　)

① I <u>myself</u> made the cake for a party.
② They wanted to solve the problem <u>itself</u>.
③ He introduced <u>himself</u> to the new neighbors.

B. 다음 우리말을 영작한 것이 옳지 <u>않은</u> 것을 고르시오. (　　)

> 그 학생들은 스스로 수업 시간표를 만든다.

① The students create themselves their own class schedules.
② The students create their own class schedules themselves.
③ The students themselves create their own class schedules.

해수쌤의 문법 정리 TIPS

재귀대명사의 종류와 쓰임을 이해하는 것이 중요합니다. 핵심 개념 TABLE에 제시된 재귀대명사를 기록하고 암기하세요. 재귀용법과 강조용법의 예문을 옮겨 적고, 생략 가능 여부를 표시해 보세요. 또한, 재귀대명사가 문장에서 어디에 쓰였는지 확인하고, 그 역할을 메모해 보세요.

UNIT 117 동격

명사를 설명하거나 보충하는 동격 표현

중요도 ★★★★★
난이도 ★★★☆☆

동격은 두 개의 명사가 동일한 대상을 가리키며, 앞의 명사를 다시 설명하거나 구체화할 때 사용됩니다. 보통 쉼표(,), 동격의 that, 전치사 of 등을 통해 표현됩니다.

해수쌤의 필수 CHECK 쉼표, that, of가 동격 표현으로 쓰인 문장이 어떻게 해석되는지 예문을 통해 익혀 보세요!

핵심 개념 TABLE

동격 표현 유형		예문
1. 쉼표(,) 활용	1)	Helen Keller, the American author, was born in 1880. 　(고유)명사　(=)　　명사 : 미국의 작가인 헬렌 켈러는 1880년에 태어났다.
	2)	The girl with long hair, my classmate, gave a great presentation. 　　명사구　　　(=)　명사 : 긴 머리를 가진 우리 반 친구가 멋진 발표를 했다.
2. 동격의 that 활용	1)	I know the fact that you are a student. 　　　　명사　(=)　　명사절 : 나는 네가 학생이라는 사실을 알고 있다.
	2)	The belief that effort leads to success motivates many students. 　　명사　(=)　　명사절 : 노력이 성공으로 이어진다는 믿음은 많은 학생들에게 동기를 부여한다.
3. 전치사 of 활용	1)	The idea of becoming an actor made him happy. 　　명사　(=)　　명사구 : 배우가 되겠다는 생각이 그를 행복하게 만들었다.
	2)	The habit of reading before going to bed helps people sleep better. 　　명사　(=)　　명사구 : 자기 전 독서 습관은 사람들의 숙면에 도움이 된다.

문법 PLUS

▶ 동격은 **두 개의 명사 또는 명사구가 같은 격**을 가지며, 하나가 다른 하나를 **보충 설명하거나, 같은 대상을 다시 표현**하는 구조입니다. 주로 쉼표, 접속사 that, 전치사 of를 활용하며, 앞뒤 명사(구)는 동일한 대상을 가리킵니다.

▶ 쉼표(,)를 활용한 동격은 일반적으로 다음과 같은 특징을 지닙니다.

  1. 문장 중간에 올 경우, 양쪽에 쉼표와 함께 쓰입니다.
  예 | Paris**, the capital of France,** is a beautiful city. 프랑스의 수도인 파리는 아름다운 도시이다.

  2. 문장 끝에 올 경우, 앞에 쉼표와 함께 쓰입니다.
  예 | I like the capital of France**, Paris**. 나는 프랑스의 수도인 파리를 좋아한다.

  3. 필수적인 정보를 추가할 경우, 쉼표를 생략할 수 있습니다.
  예 | My friend **Suji** is coming over. 내 친구 Suji가 오는 중이다.
  　　 : Suji는 '친구'라는 말만으로는 정확히 알 수 없는 핵심 정보이므로, 쉼표를 생략합니다.

▶ 동격의 **that**절은 **보통 추상적이고 설명이 필요한 명사를 구체화**할 때 사용됩니다. ('UNIT 75. 접속사 that vs. 동격의 that' 참고)

  자주 쓰이는 추상명사:

  fact 사실   **belief** 믿음   **idea** 생각   **thought** 생각   **hope** 희망   **evidence** 증거

  news 소식   **advice** 조언   **question** 질문   **possibility** 가능성

  예1 | The **news that he got promoted** surprised everyone. 그가 승진했다는 소식은 모두를 놀라게 했다.

  예2 | The **possibility that it might rain tomorrow** worries me. 내일 비가 올지도 모른다는 가능성이 나를 걱정스럽게 한다.

▶ 전치사 of를 활용한 동격 표현에서도, **앞에 오는 명사는 일반적으로 추상명사**입니다.

  예1 | We were excited by the **news of your success**. 우리는 네가 성공했다는 소식에 기뻤다.

  예2 | I heard the **information of his arrival**. 나는 그가 도착했다는 소식을 들었다.

▶ 전치사 of는 동격 외에도 **'~의'라는 소유의 의미**로 더 자주 쓰입니다.

  예 | The view **of our house** is amazing. 우리 집의 전망은 멋지다.

해수쌤의 점검 QUIZ

정답 및 해설 p. 57

A. 다음 영어 문장의 우리말 해석이 옳지 <u>않은</u> 것을 고르시오. (　　)

① The thought of being alone terrifies him.
　혼자가 된다는 생각이 그를 무섭게 한다.
② The news that he quit his job is surprising.
　그가 직장을 그만두었다는 소식은 놀랍다.
③ My car, a blue truck, needs to be repaired.
　내 차와 파란색 트럭은 고쳐질 필요가 있다.

B. 제시된 영단어를 알맞은 순서로 배열하여 문장을 완성하시오.

(1) (builds trust / that / honesty / the belief / I have)
→ _____
　나는 정직함이 신뢰를 만들어낸다는 믿음을 가지고 있다.

(2) (starting early / sounds great / the idea / of)
→ _____
　일찍 시작하자는 생각은 좋게 들린다.

해수쌤의 문법 정리 TIPS

쉼표, that, of가 동격을 나타낼 수 있다는 점을 이해하는 것이 중요합니다. 쉼표를 단순한 나열로 착각하지 않도록 하고, 동격의 that을 접속사 that과 혼동하지 않도록 주의하세요. 또한, 전치사 of를 항상 '~의'로만 해석하지 않도록 주의가 필요합니다. 핵심 개념 TABLE에 제시된 동격 표현 유형과 예문을 옮겨 적고, 동격이 되는 두 명사 또는 명사구를 직접 표시한 뒤, 문장을 자연스럽게 해석해 보세요.

UNIT 118

it으로 실제 주어를 대신하는 표현

가주어와 진주어

중요도 ★★★★★
난이도 ★★★☆☆

가주어-진주어 구문은 문장의 가독성을 높이기 위해 자주 사용됩니다. 진주어가 길거나 복잡할 경우 문장 끝으로 보내고, 그 자리를 형식상의 주어 it(가주어)이 대신합니다.

> ✓ **해수쌤의 필수 CHECK** 가주어-진주어 구문은 'It is+형용사+that절/to부정사'처럼 관용적으로 굳어진 표현에서도 널리 쓰이며, 문장을 더 자연스럽고 명확하게 만들어 줍니다. 이때 it은 자리를 채우는 형식상 주어일 뿐이므로, '그것'으로 해석하지 않도록 주의하세요!

핵심 개념 TABLE

진주어	문장의 실질적인 주어 역할을 하며, 보통 'to부정사구, 접속사 that이 이끄는 절, 간접의문문' 등의 형태로 쓰입니다. 의미상 주어지만, 문장의 자연스러운 흐름을 위해 문장의 뒤로 옮겨져 사용되는 경우가 많습니다.
가주어	진주어 자리에 형식적으로 위치하는 it을 가리킵니다. 의미는 없으며, 문장을 자연스럽게 만들기 위해 자리를 채우는 역할을 합니다.

예1)	[**To make a sandwich**] is exciting. └ 진주어(to부정사구) → **It** is exciting [**to make a sandwich**]. 샌드위치를 만드는 것은 재미있다. └ 가주어 └ 진주어
예2)	[**That you are kind**] is true. └ 진주어(접속사 that이 이끄는 절) → **It** is true [**that you are kind**]. 네가 친절하다는 것은 사실이다. └ 가주어 └ 진주어
예3)	[**What you eat**] is important. └ 진주어(의문사 what이 이끄는 간접의문문) → **It** is important [**what you eat**]. 네가 무엇을 먹느냐는 중요하다. └ 가주어 └ 진주어
예4)	[**How the system works**] is unclear. └ 진주어(의문사 how가 이끄는 간접의문문) → **It** is unclear [**how the system works**]. 시스템이 어떻게 작동하는지는 분명하지 않다. └ 가주어 └ 진주어

예5)	[When we leave] is up to you. └→ 진주어(의문사 when이 이끄는 간접의문문) → It is up to you [when we leave]. 우리가 언제 떠날지는 너에게 달려 있다. └→ 가주어 └→ 진주어
예6)	[Whether you win or lose] doesn't matter. └→ 진주어(접속사 whether가 이끄는 간접의문문) → It doesn't matter [whether you win or lose]. 네가 이기든 지든 중요하지 않다. └→ 가주어 └→ 진주어

✚ 문법 PLUS

▶ 영어는 긴 문장이나 중요한 정보를 뒤에 배치하는 경향이 있으므로, 진주어가 길거나 복잡할 경우 문장 끝으로 보내고 '가주어 It'을 사용합니다.

▶ 또한, 진주어가 길지 않더라도 'It is+형용사+that절/to부정사' 구조는 관용적으로 자주 사용됩니다.
자주 쓰이는 형용사 종류:
  1. 중요성, 필요성, 사실성 등을 나타내는 형용사:
      important 중요한   necessary 필요한   essential 필수적인   vital 매우 중요한   possible 가능한   true 사실인   clear 분명한
  2. 난이도를 나타내는 형용사: easy 쉬운   difficult 어려운   hard 힘든   tricky 까다로운
  3. 감정·반응을 나타내는 형용사: surprising 놀라운   shocking 충격적인   nice 좋은   lucky 운 좋은   strange 이상한

  예1 | It is clear that she is tired. 그녀가 피곤하다는 것은 분명하다.
  예2 | It is shocking that he lied. 그가 거짓말했다는 것은 충격적이다.
  예3 | It is strange that he didn't call. 그가 전화하지 않았다는 것은 이상하다.

▶ '가주어 It'은 자리를 채우는 형식상 주어이므로 해석하지 않으며, '그것'이라고 번역하면 문장이 어색해질 수 있습니다.
  예 | It is important to take a break. 쉬는 것은 중요하다. (O)
         : It을 지시대명사로 보고 '그것'이라고 번역하면, '그것은 중요하다, 쉬는 것.'이라는 어색한 해석이 됨.

▶ 진주어로 사용될 수 있는 표현에는 다음과 같은 것들이 있습니다.
  1. to부정사구
  예 | It is important to exercise regularly. 규칙적으로 운동하는 것이 중요하다.
  2. 접속사 that이 이끄는 절
  예 | It is obvious that she is happy. 그녀가 행복하다는 것은 분명하다.
  3. 간접의문문
  예1 | It doesn't matter when you start. 네가 언제 시작하느냐는 중요하지 않다.
  예2 | It is not clear whether she will come. 그녀가 올지 안 올지는 확실하지 않다.

해수쌤의 점검 QUIZ

정답 및 해설 p. 57

A. 다음 중 밑줄 친 it이 나머지 둘과 다른 쓰임을 가진 것을 고르시오. (　　　)

① It is important to follow rules.

② The bag is expensive because it is made of leather.

③ I think that it is surprising that she moved to a new country.

B. 다음 문장의 빈칸을 채워 '가주어 It'으로 시작하는 문장을 완성하시오.

(1) To check the weather is important.

→ It _____.

(2) That they worked hard every day was true.

→ It _____.

(3) Whether they will win the game is hard to predict.

→ It _____.

해수쌤의 문법 정리 TIPS

가주어와 진주어가 쓰인 문장에서는, 가주어 it을 '그것'이라고 해석하지 않고 뒷부분을 실제 주어로 인식하는 것이 중요합니다. 핵심 개념 TABLE에 제시된 예문을 옮겨 적은 뒤, 스스로 가주어와 진주어를 활용한 구문으로 바꿔보세요. 또한, 문장 속에서 가주어와 진주어를 각각 표시하고, 진주어부터 자연스럽게 해석하는 연습을 반복해 보세요.

UNIT 119 가목적어와 진목적어

it으로 실제 목적어를 대신하는 표현

중요도 ★★★★☆
난이도 ★★★★☆

가목적어 – 진목적어 구문은 'to부정사구, 접속사 that이 이끄는 절, 간접의문문' 등 길고 복잡한 표현이 목적어로 쓰일 때, 이를 문장 끝으로 보내고 그 자리를 it으로 채우는 구조입니다.

✓ **해수쌤의 필수 CHECK** 특히 find, think, consider 등의 특정 동사와 함께 자주 쓰이며, 문장은 보통 '주어+동사+it+형용사/명사+진목적어'의 형태로 나타납니다. 이때 it을 '그것'이라고 해석하지 않도록 주의하세요!

핵심 개념 TABLE

진목적어	문장의 실질적인 목적어 역할을 하며, 보통 'to부정사구, 접속사 that이 이끄는 절, 간접의문문' 등이 쓰입니다. 의미상 목적어지만, 문장의 자연스러운 흐름을 위해 목적격 보어보다 뒤에 위치하는 경우가 많습니다.
가목적어	진목적어 자리에 형식적으로 위치하는 it을 가리킵니다. 의미는 없으며, 문장을 자연스럽게 만들기 위해 자리를 채우는 역할을 합니다.

예1)	He finds/thinks/considers/believes [**to study math**] difficult.
	              └→진목적어 └→목적격 보어
	→ He finds/thinks/considers/believes **it** difficult [**to study math**].
	               └→가목적어 └→진목적어(to부정사구)
	: 그는 수학을 공부하는 것이 어렵다고 여긴다/생각한다/간주한다/믿는다.

예2)	Our teacher makes [**to speak only English**] a rule.
	        └→진목적어 └→목적격 보어
	→ Our teacher makes **it** a rule [**to speak only English**].
	        └→가목적어 └→진목적어(to부정사구)
	: 우리 선생님은 영어로만 말하는 것을 규칙으로 정했다.

예3)	I found [**that he won the award**] surprising.
	     └→진목적어 └→목적격 보어
	→ I found **it** surprising [**that he won the award**].
	     └→가목적어 └→진목적어(접속사 that이 이끄는 절)
	: 나는 그가 상을 받았다는 것이 놀라웠다.

예(4)
We believe [who leads the team] important.
　　　　　↳진목적어　　　　　↳목적격 보어
→ We believe it important [who leads the team].
　　　　　　↳가목적어　　　↳진목적어(의문사 who가 이끄는 간접의문문)
: 우리는 누가 팀을 이끄는지가 중요하다고 믿는다.

문법 PLUS

▶ 영어는 중요한 정보나 문장 구조가 긴 목적어를 문장 뒤에 배치하는 경향이 있습니다. 따라서 to부정사, that절, 간접의문문 등 **길고 복잡한 목적어가 올 경우**, 가목적어 it을 앞에 두고 진목적어를 문장 끝에 위치시켜 문장을 자연스럽게 구성합니다.

▶ **가목적어 – 진목적어 구문은 주로 5형식 문장에서 사용**되며, 그 이유는 다음과 같습니다.
　– 목적어가 필요한 문장은 기본적으로 3형식과 5형식이지만, 3형식 문장(주어+타동사+목적어)에서는 목적어가 문장 끝에 자연스럽게 놓이기 때문에 가목적어를 따로 둘 필요가 없음.
　– 반면, 5형식 문장(주어+동사+목적어+목적격 보어)에서는 목적어가 길거나 복잡해질 경우, it을 가목적어로 앞에 두고 진목적어를 뒤로 보내는 구조가 문장을 더 자연스럽고 읽기 쉽게 만들어 줌.

▶ 가목적어–진목적어 구문은 다음과 같은 **5형식 동사**들과 자주 쓰입니다. ('UNIT 05. 문장의 5형식', 'UNIT 07. 문장의 보어: 5형식 문장' 참고)

　예 | **find** ~이 …하다고 생각한다　**think** ~이 …하다고 생각한다　**consider** ~이 …하다고 여기다
　　　believe ~이 …하다고 믿다　**make** ~을 …하게 만들다

▶ **진목적어로 사용될 수 있는 표현**에는 다음과 같은 것들이 있습니다.

1. **to부정사구**

예1 | He thought it necessary **to apologize**. 그는 사과하는 것이 필요하다고 생각했다.
예2 | I found it a challenge **to learn Korean**. 나는 한국어를 배우는 것이 도전이라고 생각했다.

2. **접속사 that**이 이끄는 절

예 | We consider it unfortunate **that the event was canceled**. 우리는 그 행사가 취소된 것이 유감스럽다고 여긴다.

3. 간접의문문

예 | He made it clear **where we should go**. 그는 우리가 어디로 가야 할지를 분명히 했다.

해수쌤의 점검 QUIZ

정답 및 해설 p. 58

A. 다음 중 밑줄 친 it이 가목적어로 쓰이지 <u>않은</u> 문장을 고르시오. (　　)

① I find <u>it</u> difficult to understand the concept.

② She believes <u>it</u> possible to achieve true love.

③ <u>It</u> is true that everyone has different perspectives.

B. 다음 문장의 빈칸을 채워 '가목적어 it'이 포함된 문장을 완성하시오.

(1) She considered to invest in the stock market risky.

→ She considered it _____.

그녀는 주식 시장에 투자하는 것을 위험하다고 여겼다.

(2) This music makes to dance all night a joy.

→ This music makes it _____.

이 음악은 밤새 춤추는 것을 즐겁게 만든다.

해수쌤의 문법 정리 TIPS

5형식 문장에서 가목적어 it을 '그것'으로 해석하지 않고, 진목적어를 실제 목적어로 인식하는 것이 중요합니다. 가목적어가 쓰이는 문장에는 특정 동사들이 자주 등장하므로, 5형식 문장에 자주 쓰이는 동사들을 확인하고 메모해 두세요. 핵심 개념 TABLE에 제시된 예문을 옮겨 적은 뒤, 스스로 가목적어와 진목적어를 활용한 구문으로 바꿔 보세요. 또한, 문장 속에서 가목적어와 진목적어를 각각 표시하고, 진목적어부터 자연스럽게 해석하는 연습을 반복해 보세요.

be동사+to부정사의 다양한 의미

be to 용법

'be동사+to부정사'는 문맥에 따라 해석이 달라지므로, 문장 전체의 흐름 속에서 의미를 파악해야 합니다.

✓ **해수쌤의 필수 CHECK** 'be동사+to부정사'는 문맥에 따라 'be going to(예정), have to(의무), want to(의도), be able to(가능), be destined to(운명)'와 비슷한 의미로 해석할 수 있습니다. 예문을 통해 문맥에 따른 의미 변화를 익혀 보세요.

핵심 개념 TABLE

쓰임	의미	유사 표현		예문
1. 예정	~할 예정이다	be going to, be planning to	예)	We **are to** watch a movie tonight. : 우리는 오늘 밤 영화를 볼 예정이다.
2. 의무	~을 해야 한다	have to, must	예)	I **am to** finish my homework before 9 p.m. : 나는 오후 9시 전에 숙제를 끝내야 한다.
3. 의도	~을 하고자 한다	want to, wish to	예)	If you **are to** succeed in business, you must work hard. : 네가 사업에서 성공하고자 한다면, 열심히 일해야 한다.
4. 가능	~을 할 수 있다	be able to	예)	Nothing **was to** be heard in that room. : 그 방에서는 아무 소리도 들리지 않았다.
5. 운명	~할 운명이다	be destined to, be doomed to	예1)	She **was to** be a singer. : 그녀는 가수가 될 운명이었다.
			예2)	The plan **was to** fail. : 그 계획은 실패할 운명이었다.

➕ 문법 PLUS

▶ be to 용법은 'be동사+to부정사(=be동사+to+동사원형)' 형태로, 문맥에 따라 '예정, 의무, 의도, 가능, 운명'의 의미로 해석될 수 있습니다.

▶ '가능'의 의미로 쓰일 때는 주로 수동태와 함께 사용되며, 부정 표현에서 자주 나타납니다.

예1 | **No** solution **was to** be found. 해결책을 찾을 수 없었다.

예2 | **Nothing was to** be seen in the fog. 안개 속에서는 아무것도 보이지 않았다.

▶ '의도'의 의미는 if절과 함께 쓰이는 경우가 많으며, 어떤 목표를 이루기 위한 조건을 나타내므로 '~하고자 한다면'과 같이 해석됩니다.

예 | **If we are to** catch the bus, we must hurry. 우리가 버스를 타고자 한다면 서둘러야 한다.

▶ 표에 제시된 유사 표현들은 'be to' 용법과 완전히 같은 의미가 아니므로, 문맥에 따라 자유롭게 바꿔 쓸 수 있는 것은 아닙니다. 다만, 'be to 용법'을 쉽게 이해할 수 있도록 유사 표현과 함께 정리한 것이므로, 문맥에 맞게 구별하여 사용해야 합니다.

예1 | have to, must: 직접적인 의무 표현 / be to: 보다 공식적인 의무나 규칙 표현
예2 | wish to: 개인적인 희망 표현 / be to: 보다 공식적인 목표나 조건 표현

해수쌤의 점검 QUIZ

정답 및 해설 p. 58

A. 밑줄 친 부분의 알맞은 우리말 해석을 쓰시오.

(1) The girl <u>is to travel</u> abroad next week.
→ 그 소녀는 다음 주에 해외로 _____.

(2) If you <u>are to be</u> a writer, you should practice writing consistently.
→ 만약 당신이 작가가 _____, 당신은 글쓰기를 꾸준히 연습해야 한다.

(3) Citizens <u>are to pay</u> their taxes without delay.
→ 시민들은 지체 없이 그들의 세금을 _____.

B. 다음 영어 문장의 우리말 해석이 옳지 않은 것을 고르시오. (   )

> I am to graduate from college next year.

① 나는 내년에 대학을 졸업해야 한다.
② 나는 내년에 대학을 졸업할 예정이다.
③ 나는 내년에 대학을 졸업하고자 한다.
④ 나는 내년에 대학을 졸업할 준비가 됐다.

해수쌤의 문법 Q&A

Q be동사 뒤에 to부정사가 있으면 항상 'be to 용법'으로 해석해도 되나요?

A 아닙니다. be동사 뒤에 to부정사가 나온다고 해서 모두 'be to 용법'으로 해석하는 것은 아닙니다. to부정사가 명사적 용법('~하는 것')으로 쓰여 보어 역할을 하는 경우도 있습니다. 예를 들어, 'My plan is to leave early.'에서는 'to leave early'가 '일찍 떠나는 것'이라는 의미로 보어 자리에 온 것입니다. 이 경우에는 'be to 용법'이 아니라 명사적 용법으로 해석해야 합니다.

해수쌤의 문법 정리 TIPS

'be동사+to부정사'는 문맥에 따라 '예정, 의무, 의도, 가능, 운명' 등의 의미를 나타낼 수 있습니다. 핵심 개념 TABLE에 제시된 예문을 옮겨 적은 뒤, 각 문장에서 'be to'가 어떤 의미로 쓰였는지, 그리고 유사 표현이 무엇인지 함께 메모해 두세요.

해수쌤의 핵심 개념 REVIEW

CHAPTER 18
특수 구문

빈칸을 채워 핵심 개념을 이해했는지 점검하세요.

112 도치 구문: 부정어 및 장소 부사

부정어(구) 및 장소 · 방향을 나타내는 부사(구)가 문장 맨 앞에 오면, 강조를 위해 도치가 발생하며 동사가 주어보다 앞에 위치하게 됩니다. 예를 들어, '나는 거의 한마디도 할 수 없다.'라는 뜻인 'I can hardly say a word.'에서 부정어인 hardly를 문장 맨 앞에 쓰면 'Hardly (①) say a word.'가 됩니다. 또한, 'Tom은 나무 근처에 서 있다.'라는 뜻인 'Tom stands near the tree.'에서 장소를 나타내는 부사구 'near the tree'를 문장 맨 앞에 쓰면 'Near the tree (②).'가 됩니다.

113 도치 구문: 보어 및 가정법

보어 도치는 보어 역할을 하는 형용사(구) 또는 분사(구)가 문장 맨 앞에 올 때 발생하며, 가정법 도치는 (①)가 생략될 때 발생합니다. 예를 들어, '그 상자는 너무 무거워서 내가 들 수 없다.'라는 뜻의 'The box is so heavy that I can't carry it.'에서 'so heavy'를 문장 맨 앞에 두면 'So heavy (②) that I can't carry it.'이 됩니다. 또한, '내가 너라면, 나는 더 많이 놀 텐데.'라는 뜻의 'If I were you, I would play more.'에서 if를 생략하면 '(③) I you, I would play more.'로 도치가 발생합니다.

114 도치 구문: there, here

(①)와 here가 문장 맨 앞에 오면, 주어와 동사의 어순을 바꾸는 도치를 유발할 수 있습니다. 특히, there는 be동사와 함께 '(②)'라는 의미를 나타냅니다. 예를 들어, '버스 안에 한 소년이 있다.'라는 뜻의 문장은 'There is a boy in the bus.'이며, '여기에 버스가 온다.'라는 뜻의 문장은 'Here comes a bus.'로 표현됩니다.

115 강조구문: It~that

'It~that 강조 구문'은 문장의 특정 부분을 강조하기 위해 'It is/was+강조 대상+that+문장의 나머지 부분' 형태로 사용됩니다. 예를 들어, 'Jenny가 런던에서 케이크를 살 것이다.'라는 뜻의 문장인 'Jenny will buy a cake in London.'에서 주어를 강조하면 'It is (①) that will buy a cake in London.', 목적어를 강조하면 'It is (②) that Jenny will buy in London.', 부사구를 강조하면 'It is (③) that Jenny will buy a cake.'로 표현됩니다.

116 재귀대명사

재귀대명사는 myself(나 자신, 나 스스로), yourself(너 자신, 너 스스로), himself(그 자신, 그 스스로), (①)(그녀 자신, 그녀 스스로) 등이 있으며 주어와 목적어가 동일할 때(재귀용법) 또는 어떤 대상을 강조할 때(강조용법) 사용됩니다. 재귀용법의 재귀대명사는 목적어 자리에 오며 문장에서 필수적이므로 생략할 수 없습니다. 반면, 강조용법의 재귀대명사는 강조하는 말(명사나 대명사) 바로 뒤 또는 (②)에 위치하며, 필수 성분이 아니므로 생략 가능합니다.

117 동격

동격은 두 개의 명사가 동일한 대상을 가리키며, 앞의 명사를 다시 설명하거나 구체화할 때 사용됩니다. 보통 쉼표(,), 동격의 (①), 전치사 (②) 등을 통해 표현됩니다. 예를 들어, '미국의 작가인 헬렌 켈러는 1880년에 태어났다.'라는 문장은 'Helen Keller, the American author, was born in 1880.'으로 표현됩니다. 또한, '나는 네가 학생이라는 사실을 알고 있다.'라는 문장은 'I know the fact that you are a student.'로 쓸 수 있으며, '배우가 되겠다는 생각이 그를 행복하게 만들었다.'라는 문장은 'The idea of becoming an actor made him happy.'로 표현할 수 있습니다.

118 가주어와 진주어

가주어-진주어 구문은 문장의 가독성을 높이기 위해 자주 사용됩니다. 진주어가 길거나 복잡할 경우 문장 끝으로 보내고, 그 자리를 형식상의 주어 (①)이(가) 대신합니다. 예를 들어, '네가 친절하다는 것은 사실이다.'라는 뜻의 문장인 'That you are kind is true.'를 가주어를 활용해서 나타내면 '(②) is true (③) you are kind.'가 됩니다.

119 가목적어와 진목적어

가목적어 – 진목적어 구문은 to부정사구, 접속사 that이 이끄는 절, 간접의문문 등 길고 복잡한 표현이 목적어로 쓰일 때, 이를 문장 끝으로 보내고 그 자리를 (①)(으)로 채우는 구조입니다. 예를 들어, 'He finds to study math difficult.'를 가목적어를 활용해서 나타내면 'He finds (②) difficult (③) study math(그는 수학을 공부하는 것이 어렵다고 여긴다).'가 됩니다.

120 be to 용법

'(①)+to부정사'는 문맥에 따라 (②), 의무, 의도, 가능, 운명 등의 의미로 해석될 수 있습니다. 예를 들어, 'We are to watch a movie tonight(우리는 오늘 밤 영화를 볼 예정이다).'는 'We are going to watch a movie tonight.'와 유사한 의미를 나타낼 수 있습니다.

해수쌤의
점검 QUIZ
정답 및 해설

문제를 스스로 풀어본 후,
충분히 생각한 다음 정답과 해설을 읽어주세요.

CHAPTER 1
기본 개념

001 8품사   p. 015

A. (1) 형용사 (2) 전치사 (3) 부사 (4) 동사
B. ③

A. (1) nice : (형용사) 멋진
(2) with : (전치사) ~와 함께
(3) slowly : (부사) 느리게
(4) run : (동사) 달리다

B. ① hot(뜨거운), ② dark(어두운), ④ expensive(비싼)는 모두 형용사에 해당하지만, ③ very(매우)는 부사에 해당한다.

002 관사   p. 019

A. (1) a   (2) The
B. ③

A. 처음 언급되는 불특정한 '개(dog)'에 대한 이야기이므로 (1)에는 관사 a를 쓰고, 기존에 언급된 개를 다시 한번 지칭하며 이야기하는 (2)에는 관사 The를 쓴다.

B. ③ 특정 운동을 한다는 표현을 쓸 때는 'play+운동 이름'으로 쓰며, 관사를 쓰지 않는다. ①은 여자친구가 '한 명'이며 처음 언급되는 명사이므로 관사 a를 쓰고, ②는 최상급인 smartest(가장 똑똑한) 앞에 관사 the를 썼으므로 옳다.

003 대문자를 쓰는 경우   p. 021

A. ②
B. I, Bingo, Sunday, Japan

A. 계절을 나타내는 단어인 summer(여름)는 대문자로 쓰지 않는다. 직함(김 씨)을 나타내는 ①, 특정 휴일(할로윈)을 나타내는 ③, 특정 국가(스위스)를 나타내는 ④는 첫 글자를 대문자로 쓴다.

B. 'I(나)'는 언제나 대문자로 쓴다. 이름을 나타내는 Bingo도 대문자로 시작하며, 요일을 나타내는 Sunday(일요일)의 첫 글자도 대문자로 써야 한다. 또한, 국가 및 지명을 나타내는 Japan(일본)의 첫 글자도 대문자로 고쳐야 한다.

004 동사의 종류   p. 023

A. 1. 일반동사: love, feel, swim
2. be동사: are, is, am
3. 조동사: should, can, will
B. ②

A. love(사랑하다), feel(느끼다), swim(수영하다)은 일반동사이며, are, is, am(~이다, ~가 있다)은 be동사이고, should(~해야 한다), can(~할 수 있다), will(~일 것이다)은 조동사에 해당한다.

B. '~해야 한다'는 조동사 should로 표현할 수 있으며, 조동사 뒤에 일반동사의 원형을 써서 무엇을 해야 하는지 나타낼 수 있다. 따라서 '먹어야만 한다'는 'should eat'이므로 올바른 문장은 ②이다.

CHAPTER 2
문장의 형식

005 문장의 5형식 p. 030

A. ④

B. (1) 3형식 (2) 1형식 (3) 4형식 (4) 2형식
   (5) 5형식 (6) 4형식 (7) 5형식 (8) 2형식

A. 문장의 주요 성분은 주어, 동사, 목적어, 보어이며, 명사는 단어의 분류(품사) 중 하나이므로 정답은 ④이다.

B. (1) '우리는 어제 꽃을 몇 송이 샀다.'라는 뜻이며, 주어 We, 타동사 bought, 목적어 'some flowers'가 주요 성분인 3형식 문장이다. (yesterday는 부사)
(2) '가을에 나뭇잎들이 나무에서 떨어진다.'라는 뜻이며, 주어 Leaves, 자동사 fall이 주요 성분인 1형식 문장이다. ('from trees in fall'은 부사구)
(3) '당신은 나에게 항상 교훈을 가르쳐 준다.'라는 뜻이며, 주어 You, 타동사 teach, 간접목적어(~에게) me, 직접목적어(~을) 'a lesson'이 주요 성분인 4형식 문장이다. (always는 부사)
(4) '내 남동생은 조종사이다.'라는 뜻이며, 주어 'My younger brother', 자동사 is, (주격) 보어 'a pilot'이 주요 성분인 2형식 문장이다.
(5) '나는 그 시험이 쉽다고 생각한다.'라는 뜻이며, 주어 'I', 타동사 find, 목적어 'the test', (목적격) 보어 easy가 주요 성분인 5형식 문장이다.
(6) '우리는 그들에게 우리의 여권을 보여주었다.'라는 뜻이며, 주어 We, 타동사 showed, 간접목적어 them(~에게), 직접목적어 'our passports(~을)'가 주요 성분인 4형식 문장이다.
(7) '그들은 매일 나를 바보라고 불렀다.'라는 뜻이며, 주어 They, 타동사 called, 목적어 me, (목적격) 보어 'a fool'이 주요 성분인 5형식 문장이다. (every day는 부사)
(8) '키위는 달콤하고 신맛이 난다.'라는 뜻이며, 주어 Kiwi, 자동사 tastes, (주격) 보어 'sweet and sour'가 주요 성분인 2형식 문장이다.

006 문장의 보어: 2형식 문장 p. 033

A. ④   **B.** ②

A. ④ (그 부부는 행복하게 함께 살았다)는 자동사 lived가 쓰였으며 보어가 필요 없는 1형식 문장이다. 참고로 'happily together'는 부사구이다. ① (그것은 달콤한 맛이 난다), ② (그 아이들은 조용히 있었다), ③ (그녀의 목소리는 이상하게 들린다)은 모두 주격 보어가 필요한 자동사(tastes, kept, sounds)가 쓰인 2형식 문장이다. 따라서 보어 자리에는 부사 sweetly, quietly, strangely가 아니라 형용사인 sweet, quiet, strange가 각각 쓰여야 한다.

B. taste는 2형식 문장의 자동사로 '~한 맛이 나다'라는 의미로 쓰일 수도 있지만, ② (Alex는 그 바나나를 맛보았다)에서는 '~을 맛보다'는 의미로 3형식 문장의 타동사로 쓰이며 바로 뒤에 목적어(~을)인 banana가 왔다. 따라서 정답은 3형식 문장인 ②이다. ① (나의 취미는 수영이다)에는 2형식 자동사 is가 쓰였으며, ③ (그들은 모두 미국인이다)에는 2형식 자동사 are가 쓰였고, ④ (나는 하루 종일 침묵을 유지할 수 있다)에는 2형식 자동사 keep이 쓰였다.

007 문장의 보어: 5형식 문장 p. 036

A. ③   **B.** ④

A. ③ (나는 그 개를 Molly라고 이름 지었다)는 주어 'I', 타동사 named(이름 짓다), 목적어(~을) 'the dog', 목적격 보어(~라고) Molly로 이루어진 올바른 5형식 문장이므로 정답이 된다. ① (당신은 나를 슬프게 만듭니다)는 5형식 타동사 make가 쓰인 문장으로, 목적어 me 뒤의 목적격 보어 자리에는 부사인 sadly가 올 수 없다. 따라서 형용사인 sad를 써서 'You make me sad'로 고쳐야 한다. ② (그녀는 내가 떠나기를 원했습니다)는 타동사 want

와 목적어 me 뒤에 목적격 보어가 와야 하는 5형식 문장이며, want와 함께 쓰일 수 있는 목적격 보어는 to부정사이다. 따라서 목적격 보어 자리에 'to leave'를 써서 'She wanted me to leave'로 고쳐야 한다. ④ (저는 그녀에게 선물을 사달라고 요청하지 않았습니다)에는 타동사 ask(요청하다)가 있으므로, 목적어 her 뒤에 목적격 보어가 와야 하고, ask와 어울리는 목적격 보어는 to부정사 형태여야 한다. 따라서 'to buy'를 활용하여 "I didn't ask her to buy a present."라고 써야 옳다.

B. ④ (우리는 그녀를 우리 팀의 주장으로 선출했다)는 타동사 elected와 목적어(~을)인 her 뒤에 목적격 보어(~로) 'the captain of our team'이 온 5형식 문장이다. ① (그녀는 나에게 재미있는 이야기를 해 주었다)는 타동사 told, 간접목적어(~에게) me, 직접목적어(~을) 'the funny story'로 이루어진 4형식 문장이다. ② (내 친구는 나에게 맛있는 케이크를 만들어 주었다)는 타동사 made 뒤에 간접목적어(~에게) me와 직접목적어(~을) 'a delicious cake'가 있는 4형식 문장이다. ③ (나는 30분 동안 내 자리를 찾을 수 없었다)는 타동사 find 뒤에 목적어 'my seat'이 온 3형식 문장이다. (for 30 minutes는 부사구)

CHAPTER 3
시제

008 현재완료 p. 044

A. (1) 그녀는 프랑스를 두 번 다녀온 적이 있다. (경험)
(2) Alice는 이미 (그녀의) 발표를 마쳤다. (완료)
(3) 나는 내 휴대폰을 잃어버렸다. (결과)
(4) 나는 이 회사에서 10년 동안 일해왔다. (계속)

B. ③

A. (1) 동사가 'have+과거분사(p.p.)'의 형태(has visited)를 지닌 현재완료 시제 문장이다. twice(두 번)가 있으므로 경험의 의미로 해석하면 자연스럽고, 의미는 '그녀는 프랑스를 두 번 다녀온 적이 있다.'가 된다.

(2) 동사가 'have+과거분사(p.p.)'의 형태(has finished)를 지닌 현재완료 시제 문장이다. already(이미, 벌써)가 있으므로 완료의 의미로 해석하면 자연스럽고, 의미는 'Alice는 이미 (그녀의) 발표를 마쳤다.'가 된다.

(3) I've는 주어 'I'와 동사 have를 축약한 형태이므로, 동사가 'have+과거분사(p.p.)'의 형태(have lost)를 지닌 현재완료 시제 문장이다. 휴대폰을 잃어버려서, 그 결과로 현재도 휴대폰을 찾지 못한 상태를 나타낸다. 따라서 결과의 의미로 해석하면 '나는 내 휴대폰을 잃어버렸다(현재도 찾지 못한 상태이다).'가 된다.

(4) 동사가 'have+과거분사(p.p.)'의 형태(have worked)를 지닌 현재완료 시제 문장이다. 'for 10 years(10년 동안).'가 있으므로 계속의 의미로 해석하면 자연스럽고, 의미는 '나는 이 회사에서 10년 동안 일해왔다.'가 된다.

B. ③은 동사가 'have+과거분사(p.p.)'의 형태(has taught)를 지닌 현재완료 시제 문장이다. 현재완료는 특정 과거를 나타내는 표현과 함께 쓸 수 없다. 따라서, 명백한 특정 과거를 나타내는 표현인 ago(전에, 과거에)가 현재완료 시제 문장에 사용된

③은 올바르지 않다. ①에는 just(방금)가 있으므로 완료의 의미로 해석하면 자연스럽고 '그는 방금 요리를 끝냈다.'라는 뜻의 현재완료 시제 문장이다. ②에는 before(이전에)가 있으므로 경험의 의미로 해석하면 자연스럽고, '우리는 그 영화를 이전에 본 적이 있다.'라는 뜻의 현재완료 시제 문장이다. ④에는 'since 2023(2023년부터)'가 있으므로 계속의 의미로 해석하면 자연스럽고, '나는 2023년부터 피아노를 배우고 있다(배워오고 있다).'라는 뜻의 현재완료 시제 문장이다.

009 과거완료 p. 047

A. ③

B. (1) had started (2) had eaten
(3) had gone

A. '(서울로) 이사 왔다.'라는 사실을 과거 시제(moved)로 표현하고 '(부산에) 살았었다.'라는 사실을 계속의 의미(~을 해오고 있었다)를 지닌 과거완료 시제(had lived)로 표현하면 된다. 따라서 모든 시제를 올바르게 쓴 문장은 ③이다.

B. (1) '(James가) 도착했다.'라는 사실을 과거 시제(arrived)로 표현하고 '(이미) 시작했었다.'라는 사실을 완료의 의미(~을 완료했었다)를 지닌 과거완료 시제(had started)로 표현하면 된다.

(2) '(너를) 만나기 전에'라는 사실을 과거 시제(met)로 표현하고 '먹어본 적이 없었다.'라는 사실을 경험의 의미(~해본 적이 없었다)를 지닌 과거완료 시제(had never eaten)로 표현하면 된다.

(3) '(사무실에) 도착했을 때'라는 사실을 과거 시제(arrived)로 표현하고 '(은행에) 가버린 상태였다.'라는 사실을 결과의 의미(~해버렸었다)를 지닌 과거완료 시제(had gone)로 표현하면 된다.

010 대과거 p. 049

A. (1) 밤을 새움 (2) 방이 치워짐
(3) 일을 끝냄 (4) 지갑을 잃어버림

B. ②

A. (1) '그는 밤을 새웠기 때문에 많이 잤다.'라는 뜻의 문장이며, 더 과거에 일어난 일은 대과거 시제로 쓰인 사실인 '밤을 새움(had stayed up)'이다.

(2) '나는 문을 열고 방이 치워져 있었다는 것을 알았다.'라는 뜻의 문장이며, 더 과거에 일어난 일은 대과거 시제로 쓰인 사실인 '(방이) 치워짐(had been cleaned)'이다.

(3) '내가 그녀에게 전화했을 때 Anna는 이미 일을 끝냈었다.'라는 뜻의 문장이며, 더 과거에 일어난 일은 대과거 시제로 쓰인 사실인 '(일을) 끝냄(had finished)'이다.

(4) '내가 Alex를 만났을 때, 그는 지갑을 잃어버린 상태였다.'라는 뜻의 문장이며, 더 과거에 일어난 일은 대과거 시제로 쓰인 사실인 '(지갑을) 잃어버림(had lost)'이다.

B. ②에서 '(교실에) 들어갔다.'라는 사실은 단순 과거(entered)로 쓰고, '(수업이) 이미 시작되었었다.'라는 사실은 대과거(had already stared)로 써야 시간상 수업이 이미 시작된 후에 내가 교실에 들어갔다는 의미가 된다. 따라서 ②는 'already start'를 'had already started'로 고쳐 'When I entered the classroom, the class had already started.'라고 해야 한다. ①에서는 대과거로 쓰인 '두고 왔다(had left)'라는 사실이 먼저 일어나고 과거로 쓰인 '깨달았다(realized)'는 사실이 그다음에 일어난 것이다. ③에서는 대과거로 쓰인 '공부했었다(had studied).'라는 사실이 먼저 일어난 것이다. before가 '~하기 이전에'라는 뜻이므로, '(영어를) 공부했다.'라는 것이 '유학을 갔다(going to study abroad).'라는 사실보다 먼저 일어난 일임을 알 수 있다.

011 시제 총정리
p. 052

A. 1 - ㉣, 2 - ㉠, 3 - ㉢, 4 - ㉡
B. ④

A. 각 표현과 의미를 나열하면 다음과 같다. : will be doing(~하는 중일 것이다), have been doing(~해오고 있는 중이다), will do(~할 것이다), am doing(~하는 중이다)

B. ④는 'will+be+동사ing'가 쓰인 미래진행 시제 문장이다. 따라서 'will be cooking'은 '요리하는 중일 것이다.'라고 해석되며 문장 전체의 해석은 '네가 도착할 때 그들은 점심을 요리하는 중일 것이다.'이다. 참고로 '네가 도착할 때(when you arrive)'와 같이 시간을 나타내는 접속사(when)가 들어간 부사절에서는 미래 시제(will arrive)를 현재 시제(arrive)로 대신 써야 한다. ①은 'will+have+과거분사(will have graduated)'가 쓰인 미래완료 시제 문장이며, '졸업했을 것이다.'라는 해석은 옳다. ②는 'had+been+동사ing(had been waiting)'가 쓰인 과거완료 진행 시제이며, '기다리고 있는(기다려 오고 있는) 중이었다.'라는 해석은 옳다. ③은 'was+동사ing(was reading)'가 쓰인 과거진행 시제 문장이며, '읽는 중이었다.'라는 해석은 옳다.

CHAPTER 4
동사의 활용

012 지각동사
p. 059

A. ① **B.** ②

A. ①, ②는 '주어 I(나는)', '지각동사 saw(보았다)', 목적어 'the boy(그 소년)'를 포함하며, '나는 그 소년이 길을 건너는 것을 보았다.'라는 의미를 나타내기 위해 쓰였다. 길을 건너는 행위는 소년이 능동적으로 행하는 것이므로 목적격 보어 자리에는 동사원형인 cross(건너다) 또는 현재분사인 crossing(건너는)을 쓴 후 road(길)를 써야 한다. 따라서 올바른 문장은 'I saw the boy cross the road.' 또는 ②와 같은 'I saw the boy crossing the road.'이다. 그러므로 목적격 보어를 과거분사(crossed)로 쓴 ①은 틀린 문장이다. ③은 '나는 그 소년이 상자를 나르는 것을 보았다.'라는 의미의 문장으로, 소년이 상자를 옮기는 행위는 능동적인 것이므로 목적격 보어는 동사원형인 carry 또는 현재분사 carrying이 된다. 따라서 'I saw the boy carry the box.' 또는 ③과 같이 'I saw the boy carrying the box.'라고 써야 한다. ④는 '주어 I(나는)', '지각동사 saw(보았다)', '목적어 the box(그 상자)'를 포함하며 '나는 그 상자가 운반되는 것을 보았다.'라는 의미를 나타내기 위해 쓰였다. 상자는 수동으로 움직여지는 것이므로 목적격 보어는 과거분사인 carried(운반된)이다. 따라서 ④와 같이 'I saw the box carried by a boy.'라고 써야 한다.

B. '나는 느낄 수 있었다'는 'I could feel'로 나타낼 수 있으며, 지각동사 feel 뒤에 목적어인 someone(누군가)를 써야 한다. 누군가가 문을 미는 행위는 능동적이므로, 목적격 보어자리에는 동사원형(push) 또는 현재분사(pushing)을 써야 한다. 따라서 목적격 보어자리에 현재분사 'pushing'을 활용한 ②는 올바르다. 과거분사(pushed)를 활용한 ①과 to부정사(to push)를 활용한 ③은 옳지 않다.

013 사역동사　p.062

A. ①

B. (1) enter　(2) parked　(3) to find
　　(4) carry　(5) to bring

A. 주어인 She(그녀) 뒤에 '~하도록 시켰다.'라는 의미의 사역동사 made와 목적어 us(우리를)를 나란히 써야 하며, 우리(us)가 능동적으로 설거지를 하는 것이므로 목적격 보어는 동사원형인 wash로 써서 ① She made us wash the dishes.'가 된다. 목적격 보어를 과거분사(washed)로 쓴 ②, 현재분사(washing)로 쓴 ③, to부정사(to wash)로 쓴 ④는 모두 잘못된 문장이다.

B. (1)은 '그녀는 절대 내가 그녀의 방에 들어가게 허락하지 않는다.'라는 뜻이며, 사역동사 let 뒤에 쓰인 목적어 me(나를)가 능동적으로 방에 들어가는 행위를 못하게 하는 것이므로 목적격 보어 자리에는 동사원형인 enter를 써야 한다.

(2) '그는 나의 차를 주차했다.'라는 뜻이며 사역동사 had 뒤에 쓰인 목적어 'my car(나의 차)'는 주차되는 것(수동)이므로 목적격 보어 자리에는 과거분사 parked를 써야 한다.

(3) '그 승무원은 내가 좌석을 찾는 것을 도왔다.'라는 뜻이며 준사역동사 helped가 쓰였으므로 목적어 me(나를) 뒤의 목적격 보어 자리에는 동사원형인 find 또는 to부정사인 'to find'가 올 수 있다. 따라서 정답은 'to find'이다.

(4) '그 남자는 내가 내 가방을 옮기는 것을 도왔다.'라는 뜻이며 준사역동사 helped가 쓰였으므로 목적어 me(나를) 뒤의 목적격 보어 자리에는 동사원형인 carry 또는 to부정사인 'to bring'을 써야 한다. 보기에는 carry와 carrying만 주어졌으므로 정답은 carry이다.

(5) '우리 엄마는 내가 연필 한 자루를 가져오게 시켰다.'라는 뜻이며 준사역동사 got이 쓰였으므로 목적어 me(나를) 뒤의 목적격 보어 자리에는 to부정사인 'to bring'을 써야 한다.

014 자동사와 타동사: 개념과 형태　p.064

A. ③　**B.** ③

A. 자동사와 타동사는 목적어의 유무로 나뉘며 자동사는 목적어가 필요하지 않고, 타동사는 목적어가 필요하다.

B. ③은 '나는 붐비는 장소를 싫어한다.'라고 해석되며 3형식 문장으로서 타동사 hate 뒤에 목적어 'crowded places'가 있는 올바른 문장이므로 정답이다. ①은 '이것은 시큼한 맛이 난다.'라고 해석되며 2형식 문장으로서 자동사 tastes 뒤에 보어 sour가 있다. ②는 '그는 매우 빠르게 달린다.'라고 해석되며 1형식 문장으로서 자동사 runs 뒤에 부사구 'very fast'가 있다. ④는 '그 개는 낯선 사람들에게 짖는다.'라고 해석되며 1형식 문장으로서 자동사 barks 뒤에 부사구 'at strangers'가 있다.

015 자동사와 타동사: 서로 혼동하기 쉬운 경우　p.067

A. ②

B. (1) They subscribed to the channel.
　　(2) They mentioned the channel.

A. ②는 '나는 정말로 Sally와 결혼하기를 원한다.'라는 뜻이며 타동사 marry가 목적어 Sally와 바로 이어진 올바른 문장이다. ①은 '그는 게임에서 이겼다.'라는 의미의 문장이며 succeeded는 자동사이기 때문에 뒤에 목적어(the game)를 바로 쓸 수 없으므로, 'the game' 앞에 전치사 in을 써야 한다. 따라서 ①을 올바르게 고치면 'He succeeded in the game.'이다. ③은 '그의 코는 그의 아빠의 코와 닮았다.'라는 의미의 문장이며 resemble은 타동사이므로 전치사 with 없이 목적어 'that of his father'와 바로 이어져야 한다. 따라서 ③을 올바르게 고치면 'His nose resembles that of her father.'이다.

B. (1) '그들은 구독했다'라는 문장은 'They(주어) subscribed(동사)'로 나타낼 수 있으며, subscribe는 자동사이기 때문에 the channel이라는 대상과

연결하기 위해서는 바로 앞에 전치사 to를 써야 한다.

(2) '그들은 언급했다'라는 문장은 'They(주어) mentioned(동사)'로 나타낼 수 있으며, mention은 타동사이기 때문에 목적어에 해당하는 the channel과 전치사 없이 바로 이어져야 한다.

016 자동사와 타동사: 둘 다 쓰이는 경우 p. 070

A. 1. (1) My back hurts.
       (2) The heavy bag hurt my back.
    2. (1) The situation changed.
       (2) The weather changed the situation.

A. 1. hurt는 자동사(아프다)와 타동사(~을 아프게 하다)로 둘 다 쓰일 수 있다.

(1) '허리(My back)'를 주어로 쓰고 hurt를 자동사(아프다)로 사용하되, 주어가 3인칭 단수(My back)인 현재 시제 문장(~하다)이므로 hurt에 s를 붙여서 영작하면 'My back hurts.'가 된다.

(2) '무거운 가방(The heavy bag)'을 주어로 쓰고 hurt를 타동사(~을 아프게 하다)로 사용하되, 주어진 문장의 시제가 과거(~하게 했다)이므로 hurt의 과거형인 hurt를 쓰면 된다. 참고로, hurt는 현재형과 과거형의 형태가 같다. 또한, 목적어에 해당하는 '내 허리(my back)'를 마지막에 쓰면 'The heavy bag hurt my back.'이 된다.

2. change는 자동사(바뀌다)와 타동사(~을 바꾸다)로 둘 다 쓰일 수 있다.

(1) '상황(The situation)'을 주어로 쓰고 change를 자동사(바뀌다)로 사용하면 된다. 또한, 주어진 문장의 시제가 과거(~했다)이므로 change가 아닌 changed를 써서 영작하면 'The situation changed.'가 된다.

(2) '날씨(The weather)'를 주어로 쓰고 change를 타동사(~을 바꾸다)로 사용하면 된다. 또한, 주어진 문장의 시제가 과거(~했다)이므로 change가 아닌 changed를 쓰고, 목적어에 해당하는 '상황(the situation)'을 쓰면 'The weather changed the situation.'이 된다.

017 일반동사의 s 활용 p. 074

A. ④   **B.** ②

A. ④ finish는 'sh'로 끝나는 단어로서, 현재 시제인 문장에서 주어가 3인칭 단수일 때 -es를 붙인 finishes가 되어야 한다. ① try는 '자음+y'로 끝나므로 y를 i로 고친 후 -es를 붙인 형태인 tries로 바르게 쓰였고, ② do는 'o'로 끝나므로 -es를 붙인 형태인 does로 바르게 쓰였다. ③ have는 불규칙하게 변형된 형태인 has로 바르게 쓰였다.

B. 주어가 3인칭 단수(Light)인 현재 시제 문장에서, ② (빛은 물을 통과한다)의 pass는 s로 끝나기 때문에 -es를 붙여 passes로 바르게 쓰였다. ① (Lucy는 올해 수학을 가르친다)의 teach는 'ch'로 끝나는 단어이므로 -es를 붙여 teaches라고 써야 한다. ③ (우리는 매일 영어를 공부한다)의 주어는 3인칭이 아닌 1인칭인 We이므로 동사에 -s를 붙이는 규칙이 적용되지 않는다. 따라서 동사 study를 변형 없이 그대로 써야 한다.

018 s 활용의 다양한 경우 p. 077

A. ②
B. (1) Billions   (2) five eighths

A. ② (정치학은 어려울 수 있다)에 쓰인 politics는 '정치학'이라는 의미를 지닌 단어로, 형태 자체에 s가 포함되어 있다. ① (그는 Tom의 친구이다)에 쓰인 Tom's는 'Tom의'라는 소유의 의미를 나타내기 위해 대명사 Tom 뒤에 아포스트로피(')와 -s를 붙인 것이다. ③ (나는 다섯 권의 책을 사길 원한다)에 쓰인 books(책들)는 책이 다섯 권이기에 복수형을 나타내기 위해 명사 book 뒤에 -s를 붙인 것이다. ④ (수백만 명의 사람들이 있다)에 쓰인 millions는 '수백만'이라는 의미를 나타내기 위해 million(백만)이라는 수를 나타내는 명사에 -s를 붙인 것이다.

B. (1) '수십억'을 나타내기 위해서는 '십억'을 나타내는 명사인 billion에 -s를 붙인 billions를 써야 한다.

(2) '8분의 5(=5/8)'를 나타내기 위해서는 분자인 5를 기수(예: one, two, three, four 등)로 쓰고, 분모인 8을 서수(예: first, second, third, fourth, fifth, sixth, seventh, eighth 등)로 쓰며 -s를 붙여야 한다. 따라서 5를 나타내는 기수 five와 8을 나타내는 서수인 eighth에 -s를 붙인 eighths를 활용하여 'five eighths'가 된다.

CHAPTER 5
조동사

019 조동사: 의미가 있는 경우 p. 084

A. ⑤

B. (1) might (2) have to
   (3) will (4) used to

A. ⑤는 '내가 십 대였을 때, 나는 게임하느라 밤을 새우곤 했다.'라고 해석되며, 조동사 would는 불규칙적인 과거의 습관(~하곤 했다)을 나타내기 때문에 조동사의 의미는 '추측'이 아닌 '과거 습관'이다. ①은 '당신은 운전할 수 있나요?'라고 해석되며, 조동사 can은 '~할 수 있다.'라는 의미로 능력을 나타낸다. ②는 '제가 질문 하나 해도 될까요?'라고 해석되며, 'May I~?'는 '제가 ~해도 될까요?'라는 뜻으로 허가를 구하기 위해 요청하는 표현이다. ③은 '너는 그에게 사과하는 것이 좋을 것이다.'라고 해석되며, 조동사 'had better'는 '~하는 게 좋다'라는 뜻으로 충고의 의미를 지닌다. ④는 '우리는 올해 새로운 언어를 배워야 한다.'라고 해석되며, 조동사 'ought to'는 '~해야 한다.'라는 뜻으로 의무를 나타낸다.

B. (1) 조동사 might는 추측을 나타내며 '~일지도 모른다'라는 뜻을 지닌다.

(2) 조동사 have to는 의무를 나타내며 '~해야 한다'라는 뜻을 지닌다.

(3) 조동사 will은 미래에 대한 의지를 나타내며 '~할 것이다'라는 뜻을 지닌다.

(4) 조동사 used to는 과거의 규칙적인 습관을 나타내면 '~하곤 했다'라는 뜻을 지닌다.

020 조동사: 문법적인 기능을 하는 경우 p. 087

A. ④

B. (1) do (2) have (3) am

A. ④는 '그는 주말마다 자원봉사를 한다.'라는 뜻이며 does는 '~을 하다'는 의미를 지닌 일반동사(타동사)이다. 따라서 이 문장에는 조동사가 쓰이지 않았다. ①은 '나는 그를 세 번 만났다.'라는 뜻이다. 'have+과거분사(have met)' 형태인 현재완료(~한 적이 있다)가 사용되었으며, (현재)완료 시제에서 have는 조동사이다. ②는 '그녀는 승무원으로 일하고 있다.'라는 뜻이며 'is working'은 'be동사+동사ing(현재분사)' 형태인 현재진행형(~하는 중이다)이다. (현재)진행형에서 be동사인 is는 조동사이므로 ②는 조동사가 있는 문장이다. ③은 '그 노트북은 기술자에 의해 수리되었다.'라는 뜻이며 'be동사+과거분사(was fixed)' 형태인 수동태(~되다)가 사용되었다. 수동태에서 be동사인 was는 조동사이므로 ③은 조동사가 있는 문장이다.

B. (1) '정말로'라는 강조의 의미를 나타내기 위해서 조동사 do를 일반동사(study) 앞에 쓸 수 있다.

(2) '과거(어제)부터 지금까지' 계속 아프다는 의미를 나타내기 위해서는 'have+과거분사(have been)' 형태의 현재완료가 필요하므로 빈칸에는 조동사 have를 써야 한다.

(3) '~하는 중이다'는 의미를 나타내기 위해서는 'be동사+동사ing(현재분사)' 형태인 현재진행형이 필요하므로 빈칸에는 조동사의 역할을 하는 be동사 am을 써야 한다.

021 조동사+have+p.p. p. 089

A. ④
B. (1) might (2) shouldn't (3) must

A. 'should have p.p.(should have apologized)'는 '~했어야만 했다.'라는 뜻이므로 ④의 해석은 올바르다. 'must not have p.p.(must not have got)'는 '~하지 않았음이 틀림없다.'라는 뜻이므로 ①은 '그는 이메일을 받지 못했음이 틀림없다.'라고 해석해야 한다. 'can't have p.p.(can't have finished)'는 '~했을 리가 없다.'라는 뜻이므로 ②는 '그녀는 숙제를 끝냈을 리가 없다.'라고 해석해야 한다. 'must have p.p.(must have forgotten)'는 '~했음이 틀림없다.'라는 뜻이므로 ③은 '그는 그 계획을 잊어버렸음이 틀림없다.'라고 해석해야 한다.

B. (1) '아마 ~했을 것이다'라는 의미를 나타내기 위해서는 빈칸에 might를 넣어 'might have p.p.(might have missed)'라는 표현을 완성해야 한다.

(2) '~하지 말았어야 했다.'라는 의미를 나타내기 위해서는 빈칸에 shouldn't를 넣어 'shouldn't have p.p.(shouldn't have spent)'라는 표현을 완성해야 한다.

(3) '~했음이 틀림없다.'라는 의미를 나타내기 위해서는 빈칸에 must를 넣어 'must have p.p.(must have understood)'라는 표현을 완성해야 한다.

CHAPTER 6
형용사 및 부사

022 음절   p. 095

A. (1) 1음절   (2) 3음절   (3) 1음절   (4) 4음절
(5) 1음절   (6) 2음절   (7) 2음절   (8) 2음절

B. ⑤

A. (1) 'care[keər]'은 모음 소리가 '에어[eə]' 부분에서 한 번 나는 1음절 단어이다.

(2) 'physical[fɪˈzɪk.əl]'은 모음 소리가 '이[ɪ], 이[ɪ], 어[ə]' 부분에서 세 번 나는 3음절 단어이다.

(3) 'sound[saʊnd]'는 모음 소리가 '아우[aʊ]' 부분에서 한 번 나는 1음절 단어이다.

(4) 'education[ˌɛdʒuˈkeɪʃən]'은 모음 소리가 '애[ɛ], 우[u], 에이[eɪ], 어[ə]' 부분에서 네 번 나는 4음절 단어이다.

(5) 'straight[streɪt]'은 모음 소리가 '에이[eɪ]' 부분에서 한 번 나는 1음절 단어이다.

(6) 'people[ˈpiːpəl]'은 모음 소리가 '이[i], 어[ə]' 부분에서 두 번 나는 2음절 단어이다.

(7) 'heavy[ˈhev.i]'는 모음 소리가 '에[ɛ], 이[i]' 부분에서 두 번 나는 2음절 단어이다.

(8) 'easy[ˈiːzi]'는 모음 소리가 '이[iː], 이[i]' 부분에서 두 번 나는 2음절 단어이다.

B. ⑤ 'animal[ˈænɪməl]'은 모음 소리가 '애[æ], 이[ɪ], 어[ə]' 부분에서 세 번 나는 3음절 단어이다. ① 'nice[naɪs]'는 모음 소리가 '아이[aɪ]' 부분에서 한 번 나는 1음절 단어이다. ② 'about[əˈbaʊt]'은 모음 소리가 '어[ə], 아우[aʊ]' 부분에서 두 번 나는 2음절 단어이다. ③ 'believe[bɪˈliːv]'는 모음 소리가 '이[ɪ], 이[i]' 부분에서 두 번 나는 2음절 단어이다. ④ 'fine[faɪn]'은 모음 소리가 '아이[aɪ]' 부분에서 한 번 나는 1음절 단어이다. 따라서 3음절 단어는 ⑤ animal뿐이다.

023 형용사 vs. 부사   p. 098

A. ③   **B.** ②

A. ③ hardly는 '거의 ~않다.'라는 의미를 지닌 부사이다. 반면에 '① 아름다운, ② 친근한, ④ 사랑스러운, ⑤ 친절한'은 모두 형용사이다.

B. 첫 번째 문장에서는 look이 '~처럼 보인다.'라고 해석되며 주격 보어를 필요로 하는 2형식 자동사로 쓰였다. 두 번째 문장에서는 find가 '~이 …하다고 생각한다.'라는 뜻으로 목적어 it 뒤에 목적격 보어를 필요로 하는 5형식 타동사로 쓰였다. 따라서 빈칸은 각각 '주격 보어', '목적격 보어'가 필요한 자리이며 선지 중 공통적인 보어로 적절한 것은 형용사 interesting(흥미로운)이다. 참고로, ③ interested(흥미 있어 하는)는 사람이 특정 대상에 의해 흥미를 느끼는 상태를 나타내는 단어이므로 답이 될 수 없다.

024 빈도 부사   p. 100

A. (1) I often go to the park.
(2) They are sometimes careless.
(3) She always speaks quietly.
(4) We will never meet again.

B. ②

A. (1) 빈도 부사 often은 일반동사 go 앞에 위치해야 하며, 완성된 문장의 의미는 '나는 자주 공원에 간다.'이다.

(2) 빈도 부사 sometimes는 be동사 are 뒤에 위치해야 하며, 완성된 문장의 의미는 '그들은 때때로 부주의하다.'이다.

(3) 빈도 부사 always는 일반동사 speaks 앞에 위치해야 하며, 완성된 문장의 의미는 '그녀는 항상 조용히 말한다.'이다.

(4) 빈도 부사 never는 조동사 will 뒤에 위치해야 하며, 완성된 문장의 의미는 '우리는 절대 다시 만나지 않을 것이다.'이다.

B. 빈도 부사 frequently는 조동사 will 뒤에 와야 하므로, ②는 'I will frequently come here(나는 여기에 자주 올 것이다).'가 되어야 한다. ① (그들은 나에게 거의 웃어주지 않습니다)에서는 빈도 부사 rarely가 일반동사 laugh 앞에 쓰였으며, ③ (그녀는 보통 일에 늦습니다)에서는 빈도 부사 usually가 be동사 is 뒤에 올바르게 쓰였다.

CHAPTER 7
화법

025 의문문: 의문사가 없는 경우 p. 106

A. (1) Can we meet them?
   (2) Does she speak English?
B. ③

A. (1) 조동사 can이 있으므로 can을 맨 앞에 둔 후에 주어인 we를 쓰면 'Can we meet them(우리가 그들을 만날 수 있나요)?'가 된다.

(2) 일반동사 speak이 있으며 주어가 3인칭 단수(she)인 현재 시제 문장이므로 Does로 시작해야 한다. 따라서 'Does she speak English(그녀는 영어를 말할 수 있나요)?'가 된다. 조동사 does(또는 do) 뒤에는 동사원형(speak)을 쓴다는 것에 유의한다.

B. ③은 주어가 3인칭 단수(he)인 현재 시제 문장이므로 Does를 활용하여 'Doesn't he like to cook?(그는 요리하는 것을 좋아하지 않나요?)'라고 써야 한다. ①은 be동사 is를 맨 앞에 쓴 후 주어인 he를 올바르게 썼으며, '그는 학생인가요?'라는 뜻이다. ②는 조동사 should를 맨 앞에 쓴 후 주어인 'I'를 올바르게 썼으며, '제가 버스를 타야만 하나요?'라는 뜻이다.

026 의문문: 의문사가 있는 경우 p. 109

A. (1) Why should I run?
   (2) Who made this cake?
B. ①

A. (1) 의문사인 why는 주어 이외의 역할(부사)을 하고 있다. 따라서 문장 맨 앞에는 의문사 why를 쓰고, 그 뒤에는 조동사 should 뒤에 주어인 'I'를 쓴 후, run을 써야 한다. 따라서 완성된 문장은 'Why should I run?'이다.

(2) 의문사인 who는 주어 역할을 하고 있다. 따라서 의문사 who를 맨 앞에 쓰고 동사인 made를 쓴 후에 목적어인 this cake를 쓰면 'Who made this cake?'라는 문장이 완성된다.

B. ①에서 의문사 why는 주어 이외의 역할(부사)을 하고 있다. 의문사 뒤에 동사(are)와 주어(you)가 순서대로 와야 하므로, 올바른 문장은 'Why are you upset(당신은 왜 화가 났나요)?'이다. ② (당신은 어디에 머물렀나요?)는 의문사 where가 주어 이외의 역할(부사)을 하고 있으며, 동사에 해당하는 did와 주어인 you가 순서대로 왔다. ③ (무엇이 당신을 슬프게 만들었나요?)에서 what은 주어 역할을 하고 있으며, 뒤에 동사 makes와 목적어인 you가 나란히 오고 있다.

027 부가의문문 p. 112

A. (1) isn't   (2) didn't   (3) did   (4) should
B. ①

A. (1) be동사의 긍정형인 is가 왔으므로 빈칸에는 부정인 isn't가 들어가야 한다. 완성된 문장의 의미는 '이것은 정말 비싸, 그렇지 않니?'이다.

(2) 일반동사의 과거형인 studied가 있으므로 빈칸에는 과거형 조동사의 부정형인 didn't가 들어가야 한다. 완성된 문장의 의미는 '그들은 함께 공부했어, 그렇지 않니?'이다.

(3) 일반동사 sleep을 부정하기 위해 과거형 조동사 didn't가 왔으므로, 부가의문문을 만들기 위해서는 빈칸에 didn't의 긍정형인 did를 써야 한다. 완성된 문장의 의미는 '그녀는 잘 못 잤어, 그렇지 않니?'이다.

(4) 조동사의 부정형인 shouldn't가 왔으므로 빈칸에는 긍정형인 should가 들어가야 한다. 완성된 문장의 의미는 '그들은 너무 많이 먹으면 안 돼, 그렇지 않니?'이다.

B. ①은 '우리는 어제 만났어, 그렇지 않니?'라고 해석되며 문장의 본동사가 일반동사의 과거형인 met이

므로, 부가의문에는 부정어인 didn't(조동사)와 we(주어)를 나란히 써서 'didn't we?'를 써야 한다. 따라서 ①을 바르게 고치면 'We met yesterday, didn't we?'가 된다. ②는 '그는 춤추는 걸 좋아해, 그렇지 않니?'라고 해석되며 문장의 본동사가 일반동사의 현재형인 loves(주어가 3인칭 단수이기에 -s붙임)이므로, doesn't(주어가 3인칭 단수일 때 일반동사의 부정어)와 he를 나란히 써서 'doesn't he?'라는 부가의문문이 쓰였다. ③은 '우리는 그 영화를 전에 봤었어, 그렇지 않니?'라고 해석된다. 또한 '현재완료(have+과거분사)'에 쓰인 have는 조동사에 해당하므로, 조동사 have의 부정어 haven't와 we를 나란해 써서 'haven't we?'라는 부가의문문이 쓰였다.

028 의문문에 대한 대답 p. 115

A. ①

A. ①은 자주 함께 놀았냐는 질문에 Yes로 대답하며 맞다고 적절하게 대답하고 있다. 반면에 ②는 Yes로 대답하며 브로콜리를 좋아한다고 말해놓고, 뒤에서 좋아하지 않는다(I don't)는 모순되는 말을 하고 있다. ③은 Yes로 대답하며 그들이 여기서 수영을 할 수 있다고 해놓고, 뒤에서 수영을 할 수 없다(they can't)는 모순된 대답을 하고 있으며, ④역시 Yes라고 대답하며 자신의 휴대전화라고 이야기해놓고서 친구의 휴대전화(my friend's phone)라는 모순된 말을 하고 있다. ⑤역시 Yes로 배고프다고 대답해놓고, 뒤에서 배고프지 않다(I am not)는 모순된 말을 하고 있다. 따라서 대답이 올바른 대화는 ①이다.

① A: 우리 자주 함께 놀았어, 맞지?
  B: 응(놀았어), 우리 자주 놀았지.

② A: 너는 브로콜리 좋아하지 않니?
  B: 응(좋아해), 나는 그것을 안 좋아해.

③ A: 그들은 여기서 수영할 수 없어, 그렇지 않니?
  B: 응(할 수 있어), 그들은 여기서 수영할 수 없어.

④ A: 이게 너의 휴대전화기니?

B: 응(내 휴대전화야), 이건 내 친구의 휴대전화야.

⑤ A: 너는 배고프지, 그렇지 않니?

B: 응(배고파), 나는 지금 배고프지 않아.

029 부정문: 기본 형태   p. 117

A. (1) She is not(=isn't) kind.

(2) We cannot(=can't) enter the room.

(3) He does not(=doesn't) like to play soccer.

B. ③

A. (1) be동사 is 뒤에 not을 써서 'She is not(=isn't) kind(그녀는 친절하지 않다).'가 된다.

(2) 조동사 can 뒤에 not을 써서 'We cannot(=can't) enter the room(우리는 그 방에 들어갈 수 없다).'이 된다.

(3) 주어가 3인칭 단수 He인 현재 시제 문장이며, 일반동사 likes가 쓰였으므로 주어 뒤에 does not(=doesn't)과 동사원형인 like를 써서 'He does not(=doesn't) like to play soccer(그은 축구하는 것을 좋아하지 않는다).'가 된다.

B. ③은 주어가 3인칭 단수 She인 현재 시제 문장이며 일반동사 likes가 쓰였으므로, 주어 뒤에 does not(=doesn't)을 쓰고 그 뒤에는 동사원형인 like를 써서 'She does not(=doesn't) like the game(그녀는 그 게임을 좋아하지 않는다).'이라 해야 한다. ① (그들은 나에게 전화하지 않았다)는 일반동사의 과거를 부정하기 위해 didn't(=didn't)를 쓰고 동사원형인 call을 쓴 올바른 부정문이다. ② (그 문은 열리지 않았다)는 be동사 was 뒤에 not을 붙인 wasn't(=was not)를 쓴 올바른 부정문이다.

030 부정문: 부분 부정과 전체 부정   p. 119

A. (1) 유익한 책도 있고 그렇지 않은 책도 있다.

(2) 모든 동아리를 좋아하지 않는다.

(3) 그 판사가 옳을 때도 있고 그렇지 않을 때도 있다.

(4) 우리 중에 준비된 사람은 없다.

B. (1) 나는 항상 아침을 먹는 것은 아니다.

(2) 나는 그것들(그들) 중 아무것도(아무도) 좋아하지 않는다.

A. (1) 부정어 not과 전체를 의미하는 단어인 all이 포함되어 있으므로 부분 부정이다. 따라서 '모든 책이 유용한 것은 아니다.'라는 뜻이기 때문에 '유익한 책도 있고 그렇지 않은 책도 있다'를 선택해야 한다.

(2) 'not~ (any)'라는 부정어가 있는 문장으로, 전체 부정에 해당한다. 따라서 '어떤 것도 ~하지 않다.'라는 의미인 '모든 동아리를 좋아하지 않는다'를 선택해야 한다.

(3) 부정어 not과 전체를 의미하는 단어에 해당하는 absolutely(전적으로)가 포함되어 있으므로 부분 부정이다. 따라서 '일부분만 그렇다.'라는 의미로 '그 판사가 옳을 때도 있고 그렇지 않을 때도 있다'를 선택해야 한다.

(4) 부정어 none이 포함되어 있으므로 전체 부정이다. 따라서 '모두 그렇지 않다.'라는 의미인 '우리 중에 준비된 사람은 없다'를 선택해야 한다.

B. (1) 부정어 not과 '항상'을 의미하는 단어인 always가 함께 있으므로 부분 부정에 해당한다. 따라서 '그럴 때도 있고 아닐 때도 있다(항상 그러는 것은 아니다).'라는 뜻이므로 '나는 항상 아침을 먹는 것은 아니다.'라고 해석해야 한다.

(2) 부정어 none이 포함된 전체 부정으로서 '모두 좋아하지 않는다.'라는 뜻이므로 '나는 그것들 중 아무것도 좋아하지 않는다.' 또는 '나는 그들 중 아무도 좋아하지 않는다.'라고 해석해야 한다.

031 감탄문 p. 122

A. (1) What an amazing story it is!
(2) How beautiful the sea is!

B. ③

A. (1) what이 활용된 감탄문이므로 what의 바로 뒤에 관사 a(an)가 필요하며, '놀라운'이라는 의미의 형용사인 amazing이 관사 뒤에 와야 한다. amazing은 첫소리가 모음으로 발음되는 단어이므로 앞의 관사는 a가 아닌 an을 써야 한다. 형용사 뒤에는 '이야기'를 나타내는 명사인 story를 쓰고, 마지막에 주어와 동사를 나란히 써야 하므로 '그것'을 나타내는 it과 이에 어울리는 동사 is를 쓰면 'What an amazing story it is!'가 된다.

(2) how가 활용된 감탄문이므로 how의 바로 뒤에 '아름다운'이라는 의미를 지닌 형용사 beautiful을 쓰고, 주어인 the sea와 동사인 is로 문장을 완성하면 'How beautiful the sea is!'가 된다.

B. How를 활용한 감탄문의 순서는 'How+형용사/부사+(주어+동사)!'이므로 How의 뒤에 '쉽게'라는 의미를 지닌 부사인 easily를 쓰고, '우리'를 나타내는 주어인 'we'와 '잊다'라는 뜻을 나타내는 동사인 forget을 쓰면 ③ 'How easily we forget!'이 완성된다. ①과 같이 형용사 easy를 쓰면 안 되는 이유는, 동사 forget을 수식할 수 있는 것은 형용사 easy가 아닌 부사 easily이기 때문이다.

032 간접의문문: 의문사가 있는 경우 p. 126

A. ①

B. (1) She asked what my name is.
(2) I wonder how tall he is.

A. ①은 '의문사(When)+동사(did)+주어(you)+~'의 어순으로 쓰인 직접의문문이며, '너는 그것을 언제 샀니?'라는 뜻이다. 따라서 간접의문문이 포함되지 않은 문장은 ①이다. ②는 주어가 He, 동사가 asked, 목적어가 'where I was going'인 문장이다. 목적어(명사절)인 'where I was going'은 '의문사(where)+주어(I)+동사(was)+~'의 어순을 지닌 간접의문문이며, ②은 '그는 내가 어디로 가는 중인지 물어봤다.'라는 뜻이다. ③은 주어가 'I', 동사가 wonder, 목적어가 'why she left so early'인 문장이다. 목적어(명사절)인 'why she left so early'는 '의문사(why)+주어(she)+동사(left)+~'의 어순을 지닌 간접의문문이며, ③은 '나는 그녀가 왜 그렇게 일찍 떠났는지 궁금하다.'라는 뜻이다. ④는 주어가 you, 동사가 'can tell', 간접목적어가 me이며, 직접목적어가 'where he will stay'인 문장이다. 목적어(명사절)인 'where he will stay'는 '의문사(where)+주어(he)+동사(will stay)'의 어순을 지닌 간접의문문이다. ④의 해석은 '너는 나에게 그가 어디에 머물 것인지 말해줄 수 있니?'이다.

B. (1) '그녀는 물었다.'는 영어로 'She(주어) asked(동사)'이다. '나의 이름이 무엇인지'라는 뜻의 명사(목적어)는 의문사 what을 활용하여 간접의문문인 '의문사(what)+주어(my name)+동사(is)'의 어순으로 쓸 수 있다. 따라서 완성된 문장은 'She asked what my name is.'이다.

(2) '나는 궁금하다.'는 영어로 'I(주어) wonder(동사)'이다. '그의 키가 얼마나 큰지'라는 뜻의 명사(목적어)는 의문사 how를 활용하여 간접의문문인 '의문사(how)+형용사(tall)+주어(he)+동사(is)'의 어순으로 쓸 수 있다. 따라서 완성된 문장은 'I wonder how tall he is.'이다.

033 간접의문문: 의문사가 없는 경우 p. 128

A. ②   **B.** ③

A. 'He got the job(그는 일자리를 얻었다).'이라는 문장에는 의문사가 존재하지 않으므로 간접의문문으로 만들기 위해 접속사 if 또는 whether를 쓴 후에 주어(he)와 동사(got)를 순서대로 써야 한다. 따라서 올바른 간접의문문은 'Do you know if he got the job?' 또는 'Do you know whether he got the job?'이므로 잘못된 문장은 ②이다.

B. ③에서는 wonder의 목적어 자리에 간접의문문이

쓰였으며, 의문사가 없으므로 if 또는 whether를 먼저 쓴 후 주어(she), 조동사(will)를 순서대로 써야 한다. 따라서 올바른 간접의문문은 'I wonder if/whether she will come to the party(나는 그녀가 파티에 올지 궁금하다).'이다. 따라서 조동사 does와 will을 둘 다 쓰며 간접의문문의 어순을 따르지 않고 있는 ③은 잘못된 문장이다. ①에서는 sure의 목적어 자리에 의문사가 없는 간접의문문이 와야 하므로, if 또는 whether를 먼저 쓴 후에 주어(the bank)와 동사(is)를 순서대로 써야 한다. 따라서 ①은 '나는 은행이 아직도 열었는지 확신하지 못한다.'라는 뜻을 지닌 올바른 간접의문문이다. (참고로, sure와 같은 형용사 뒤에 명사절이 오는 경우에는, 그 명사절을 '형용사의 목적어' 또는 '형용사의 보어'라고 설명할 수 있다) ②에서는 asked의 목적어 자리에 의문사가 없는 간접의문문이 와야 하므로, if 또는 whether를 먼저 쓴 후 주어(the mail)와 동사(was)를 순서대로 써야 한다. 따라서 ②는 '그녀는 우편물이 보내졌는지 물어봤다.'라는 뜻을 지닌 올바른 간접의문문이다. ④에서는 know의 목적어로 의문사가 없는 간접의문문이 와야 하므로, if 또는 whether를 먼저 쓴 후 주어(the tickets)와 동사(are)를 순서대로 써야 한다. 따라서 ④는 '나는 표가 매진되었는지 모른다.'라는 뜻을 지닌 올바른 간접의문문이다.

034 간접의문문: 의문형용사와 의문사 주어   p. 131

A. ①

B. (1) He asked which color I prefer.
(2) I wonder who ate my sandwich.

A. '나에게 말해줘.'라는 문장은 영어로 'Tell(동사) me(간접목적어)'이며, 직접목적어 자리에는 '누가 컴퓨터를 고장 냈는지'에 해당하는 영어를 간접의문문으로 나타내야 한다. '누가'라는 의미는 의문사 겸 주어인 who를 활용해서 나타낼 수 있으므로, '의문사 겸 주어(who)+동사(broke)+~'의 어순으로 간접의문문을 쓰면 알맞은 문장은 '① Tell me who broke the computer.'이다.

B. (1) '그는 물었다.'라는 문장은 영어로 'He(주어) asked(동사)'이다. '내가 어떤 색을 선호하는지.'라는 뜻의 명사절(목적어)은 의문형용사 which를 활용하여 간접의문문인 '의문형용사(which)+명사(color)+주어(I)+동사(prefer)'의 어순으로 쓸 수 있다. 따라서 완성된 문장은 'He asked which color I prefer.'이다.

(2) '나는 궁금하다.'라는 문장은 영어로 'I(주어) wonder(동사)'이다. '누가 나의 샌드위치를 먹었는지.'라는 뜻의 명사절(목적어)은 의문사 겸 주어인 who를 활용해서 나타낼 수 있으므로, '의문사 겸 주어(who)+동사(ate)+~'의 어순으로 간접의문문을 쓰면 완성된 문장은 'I wonder who ate my sandwich.'이다.

035 간접의문문: 생각을 나타내는 동사   p. 133

A. (1) long do you guess the meeting will take
(2) do you think we should eat dinner

B. ②

A. (1) 생각과 관련된 동사인 guess(추측하다)가 포함된 문장이다. 따라서 간접의문문은 '의문사+형용사(How long)'를 맨 앞에 두고 'How long(의문사+형용사) do you guess~?'로 시작해야 한다. 또한, 뒷부분은 주어(the meeting)와 동사(will take)가 순서대로 와야 하므로 완성된 문장은 'How long do you guess the meeting will take?'이다.

(2) 생각과 관련된 동사인 think(생각하다)가 포함된 문장이다. 따라서 간접의문문은 의문사(Where)를 맨 앞에 두고 'Where(의문사) do you think~?'로 시작해야 한다. 또한, 뒷부분은 주어(we)와 동사(should eat)가 순서대로 와야 하므로 완성된 문장은 'Where do you think we should eat dinner?'이다.

B. '너는 믿니?'라는 문장은 영어로 'Do you believe?'이고 '우리가 언제 다시 만날 수 있니?'라는 문장은 영어로 'When can we meet again?'이다. 두 문장을 합쳐서 만든 간접의문문에는 생각과 관련된 동사 believe(믿다)가 포함되어 있다. 따라서 의문사(When)를 맨 앞에 둔 'When do you believe~?'로 시작해야 한다. 또한, 뒷부분은 주어(we)와 동사(can meet)가 순서대로 와야 하므로 완성된 문장은 '② When do you believe we can meet again?'이다.

CHAPTER 8
수동태

036 수동태: 개념과 형태 p. 142

A. ③

B. (1) The cake was baked by Matthew.
(2) A book was written by the author.
(3) The invention was made by the scientist.

A. '배달'이라는 행위를 당하며 영향을 받는 대상은 '상품들(goods)'이므로 goods가 주어가 된다. 주어 뒤에는 'be동사+과거분사+(by 행위자)'가 와야 하는데, '~할 것이다'라는 미래에 대한 이야기므로 조동사 will을 쓴 후 be동사를 쓰고, 그 뒤에 과거분사 delivered를 써야 한다. 또한, 배달이라는 행위의 주체(행위자)인 bus를 by와 함께 써서 'by bus'라고 나타내면 된다. 따라서 완성된 문장은 'The goods will be delivered by bus.'이다. ①, ②, ④ 모두 수동태에 필요한 형태를 갖추고 있지 않으며, ⑤는 수동태의 형태는 지녔지만 행위의 주체(행위자)와 영향을 받는 대상이 바뀌어, '버스가 상품들에 의해 배달될 것이다.'라고 해석되어 답이 될 수 없다.

B. (1) 'Matthew가 케이크를 구웠다.'라는 의미이다. 동사의 행위(bake)에 영향을 받는 대상인 the cake가 주어가 되고, 'be동사+과거분사+(by 행위자)'를 써야 하므로 과거형 be동사 was, 과거분사 baked와 'by Matthew'를 나란히 써서 'The cake was baked by Matthew(케이크가 Matthew에 의해 구워졌다).'가 된다.

(2) '그 작가가 책 한 권을 썼다.'라는 의미이다. 동사의 행위(wrote)에 영향을 받는 대상인 a book이 주어가 되고, 'be동사+과거분사+(by 행위자)'를 써야 하므로 과거형 be동사 was, 과거분사 written과 'by the author'를 나란히 써서 'A book was written by the author(책 한 권이 그 작가에 의해 쓰였다).'가 된다.

(3) '그 과학자가 발명품을 만들었다.'라는 의미이다. 동사의 행위(make)에 영향을 받는 대상인 the invention이 주어가 되고, 'be동사+과거분사+(by 행위자)'를 써야 하므로 made와 같은 과거형 be동사 was, 과거분사 made와 'by the scientist'를 나란히 써서 'The invention was made by the scientist(그 발명품은 그 과학자에 의해 만들어졌다).'가 된다.

037 수동태: 4형식 문장 p. 146

A. ①

B. 1. (1) are offered a delicious meal by the cook.
(2) is offered to the guests by the cook.
2. (1) was given a bonus by the boss.
(2) was given to the employee by the boss.

A. ①은 'He will make me sandwiches(그는 나에게 샌드위치를 만들어 줄 것입니다).'라는 4형식 문장에서 간접목적어(me)를 주어('I')로 쓴 잘못된 문장이다. make, cook, buy, get 등의 동사가 쓰인 4형식 문장의 수동태는 직접목적어만 주어로 쓸 수 있다. ② (그 남자에 의해 선물 하나가 그녀에게 보내졌다)는 'The man sent her a gift(그 남자는 그녀에게 선물 하나를 보냈다).'라는 4형식 문장에서 직접목적어(a gift)를 주어로 쓰고, 간접목적어(her)를 전치사 to를 활용해서 나타낸 올바른 문장이다. ③ (그 상담가에 의해 조언이 그녀에게 주어졌다)는 'The counselor gave her advice(그 상담가는 그녀에게 조언을 했다).'라는 4형식 문장에서 직접목적어(advice)를 주어로 쓰고, 간접목적어(her)를 전치사 to를 활용해서 나타낸 올바른 문장이다. ④는 'The friend bought my son the car(그 친구는 나의 아들에게 그 차를 사줬다).'라는 4형식 문장에서 직접목적어(the car)를 주어로 쓰고, 간접목적어(my son)를 전치사 for를 활용해서 나타낸 올바른 문장이다.

B. 1. 주어진 문장은 '그 요리사가 손님들에게 맛있는 식사를 제공한다.'라고 해석되며, 간접목적어 'the guests'와 직접목적어 'a delicious meal'이 있는 4형식 문장이다.

(1) 간접목적어(The guests)를 주어로 두고 수동태를 만들면 'The guests are offered(주어+be동사+과거분사)' 뒤에 직접목적어(a delicious meal)와 전치사 by와 행위자인 'the cook'을 써서 'The guests are offered a delicious meal by the cook.'가 된다.

(2) 직접목적어(a delicious meal)를 주어로 두고 수동태를 만들면 'A delicious meal is offered(주어+be동사+과거분사)' 뒤에 전치사 to를 쓴 후 간접목적어(the guests)를 쓰고 전치사 by와 행위자인 'the cook'을 붙인 'A delicious meal is offered to the guests by the cook.'이 된다.

2. 주어진 문장은 '사장이 그 직원에게 보너스를 주었다.'라고 해석되며, 간접목적어 'the employee'와 직접목적어 'a bonus'가 있는 4형식 문장이다.

(1) 간접목적어(The employee)를 주어로 두고 수동태를 만들면 'The employee was given(주어+be동사+과거분사)' 뒤에 직접목적어(a bonus)를 쓰고, 전치사 by와 행위자인 'the boss'를 붙인 'The employee was given a bonus by the boss.'가 된다.

(2) 직접목적어(a bonus)를 주어로 두고 수동태를 만들면 'A bonus was given' 뒤에 전치사 to를 쓴 후 간접목적어(the employee)를 쓰고, 전치사 by와 행위자인 'the boss'를 붙인 'A bonus was given to the employee by the boss.'가 된다.

038 수동태: 5형식 문장 p. 149

A. ③

B. (1) The baby was named Henry by me.
(2) She was made to wash the dishes by us.

A. ③ (경찰은 범인이 현장에서 도망가는 것을 목격했다)는 saw라는 지각동사가 쓰인 문장이므로, 목적어(the thief)를 주어로 쓰고 목적격 보어를 to부

정사(to flee) 또는 동명사(fleeing)의 형태로 쓴 후 'by+행위자'를 써야 한다. 따라서 올바른 수동태는 'The thief was seen to flee from the scene by the police.' 또는 'The thief was seen fleeing from the scene by the police.'이다. ① (그들은 나에게 회의에 참석하라고 요청했다)는 ask라는 동사가 쓰인 5형식 문장이므로, 목적어(me)를 주어('I')로 쓰고 목적격 보어(to attend the meeting)와 'by+행위자'를 써서 수동태로 바꾼 올바른 문장이다. ② (위원회는 그를 대통령으로 선출했다)는 elect라는 동사가 쓰인 5형식 문장이므로, 목적어(him)가 나타내는 것을 주어(He)로 쓰고 목적격 보어(president)와 'by+행위자'를 써서 수동태로 바꾼 올바른 문장이다.

B. (1) '나는 그 아기를 Henry라고 이름 지었다.'라고 해석되고 목적어 'the baby'와 목적격 보어 Henry가 쓰인 5형식 문장이다. 목적어 'the baby'를 주어로 쓰고 be동사와 과거분사(was named)를 쓴 후 목적격 보어 Henry를 쓴 뒤에 주어였던 행위자('I')를 'by+행위자(by me)' 형태로 쓰면 'The baby was named Henry by me.'가 된다.

(2) '우리는 그녀가 설거지하도록 시켰다.'라고 해석되며 목적어 her와 목적격 보어 'wash the dishes'가 쓰인 5형식 문장이다. 사역동사 made가 쓰였으므로 수동태로 쓸 때 목적격 보어는 to부정사 형태로 써야 한다. 따라서 목적어 her가 나타내는 것을 주어(She)로 쓰고 be동사와 과거분사(was made)를 쓴 후 목적격 보어 'wash the dishes'를 to부정사 형태인 'to wash the dishes'로 쓴 뒤에 'by+행위자(by us)'를 쓰면 'She was made to wash the dishes by us.'가 된다.

CHAPTER 9
비교급 및 최상급

039 비교급: 규칙 변화, 불규칙 변화 p. 155

A. ②

B. (1) This year is hotter than last year.
(2) Laptops are more useful than desktops.
(3) The boy eats less than before.

A. ② bad의 비교급은 불규칙적으로 변화한 worse이다. ① thin은 '단모음(i)+단자음(n)'으로 끝나므로 비교급은 마지막 스펠링 n을 한 번 더 쓴 후 -er을 붙인 thinner가 된다. ③ heavy는 '자음(v)+y'로 끝나는 단어이기 때문에 비교급은 y를 i로 바꾼 후 -er을 붙인 heavier가 된다. ④ large는 e로 끝나므로 비교급은 -r을 붙인 larger이 된다.

B. (1) 주어인 '올해'를 나타내는 'This year'을 쓰고 동사는 '~이다/하다'라는 의미인 is를 써야 한다. '~보다 더 덥다.'라는 것은 hot(더운)의 비교급인 hotter을 활용하여 'hotter than'이라고 표현할 수 있다. 마지막에는 비교의 대상인 '작년'을 뜻하는 'last year'을 쓰면 된다.

(2) 주어인 '노트북'을 나타내는 Laptops를 쓰고 동사는 '~이다/하다'라는 의미인 is를 써야 한다. '~보다 더 유용하다'는 것은 useful(유용한)의 비교급인 'more useful'을 활용하여 'more useful than'이라고 표현할 수 있다. 마지막에는 비교의 대상인 '데스크탑'을 뜻하는 desktops를 쓰면 된다.

(3) 주어인 '그 소년'을 나타내는 'The boy'를 쓰고 동사는 '먹는다.'라는 의미인 eats를 써야 한다. '~보다 덜'이라는 의미는 little(적은)의 비교급인 less를 활용하여 'less than'이라고 표현할 수 있다. 마지막에는 비교의 대상인 '예전'을 뜻하는 before를 쓰면 된다.

040 비교급 강조 표현 p. 159

A. ④ **B.** ②

A. '더 중요하다.'는 important의 비교급을 써서 'more important'로 나타낼 수 있으며, '훨씬'이라는 의미를 지닌 much는 비교급을 강조할 때 쓸 수 있으므로 바르게 쓰인 문장은 ④이다. ①은 important의 비교급을 importanter로 잘못 작성하였으며 ②와 ③은 비교급을 강조할 수 없는 very와 many를 각각 사용하였으므로 답이 될 수 없다.

B. ② (버스 요금은 항공 요금보다 훨씬 더 저렴하다)는 비교급(cheaper)을 강조할 때 쓸 수 없는 very를 사용하였기에 정답이 된다. ① (우리는 훨씬 더 많은 시간이 필요하다)는 비교급(more time)을 강조하기 위해 far를 사용한 올바른 문장이다. ③ (그 책은 영화보다 훨씬 더 흥미롭다)는 비교급(more interesting)을 강조하기 위해 still을 사용한 올바른 문장이다. ④ (새 휴대전화가 내 것보다 훨씬 비싸다)는 비교급(more expensive)을 강조하기 위해 a lot을 사용한 올바른 문장이다.

041 the 비교급, the 비교급 구문 p. 161

A. (1) The earlier, the more time
(2) The hotter, the weaker
B. ③

A. (1) '일찍 ~ 할수록'은 'The earlier ~'로 나타내고 '더 많은 시간을 …한다'는 'the more time …'로 나타낼 수 있다. 따라서 완성된 문장은 'The earlier we wake up, the more time we have.'이다.

(2) '더울수록'은 'The hotter'로 나타내고 '더 약해진다.'는 'the weaker'로 나타낼 수 있으므로 완성된 문장은 'The hotter the weather is, the weaker I feel.'이다.

B. 'the 비교급 ~, the 비교급 …' 구문은 '~할수록 더 …하다'는 뜻이므로 쉼표 앞부분인 'The more books you read'는 '당신이 더 많은 책을 읽을수록'으로 해석되며, 뒷부분인 'the smarter you become'은 '당신은 더 똑똑한 사람이 된다.'라고 해석된다.

042 비교 표현: 원급 비교 p. 165

A. 1 - ⓒ, 2 - ⊙, 3 - ⓒ, 4 - ⓒ, 5 - ⓒ
B. ④

A. as far as ~(~하는 한), as soon as ~(~하자마자), as ~ as possible(가능한 ~하게), half as ~ as A(A의 반만큼 ~하다), as ~ as A(A만큼 ~하다)

B. 'as long as ~'는 '~하는 한(조건)'이라는 의미를 지닌 표현이므로 ④는 '우리는 비가 오지 않는 한 소풍을 갈 거예요.'라고 해석해야 한다. ①에 쓰인 'may as well'은 '(…보다 차라리) ~하는 게 낫다'는 의미로 바르게 해석되었다. ②에 쓰인 'as soon as'는 '~하자마자'라는 의미로 바르게 해석되었으며, ③에 쓰인 'as ~ as A'는 'A만큼 ~하다'는 의미로 바르게 해석되었다.

043 최상급: 규칙 변화, 불규칙 변화 p. 168

A. (1) funniest (2) saddest
(3) most tragic (4) safest
B. ①

A. (1) funny는 '자음(n)+y'로 끝나는 단어로서, 최상급은 y를 i로 고친 후 -est를 붙인 funniest이며 완성된 문장은 'He is the funniest person in our class(그는 우리 반에서 가장 웃긴 사람이다).'이다.

(2) sad는 '단모음(a)+단자음(d)'로 끝나는 단어로서, 최상급은 마지막 스펠링(d)을 한 번 더 쓴 후 -est를 붙인 saddest이며 완성된 문장은 'That is the saddest story(그것은 가장 슬픈 이야기이다).'이다.

(3) tragic은 -ic으로 끝나는 단어로서, 최상급은

단어 앞에 most를 붙인 'most tragic'이며 완성된 문장은 'That was the most tragic event in his life(그것은 그의 삶에서 가장 비극적인 사건이었다).'이다.

(4) safe는 -e로 끝나는 단어로서, 최상급은 끝에 -st을 붙인 safest이며 완성된 문장은 'Wearing a helmet is the safest and most important choice(헬멧을 쓰는 것은 가장 안전하고 중요한 선택이다).'이다.

B. ① big는 '단모음(i)+단자음(g)'으로 끝나는 단어로서, 최상급은 마지막 스펠링(g)을 한 번 더 쓴 후 -est를 붙인 biggest이다. 따라서 정답은 ①이다. ② little의 최상급은 불규칙적으로 변화한 least이다. ③ early는 '자음(l)+y'로 끝나는 단어로서, 최상급은 y를 i로 바꾼 후 -est를 붙인 earliest가 된다. ④ foolish는 -ish로 끝나는 단어로서, 최상급은 단어 앞에 most를 쓴 'most foolish'이다.

CHAPTER 10
전치사 및 접속사

044 전치사
P. 174

A. ③
B. (1) next to　　(2) without
(3) due to　　(4) except
(5) in front of

A. 빈칸의 바로 앞에 전치사 without이 있기 때문에 빈칸에는 명사(구)가 들어가야 한다. ③은 주어 'my husband', 동사 cooks, 부사 every day로 이루어진 하나의 문장(절)이다. 따라서 전치사 뒤에는 올 수 없다. ① (한 잔의 커피)는 명사(구)이기에 전치사 뒤에 올 수 있다. 참고로 ①에 쓰인 'in the morning(아침에)'은 부사구이다. ② 'my favorite snacks(내가 가장 좋아하는 간식)'와 ④ 'fresh water(신선한 물)'는 모두 명사(구)이므로 전치사 without 뒤에 올 수 있다.

B. (1) '~옆에'라는 의미를 지닌 전치사는 'next to'이다.

(2) '~없이'라는 의미를 지닌 전치사는 without이다.

(3) '~때문에', '~로 인해'라는 의미를 지닌 전치사는 'due to'이다.

(4) '~을 제외하고'라는 의미를 지닌 전치사는 except이다.

(5) '~앞에'라는 의미를 지닌 전치사는 'in front of'이다.

045 전치사 vs. 접속사
P. 177

A. (1) In spite of　　(2) because
B. ②

A. (1) '폭우에도 불구하고, 그는 직장으로 운전해서 갔다.'라고 해석된다. 괄호는 명사(구)인 'the heavy rain' 앞에 위치하므로 전치사가 필요한 자리이다. 따라서 접속사인 Though(비록 ~일지라도)가 아닌 전치사인 'In spite of(~에도 불구하고)'가 들어가야 한다.

(2) '늦었기 때문에 우리는 택시를 부르기로 결정했다.'라고 해석된다. 괄호는 문장(절)인 'it was late' 앞에 위치하므로 접속사가 필요한 자리이다. 따라서 전치사인 'because of(~때문에)'가 아닌 접속사 because(~때문에)가 들어가야 한다.

B. ②는 '집에 가기 전에 그 방을 청소해줘.'라는 뜻이다. before가 접속사로 쓰였을 때는 뒤에 주어와 동사를 갖춘 문장인 'you go home'이 와야 하며, 전치사로 쓰였을 때는 뒤에 동명사구 'going home'이 와야 한다. 따라서 before 뒤가 동사 go로 시작하는 ②는 옳지 않은 문장이다. ①은 '나는 내일까지 너에게 전화할 수 없다.'라는 뜻이다. 또한, until 뒤에 명사 tomorrow가 왔으므로 until이 전치사로 쓰인 바른 문장이다. ③은 '비록 그는 바빴지만, 어제 나를 도와주었다.'라는 뜻이며, 접속사 though 뒤에 문장(절)인 'he was busy'가 쓰인 바른 문장이다.

046 to부정사의 to vs. 전치사 to   P. 180

A. (1) 나의 어머니는 커피보다 차를 더 선호하신다.
(2) 그는 일찍 일어나는 것에 익숙하다.

B. ①

A. (1) to는 전치사로 쓰이며 바로 뒤에 명사 coffee를 취하고 있다. 'prefer A to B'는 'B(coffee)보다 A(tea)를 더 선호하다.'라는 의미이다.

(2) to는 전치사로 쓰이며 바로 뒤에 동명사 waking을 취하고 있다. 'be used to+명사(또는 동명사인 -ing)'는 '~에 익숙하다.'라는 의미이다. 참고로 'be used to+동사원형'은 '~하기 위해 사용되다.'라는 뜻이며, be동사 없이 'used to+동사원형'을 쓰면 '~하곤 했다.'라는 뜻이 된다.

B. ①은 'Oliver는 가족에게 헌신적이다.'라는 의미이며, 'be devoted to'는 '~에 헌신하다.'라는 뜻으로 이때 to는 헌신하는 대상인 명사(his family) 앞에 쓰이는 전치사이므로 정답은 ①이다. ②는 '나는 너의 이메일 주소를 알고 싶다.'라는 뜻이며, 이때 to는 뒤에 동사원형(know)이 오며 '~하는 것'이라고 해석되는 to부정사의 to이다. ③은 '철은 흔히 다리를 짓는 데 사용된다.'라는 뜻이며, 'be used to+동사원형'은 '~하기 위해 사용되다.'라는 의미이다. 이때 to는 뒤에 동사원형(build)을 취하며 '~하기 위해'라고 해석되는 to부정사의 to이다.

047 접속사: 등위접속사   P. 182

A. 등위

B. (1) and   (2) but   (3) or   (4) so

A. 등위접속사는 문장 속에서 특성이 유사하거나 동등한 성분들(단어, 구, 절)을 연결해주는 접속사이며, 'and, but, or, nor, so, for, yet'과 같은 단어가 이에 해당한다.

B. (1) and는 '그리고'라는 뜻을 지닌 등위접속사이다.

(2) but은 '하지만'이라는 뜻을 지닌 등위접속사이다.

(3) or는 '또는'이라는 뜻을 지닌 등위접속사이다.

(4) so는 '그래서'라는 뜻을 지닌 등위접속사이다.

048 접속사: 상관접속사   P. 185

A. 상관

B. 1 - ⓔ, 2 - ⓑ, 3 - ⓐ, 4 - ⓒ

A. 상관접속사는 문장 속에서 두 가지 이상의 단어, 구, 절들을 연결하며 쌍으로 사용되어 상호 의존적인 관계를 형성한다. 상관접속사에는 'both A and B, either A or B, neither A nor B, not A but B, not only A but (also) B'와 같은 것들이 있다.

B. 각 표현과 의미를 나열하면 다음과 같다. : not only he but also she(그뿐만 아니라 그녀도),

either he or she(그 또는 그녀), both he and she(그와 그녀 둘 다), neither he nor she(그도 그녀도 아닌)

049 접속사: 종속접속사   p. 188

A. 종속

B. (1) that   (2) whether
     (3) though   (4) As long as

A. 종속접속사는 하나의 절이 다른 절에 종속되어 더 많은 의미를 전달하도록 도우며 주절과 종속절을 연결하는 역할을 한다. 'that, whether, if, when, as, because, since, if, unless, though'와 같은 단어가 종속접속사에 해당한다.

B. (1) that은 '~라는 것'이라는 뜻을 지닌 종속접속사이며 주절 'I believe ~'에 'that he is diligent'라는 절이 종속된다.

(2) whether는 '~인지 아닌지'라는 뜻을 지닌 종속접속사이며 주절 'I wonder~'에 'whether it will rain or not'이라는 절이 종속된다.

(3) though는 '비록 ~일지라도'라는 뜻을 지닌 종속접속사이며 주절 'The girl is talented~'에 'though she is young'이라는 절이 종속된다.

(4) as long as는 '~하는 한'이라는 뜻을 지닌 종속접속사이며 주절 'I will support you'에 'As long as you are happy'라는 절이 종속된다.

050 접속사: if와 whether의 차이점   p. 191

A. (1) whether   (2) whether   (3) Whether

B. ②

A. if와 whether는 공통으로 '~인지 아닌지'라는 의미를 지닌 종속접속사로 쓰일 수 있지만, if를 사용할 수 없는 경우들이 있으므로 유의해야 한다.

(1) '나는 그들이 그 영화를 즐겼는지 그렇지 않았는지 궁금하다.'라는 뜻이며, 'or not'이 바로 뒤에 올 수 있는 것은 if가 아닌 whether이다.

(2) '나는 아침 식사를 할지 말지 결정할 수 없다.'라는 뜻이며, to부정사(to eat)가 바로 뒤에 올 수 있는 것은 if가 아닌 whether이다.

(3) '내일 비가 올지 안 올지는 아직 불확실하다.'라는 뜻이다. 주어진 문장의 동사는 is이며 is의 앞부분은 주어이다. 따라서 주어가 되는 절을 이끌 수 있는 접속사가 필요하며, 주어 역할을 하는 절을 이끌 수 있는 것은 If가 아닌 Whether이다.

B. ②는 '네가 그녀를 알고 있는지 아닌지를 나에게 말해줄 수 있니?'라는 뜻이다. 주어진 문장은 간접목적어 me, 직접목적어 'if you know her or not'을 취하고 있으며 if는 목적어가 되는 절을 이끌 수 있으므로(whether도 가능) ②는 올바르다. ①은 '그가 돌아올지 말지는 불확실하다.'라는 뜻이며, If가 이끄는 절이 주어이고 is가 동사이다. 하지만 If는 주어가 되는 절을 이끌 수 없는 접속사이기에 올바르지 않다. ③은 '나는 그 가게가 열려 있는지 아닌지 알고 싶다.'라는 뜻이며, if 뒤에 or not이 바로 오는 것은 불가능하므로 올바르지 않다. ④는 '우리는 축구를 할지 말지 토론해야 한다.'라는 뜻이며, if 뒤에는 to부정사(to play)가 바로 올 수 없으므로 올바르지 않은 문장이다.

CHAPTER 11
준동사의 활용

051 to부정사: 개념과 형태 p. 197

A. ③

B. (1) 기회를 놓쳐서(놓쳤기 때문에)
(2) 오르기엔 너무 높다

A. ③은 '저는 내일까지 완료해야 할 프로젝트가 있습니다.'라고 해석되며 to부정사(to finish)는 앞에 나오는 명사인 a project를 수식한다. 따라서 해석은 '~할(완료할)'이 되며 형용사적인 쓰임을 갖는다. 반면 나머지 선지에서 쓰인 to부정사는 모두 부사적인 쓰임을 갖고 '~하기 위해'라고 해석된다. ①의 뜻은 '그녀는 체중을 감량하기 위해 매일 조깅을 합니다.'이며, to lose는 '(체중을) 감량하기 위해'라고 해석된다. ②의 뜻은 '그들은 버스를 타기 위해 일찍 일어났습니다.'이며, to catch는 '(버스를) 타기 위해'라고 해석된다. ④의 뜻은 '제 아버지는 새 차를 사기 위해 돈을 저축하셨습니다.'이며, to buy는 '(새 차를) 사기 위해'라고 해석된다.

B. (1) to부정사가 감정(실망)의 원인을 나타내고 있으며 부사적인 쓰임을 갖고 '~해서'라고 해석된다. 따라서 밑줄 친 부분은 '기회를 놓쳐서', '놓쳤기 때문에' 등으로 해석할 수 있다.

(2) to부정사가 앞에 나온 형용사(steep)를 수식하며 부사적인 쓰임을 갖고 '~하기엔'이라고 해석된다. 따라서 'too A to B'는 'B하기엔 너무 A하다.'라고 해석될 수 있으며 steep은 '가파른', climb는 '오르다'라는 뜻이므로 밑줄 친 부분은 '오르기엔 너무 높다.'라고 해석된다.

052 to부정사: 부정 표현 p. 201

A. ①

B. (1) He agreed not to leave the meeting.
(2) I decided never to eat chicken.

A. '내 친구는 약속했다.'라는 문장은 'My friend(주어) promised(동사)'로 나타낼 수 있으며, '절대 폭로하지 않겠다는 것을'이라는 의미는 to부정사(to reveal) 앞에 부정어 never를 써서 'never to reveal'이라고 나타낼 수 있다. 마지막에는 reveal의 목적어인 'the secret'을 쓰면 된다. 따라서 올바른 문장은 ① 'My friend promised never to reveal the secret.'이다. ②는 부정어 never를 to부정사(to reveal) 앞에 써야 하기 때문에 옳지 않으며, ③은 to부정사 부정에 적절하지 않은 no를 활용했기 때문에 옳지 않다.

B. (1) '그는 동의했다.'라는 문장은 'He(주어) agreed(동사)'이며, '회의를 떠나지 않는 것을'에 해당하는 부분을 to부정사의 부정을 활용해 'not to leave'로 나타낼 수 있다. 마지막에는 leave의 목적어인 'the meeting(회의)'을 쓰면 된다.

(2) '나는 결심했다.'라는 문장은 'I(주어) decided(동사)'로 나타낼 수 있으며, '절대 먹지 않겠다는 것을'에 해당하는 부분을 to부정사의 부정을 활용해 'never to eat'으로 나타낼 수 있다. 마지막에는 eat의 목적어인 chicken을 쓰면 된다.

053 to부정사: 의미상 주어 표현 p. 204

A. ③ **B.** ③

A. ③ (사람들이 마스크를 쓰는 것이 필요했었다)는 사람에 대한 주관적인 평가를 나타내는 문장이 아니므로, to부정사(to wear)의 의미상 주어를 of가 아닌 for를 활용해서 나타내야 한다. 따라서 올바른 문장은 'It was necessary for people to wear masks.'이다. ① (나에게 아침 식사를 하는 것은 흔한 일이다)는 to부정사(to have)의 의미상 주어를 for를 활용해서 나타낸 올바른 문장이다. ② (그 소

년이 감사하다고 말하는 것은 예의 바르다)는 사람에 대한 주관적인 평가(polite)를 나타내므로 to부정사(to say)의 의미상 주어를 of를 활용해서 나타낸 올바른 문장이다. ④ (사람들이 습관을 바꾸는 것은 어렵다)는 to부정사(to change)의 의미상 주어를 for를 활용해서 나타내는 올바른 문장이다. ⑤ (그녀가 인사도 없이 떠나간 것은 이기적이다)는 사람에 대한 주관적인 평가(selfish)를 나타내므로 to부정사(to leave)의 의미상 주어를 of를 활용해서 올바르게 나타냈다.

B. 주어진 문장은 '당신이 그렇게 행동하는 것은 ~하다.'라는 뜻이다. 또한, to부정사(to behave)의 의미상 주어 자리에 for가 아닌 of가 쓰인 것으로 보아, 빈칸에 들어갈 형용사는 사람에 대한 주관적인 평가를 나타내는 것이어야 한다. ① careless(부주의한), ② selfish(이기적인), ④ friendly(우호적인, 친근한), ⑤ considerate(사려 깊은)는 모두 사람에 대한 평가를 나타내는 형용사이지만, ③ beneficial은 '유익한'이라는 의미로서 문맥상 사람의 성격 및 태도를 평가와 무관한 단어이므로 빈칸에 들어갈 수 없다.

054 동명사: 개념과 형태 p. 206

A. ③

B. (1) Eating fast food is unhealthy.
(2) She finished cleaning her room.

A. ③ (그 의사는 매운 음식을 먹는 것을 피합니다)에 쓰인 동사 avoid는 목적어로 동명사를 취하므로 to eat을 eating으로 고쳐야 한다. ① (그는 그 소설 읽기를 끝마쳤다)에 쓰인 동사 finish는 목적어로 동명사를 취하므로 reading이 올바르게 쓰였다. ② (나는 클래식 음악을 듣는 것을 즐긴다)에 쓰인 동사 enjoy는 목적어로 동명사를 취하므로 listening이 올바로 쓰였다. ④ (그녀는 유명한 작가가 되는 것을 상상했다)에 쓰인 동사 imagine은 목적어로 동명사를 취하므로 becoming이 올바르게 쓰였다.

B. (1) 주어인 '패스트푸드를 먹는 것'은 동명사로 나타낼 수 있으므로 'Eating fast food'를 주어로 쓰고, 동사 is를 쓴 후 '건강에 해롭다.'라는 의미의 보어인 unhealthy를 써야 한다.

(2) '그녀는 끝냈다.'라는 표현은 주어 She와 동사 finished로 나타낼 수 있다. 또한 목적어에 해당하는 '(그녀의) 방을 청소하는 것'은 동명사를 활용하여 'cleaning her room'이라고 써야 한다.

055 동명사: 부정 표현 p. 208

A. ③

B. (1) I regret never learning a second language.
(2) He imagined not getting a job.

A. '그들은 실천한다.'라는 의미는 'They(주어) practice(동사)'로 표현할 수 있으며, '절대 포기하지 않는 것'이라는 의미는 동명사인 'giving up(포기하는 것)' 앞에 부정어 never를 써서 나타낼 수 있다. 따라서 올바른 문장은 ③ (They practice never giving up)이다. ①은 동명사 부정에 적절하지 않은 no를 활용한 잘못된 문장이다. ②는 문법적으로는 맞지만, never가 동사인 practice를 부정하여 '그들은 포기하는 것을 절대 연습(실천)하지 않는다.'라는 의미가 되므로 주어진 우리말과 일치하지 않는다.

B. (1) '나는 후회한다.'라는 의미는 'I(주어) regret(동사)'로 표현할 수 있으며, '전혀 배우지 않은 것'은 동명사의 부정을 활용해 나타낼 수 있으므로 동명사인 learning 앞에 never를 붙이면 된다. 마지막에 learn의 목적어에 해당하는 a second language를 쓰면 'I regret never learning a second language.'라는 문장이 완성된다.

(2) '그는 상상했다.'라는 의미는 'He(주어) imagined(동사)'로 표현할 수 있으며 '얻지 못하는 것'은 동명사의 부정을 활용해 나타낼 수 있으므로 동명사인 getting 앞에 not을 붙이면 된다. 마지막에 get의 목적어에 해당하는 a job을 쓰면 'He imagined not getting a job.'이라는 문장이 완성된다.

056 동명사: 의미상 주어 표현 P.210

A. ② **B.** ①

A. ②에서는 동명사 failing의 의미상 주어를 소유격인 Chloe's 또는 목적격인 Chloe라고 나타낼 수 있으므로 소유격 Chloe's를 쓴 ②는 올바르다. ①에서 동명사인 helping의 의미상 주어는 소유격인 his 또는 목적격인 him으로 나타내야 한다. 따라서 의미상 주어를 주격인 he로 쓴 ①은 올바르지 않다. ③에서 동명사의 의미상 주어인 지시대명사 this는 소유격 형태가 존재하지 않으므로 this's는 올바르지 않은 표현이며, 목적격 형태인 this로 바꾸어야 한다.

B. 주어진 문장은 '나는 ~가 간호사가 된 것이 자랑스럽다.'라고 해석되며, 빈칸에는 동명사 being의 의미상 주어가 쓰여야 한다. 의미상 주어는 소유격 또는 목적격이어야 하므로 주격인 ① she는 불가능하다. ② her는 소유격 또는 목적격, ③ his는 소유격, ④ him은 목적격, ⑤ your는 소유격으로서 모두 빈칸에 들어갈 수 있다.

057 동명사 vs. to부정사: 동사에 따라 달라지는 경우 P.213

A. ①
B. (1) ~할 것을 기억해야 한다
   (2) ~했던 것을 기억한다
   (3) ~할 것을 잊지 마라
   (4) ~했던 것을 절대 잊지 않을 거다

A. ① (나는 직업을 그만두기로 결정했다)에 쓰인 동사 decide는 목적어로 to부정사를 취하는 단어이다. 따라서 동명사 quitting을 to부정사인 'to quit'으로 바꾸어야 한다. ② (그는 새 차 구매를 미뤘다)에 쓰인 동사 postpone은 목적어로 동명사를 취하기 때문에 buying이 올바르게 쓰였다. ③ (그는 시험에서 부정행위를 했다는 것을 부인했다)에 쓰인 동사 deny는 목적어로 동명사를 취하기 때문에 cheating이 올바르게 쓰였다. ④ (그녀는 해변에 가는 것을 제안했습니다)에 쓰인 동사 suggest는 목적어로 동명사를 취하기 때문에 going이 올바르게 쓰였다. ⑤에 쓰인 동사 want는 목적어로 to부정사를 취하기 때문에 to travel이 올바르게 쓰였다. 참고로 'to Europe'에서 쓰인 to는 전치사로서 뒤에 명사인 Europe을 취하며 '~로'라는 의미를 지닌다.

B. (1) '당신은 내일 외출하기 전에 불을 끄는 것을 기억해야 한다.'라는 뜻이며, remember는 뒤에 to부정사(to turn off)가 쓰였으므로 '~할 것(미래)을 기억해야 한다.'라는 의미를 지닌다.

(2) '나는 작년에 사무실에서 그 여성을 만났던 것을 기억한다.'라는 뜻이며, remember는 뒤에 동명사(meeting)가 쓰였으므로 '~했던 것(이미 발생)을 기억한다.'라는 의미를 지닌다.

(3) '문을 잠그는 것을 잊지 마.'라는 뜻이며, forget은 뒤에 to부정사(to lock)가 쓰였으므로 '~할 것(미래)을 잊지 마라.'라는 의미를 지닌다.

(4) '우리는 처음으로 에펠탑을 방문했던 것을 절대 잊지 않을 것이다.'라는 뜻이며, forget은 뒤에 동명사(visiting)가 쓰였으므로 '~했던 것(이미 발생)을 절대 잊지 않을 거다.'라는 의미를 지닌다.

058 완료 부정사, 완료 동명사 P.217

A. (1) to have finished
   (2) having been(또는 having become)
B. (1) 프로젝트 완성   (2) 유럽 여행을 다녀옴

A. (1) 기존 문장에서는 주절의 시제(seems: 현재)와 to부정사의 시제(to finish: 현재)가 일치하여 'to+동사원형' 형태로 쓰였지만, 빈칸의 to부정사구는 '(숙제를) 끝냈던 것으로'라고 해석되며 to부정사의 시제(과거)가 주절의 시제(현재)보다 한 시제 더 앞선다. 따라서 빈칸에는 완료 부정사(to have+과거분사)인 'to have finished'를 써야 한다.

(2) 기존 문장에서는 주절의 시제(is: 현재)와 동명사의 시제(being: 현재)가 일치하여 '동사+ing' 형태로 쓰였지만, 빈칸의 동명사구는 '(예술가가) 되었던 것을'이라고 해석되며 동명사의 시제(과거)가

주절의 시제(현재)보다 한 시제 앞선다. 따라서 빈칸에는 완료 동명사(having+과거분사)인 'having been(become)'을 써야 한다.

B. (1) '그는 프로젝트를 완료한 것에 대한 보상을 받았다.'라고 해석되며, 동명사를 완료 동명사의 형태인 'having completed'로 썼으므로 더 과거에 일어난 일은 완료 동명사로 쓰인 내용인 '프로젝트 완성(having completed the project)'이 된다.

(2) '그들은 유럽 여행을 다녀와서 신났다.'라고 해석되며, to부정사를 완료 부정사 형태인 'to have traveled'로 썼으므로 더 과거에 일어난 일은 완료 부정사로 쓰인 내용인 '유럽 여행을 다녀옴(to have traveled to Europe)'이다.

059 준동사 p. 220

A. ① **B.** ②

A. 사역동사 make(~하게 만들다)는 준동사 중에서 원형 부정사와 주로 결합한다. 따라서 빈칸에는 '미소 짓다.'라는 의미를 지닌 원형 부정사인 smile이 들어가야 한다.

B. ②에는 'be동사+현재분사' 형태를 써서 현재 진행형(~하는 중이다) 문장을 만들어야 한다. 따라서 dance를 현재분사 형태인 dancing으로 바꾸어 'They are dancing together.'라고 해야 옳은 문장이 된다. ①에서는 지각동사 saw(보았다) 뒤에 원형 부정사인 walk(걷다)가 보어로 온 올바른 문장이다. 참고로 지각동사는 목적어와 목적격 보어와의 관계가 능동이며, 진행 중인 동작을 묘사할 때는 현재분사도 쓸 수 있으므로, 'I saw him walking.'이라고 해도 옳다. ③은 to부정사구가 문장 속에서 부사의 역할을 하며 '~하기 위해'라는 의미로 쓰인 옳은 문장이다. 또한, ④는 준동사인 과거분사 lived가 have와 함께 완료 시제를 이루며 계속적인 의미(~해왔다)를 지닌 옳은 문장이다.

060 의문사+to부정사 p. 223

A. ③
B. (1) 수영을 어떻게 하는지(수영하는 방법)
(2) 무엇을 말할지

A. 주어진 문장은 주어 you, 동사 'can tell', 간접목적어 me, 직접목적어 'when ＿＿'으로 이루어진 문장으로, 'when ＿＿'은 (직접)목적어이므로 명사의 성질을 갖추어야 한다. when(의문사)이 'to start(to부정사)'와 만나면 명사구로서 목적어의 역할을 하며, '언제 시작할지'라는 의미를 만들 수 있다. 따라서 빈칸에는 'to start'가 들어가야 한다.

B. (1) 밑줄 친 부분은 'how+to+동사원형(어떻게 ~할지)'의 형태로 동사 know의 목적어 자리에 오는 명사구이며, '수영을 어떻게 하는지(수영하는 방법)'라는 뜻이다.

(2) 밑줄 친 부분은 'what+to+동사원형(무엇을 ~할지)'의 형태로 동사 learn의 목적어 자리에 오는 명사구이며, '무엇을 말할지'라는 뜻이다.

CHAPTER 12
가정법

061 가정법 과거 p. 230

A. ④

B. (1) If she were my friend, I could go on trips with her.

(2) If I lived in Rome, I would visit ancient ruins every day.

A. 주어진 예문은 현재 실현 가능성이 매우 낮거나 불가능한 상황을 가정하므로, '가정법 과거'로 작성해야 한다. 따라서, 접속사 if가 포함된 종속절은 과거형 동사(were)를 활용하여 'If I were a millionaire(만약 내가 백만장자라면)'라고 쓰고, 주절은 '과거형 조동사+동사원형(would build)'을 활용하여 'I would build a tennis court at my house'라고 써야 한다. 따라서 완성된 문장은 'If I were a millionaire, I would build a tennis court at my house.'이다.

B. (1) 가정법 과거 문장은 단순 조건문보다 한 시제 앞선 시제로 작성해야 한다. 따라서 접속사 if가 포함된 종속절에 쓰인 현재형 동사 is는 과거형 were로 고치고, 주절에 쓰인 '현재형 조동사+동사원형' 형태인 'can go'는 '과거형 조동사+동사원형' 형태인 'could go'로 고쳐야 한다. 따라서 완성된 문장은 'If she were my friend, I could go on trips with her(만약 그녀가 내 친구라면, 나는 그녀와 여행을 갈 수 있을 텐데).'이다.

(2) 가정법 과거 문장은 단순 조건문보다 한 시제 앞선 시제로 작성해야 한다. 따라서 접속사 if가 포함된 종속절에 쓰인 현재형 동사 live는 과거형 lived로 고치고, 주절에 쓰인 '현재형 조동사+동사원형' 형태인 'will visit'은 '과거형 조동사+동사원형' 형태인 'would visit'으로 고쳐야 한다. 따라서 완성된 가정법 과거 문장은 'If I lived in Rome, I would visit ancient ruins every day(만약 내가 로마에 산다면, 나는 고대 유적지를 매일 방문할 텐데).'이다.

062 가정법 과거완료 p. 232

A. ③

B. (1) If it had not rained, we could have played soccer.

(2) If you had asked for help, the project wouldn't have failed.

A. 주어진 예문은 실제로 이루어지지 못한 과거 상황을 가정하므로(실제로는 시험을 잘 보지 못해서 파티를 열지 못함), '가정법 과거완료'로 작성해야 한다. '시험을 잘 보다'는 영어로 'do well on the exam'이다. 따라서 접속사 if가 포함된 종속절은 'had+과거분사' 형태인 'had done'을 활용하여 'If we had done well on the exam'이라고 써야 한다. '파티를 열다.'라는 문장은 영어로 'have a party'이므로, 주절은 '과거형 조동사+have+과거분사' 형태인 'could have had'를 활용하여 'we could have had a party yesterday'라고 써야 한다. 따라서 완성된 문장은 'If we had done well on the exam, we could have had a party yesterday.'이다.

B. (1)과 (2)에 주어진 문장은 실제로 이루어지지 못한 과거 사실과 반대되는 상황을 가정하므로, 둘 다 '가정법 과거완료'로 작성해야 한다.

(1) '비가 온다.'라는 문장은 영어로 'it rains'이다. 따라서 접속사 if가 포함된 종속절은 'had+과거분사' 형태인 'had rained'에 부정어 not을 넣어 'If it had not rained'라고 써야 한다. 또한, 주절은 '과거형 조동사+have+과거분사' 형태를 활용하여 'we could have played soccer'라고 써야 한다. 따라서 완성된 가정법 과거완료 문장은 'If it had not rained, we could have played soccer.'이다.

(2) '도움을 요청한다.'라는 문장은 영어로 'ask for help'이다. 따라서 접속사 if가 포함된 종속절은 'had+과거분사' 형태를 활용하여 'If you had asked for help'라고 써야 한다. 또한, 주절은 '과

거형 조동사+have+과거분사' 형태인 'would have failed'에 부정어 not을 넣어 'the project wouldn't have failed'라고 써야 한다. 따라서 종속절과 주절을 합친 완성된 가정법 과거완료 문장은 'If you had asked for help, the project wouldn't have failed.'이다.

063 혼합 가정법   p. 236

A. ①

B. (1) If she had told the truth, we wouldn't be angry now.

(2) If I were a great cook, I would have invited you to lunch.

A. 접속사 if가 포함된 종속절은 가정법 과거완료(과거에 이루어지지 못한 상황 가정)로서 'had+과거분사' 형태인 'had saved'를 활용하여 'If you had saved more money last year'라고 써야 한다. 또한 주절은 가정법 과거(현재 실현 불가능한 상황에 대한 가정)로서, '과거형 조동사+동사원형' 형태인 'could buy'를 써야 한다. 따라서 완성된 문장은 'If you had saved more money last year, you could buy the car now.'이다.

B. 주어진 문장들은 주절과 종속절이 서로 다른 시간대를 가정하므로 '혼합 가정법'으로 작성해야 한다.

(1) 접속사 if가 포함된 종속절은 가정법 과거완료(과거 사실에 반대)로서 'had+과거분사' 형태인 'had told'를 활용하여 'If she had told the truth'라고 쓰고, 주절은 가정법 과거(현재 사실에 반대)로서 '과거형 조동사+동사원형' 형태인 'wouldn't be'를 써야 한다. 따라서 완성된 문장은 'If she had told the truth, we wouldn't be angry now.'이다.

(2) 접속사 if가 포함된 종속절은 가정법 과거(현재 실현 불가능한 상황에 대한 가정)로서 '과거형 동사(were)'를 활용하여 'If I were a great cook'이라고 쓰고, 주절은 가정법 과거완료(과거에 이루어지지 못한 상황 가정)로서 '과거형 조동사+have+과거분사' 형태인 'would have invited'를 써야 한다. 따라서 완성된 문장은 'If I were a great cook, I would have invited you to lunch.'이다.

064 가정법: I wish, as if 활용   p. 239

A. ③   **B.** ③

A. 주어진 두 문장은 모두 과거 사실의 반대를 가정하고 있으므로 '가정법 과거완료'를 사용한다. (1)은 I wish를 활용한 가정법 과거완료 문장이며, '조심하다'라는 뜻을 가진 표현인 'be careful'을 'had+과거분사'를 활용하여 'had been (more) careful'이라고 나타낼 수 있다. 따라서 빈칸에 들어갈 말은 'had been'이다. (2)는 as if를 활용한 가정법 과거완료 문장이며, '~에 있다'라는 뜻을 가진 표현인 'be in'을 'had+과거분사'를 활용하여 'had been in~'으로 나타낼 수 있다. 따라서 (1)과 (2)의 빈칸에 공통으로 들어갈 말은 'had been'이다.

B. ③이 포함된 문장은 과거에 이루지 못했던 상황에 대한 아쉬움을 나타내고 있으므로 '가정법 과거완료(I wish+주어+had+과거분사+~)'를 활용해야 한다. 따라서 '커지다, 자라다'라는 뜻을 가진 표현인 grow를 'had+과거분사'를 활용하여 'had grown'으로 써야 한다. 따라서 'had+과거분사'가 아닌 과거형 grew를 쓴 ③은 옳지 않다.

065 가정법: without, but for 활용   p. 242

A. ①

B. (1) were not for my computer, she couldn't send emails.

(2) had not been for his support, I wouldn't have succeeded.

A. 주어진 문장은 과거 사실(당신이 도움을 주어서 숙제를 끝낼 수 있었음)의 반대를 가정하고 있다. 빈칸에 Without, 'But for', 'If it had not been for'을 쓰면, '만약 (과거에) ~가 없었다면'이라는 의미를 전달할 수 있다. But은 '그러나'라는 뜻을 지닌 접속사이기 때문에 빈칸에 들어가기 적절하지

않다.

B. (1) 현재 사실의 반대를 가정하고 있으므로 'If it were not for+명사, 주어+과거형 조동사+동사원형+~' 형태를 활용해야 한다. 따라서 완성된 문장은 'If it were not for my computer, she couldn't send emails.'이다.

(2) 과거 사실의 반대를 가정하고 있으므로 'If it had not been for+명사, 주어+과거형 조동사+have+과거분사+~' 형태를 활용해야 한다. 따라서 완성된 문장은 'If it had not been for his support, I wouldn't have succeeded.'이다.

066 가정법: 도치 구문 p. 245

A. ①

B. (1) it not for your advice
(2) it not been for the scholarship
(3) you come to my house

A. ①은 '만약 내가 작가라면, 베스트셀러를 쓸 텐데.'라는 뜻이며, if를 생략한 후 주어 'I'와 동사 were를 도치시켜야 한다. 따라서 ②의 도치된 문장은 'Were I an author, I would write a bestseller.'이며, if를 생략하지 않고 주어 뒤에 남겨 놓은 ①은 옳지 않다. ②는 '만약 내가 그를 다시 본다면, 나는 그에게 내가 얼마나 그를 그리워하는지 말할 것이다.'라는 뜻이며, if를 생략한 후 주어 'I'와 조동사 should를 올바르게 도치시켰다. ③은 '만약 비가 오지 않았더라면, 그 콘서트는 완벽했을 텐데.'라는 뜻이며, if를 생략한 후, 주어 it과 동사 had를 올바르게 도치시켰다.

B. (1) If를 생략하고 주어 it과 동사 were를 도치시켜 'Were it~'으로 시작하는 문장을 만들어야 한다.

(2) If를 생략하고 주어 it과 동사 had를 도치시켜 'Had it~'으로 시작하는 문장을 만들어야 한다.

(3) If를 생략하면 주어 you와 조동사 should를 도치시켜 'Should you~'로 시작하는 문장을 만들어야 한다.

CHAPTER 13
관계사

067 관계대명사: that, which, who p. 252

A. ②

B. (1) a park that(또는 which) is located in downtown
(2) that(또는 who) are playing outside are my neighbors

A. 주어진 문장은 'The author is very famous(그 작가는 매우 유명하다).'와 'The author wrote this book(그 작가가 이 책을 썼다).'이라는 두 문장이 관계대명사로 인해 하나의 문장으로 연결되었다고 볼 수 있으며, '이 책을 쓴 그 작가는 매우 유명하다.'라는 뜻이다. 두 문장의 공통으로 쓰인 명사(the author) 중에 앞에 있는 것(선행사)만 남겨 두고 두 문장을 합칠 수 있다. 선행사가 사람(the author)이므로 쓸 수 있는 관계대명사는 that과 who이며, ② which는 불가능하다.

B. (1) 'I'll go to a park(나는 공원에 갈 거다).'라는 문장과 'The park is located in downtown(그 공원은 시내에 위치해 있다).'라는 문장에 공통으로 쓰인 명사는 'a/the park'이다. 선행사인 'a park'는 사람이 아니므로, 관계대명사는 that과 which를 쓸 수 있다. 따라서 선행사(a park) 뒤에 관계대명사를 활용해서 영작하면 'I'll go to a park that(또는 which) is located in downtown.'이다.

(2) 'The children are my neighbors(그 아이들은 나의 이웃이다).'라는 문장과 'The children are playing outside(그 아이들은 밖에서 놀고 있다).'라는 문장에 공통으로 쓰인 명사는 the children이다. 선행사인 'the children'은 사람이므로, 관계대명사로 that과 who를 쓸 수 있다. 따라서 선행사(the children) 뒤에 관계대명사를 활용해서 영작하면 'The children that(또는 who) are playing outside are my neighbors.'이다.

068 관계대명사: 주격·목적격·소유격 p. 255

A. ①

B. (1) who   (2) whom

A. ①은 '나는 그녀가 나에게 쓴 편지를 잃어버렸다.'라는 뜻이며, 관계대명사 that이 목적격(∵wrote의 목적어가 필요하므로) 관계대명사 자리에 위치하고 있으므로 생략 가능하다. ②는 '그는 나에게 베스트셀러인 책을 주었다.'라는 뜻이며, 관계대명사 which가 주격(∵동사 is 앞에 주어가 필요하므로) 관계대명사 자리에 위치하고 있으므로 생략 불가능하다. ③은 '나는 그(그녀)의 노래가 매우 인기 있는 한 음악가를 만났다.'라는 뜻이며, 관계대명사 whose가 주어인 명사 songs 앞에서 소유격 관계대명사로 쓰였다. 소유격 관계대명사는 생략 불가능하므로 ③ whose는 생략할 수 없다.

B. (1) '그는 여행하는 것을 좋아하는 친구가 있다.'라는 뜻이다. 동사 loves의 주어 역할을 하는 관계대명사가 필요하므로 괄호 안에는 주격 관계대명사 who(또는 that)가 필요하다. whom은 목적격 관계대명사이므로 괄호 안에 적절하지 않다.

(2) '내가 이메일을 보냈던 그 소녀는 나의 가장 친한 친구다.'라는 뜻이다. 'The girl is my best friend(그 소녀는 나의 가장 친한 친구다).'라는 문장과 'I sent an email to the girl(나는 그 소녀에게 이메일을 보냈다).'이라는 두 문장이 관계대명사로 인해 하나로 연결되어 있다. 두 문장에 공통으로 쓰인 명사는 'the girl'이며, 뒷문장에서 'the girl'이 전치사 to의 목적어 역할을 하고 있으므로, 괄호 안에 들어갈 관계대명사는 목적격을 지녀야 한다. who와 whom 모두 목적격 관계대명사로 쓰일 수 있지만, 전치사 to가 관계대명사 자리 바로 앞에 올 때는 whom만이 올 수 있으므로 정답은 whom이다.

069 관계대명사: 소유격 관계대명사 p. 257

A. ①

B. (1) I read a novel the plot of which is complex. (또는 'I read a novel of which the plot is complex.')

(2) The house whose roof was damaged was sold.

A. ①에서 소유격 관계대명사 whose의 뒷부분은 주어, 동사 등 문장에 필요한 성분을 갖춘 절(fur is very soft)이 와야 한다. 하지만 ①은 whose의 뒷부분에 주어가 없이 동사 is로 바로 시작되는 불완전한 절(is very soft)이 왔으므로 잘못된 문장이다. 따라서 'Charles has a dog(Charles는 개 한 마리를 가지고 있다).'라는 문장과 'The dog's fur is very soft(그 개의 털은 매우 부드럽다).'라는 문장을 소유격 관계대명사 whose를 활용해서 연결했다고 보면, 올바른 문장은 'Charles has a dog whose fur is red.'이다. ②는 'The tree is old(그 나무는 오래되었다).'라는 문장과 'The tree's leaves are yellow(그 나무의 잎은 노랗다).'라는 문장을 소유격 관계대명사 whose를 활용하여 연결했다고 볼 수 있다. ③은 'I know a company(나는 한 회사를 안다).'라는 문장과 'The company's CEO is Tom(그 회사의 최고 경영자는 Tom이다).'이라는 문장을 of which를 활용해서 연결했다고 볼 수 있다.

B. (1) '나는 소설을 읽었다(I read a novel).'라는 문장과 '그 소설의 줄거리는 복잡하다(The novel's plot is complex).'라는 문장을 소유격 관계대명사 of which 또는 whose를 활용해서 연결해야 한다. of which를 활용할 경우, the plot 뒤에 of which를 써서 'I read a novel the plot of which is complex.'라고 쓰거나, 드물게 두 문장의 공통으로 쓰인 명사인 선행사 'a/the novel' 바로 뒤에 of which를 써서 'I read a novel of which the plot is complex.'라고 쓸 수 있다. 참고로 whose를 활용하면 'I read a novel whose plot is complex.'가 된다.

(2) '그 집은 팔렸다(The house was sold).'라는 문장과 '그 집의 지붕은 손상되었다(The house's

roof was damaged).'라는 문장을 소유격 관계대명사 whose 또는 of which를 활용해서 연결해야 한다. whose를 활용할 경우, 두 문장에 공통으로 쓰인 명사인 선행사 the house 뒤에 whose를 써서 'The house whose roof was damaged was sold.'라고 쓰면 된다. 참고로 of which를 활용할 경우, the roof 뒤에 of which를 써서 'The house the roof of which was damaged was sold.'라고 쓰거나 드물게 선행사 the house 바로 뒤에 of which를 써서 'The house of which the roof was damaged was sold.'라고 쓸 수 있다.

070 관계대명사: that vs. which p. 261

A. ②

B. (1) X   (2) O   (3) X

A. 쉼표(,) 뒤에 올 수 있는 관계대명사는 which이다. 선행사가 사람일 때 쓸 수 있는 것은 관계대명사 that이며, 전치사 바로 뒤에 올 수 있는 것은 which이다. 또한, 문장 전체를 수식할 수 있는 것은 관계대명사 which이므로 정답은 ②이다.

B. (1) 전치사(in) 뒤에 관계대명사 that은 쓸 수 없으므로 선행사 the box를 수식하는 관계절을 이끌기 위해서는 that 대신 which를 써야 한다. 따라서 올바른 문장은 'The box in which I placed my clothes is heavy.'이다.

(2) 선행사인 sugar는 사람이 아니므로 관계대명사 that과 which가 모두 쓰일 수 있다. 하지만 쉼표 뒤에 쓸 수 있는 것은 which뿐이므로, 관계대명사 which를 쓴 것은 올바르다.

(3) 앞 문장의 내용 전체(He got up early in the morning)를 수식하는 관계절이 필요하며, 문장 전체를 수식할 수 있는 관계대명사는 which이다. 따라서 주어진 문장에 쓰인 관계대명사 that은 잘못되었으며, which로 고쳐야 한다.

071 관계대명사: 계속적 용법 vs. 제한적 용법 p. 264

A. (1) 근처에 살지 않는 삼촌도 있을 수 있다.
(2) 딸들 모두 제주도에 산다.
(3) 노트북을 전부 작년에 샀다.

B. ①

A. (1) 관계대명사 that이 제한적(한정적) 용법으로 사용되고 있으며, that이 이끄는 절은 의미를 제한하고 필수적인 정보를 제공한다. 주어진 문장의 해석은 '(그녀의 삼촌들 중) 근처에 사는 삼촌들은 하이킹을 좋아한다.'가 된다. 따라서 이 문장이 함축하는 의미는 '근처에 살지 않는 삼촌도 있을 수 있다.'라는 것이다.

(2) 관계대명사 who가 쉼표(,) 뒤에서 계속적(비한정적) 용법으로 사용되고 있다. who가 이끄는 절은 의미를 제한하거나 한정하지 않고, 필수가 아닌 부가적인 설명을 제공한다. 따라서 주어진 문장의 해석은 '(모두) 제주도에 사는 내 딸들이 이번 주에 나를 방문할 것이다.'가 되며, 이 문장이 함축하는 의미는 '딸들 모두가 제주도에 산다.'라는 것이다.

(3) 관계대명사 which가 쉼표(,) 뒤에서 계속적(비한정적) 용법으로 사용되고 있다. which가 이끄는 절은 의미를 제한하거나 한정하지 않고, 필수가 아닌 부가적인 설명을 제공한다. 따라서 주어진 문장의 해석은 '그녀가 (모두) 작년에 산 노트북들은 이미 구식이다.'가 되며, 이 문장이 함축하는 의미는 '노트북을 전부 작년에 샀다.'라는 것이다.

B. '영화들은 모두 코미디였다.'라는 문장은 'The movies were all comedies.'라고 표현할 수 있으며, '우리가 극장에서 봤던(that/which we watched at the theater)'이라는 의미의 표현을 선행사 the movies 뒤에 쓰면 된다. 단, 주어진 문장의 전제가 '우리가 극장에서 보지 않고 다른 곳에서 본 영화도 있다.'라고 했으므로, the movies를 수식하는 관계대명사는 영화들을 '우리가 극장에서 봤던 영화들'로 제한해야 하므로 제한적(한정적) 용법을 사용해야 한다. 따라서 쉼표 없이 관계대명사 that을 써서 ①처럼 'The movies that we watched at the theater were all comedies.'라고 쓰거나,

which를 써서 'The movies which we watched at the theater were all comedies.'라고 해야 옳다. ②는 쉼표(계속적 용법) 뒤에 활용할 수 없는 that을 썼으므로 문법적으로도 옳지 않다. ③은 관계대명사 앞에 쉼표를 써서 해석과 맞지 않게 계속적(비한정적) 용법을 사용했으므로 옳지 않다. 참고로 ③과 같은 계속적(비한정적) 용법으로 쓴 문장의 전제는 '우리는 모든 영화를 극장에서 봤다.'라는 것이다.

072 관계대명사: that vs. what   p. 267

A. (1) what (2) that (3) what (4) that
B. ①

A. (1) 빈칸에 들어갈 관계사는 목적어인 명사절을 이끌어야 하므로 정답은 what이다. 선행사(명사)가 앞에 존재하지 않고 뒷부분(you mean→목적어 없음)이 불완전한 절이므로 빈칸에 what이 들어가는 것이 적절한 것이다. 해석은 '나는 네가 무엇을 의미하는지 이해하지 못한다.'가 된다.

(2) 선행사(the keys)를 수식하는 형용사절이 필요하므로, 빈칸에는 관계대명사 that이 들어가야 한다. 선행사가 앞에 존재하고, 뒷부분에는 불완전한 절(you had lost yesterday→목적어 없음)이 왔으므로 빈칸에 that이 적절한 것이다. 해석은 '나는 네가 어제 잃어버린 열쇠를 찾았다.'가 된다.

(3) 빈칸에 들어간 관계사는 직접목적어인 명사절을 이끌어야 하므로 정답은 what이 된다. 선행사(명사)가 앞에 존재하지 않고 뒷부분(he bought at the department store→목적어 없음)이 불완전한 절이므로 빈칸에 what이 적절한 것이다. 해석은 '그는 나에게 그가 백화점에서 산 것을 보여주었다.'가 된다.

(4) 선행사(the phone)를 수식하는 형용사절이 필요하므로, 빈칸에는 관계대명사 that이 들어가야 한다. 선행사가 앞에 존재하고, 뒷부분에는 불완전한 절(we bought 10 years ago→목적어 없음)이 왔으므로 빈칸에 that이 적절한 것이다. 해석은 '우리가 10년 전에 산 전화기가 아직도 작동한다.'가 된다.

된다.

B. ①은 4형식 문장으로서 주어 you, 동사 can tell, 간접목적어(~에게) me, 직접목적어(~을) 'what you want'로 이루어져 있으며, 밑줄 친 부분의 관계사는 직접목적어인 명사절을 이끌어야 하므로 what이 옳게 쓰였다. 또한, 선행사(명사)가 앞에 존재하지 않고 뒷부분(you want→목적어 없음)이 모두 불완전한 절이므로 what이 옳으며, 해석은 '네가 무엇을 원하는지 나에게 말해줄 수 있니?'가 된다. ②는 2형식 문장으로서 주어 This, 동사 is, 보어 the product로 이루어져 있다. 밑줄 친 부분의 관계사는 선행사(the product)를 수식하는 형용사절이 되어야 한다. 선행사가 앞에 존재하고, 뒷부분에는 불완전한 절(I was looking for→목적어 없음)이 왔으므로 관계사 자리에는 what이 아닌 that이 쓰여야 한다. 따라서 ②를 올바르게 수정하면 'This is the product that(또는 which) I was looking for.'가 되며, '이것은 내가 찾던 제품이다.'라는 뜻이다. ③은 3형식 문장으로서 주어 I, 동사 found, 목적어 the phone으로 이루어져 있다. 선행사(the phone)가 앞에 존재하고, 뒷부분(I lost it last month)은 완전한 절이므로 빈칸에는 that과 what을 쓰는 것이 모두 불가능하다. 따라서 ③은 문법적으로 올바르지 않다. 따라서 관계사 앞부분에 선행사를 없애고 뒷부분의 절을 불완전하게 만들어 관계사 what을 쓰거나(I found what I lost last month. 나는 내가 지난달에 잃어버린 것을 찾았다), 선행사를 쓰고 뒷부분만 불완전하게 만들어 관계사 that을 써야 한다. (I found the phone that I lost last month. 나는 내가 지난달에 잃어버린 전화기를 찾았다.)

073 의문사 what vs. 관계대명사 what   p. 270

A. (1) 의문사 what   (2) 관계대명사 what
 (3) 의문사 what   (4) 관계대명사 what
B. ②

A. (1) '무엇이 당신을 행복하게 만들었나요?'라는 뜻의 문장이다. 이 문장은 직접의문문이기 때문에, what은 의문사 역할을 한다.

(2) '그는 나에게 내가 필요로 하는 것을 주었다.'라는 뜻의 문장이다. gave는 의문·인지 관련 표현이 아니며, what을 why/how로 바꿨을 때('그는 나에게 내가 ~하는 이유/방법을 주었다.') 의미가 성립하지 않으므로 판별법 1과 2 모두 충족되지 않는다. 따라서 관계대명사 what이 답이 된다. 여기서 what은 'the thing(s) that'의 의미이다.

(3) '그들은 내 이름이 무엇인지 물었다.'라는 뜻의 문장이다. 동사 asked는 의문·인지 관련 표현이므로 판별법 1을 충족하며, what은 의문사이다. 하지만, what을 why/how로 바꿨을 때('그들은 내 이름이 왜 ~인지/어떻게 ~인지를 물었다.') 문장이 어색하므로, 판별법 2는 적용되지 않는다. 판별법을 둘 다 충족시키지는 않지만, what이 간접의문문에서 사용되었으며, 의미적으로 '무엇'이라는 질문을 포함하고 있으므로 의문사로 판단할 수 있다.

(4) '나는 네가 나에게 네가 배운 것을 보여주길 원해.'라는 뜻의 문장이다. show는 의문·인지 관련 표현이 아니며, what을 why/how로 바꿨을 때('나는 네가 나에게 네가 ~한 이유/방법을 보여주기를 원해.') 의미가 성립하지 않으므로 what은 관계대명사로 쓰였다. 여기서 what은 'the thing(s) that'의 의미이다.

B. ② have는 의문·인지 관련 표현이 아니며, what을 why/how로 바꿨을 때('나는 네가 ~한 이유/방법을 가지고 있다.') 의미가 성립하지 않는다. 따라서 판별법 1과 2 중 어느 것도 충족하지 않으므로 what은 관계대명사로 쓰이게 된다. '① understand, ③ realize, ④ remember'는 모두 의문·인지 관련 표현이므로 판별법 1을 충족하며 what을 의문사라고 할 수 있다. 또한, what을 why/how로 바꿨을 때도 자연스럽게 해석되므로 판별법 2도 충족한다. 따라서 이 동사들이 빈칸에 들어가면 what은 의문사로 쓰이게 되므로, 정답은 ②이다.

---

074 관계대명사 that vs. 접속사 that   p. 273

A. ④
B. (1) 내가 빌린 그 책은 흥미롭다.
(2) 그는 내가 빌린 그 책이 흥미롭다는 것을 안다.

A. ④는 '내가 참석하길 원했던 회의가 취소되었다.'라는 뜻이며, 2형식 문장으로서 주어 'The meeting', 동사 was, 보어 canceled로 이루어져 있다. 'that I wanted to attend(내가 참석하고 싶었던)'는 선행사 'the meeting'을 형용사처럼 수식하고 있는 (목적격) 관계대명사절이다. 따라서 ④에 쓰인 that은 관계대명사이다. ①은 '그녀는 우리가 제시간에 도착할 것이라고 믿는다.'라는 뜻이며, 3형식 문장으로서 주어 She, 동사 believes와 that이 이끄는 목적절로 이루어져 있다. 즉, that이 명사 역할을 하는 목적절을 이끌고 있으며 '~라는 것'이라고 해석되므로 접속사로 쓰인 것이다. ②는 '그가 상을 탔다는 것이 모두를 놀라게 했다.'라는 뜻이며, 3형식 문장으로서 주어 'That he won the award', 동사 surprised와 목적어 everyone으로 이루어져 있다. 즉, that이 명사 역할을 하는 주어를 이끌고 있으며 '~라는 것'이라고 해석되므로 접속사로 쓰인 것이다. ③은 '그들은 나에게 그녀가 이미 떠났다는 사실을 말했다.'라는 뜻이다. 이 문장은 4형식 문장으로, 주어 They, 동사 told, 간접목적어(~에게) me, 직접목적어(~을) 'the truth'로 이루어져 있다. that절은 추상명사인 'the truth'와 동격을 지니며 'the truth'의 구체적인 내용('그녀가 이미 떠났다는 사실')을 상세히 설명한다. 따라서 이 문장에서 that은 동격을 나타내는 접속사로 쓰인 것이다.

B. (1) 관계대명사 that이 이끄는 절(that I borrowed 내가 빌린)이 선행사인 the book을 수식하고 있다. 따라서 주어진 문장의 올바른 해석은 '내가 빌린 그 책은 흥미롭다.'이다.

(2) 접속사 that이 이끄는 명사절(that the book I borrowed is interesting)이 목적어 역할을 하고 있다. 따라서 주어진 문장의 올바른 해석은 '그는 내가 빌린 그 책이 흥미롭다는 것을 안다.'이다. 참고로 the book 뒤에는 목적격 관계대명사 that이

생략되었다고 볼 수 있다.

075 접속사 that vs. 동격의 that   p. 276

A. ①

B. (1) 그는 건강이 재산이라는 사실을 깨달았다.
(2) 그는 건강이 재산이라는 것을 깨달았다.

A. ①은 '그는 내일 늦을 것이라고 말했다.'라는 뜻이다. that은 접속사로서 '~라는 것'이라는 뜻을 지니고, 명사절인 목적절을 이끌고 있다. 따라서 동격의 that이 쓰이지 않은 문장은 ①이다. ②는 '넌 그녀가 승진했다는 소식을 들었니?'라는 뜻이다. 추상명사인 'the news' 뒤에 동격의 that이 이끄는 절이 '~라는'이라는 의미로서 'the news'의 내용('그녀가 승진했다는 소식')을 상세히 부연 설명하고 있다. ③은 '나는 그들이 새로운 최고 경영자를 고용할 것이라는 소문을 들었다.'라는 뜻이다. 추상명사인 'a rumor' 뒤에 동격의 that이 이끄는 절이 '~라는'이라는 의미로 'a rumor'의 내용('그들이 새로운 최고 경영자를 고용할 것이라는 소문')을 상세히 설명하고 있다. ④는 '그녀는 제시간에 도착하겠다는 약속을 했다.'라는 뜻이다. 추상명사인 'a promise' 뒤에 동격의 that절이 '~라는'이라는 의미로 'a promise'의 내용('그녀가 제시간에 도착하겠다는 약속')을 상세히 설명하고 있다.

B. (1) 추상명사인 'the truth' 뒤에 동격의 that이 이끄는 절이 '~라는'이라는 의미로서 'the truth'의 내용('건강이 재산이라는 사실')을 상세히 부연 설명하고 있다. 따라서 주어진 문장의 해석은 '그는 건강이 재산이라는 사실을 깨달았다.'이다.

(2) that은 접속사로서 '~라는 것'이라는 뜻을 지니며 목적절을 이끌고 있다. 따라서 주어진 문장의 해석은 '그는 건강이 재산이라는 것을 깨달았다.'이다.

076 that의 다양한 활용   p. 279

A. (1) 너는 저 소년을 아니?
(2) 나는 너보다 나이가 그렇게 많지는 않아.
(3) 나는 네가 십 대라는 사실을 알고 있어.
(4) 나는 큰 주방이 있는 집을 사고 싶어.

B. ③

A. (1) that이 명사 boy를 수식하는 지시사로서 '저 ~'라고 해석되므로 'that boy'는 '저 소년'이라는 뜻이다.

(2) that은 much를 수식하는 부사로서 '그렇게'라고 해석되므로 'that much'는 '그렇게 많이'라는 뜻이다.

(3) 추상명사인 the fact 뒤에 동격의 that절이 '~라는'이라는 뜻으로 the fact의 내용이 무엇인지 설명하고 있으므로, 'the fact that you are a teenager'는 '네가 십 대라는 사실'이라는 뜻이다.

(4) 관계대명사 that이 이끄는 절이 선행사인 a house를 형용사처럼 수식하고 있으므로 'a house that has a large kitchen'은 '큰 주방이 있는 집'이라는 뜻이다.

B. ③의 that은 동격을 나타내는 접속사로서 '~라는'이라는 뜻으로 추상명사 the belief의 내용이 무엇인지 설명하고 있다. 따라서 주어진 문장의 해석은 '그들은 돈이 모든 문제를 해결할 수 있다는 믿음을 거부했다.'이며, that이 관계대명사로 쓰인 ①, ②와 다른 쓰임(동격을 나타내는 접속사)을 가졌으므로 ③이 답이 된다. ①의 that은 선행사 the cake를 수식하는 절을 이끄는 관계대명사이며, 주어진 문장의 해석은 '그가 어제 구운 케이크는 맛있었다.'이다. ②의 that 또한 관계대명사로서 선행사 the friend를 수식하는 절을 이끌고 있다. 주어진 문장의 해석은 '그녀는 어려운 시기에 나를 도와줬던 친구이다.'이다.

077 what의 다양한 활용 p. 282

A. (1) 네가 나에게 약속했던 것을 기억하니?
(네가 나에게 무엇을 약속했는지 기억하니?)
(2) 너는 영어 수업에서 무엇을 배웠니?
(3) 정말 아름다운 날이야!

B. ③

A. (1) what은 목적절을 이끄는 의문사로서 '~것' 또는 '무엇'이라는 의미를 지닌다. 따라서 'what you promised me'는 '네가 나에게 약속했던 것(네가 나에게 무엇을 약속했는지)'이라는 의미이다.

(2) what은 (직접)의문문에 쓰인 의문사로서 '무엇'이라는 의미를 지닌다.

(3) what은 감탄문을 만들기 위해 쓰였으며, 'What+a+형용사+명사!'의 구조로 '정말 ~한(형용사) …다(명사)!'라는 뜻이다.

B. ③은 2형식 문장으로서, 주어 The dress, 동사 is, 보어 beautiful로 이루어져 있다. 빈칸에는 선행사(The dress)를 수식하는 형용사절을 이끄는 관계사가 필요하다. 따라서 명사절을 이끄는 관계대명사 what이 아닌 형용사절을 이끄는 관계대명사 that 또는 which가 빈칸에 적절하다. 또한, 빈칸의 뒷부분(you bought)에는 목적어가 없으므로 목적격 관계대명사 자리가 된다. 주어진 문장의 해석은 '당신이 산 그 드레스는 아름답다.'이다. ①의 빈칸에 What을 넣으면 'What+a+형용사+명사!'의 구조로서 '정말 ~한(형용사) …다(명사)!'라는 의미를 지닌 감탄사이다. 따라서 해석은 '그는 정말 좋은 아이디어를 가졌다!'가 된다. ②는 3형식 문장으로서, 주어 I, 동사 don't know, 목적어 '_____ happened to them'으로 이루어져 있다. 빈칸에는 목적어인 명사절을 이끄는 관계사가 필요하므로 what을 넣으면 된다. 선행사(명사)가 앞에 존재하지 않고 뒷부분(happened to them→주어 없음)이 불완전한 절이므로 빈칸에 what을 쓰는 것은 올바르며, 문장의 해석은 '나는 그들에게 무슨 일이 일어났는지 모른다.'이다. ④는 3형식 문장으로서 주어 They, 동사 wonder, 목적어 '_____ she is doing right now'로 이루어져 있다. 빈칸에는 목적어인 명사절을 이끄는 관계사가 필요하므로 what을 넣으면 된다. 또한, 선행사(명사)가 앞에 존재하지 않고 뒷부분(She is doing right now→목적어 없음)이 불완전한 절이므로 빈칸에 what을 쓰는 것은 올바르며, 문장의 해석은 '그들은 그녀가 지금 무엇을 하고 있는지 궁금해한다.'이다.

078 관계부사: where, when, why, how p. 285

A. ④

B. (1) where   (2) in, which   (3) which, in

A. ④는 '우리는 1890년에 지어진 건물에 갔었다.'라는 뜻이며, 관계부사 where가 이끄는 절이 선행사 the building을 수식한다. 하지만, 관계부사의 뒷부분은 완전한 절이 와야 하는데 주어진 문장에서는 관계부사 where의 뒷부분이 'was built in 1890'로, 주어가 빠진 불완전한 절이다. 따라서 ④는 문법적으로 옳지 않다. ④를 바르게 고치기 위해서는 뒷부분이 불완전하며 선행사 the building을 꾸밀 수 있는 관계대명사 that 또는 which를 활용해서, 'We went to the building that/which was built in 1890.'이라고 써야 한다. ①은 '그것이 내가 당신에게 전화한 이유이다.'라는 뜻으로, 선행사 the reason을 관계부사 why가 이끄는 절이 꾸미고 있는 옳은 문장이다. ②는 '네가 이 케이크를 어떻게 만들었는지 나에게 말해줘.'라는 뜻이다. 선행사 the way를 수식하는 관계부사 how가 있었다고 가정했을 때, the way와 관계부사 how는 공존할 수 없으므로 선행사 the way만 남긴 올바른 문장이다. ③은 '나는 우리가 처음 만났던 날을 기억한다.'라는 뜻이며, 선행사 the day를 관계부사 when이 이끄는 절이 꾸미고 있는 옳은 문장이다.

B. 주어진 문장들은 모두 '우리는 그가 태어난 도시를 방문했다.'라고 해석되며, 빈칸에 관계사를 넣어 선행사인 the city를 꾸며주도록 해야 한다.

(1) 빈칸의 뒷부분에 완전한 절이 왔기에(he was born) 한 단어로 빈칸을 채우기 위해서는 관계부사 where를 쓰면 된다.

(2) 관계부사는 '전치사+관계대명사' 형태로 바꿀 수 있으며, 선행사 the city에 어울리는 전치사는 in이므로 where를 'in which'로 바꾸어 쓸 수 있다.

(3) in which를 나란히 쓰지 않고, 선행사 바로 뒤에는 which만 남기고 in을 문장 맨 뒤로 옮겨 'We visited the city which he was born in.'이라고 쓸 수 있다.

079 관계대명사 vs. 관계부사 p. 288

A. ①

B. (1) which　　(2) where

A. ①은 '나를 도와준 그 소녀는 내 딸이다.'라는 뜻이며, 선행사 the girl을 관계대명사 who가 이끄는 절(who helped me)이 꾸미고 있다. 선행사 the girl은 사람이며, 밑줄 친 관계사의 뒷부분에 주어가 없는 불완전한 절(helped me)이 왔으므로 who는 주격 관계대명사로 올바르게 쓰였다. ②는 '이것은 우리가 파티를 했던 집이다.'라는 뜻이며, 선행사 the house를 관계사가 이끄는 절이 꾸미고 있다. 밑줄 친 관계사의 뒷부분에 완전한 절(we had the party)이 왔으므로, 밑줄 친 부분에는 관계대명사가 아닌 관계부사 where를 써야 한다. ③은 '우리가 머물렀던 그 장소는 아름다웠다.'라는 뜻이며, 선행사 the place를 관계사가 이끄는 절이 꾸미고 있다. 밑줄 친 관계사의 뒷부분에 전치사(in)의 목적어가 빠진 불완전한 절(we stayed in)이 왔으므로, 밑줄 친 부분에는 관계부사가 아닌 관계대명사 that 또는 which를 써야 한다. ④는 '나는 우리가 신발을 샀던 가게를 잊어버렸다.'라는 뜻이며, 선행사 the shop을 관계사가 이끄는 절이 꾸미고 있다. 밑줄 친 관계사의 뒷부분이 전치사(at)의 목적어가 빠진 불완전한 절(we bought our shoes at)이 왔으므로, 밑줄 친 부분에는 관계부사가 아닌 관계대명사 that 또는 which를 써야 한다.

B. (1) '나는 수영장이 있는 학교를 방문했다.'라는 뜻이며, 선행사 the school을 뒤에 나오는 절이 꾸미고 있다. 빈칸 뒷부분에 주어가 빠진 불완전한 절(has a swimming pool)이 왔으므로, 빈칸에는 관계대명사 which를 써야 한다.

(2) '나는 나의 가장 친한 친구를 만났던 학교를 방문했다.'라는 뜻이다. 선행사 the school을 뒤에 나오는 절이 꾸미고 있다. 빈칸 뒷부분에는 완전한 절(I met my best friend)이 왔으므로, 빈칸에는 선행사인 the school(장소)과 어울리는 관계부사 where를 써야 한다.

080 관계부사: where의 다양한 선행사 p. 290

A. ②

B. (1) 그들이 만났던 상황은 낭만적이었다.
　　(2) 그것이 모든 것이 변한 지점이었다.

A. 주어진 문장들에서 관계절이 수식하는 선행사는 각각 the situation(상황), the tradition(전통), the case(사건)이며, 빈칸에 들어갈 관계사가 이끄는 절이 선행사를 꾸미고 있다. 세 문장 모두 빈칸의 뒷부분에는 문장에 필요한 성분을 모두 갖춘 완전한 절이 오고 있다. 따라서 빈칸에는 관계부사가 들어가야 하며, 추상적인 명사로 온 다양한 선행사(the situation, the tradition, the case)들을 수식할 수 있는 관계부사는 ② where이다.

B. (1) 관계부사 where가 이끄는 절(where they met)이 선행사 the situation을 꾸미고 있다.

(2) 관계부사 where가 이끄는 절(where everything changed)이 선행사 the point를 꾸미고 있다.

081 복합관계사: 개념과 형태 p. 292

A. ③　　**B.** ②

A. 복합관계대명사의 뒤에 오는 절은 관계대명사처럼 뒷부분이 불완전하므로 ③은 잘못된 설명이다. 복합관계사의 형태는 -ever로 끝나며, 복합관계대명사는 명사절 또는 부사절을 이끌기 때문에 ①과 ②는 올바른 설명이다.

B. 복합관계사에는 whoever, whomever, whichever, whatever, whosever와 같은 복합관계대명사와 whenever, wherever, however와 같은 복합관계부사가 있다. ② whyever는 드물게 쓰이는 표현으로, 의문문이나 감탄문에서 why를 강조할 때 사용되며, '도대체 왜'라는 의미를 가진 부사이다.

082 복합관계사: 복합관계대명사 p. 296

A. (1) Whatever you say, I will believe you.
(2) Whoever wins the game will receive a prize.

B. ③

A. (1) '당신이 무엇을 말하더라도'라는 의미의 부사절은 복합관계대명사 whatever를 활용하여 'Whatever you say'로 나타낼 수 있다. '나는 당신을 믿을 것이다.'라는 표현은 'I will believe you.'라고 쓸 수 있으므로 완성된 문장은 'Whatever you say, I will believe you.'이다.

(2) '게임에서 이기는 누구든지'라는 의미의 명사절은 복합관계대명사 whoever를 활용하여 'Whoever wins the game'으로 나타낼 수 있다. 이때 'Whoever wins the game'은 주어 자리를 차지하고 있고, 동사 자리에 올 표현은 'will receive(받을 것이다)'이며, 목적어인 prize(상)를 마지막에 쓰면 된다. 따라서 완성된 문장은 'Whoever wins the game will receive a prize.'이다.

B. ③은 '당신이 어떤 회사에 지원하더라도, 당신은 그 일자리를 얻을 것이다.'라는 뜻이며, 복합관계형용사로 쓰인 whichever가 이끄는 부사절이 포함되어 있다. whichever가 '복합관계형용사'로 쓰여, 명사인 company를 수식하고 있기에 'whichever company(어떤 회사에~)'를 하나의 덩어리로 볼 수 있으며, 'whichever company' 뒤에는 불완전한 절이 와야 한다. 하지만 'you apply to it'은 문장 성분을 모두 갖춘 완전한 절이므로 ③은 잘못된 문장이다. 올바른 문장으로 만들기 위해서는 'whichever company' 뒤의 절이 불완전해지도록 'you apply to it'에서 to의 목적어인 it을 빠뜨린 채로 'You will get the job, whichever company you apply to.'라고 써야 한다. ①은 '내 가방을 훔쳐간 사람은 누구든지 처벌받을 것이다.'라고 해석된다. 복합관계대명사 whoever는 주어인 명사절 'Whoever stole my bag(내 가방을 훔쳐간 사람은 누구든지)'을 이끌고 있다. 또한, 복합관계대명사 뒷부분에는 불완전한 절(stole my bag→주어 없음)이 왔으므로 ①은 올바른 문장이다. ②는 '인생에서 무슨 일이 일어나더라도, 긍정적으로 유지하도록 노력하자.'라는 뜻이며, 복합관계대명사 whatever는 부사절인 'whatever happens in life(인생에서 무슨 일이 일어나더라도)'를 이끌고 있다. 또한, 복합관계대명사 뒷부분에는 불완전한 절(happens in life→주어 없음)이 왔으므로 ②는 올바른 문장이다.

083 복합관계사: 복합관계부사 p. 299

A. (1) you decide to go, don't forget to tell me
(2) how hard I try, I can't solve this puzzle

B. ①

A. (1) '당신이 어디를 가기로 결정하든'이라는 의미의 부사절은 복합관계부사 wherever를 활용하여 'Wherever you decide to go'로 나타낼 수 있다. '저에게 말하는 것을 잊지 마세요.'라는 표현은 'don't forget to tell me'라고 쓸 수 있으므로 완성된 문장은 'Wherever(=No matter where) you decide to go, don't forget to tell me.'이다.

(2) '제가 아무리 열심히 노력해도'라는 의미의 부사절은 'no matter how'를 활용하여 'No matter how hard I try'로 나타낼 수 있다. '이 퍼즐을 풀 수 없습니다.'라는 문장은 'I can't solve this puzzle'이라고 표현할 수 있으므로, 완성된 문장은 'No matter how(=However) hard I try, I can't solve this puzzle.'이다.

B. ①에서는 복합관계부사 wherever가 부사절을 이끌고 있다. 하지만 복합관계부사 wherever의 뒷부분은 완전한 절이 되어야 하는데, 'is safe'는 주어가 빠진 불완전한 절이므로 ①은 잘못된 문장이

다. 따라서 복합관계부사 wherever의 뒤가 완전한 절이 되도록 it을 써서 'Wherever it is safe, we can meet there.'라고 써야 한다. ②는 '그녀가 화를 낼 때마다, 그녀의 목소리가 더 커진다.'라는 뜻이다. 복합관계부사 whenever가 부사절을 이끌고 있으며 뒷부분에 완전한 절(she gets angry)이 올바르게 쓰였다. ③은 '그녀가 아무리 늦었어도, 친구들은 그녀를 기다렸다.'라는 뜻이다. 복합관계부사 however가 부사절인 'However late she was'를 이끌고 있으며, 'however+형용사/부사+~'의 형태로 쓰여 '아무리 형용사/부사 하더라도 상관없이'라는 의미를 갖는다. 이 문장에서 'however late'는 '아무리 늦었더라도'라는 의미로 형용사 'late'를 수식하며, 문법적으로 올바르게 쓰였다. 따라서 ③은 올바른 문장이다.

CHAPTER 14
분사

084 분사: 개념과 형태 p. 310

A. ②

B. (1) rising (2) defeated
(3) boiling (4) chosen

A. 분사는 동사에서 파생된 형태로, 동사와 형용사의 특징을 동시에 지닌다. disappointing, surprising과 같은 단어는 현재분사에 해당하며, 능동적인 의미나 진행 중인 동작을 나타내고 명사를 수식하거나 (be동사와 함께) 진행 시제를 만든다. disappointed, surprised와 같은 단어는 과거분사에 해당하며, 수동적인 의미나 완료된 상태를 나타내고 명사를 수식하거나 (be동사와 함께) 수동태 또는 (have와 함께) 완료 시제를 만든다.

B. (1) 명사인 sun을 수식하며 '떠오르는'이라는 의미를 지닌 단어는 동사 rise(떠오르다)에서 파생된 현재분사 rising이다.

(2) 명사인 team을 수식하며 '패배한'이라는 의미를 지닌 단어는 동사 defeat(패배시키다)에서 파생된 과거분사 defeated(패배를 당한, 패배한)이다.

(3) 명사인 water를 수식하며 '끓는'이라는 의미를 지닌 단어는 동사 boil(끓다)에서 파생된 현재분사 boiling이다.

(4) 주어가 She, 동사가 was인 2형식 문장에서 보어 자리에 오며 '선발된'이라는 의미를 지닌 단어는 동사 choose(선택하다)에서 파생된 과거분사 chosen(선택된, 선출된)이다. 참고로, 'was chosen'은 'be동사+과거분사'의 형태를 지니고 있으므로 수동태이다.

085 분사: 분사구의 후치 수식　p. 317

A. (1) ②　　(2) ①

B. (1) The baby sleeping on the bed looks so peaceful.

(2) I'd like to drink some juice made from fresh fruits.

A. (1) 'reading a book'은 현재분사(reading)가 다른 단어들(a, book)과 함께 쓰인 것이며, 명사인 the boy를 수식할 수 있다. 이 경우 분사구 (reading a book)는 명사를 뒤에서 수식(후치 수식)한다.

(2) smiling은 단독으로 쓰인 현재분사이며, 명사인 the boy를 수식할 수 있다. 이 경우 명사를 앞에서 수식(전치 수식)한다.

B. (1) '그 아기는 매우 평화로워 보인다.'라는 표현은 'The baby looks so peaceful.'이라고 나타낼 수 있다. '침대에서 자고 있는'이라는 표현은 현재분사 sleeping을 활용하여 'sleeping on the bed'로 나타낼 수 있다. 'sleeping on the bed'는 현재분사(sleeping)가 다른 단어들과 함께 있는 형태이므로, 명사인 baby를 후치 수식해야 한다. 따라서 완성된 문장은 'The baby sleeping on the bed looks so peaceful.'이다.

(2) '나는 주스를 마시고 싶다.'라는 표현은 'I'd like to drink some juice.'라고 나타낼 수 있다. '신선한 과일로 만들어진 주스'는 과거분사 made를 활용하여 'made from fresh fruits'라고 표현할 수 있다. 'made from fresh fruits'는 과거분사(made)가 다른 단어들과 함께 있는 형태이므로, 명사인 juice를 후치 수식해야 한다. 따라서 완성된 문장은 'I'd like to drink some juice made from fresh fruits.'이다.

086 후치 수식의 다양한 활용　p. 320

A. (1) Do you have something (to say)?

(2) The people (living upstairs) are kind.

(3) The letter (written by my friend) is very touching.

(4) I want to buy the cup (my favorite artist designed).

B. (1) 나는 테이블 위에 남겨진 음식을 다 먹었다.

(2) 네가 작년에 산 가방은 너무 무겁다.

A. 상자 안에 제시된 예문은 '공원에 있는 개가 공을 가지고 놀고 있다.'라는 뜻이며, 명사인 the dog를 '전치사+명사'로 이루어진 'in the park'가 후치 수식하고 있다.

(1) '너는 이야기할 것이 있니?'라는 뜻이며, 명사인 something을 'to부정사'인 'to say(이야기 할~)'가 후치 수식하고 있다.

(2) '위층에 사는 사람들은 친절하다.'라는 뜻이며, 명사인 the people을 현재분사 living이 이끄는 분사구인 'living upstairs(위층에 사는)'가 후치 수식하고 있다.

(3) '내 친구에 의해 쓰인 그 편지는 매우 감동적이다.'라는 뜻이며, 명사인 the letter을 과거분사 written이 이끄는 분사구인 'written by my friend(내 친구에 의해)'가 후치 수식하고 있다.

(4) '나는 내가 가장 좋아하는 예술가가 디자인한 컵을 사고 싶다.'라는 뜻이며, 명사인 the cup을 'that/which my favorite artist designed'에서 목적격 관계대명사 that 또는 which를 생략한 'my favorite artist designed(내가 가장 좋아하는 예술가가 디자인한)'가 후치 수식하고 있다.

B. (1) 목적어(명사)인 'all the food'를 과거분사 left가 이끄는 분사구인 'left on the table(테이블 위에 남겨진)'이 후치 수식하고 있다. 따라서 주어진 문장의 해석은 '나는 테이블 위에 남겨진 음식을 다 먹었다.'이다.

(2) 주어(명사)인 the bag을 'that/which you bought last year(네가 작년에 산)'에서 목적격 관계대명사 that 또는 which를 생략한 'you bought

last year'이 후치 수식하고 있다. 따라서 주어진 문장의 해석은 '네가 작년에 산 가방은 너무 무겁다.'이다.

087 with 부대 상황 p.322

A. ④

B. (1) folded (2) rolling (3) holding

A. ④에서는 with 부대 상황이 'with+목적어(her head)+분사' 형태로 쓰였다. ④에서는 목적어인 her head(그녀의 머리)를 능동적으로 창문 쪽으로 향하는 것(face ~을 향하다)이 계속 진행되는 상태를 의미하므로 분사는 현재분사(facing)로 써야 한다. 또한, 뒤에 'the window'라는 목적어를 취하기 위해서도 분사 자리에 현재분사가 필요하다. 과거분사인 faced를 쓸 경우, 뒤에 목적어(the window)를 취할 수 없으며 머리가 외부적인 힘에 의해 창문을 향하고 있다는 의미가 되기 때문에 옳지 않다. 따라서 ④는 'She slept in the train with her head facing the window.'라고 고쳐야 하며, 문장의 의미는 '그녀는 기차 안에서 머리를 창문 쪽으로 향하고(향한 채로) 잠들었다.'이다. ①에서는 with 부대 상황이 'with+목적어+전치사(with the TV on)' 형태로 쓰였으며, 'TV를 켜둔 채로'라고 해석될 수 있다. 따라서 ①의 뜻은 '나는 TV를 켜둔 채로 방을 떠났다.'이다. ②에서는 with 부대 상황이 'with+목적어(her)+현재분사(standing)' 형태로 쓰였다. 목적어인 her(그녀)는 능동적으로 서 있는 것(stand 서다)이기 때문에 현재분사(standing)를 바르게 쓴 문장이다. ②의 뜻은 '나는 그녀가 나에게 너무 가까이 서 있어서(선 채로 있어서) 집중할 수가 없다.'이다. ③에서는 with 부대 상황이 'with+목적어(the zipper)+과거분사' 형태로 쓰였다. 목적어인 the zipper(지퍼)는 외부적인 힘에 의해 수동적으로 고장이 나는(break 고장 내다) 것이기 때문에 과거분사(broken)를 바르게 쓴 문장이며 ③의 뜻은 '그는 지퍼가 고장이 나서(고장 난 채로 있어서) 가방을 닫을 수가 없었다.'이다.

B. 'with+목적어+분사' 형태인 'with 부대 상황'에서는 분사 자리에 분사와 목적어와의 관계가 '능동,

진행'이면 '현재분사', '수동, 완료'이면 과거분사를 써야 한다.

(1) with 부대 상황에서 목적어는 'the napkin(냅킨)'이며 'the napkin'이 접어진 것(fold 접다)은 외부적인 힘에 의한 움직임이므로 수동적이다. 따라서 분사 자리에는 과거분사 형태인 folded가 와야 하며 완성된 문장은 'The table setting looked tidy with the napkin folded neatly.'이며, '상차림이 냅킨이 깔끔하게 접혀 있어서(접혀 있는 채로) 단정해 보였다.'라는 뜻이다.

(2) with 부대 상황에서 목적어는 'the tears(눈물)'이며 'the tears'가 흐르는 것(roll down 흐르다)은 능동적인 움직임이다. 따라서 분사 자리에는 현재분사 형태인 rolling down이 와야 하며 완성된 문장은 'He apologized for his words with the tears rolling down her cheeks.'이며 '그는 뺨에 눈물이 흐르는 채로 자신의 말에 사과했다.'라는 뜻이다.

(3) with 부대 상황에서 목적어는 'her hands(그녀의 손)'이며 'her hands'가 커피잔을 잡는 것(hold)은 능동적인 움직임이다. 따라서 분사 자리에는 현재분사 형태인 holding을 쓰고 hold의 목적어에 해당하는 'the coffee cup'을 마지막에 써야 한다. 따라서 완성된 문장은 'She watched the sunrise with her hands holding the coffee cup.'이며 '그녀는 손으로 커피잔을 잡은 채로 일출을 봤다.'라는 뜻이다.

088 분사구문: 개념과 형태 p.326

A. (1) thinking about the historical context
(2) (Being) busy with work

B. (1) 그녀는 아픈 아이가 걱정됐기 때문에 잠을 잘 수 없었다.
(2) 하늘을 보면서 그는 행복하게 미소 지었다.

A. (1) 분사구문을 만들기 위해서 종속절을 이끄는 접속사 as를 생략하고, 주절의 주어와 같은 종속절의 주어 'I'도 생략한 후, 종속절의 동사인 think에 -ing를 붙여 thinking을 만들면 된다. 따라서 완

성된 문장은 'I read a novel thinking about the historical context(나는 역사적인 맥락을 생각하면서 소설을 읽는다).'이다.

(2) 분사구문을 만들기 위해서 종속절을 이끄는 접속사 Since를 생략하고, 주절의 주어와 같은 종속절의 주어 'I'도 생략한 후, 종속절의 동사인 was의 원형인 be에 -ing를 붙여 being을 만들면 된다. 따라서 완성된 문장은 'Being busy with work, I couldn't help you(나는 일이 바빠서, 너를 도와줄 수 없었다).'이다. 참고로 문장 맨 앞에 있는 Being을 생략하여 'Busy with work, I couldn't help you.'라고 써도 된다.

B. (1) 주어 She, 동사 'couldn't sleep'으로 이루어진 주절은 '그녀는 잠을 잘 수 없었다.'라는 뜻이다. 뒤에는 분사구문인 'worried about her sick child'가 있으며, 의미상 '아픈 아이가 걱정됐기 때문에(because/since/as she was worried about her sick child)'와 같은 해석이 어울린다. 따라서 주어진 문장의 해석은 '그녀는 아픈 아이가 걱정됐기 때문에 잠을 잘 수 없었다.'이다.

(2) '주어 he, 동사 smiled, 부사구 with happiness'로 이루어진 주절은 '그는 행복하게 미소지었다.'라는 뜻이다. 앞에는 분사구문인 'Looking at the sky'가 있으며, 의미상 '(그가) 하늘을 보며(While/As/When he looked at the sky)'와 같은 해석이 어울린다. 따라서 주어진 문장의 해석은 '하늘을 보면서 그는 행복하게 미소 지었다.'이다.

089 분사구문: 독립 분사구문   p. 330

A. (1) The sun disappearing
(2) My friend being late

B. (1) 뜨거운 물이 없었기 때문에, 우리는 찬물로 샤워를 해야 했다.
(2) (그녀의) 부모님이 도착했을 때, 그녀는 TV를 껐다.

A. (1) 분사구문을 만들기 위해서 종속절을 이끄는 접속사 when을 생략해야 한다. 주절의 주어(the room)와 종속절의 주어(the sun)는 같은 대상이 아니므로 종속절의 주어(the sun)는 생략하지 않고, 동사 disappeared의 원형인 disappear에 -ing를 붙여 disappearing을 만들면 된다. 따라서 완성된 문장은 'The sun disappearing, the room became dark(해가 사라졌을 때, 방이 어두워졌다).'이다.

(2) 분사구문을 만들기 위해서 종속절을 이끄는 접속사 Since를 생략해야 한다. 주절의 주어('I')와 종속절의 주어(my friend)는 같은 대상이 아니므로 종속절의 주어(my friend)는 생략하지 않고, 동사인 was의 원형인 be에 -ing를 붙여 being을 만들면 된다. 따라서 완성된 문장은 'My friend being late, I waited at the bus stop(내 친구가 늦었기 때문에 나는 버스 정류장에서 기다렸다).'이다.

B. (1) 주절은 '우리는 찬물로 샤워를 해야 했다.'라는 뜻이다. 분사구문은 'There being no hot water'이며, '뜨거운 물이 없었기 때문에(Because/Since/As there was no hot water)'와 같은 해석이 어울린다. 따라서 주어진 문장의 해석은 '뜨거운 물이 없었기 때문에, 우리는 찬물로 샤워를 해야 했다.'이다.

(2) 주절은 '그녀는 TV를 껐다.'라는 뜻이다. 분사구문은 'Her parents arriving home'이며, '그녀의 부모님이 도착했을 때(When/As her parents arrived home)'와 같은 해석이 어울린다. 따라서 주어진 문장의 해석은 '(그녀의) 부모님이 도착했을 때, 그녀는 TV를 껐다.'이다.

090 분사구문: 완료 분사구문   p. 333

A. (1) Having taken yoga classes
(2) having rested at home

B. (1) 시험에 통과함   (2) 자전거에서 떨어짐

A. (1) 분사구문을 만들기 위해서 종속절을 이끄는 접속사 After를 생략하고, 주절의 주어와 같은 종속절의 주어 'I'도 생략해야 한다. 종속절의 시제(had taken: 대과거)는 주절의 시제(became: 과거)보다 앞서므로 종속절의 동사인 'had taken'을

'having+과거분사' 형태인 'having taken'으로 바꿔야 한다. 따라서 완성된 문장은 'Having taken yoga classes, I became more flexible(요가 수업을 받은 후에, 나는 더 유연해졌다).'이다.

(2) 분사구문을 만들기 위해서 종속절을 이끄는 접속사 because를 생략하고, 주절의 주어와 같은 종속절의 주어 she도 생략해야 한다. 종속절의 시제(rested: 과거)는 주절의 시제(feels: 현재)보다 앞서므로 종속절의 동사인 rested를 'having+과거분사' 형태인 'having rested'로 바꿔야 한다. 따라서 완성된 문장은 'She feels fine now, having rested at home(그녀는 집에서 쉬었기 때문에 지금 괜찮다).'이다.

B. (1) 주절은 '나는 나 자신이 자랑스러웠다.'라는 뜻이다. 분사구문인 'Having passed the exam'은 'having+과거분사' 형태로 시작되고 있으므로, 주절의 시제(felt: 과거)보다 종속절의 시제(had passed: 과거완료)가 앞선다고 볼 수 있다. 따라서 주어진 문장의 해석은 'After/Since I had passed the exam, I felt proud of myself.'와 같이 '시험에 합격한 후에/합격했기 때문에, 나는 내 자신이 자랑스러웠다.'가 되며, 더 과거에 일어난 것은 '시험에 통과함'이다.

(2) 주절은 '나는 자전거를 타는 것에 공포를 느낀다.'라는 뜻이다. 분사구문인 'having fallen off my bike before'는 'having+과거분사' 형태로 시작되고 있으므로, 수절의 시제(have: 현재)보다 종속절의 시제(fell: 과거)가 앞선다고 볼 수 있다. 따라서 주어진 문장의 해석은 'I have a phobia of cycling now because I fell off my bike before.'과 같이 '나는 예전에 자전거에서 넘어졌기 때문에, 지금 자전거를 타는 것에 공포를 느낀다.'가 되며, 더 과거에 일어난 것은 '자전거에서 떨어짐'이다.

091 분사구문: 부정과 생략   p. 336

A. (1) not having enough money

(2) Never having drunk coffee(또는 Having never drunk coffee)

B. ②

A. (1) 분사구문을 만들기 위해서 종속절을 이끄는 접속사 since를 생략하고, 주절의 주어와 같은 종속절의 주어 'I'도 생략한 후, 종속절의 동사인 have에 -ing를 붙여 having을 만들면 된다. 단, 동사에 didn't가 붙은 부정문이므로, 분사구문 앞에 not을 붙여야 한다. 따라서 완성된 문장은 'I couldn't buy new clothes, not having enough money(나는 충분한 돈이 없었기 때문에 새 옷을 살 수가 없었다).'이다.

(2) 분사구문을 만들기 위해서 종속절을 이끄는 접속사 As를 생략하고, 주절의 주어와 같은 종속절의 주어 'I'도 생략해야 한다. 주절의 시제(don't need: 현재)와 종속절의 시제(have drunk: 현재완료)가 일치하지 않으므로 'have drunk'를 'having+과거분사' 형태인 'having drunk'로 바꿔야 한다. 'having+p.p.' 형태의 분사구문에서 부정어 never는 having의 앞 또는 뒤에 올 수 있다. 따라서 완성된 문장은 'Never having drunk coffee, I don't need to buy coffee beans.' 또는 'Having never drunk coffee, I don't need to buy coffee beans(커피를 한 번도 마신 적이 없어서, 나는 커피 원두를 살 필요가 없다).'이다.

B. ②에서는 'Having been'으로 시작되는 분사구문의 Having만 생략되었으며, 이는 잘못된 생략이다. 올바른 생략을 위해서는 'Having been'을 통째로 생략해서 'Raised in a rural area, they value nature(시골 지역에서 자랐기 때문에, 그들은 자연을 소중하게 여긴다).'라고 해야 한다. ①에서는 분사구문의 Being을 올바르게 생략하였으며, 주어진 문장의 해석은 '외식에 질렸기 때문에, 나는 집에서 요리하고 싶다.'이다.

092 분사 vs. 분사구문
p. 339

A. ②

B. (1) 분사구문 (2) 분사(구)
(3) 분사(구) (4) 분사구문

A. 분사는 동사에서 파생된 형태로, 동사와 형용사의 특징을 동시에 지닌다. 형용사처럼 명사를 수식하거나, 동사의 성질을 유지하여 진행 시제, 완료 시제, 수동태와 같은 문법 구조를 형성하는 데 사용된다. 또한, 보어로도 쓰일 수 있다. 반면에 분사구문은 문장에서 시간(~할 때, ~하면서), 이유(~ 때문에) 등 다양한 의미를 표현하며 문장에서 부사(구)의 역할을 한다.

B. (1) '나는 긴장했기 때문에 눈을 마주치는 것을 피했다.'라는 뜻을 지니는 문장이다. 'feeling nervous'는 분사구문이며, '긴장했기 때문에(because I felt nervous)'와 같이 해석할 수 있다.

(2) '그는 떨어지는 나뭇잎들을 잡기 위해 노력하고 있다.'라는 뜻의 문장이다. falling(떨어지는)은 현재분사로서 명사인 leaves(나뭇잎들)를 전치 수식하고 있다.

(3) '나는 직장에 통근할 때 쓰이던 차를 팔았다.'라는 뜻의 문장이다. 'used for commuting to work(직장에 통근할 때 쓰이는)'는 과거분사 used가 이끄는 분사구로서 명사인 the car(차)를 후치 수식하고 있다.

(4) '사람들에게 둘러싸였기 때문에(둘러싸였을 때), 그는 두려움을 느꼈다.'라는 뜻의 문장이다. 'Surrounded by people'은 분사구문이며, '사람들에게 둘러싸였기 때문에/둘러싸였을 때(because/when he was surrounded by people)'와 같이 해석될 수 있다.

093 -ed의 활용 총정리
p. 343

A. ①

B. (1) 영어로 쓰인 (2) 초대되었다
(3) 피해받았기 때문에(손상되었기 때문에)

A. ①은 주어 'I', 동사 heard, 목적어 'your name', 목적격 보어 called로 이루어진 문장으로 '나는 네 이름이 불리는 것을 들었다.'라는 뜻이다. 밑줄 친 called(불리는)는 과거분사로서, 형용사적 용법으로 쓰여 목적격 보어 자리에 온 것이다. ②는 주어 'I', 동사 fixed, 목적어 'my car', 부사구 'on Monday'로 이루어진 문장으로, '나는 월요일에 내 차를 고쳤다.'라는 뜻이며, 밑줄 친 fixed(고쳤다)는 동사의 과거형이다. ③은 주어 'I', 동사 know, 접속사 that이 이끄는 목적어 'that you missed the bus'로 이루어진 문장으로 '나는 네가 버스를 놓쳤다는 것을 안다.'라는 뜻이다. 밑줄 친 missed는 동사의 과거형이다. ④는 주어 He, 동사 graduated, 부사구 'from college last year'로 이루어진 문장으로 '그는 작년에 대학을 졸업했다.'라는 뜻이며, 밑줄 친 graduated(졸업했다)는 동사의 과거형이다. 따라서 밑줄 친 -ed가 동사의 과거형으로 쓰인 ②, ③, ④와 달리 과거분사의 형용사적 용법으로 쓰인 ①이 답이다.

B. (1) 밑줄 친 부분에 쓰인 written은 과거분사로서 형용사적 용법으로 쓰여 앞에 있는 명사인 'the letter'을 후치 수식한다. 따라서 주어진 문장의 올바른 해석은 '나는 영어로 쓰인 편지를 읽었다.'이다.

(2) 밑줄 친 부분에 쓰인 invited는 be동사 was와 함께 수동태를 구성하며, '초대되다.'라는 뜻을 지닌다. 따라서 주어진 문장의 올바른 해석은 '그는 그녀의 생일파티에 초대되었다.'이다.

(3) 밑줄 친 부분에 쓰인 Damaged는 분사구문인 'Damaged by the storm'을 구성하는 일부이다. 이 문장을 접속사가 포함된 문장으로 만들면 'Since/Because the house was damaged by the storm, the house needed to be repaired.'가 되며, '폭풍에 의해 피해받았기 때문에(손상되었기 때문에), 그 집은 고쳐질 필요가 있었다.'라고 해석된다.

094 -ing의 활용 총정리 p. 346

A. ②

B. (1) 울고 있는 아기   (2) 청바지를 입는 것
   (3) 잃어버렸기 때문에

A. ② (책을 읽는 것은 아이들에게 좋다)에서 밑줄 친 Reading(읽는 것)은 동명사로서 목적어인 books와 함께 '책을 읽는 것'이라는 뜻을 지닌 주어가 된다. ① (나는 열쇠를 찾는 중이다)에서 밑줄 친 looking은 현재분사이며, be동사(am)와 함께 현재 진행 시제(~하고 있는 중이다)를 만든다. ③ (당신의 열쇠가 끈에 걸려있다)에서 밑줄 친 hanging은 현재분사이며, be동사(was)와 함께 과거 진행 시제(~하고 있는 중이었다)를 만든다. ④ (벌들이 꽃 주위를 날아다닌다)에서 밑줄 친 flying은 현재분사이며, be동사(are)와 현재 진행 시제(~하고 있는 중이다)를 만든다. 따라서 밑줄 친 –ing가 현재분사로 쓰이며 진행 시제를 형성하는 ①, ③, ④와 달리 동명사로 쓰인 ②가 답이다.

B. (1) 밑줄 친 부분에 쓰인 crying은 현재분사(~하는, ~하고 있는)로서 형용사적 용법으로 쓰여 뒤에 쓰인 명사인 baby를 전치 수식한다. 따라서 주어진 문장의 올바른 해석은 '그 울고 있는 아기는 배가 고픈 것 같다.'이다.

(2) 밑줄 친 부분에 쓰인 wearing은 동명사(~하는 것, ~하기)로 쓰여 jeans와 함께 구를 이루며, 동사 enjoys의 목적어가 된다. 따라서 주어진 문장의 올바른 해석은 '그녀는 청바지를 입는 것을 즐긴다.'이다.

(3) 밑줄 친 부분에 쓰인 Losing은 분사구문인 'Losing my wallet'을 구성하는 일부이다. 이 문장을 접속사가 포함된 문장으로 바꾸면 'Since I lost my wallet, I was out of money.'가 되며, '나는 내 지갑을 잃어버렸기 때문에, 돈이 없었다.'라고 해석된다.

CHAPTER 15
구와 절

095 구와 절 p. 354

A. ②

A. 언어(문법) 단위를 작은 단위부터 차례대로 나열하면 '단어, 구, 절, 문장' 순이다. 'love'와 같이 의미를 지닌 가장 작은 언어 단위는 '단어'이며, 두 개 이상의 단어를 조합한 'to love'와 같은 언어 단위는 '구'이다. 'I love you'처럼 '주어+동사'를 포함하며 단독으로 문장이 될 수 있는 표현과, 'that I love you'처럼 '주어+동사'는 있지만 단독 문장이 될 수 없는 표현은 모두 '절'에 해당한다. 'I love you so much'와 같이 하나 이상의 절을 포함한 완전하고 독립적인 의미를 지닌 언어 단위는 '문장'에 해당한다.

096 부사구 p. 357

A. (1) Let's take a walk (before sunset).
   (2) She cut the paper (with scissors).
   (3) (Feeling tired), she closed her eyes.

B. ③

A. 상자 안에 제시된 예문에서 '부사(so)+부사(much)'로 이루어진 부사구는 '매우 많이'라는 뜻이다.

(1) 전치사 before가 이끄는 전치사구(before sunset)가 문장에서 부사구에 해당한다.

(2) 전치사 with가 이끄는 전치사구(with scissors)가 문장에서 부사구에 해당한다.

(3) 분사구문(Feeling tired)이 문장에서 부사구에 해당한다.

B. 구와 절은 모두 문장을 구성하는 언어 단위이지만, 절은 구와 다르게 주어와 동사가 포함되어 있다. ③은 '네가 떠날 때 문을 잠그는 것을 잊지 마.'라는 뜻

이다. 밑줄 친 'when you leave'는 접속사 when 뒤에 주어(you)와 동사(leave)가 포함되어 있기에 부사구가 아닌 부사절에 해당하므로 정답은 ③이다. ①은 '내 집 근처에 은행이 있다.'라는 뜻이며, 밑줄 친 'near my house'는 전치사 near가 이끄는 전치사구로, 문장에서 부사구에 해당한다. ②는 '그는 추위를 느껴서 외투를 입었다.'라는 뜻이며 밑줄 친 'feeling very cold'는 분사구문으로서 부사구에 해당한다. ④는 '살을 빼기 위해, 그녀는 어제 빵을 먹지 않았다.'라는 뜻이며 밑줄 친 'To lose weight'는 to부정사구로서 부사구에 해당한다.

097 부사절 p. 360

A. ④

B. (1) 부사구 (2) 부사절

A. ④에서 접속사 'so that(~하기 위해서)'가 이끄는 부사절 'so that I could become a lawyer'는 '내가 변호사가 되기 위해서'라고 해석된다. 따라서 문장 전체의 바른 해석은 '나는 변호사가 되기 위해 열심히 공부했다.'이다. ①에서 접속사 'once(일단 ~하면)'가 이끄는 부사절 'Once it rains'는 '일단 비가 오면'이라고 해석되므로 ①의 해석은 올바르다. ②에서 접속사 'unless(~하지 않으면)'가 이끄는 부사절 'Unless you hurry'는 '당신이 서두르지 않으면'이라고 해석되므로 ②의 해석은 올바르다. ③에서 접속사 'even though'가 이끄는 부사절 'Even though it is expensive'는 '비록 그것이 비쌀지라도'라고 해석되므로 ③의 해석은 올바르다.

B. (1) 주어진 문장에서는 before 뒤에 동명사구 'going to bed'가 왔으므로 before가 전치사로 쓰였으며, 밑줄 친 부분은 부사구에 해당한다.

(2) 주어진 문장에서는 before 뒤에 주어 you와 동사 start를 갖춘 절이 왔으므로 before가 접속사로 쓰였으며, 밑줄 친 부분은 부사절에 해당한다.

098 명사구 p. 364

A. (1) I like [to watch movies].
(2) [Eating sugar] is unhealthy.
(3) We have to decide [where to go].

B. (1) playing (2) depends (3) is

A. 상자 안에 제시된 예문에 쓰인 '의문사(how)+to+동사'로 이루어진 명사구 'how to speak French'는 '프랑스어를 어떻게 말하는지(말하는 방법)'라고 해석되며 know의 목적어 자리에 위치한다.

(1) to부정사(to watch)가 이끄는 to부정사구(to watch movies)는 명사구로서 '영화를 보는 것'이라고 해석되며 like의 목적어 자리에 위치한다.

(2) 동명사(Eating)가 이끄는 동명사구(Eating sugar)는 명사구로서 '설탕을 먹는 것'이라고 해석되며 주어 자리에 위치한다.

(3) '의문사(how)+to+동사'로 이루어진 명사구 'where to go'는 '어디를 가야 할지'라고 해석되며 decide의 목적어 자리에 위치한다.

B. (1) 주어가 He이고 동사가 enjoys이며, 괄호 친 부분에 목적어인 명사구를 이끄는 단어가 들어가야 한다. 동명사로 시작되는 명사구인 'playing soccer'는 '축구하는 것, 축구하기'라는 의미를 지니며 목적어 자리에 위치할 수 있으므로, 정답은 playing이다.

(2) 주어인 'When to plant flower(꽃을 언제 심을지)'는 '의문사+to부정사(When to plant)'로 시작되는 명사구이며, 단수 취급한다. 따라서 (3인칭) 단수인 주어와 어울리는 동사는 depends이다.

(3) 주어인 'Taking pictures(사진을 찍는 것)'는 동명사(Taking)로 시작되는 명사구이며, 단수 취급한다. 따라서 단수인 주어와 어울리는 동사는 is이다.

099 명사절 p. 367

A. ① **B.** ②

A. ①은 접속사 if(~인지 아닌지)가 이끄는 명사절이 포함된 문장이다. 접속사 if 뒤에는 주어와 동사가 와야 하는데, ①에서는 if 뒤에 주어가 없이 동사(received)와 목적어(my email)만 있기에 ①은 문법적으로 잘못된 문장이다. 따라서 주어진 문장을 올바르게 고치기 위해서는 접속사 if 뒤에 주어 you를 넣어, 'I am curious if you received my email.'이라고 써야 한다. 참고로, curious와 같은 형용사 뒤에 명사절이 오는 경우에는, 그 명사절을 '형용사의 목적어'라고 설명할 수 있다. ②에서는 복합관계사 whatever가 이끄는 명사절이 목적어 역할을 하고 있다. 복합관계대명사 whatever의 뒷부분은 관계대명사와 마찬가지로 명사가 하나 없는 불완전한 절이 되어야 한다. 주어진 문장에서 whatever의 뒷부분은 주어(you)와 동사(say)는 있지만, 목적어가 없는 불완전한 절이므로 ②는 올바르다. ③에서 접속사 that은 동격을 나타내며 명사절을 이끈다. 접속사 that의 뒷부분은 완전한 절이 되어야 하며, that의 뒷부분이 주어(he), 동사(got), 목적어(a promotion)로 구성되어 있으므로 ③은 올바른 문장이다.

B. ②는 '그는 나에게 언제 시작할지 물었다.'라는 뜻이며, (직접)목적어로 쓰인 밑줄 친 'when to begin'은 '의문사+to부정사'의 형태로 주어와 동사가 없기에 명사절이 아닌 '명사구'에 해당하므로 정답은 ②이다. ①은 '나는 네가 무엇을 먹는지 상관하지 않는다.'라는 뜻이며, 목적어로 쓰인 밑줄 친 'what you(주어) eat(동사)'은 관계대명사 what이 이끄는 명사절이다. ③은 '나는 그가 단지 농담하고 있는 것으로 생각했다.'라는 뜻이며, 목적어로 쓰인 밑줄 친 'that he(주어) was(동사) just joking'은 접속사 that이 이끄는 명사절이다. ④는 '그가 올지 안 올지는 여전히 불확실하다.'라는 뜻이며, 주어로 쓰인 밑줄 친 'Whether he(주어) will come(동사)'은 whether가 이끄는 명사절이다.

100 형용사구 p. 370

A. (1) I want buy a book (to read).
(2) I work in a restaurant (known for excellent food).
(3) I bought the car (repaired by my friend) at a low price.

B. (1) I have many books written in English.
(2) This is a great chance to meet new people.

A. 상자 안에 제시된 예문에서는 현재분사 leading (이끄는)으로 시작되는 분사구 'leading the team'가 밑줄 친 명사(the man)를 수식하는 형용사구로 쓰였다.

(1) to부정사 'to read'는 '읽을'이라고 해석되며 밑줄 친 명사(a book)를 수식하는 형용사구이다.

(2) 과거분사 known으로 시작되는 분사구 'known for excellent food'는 밑줄 친 명사(a restaurant)를 수식하는 형용사구이다.

(3) 과거분사 repaired로 시작되는 분사구 'repaired by my friend'는 밑줄 친 명사(the car)를 수식하는 형용사구이다. 참고로, 'at a low price'는 전치사 at이 이끄는 부사구로서 동사 bought와 의미가 연결('저렴한 가격에 샀다')된다. 만일 'at a low price'까지 괄호를 칠 경우, 의미가 'repaired by my friend'와 연결되어 '나는 내 친구에 의해 저렴하게 수리된 차를 샀다.'라는 의미가 되므로 주어진 해석과 다르기에 주의해야 한다.

B. (1) '나는 많은 책을 가지고 있다.'라는 뜻의 문장은 'I have many books.'라고 쓸 수 있다. '영어로 쓰인'이라는 의미는 과거분사(written)를 활용하여 'written in English(분사구)'라고 표현할 수 있으며, 이 분사구는 명사(many books)를 후치 수식하는 형용사구이다. 따라서 올바른 문장은 'I have many books written in English.'이다.

(2) '이것은 좋은 기회이다.'라는 뜻의 문장은 'This is a great chance.'라고 쓸 수 있다. '새로운 사람들을 만날'이라는 의미는 to부정사를 활용하여 'to meet new people(to부정사구)'이라고 표현할 수

있다. 이 to부정사구는 명사구(a great chance)를 후치 수식하는 형용사구이다. 따라서 올바른 문장은 'This is a great chance to meet new people.'이다.

101 형용사절 p. 373

A. ② **B.** ②

A. ②는 '나는 네가 찾고 있던 열쇠를 찾았다.'라는 뜻이다. 여기서 'that you were looking for'은 관계대명사 that이 이끄는 형용사절로, 앞의 명사 'the key'를 꾸민다. 따라서 주어진 해석은 문장의 의미와 맞지 않으므로, 정답은 ②이다. ①의 'why I quit my job'은 관계부사 why가 이끄는 형용사절로, 앞의 명사 'the reason'을 꾸민다. 'the reason why~'는 '~한 이유'라는 의미를 가지므로 주어진 해석은 올바르다. ③의 'as I read yesterday'는 유사 관계대명사 as가 이끄는 형용사절로, 앞의 명사 'the same book'을 꾸민다. 'the same~ as …'는 '…와 같은 ~'라는 의미를 가지므로, 주어진 해석은 올바르다.

B. ②는 '나는 그 가게가 내일 언제 여는지 궁금하다.'라는 뜻이며 when이 이끄는 절이 목적어에 해당한다. 목적어는 명사적 성질을 지니고 있기에, when이 이끄는 절은 형용사절이 아니라 명사절(간접의문문'으로도 불리는 의문사절)이므로 정답은 ②이다. ①은 '나는 네가 도착하는 시간을 알기를 원한다.'라는 뜻이며, 관계부사 when이 이끄는 형용사절이 명사인 'the time'을 꾸미고 있다. ③은 '옆집에 사는 그 남자는 매우 친절하다.'라는 뜻이며, 관계대명사 who가 이끄는 형용사절이 명사인 'The man'을 꾸미고 있다. ④는 '나는 그녀가 화가 난 이유를 모르겠다.'라는 뜻이며, 관계부사 why가 이끄는 형용사절이 명사인 the reason을 꾸미고 있다.

CHAPTER 16
일치

102 수 일치 p. 380

A. ②
B. (1) has (2) has (3) is

A. ② live는 주어가 'one of my friends'인 현재 시제 문장의 동사이며, one과 수를 일치시켜야 한다. 따라서 3인칭 단수인 주어 one과 어울리도록 동사 live에 -s를 붙여 lives로 고쳐야 바른 문장이 된다. ①은 선행사 friends를 꾸며주는 관계대명사 who가 이끄는 절 안에 쓰인 동사이며, 복수형 명사인 선행사(friends)에 수를 일치시켜야 하기에 are를 쓴 것은 적절하다. ③은 동명사구 주어(Living abroad)가 있는 문장이며, 동명사는 단수 취급하므로 is가 적절하게 쓰였다. ④가 포함된 문장은 'B as well as A(A뿐만 아니라 B도)'라는 표현이 쓰였으며, 이 경우 앞에 나온 B(her uncle)에 수를 일치시켜야 하므로, is가 적절하다.

B. (1) '키가 큰 그 소년은 파란 눈을 가졌다.'라는 뜻이며, 주어인 The boy를 관계대명사절 'who is tall'이 꾸며주고 있다. 주어가 3인칭 단수(The boy)인 현재 시제 문장이므로 동사는 has를 써야 한다.

(2) '각 나라는 서로 다른 법을 가지고 있다.'라는 뜻이다. Each는 뒤에 단수 명사(country)가 오고, 동사도 단수로 취급해야 한다. 따라서 동사는 단수형 주어와 어울리는 has를 써야 한다.

(3) '새를 기르는 것은 어려운 일이다.'라는 뜻이며, 주어인 'Raising birds'에 쓰인 Raising은 '~하는 것, ~하기'라는 의미를 지닌 동명사이다. 동명사는 단수 취급하므로 동사로 is를 사용한다.

103 시제 일치 p. 384

A. ② **B.** ①

A. ②는 주절의 시제가 과거(said)이므로 시제 일치를 위해 종속절에는 현재 시제(goes) 동사가 올 수 없다. 따라서 goes를 과거형인 went로 써야 올바른 문장이 된다. ①은 주절의 시제가 현재(believe)이고 종속절의 시제가 미래(will succeed)인 올바른 문장이다. ③은 주절과 종속절의 시제가 모두 과거(said, was)인 올바른 문장이다. ④는 주절의 시제가 현재(know)이고 종속절의 시제가 과거(tried)인 올바른 문장이다.

B. 주절의 시제가 과거(realized)이므로 시제 일치를 위해 종속절에는 과거(moved)나, 대과거(had moved) 또는 '과거형 조동사+동사원형(would moved)'가 올 수 있다. 따라서 현재 시제인 ① move는 불가능하다. moved와 'had moved'를 쓸 경우, 문장의 뜻은 '나는 그들이 새로운 집으로 이사했다는 것을 깨달았다.'이며, 'would move'를 쓸 경우, 문장의 뜻은 '나는 그들이 새로운 집으로 이사할 것임을 깨달았다.'이다.

104 시제 일치의 예외 p. 387

A. (1) travels (2) come (3) arrive
B. ②

A. (1) '나는 빛이 소리보다 빠르다는 것을 이해했다.'라는 뜻이며 주절의 시제는 과거(understood)일지라도 '빛이 소리보다 빠르다.'라는 것은 일반적인 (과학적인) 사실이기 때문에 현재 시제인 travels로 나타내야 한다.

(2) '만약 그들이 내일 온다면, 나는 함께 산책을 가고 싶다.'라는 뜻이며 주절의 시제는 현재(want)이다. 종속절의 시제는 해석상(내일 ~한다면) 미래의 일을 나타내지만, 접속사 if가 이끄는 조건을 나타내는 부사절이므로 현재 시제(come)가 미래 시제(will come)를 대신한다. 따라서 종속절의 동사로 적절한 것은 현재 시제인 come이다.

(3) '이번 주말에 우리가 그 집에 도착하기 전에 그녀는 우리를 위해 요리할 것이다.'라는 뜻이며 주절의 시제는 미래(will cook)이지만, 접속사 before가 이끄는 시간을 나타내는 부사절에서는 현재 시제(arrive)가 미래 시제(will arrive)를 대신한다. 따라서 종속절의 동사로 적절한 것은 현재 시제인 arrive이다.

B. ②의 주절에 주장의 의미를 지닌 insist가 있으므로 종속절의 동사 앞에는 조동사 should가 생략되었다고 봐야 한다. 따라서 종속절의 동사로 동사원형(apologize)을 써야 하므로 과거 시제(apologized)로 쓴 ②는 잘못된 문장이다. ①에는 현재 사실과 반대되는 상황을 가정하고 이야기하는 'I wish' 가정법 과거가 사용되었다. 가정법 과거에서는 종속절에 현재 시제 동사 대신 과거 시제(were) 동사를 사용하므로 ①은 올바르다. ③의 주절에 당위성과 관련된 형용사(essential)가 있으므로 종속절의 동사 앞에 조동사 should가 생략되었다고 보고 동사원형(communicate)을 썼으므로 ③은 올바르다.

105 병렬구조 p. 390

A. (1) cooking (2) studies (3) discuss
B. ②

A. (1) '연주하기(playing)', '그리기(drawing)'와 '요리하기'가 and에 의해 병렬로 나란히 해석되기 때문에 playing, drawing과 같이 동명사의 형태를 갖춘 동명사 cooking을 선택해야 한다.

(2) '잔다'와 '공부한다'가 and에 의해 병렬로 나란히 해석되기 때문에 sleeps와 같이 동사에 -s를 붙인 형태(주어가 3인칭 단수인 he이기 때문에)를 갖춘 studies를 선택해야 한다.

(3) '읽으라고'와 '토론하라고'가 and에 의해 병렬로 나란히 해석된다. 따라서 괄호 안에는 'to read(to+동사원형)'와 같은 형태인 'to discuss'를 쓰거나, to부정사의 to를 한 번만 쓰고 'read(동사원형)'와 'discuss(동사원형)'가 and로 연결된다고 보고 discuss를 쓸 수 있다.

B. ②에서 '참여하다(attend)'와 '(의견을) 내다'가 and로 인해 병렬되어 나란히 해석된다. 따라서 giving이 아닌, attend(동사원형)와 같은 형태인 give를 써야 한다. ①에서 '그만둬라(stop)'

와 '계속 (집중)해라'가 and로 인해 병렬되어 나란히 해석되기 때문에 'stop(동사원형)'과 같은 형태인 keep을 쓴 것은 올바르다. 참고로 밑줄 친 부분을 'keeping(동명사)'이라 쓸 경우, thinking과 병렬이 되어 해석이 '과거에 대해 생각하는 것과 현재에 집중하는 것을 멈춰라'가 되므로 주어진 해석과 일치하지 않는다. ③에서 '운동함으로써(by exercising)'와 '(물을 많이) 마심으로써'가 and로 인해 병렬되어 나란히 해석된다. 따라서 밑줄 부분에는 'by exercising(by+동사ing)'과 같은 형태인 'by drinking'을 쓰거나 by를 한 번만 쓰고 exercising과 drinking이 and로 연결된다고 보고 drinking을 써도 된다. 참고로 밑줄 친 부분을 'drink(동사원형)'라고 쓸 경우, lose와 병렬이 되어 해석이 '당신은 규칙적으로 운동함으로써 체중을 줄일 수 있고 물을 많이 마실 수 있다.'가 되므로 주어진 해석과 일치하지 않는다.

CHAPTER 17
생략되는 요소들

106 관계대명사 that의 생략 P. 396

A. ③ **B.** ③

A. ③에 쓰인 that은 목적격 관계대명사(뒷부분 I bought last week→목적어 없음)로서 선행사 the machine을 수식하는 절을 이끈다. 목적격 관계대명사는 생략이 가능하므로, 생략이 가능한 것은 ③이다. ①에 쓰인 that은 지시대명사로서 '저것'이라는 뜻을 지니고 있으며 접속사 at의 목적어로 쓰였다. 따라서 생략하면 문법적으로나 의미상으로 적절하지 않다. ②에 쓰인 that은 주격 관계대명사(뒷부분 makes coffee→주어 없음)로서 선행사 the machine을 수식하는 절을 이끈다. 주격 관계대명사는 생략 불가능하므로, ②는 생략하면 문법적으로 적절하지 않다.

B. ③은 '나는 좋은 서비스로 알려진 그 식당을 좋아한다.'라는 뜻으로 선행사 the restaurant를 주격 관계대명사 that이 이끄는 절이 꾸미고 있다. 주격 관계대명사를 be동사와 함께(that is) 생략하여 'I like the restaurant known for its good service.'라고 쓸 수는 있지만 ③과 같이 주격 관계대명사(that)를 단독으로 생략하는 것은 불가능하므로 답은 ③이다. ①은 '나는 우리 엄마가 원하는 그런 소녀가 아니다.'라는 뜻으로 선행사 the girl을 보(어)격 관계대명사 that이 이끄는 절이 꾸미고 있다. 보(어)격 관계대명사는 생략이 가능하므로 ①에서의 생략은 적절하다. ②는 '그가 나에게 준 조언은 정말 유용했다.'라는 뜻으로 선행사 the advice를 목적격 관계대명사 that이 이끄는 절이 꾸미고 있다. 목적격 관계대명사는 생략이 가능하므로 ②에서의 생략은 적절하다.

107 접속사 that의 생략   p. 399

A. ② **B.** ①

A. 확신을 나타내는 형용사 confident 뒤에 that을 써서 that절(that the weather will be good tomorrow)을 완성하면 '나는 날씨가 내일 좋을 거라고 확신한다.'라는 뜻의 문장이 완성되며, that은 생략 가능하다.

B. ①은 '그가 상을 받은 것은 믿기지 않는다.'라는 뜻이며 that이 이끄는 절이 주어이다. 이렇게 접속사 that이 주어를 이끄는 경우에는 that의 생략이 불가능하므로 정답은 ①이다. ②는 '내가 어제 네 감정을 상하게 해서 미안해.'라는 뜻이며, 감정을 나타내는 형용사 sorry 뒤에서 접속사 that이 이끄는 절이 감정(미안함)의 원인을 나타내고 있다. 감정을 나타내는 형용사 뒤의 접속사 that은 생략 가능하다. ③은 '나의 어머니는 내가 다른 사람들에게 친절해야 한다고 말씀하셨다.'라는 뜻이며, 접속사 that이 이끄는 절이 동사 said의 목적어 역할을 하고 있다. 접속사 that이 목적어 자리를 이끄는 경우, 접속사 that은 생략 가능하다.

108 주격 관계대명사와 be동사의 생략   p. 402

A. (1) The person (who is) smiling is my best friend.
(2) He is reading the letters (that were) written by Jane.
(3) The book (which is) on the table is mine.

B. ②

A. 제시된 문장은 '어제 빌려진 책이 없어졌다.'라는 뜻이며, 관계대명사 that이 이끄는 절(that was borrowed yesterday)이 선행사 the book을 꾸며주고 있다. 주격 관계대명사 that과 be동사 was를 함께 생략하여 뒤에 과거분사(borrowed)가 남는 형태로 쓸 수도 있다.

(1) '미소 짓고 있는 사람은 나의 가장 친한 친구이다.'라는 뜻이며, 관계대명사 who가 이끄는 절(who is smiling)이 선행사 the person을 꾸며주고 있다. 주격 관계대명사 who와 be동사 is를 함께 생략하여 뒤에 현재분사(smiling)가 남는 형태로 나타낼 수도 있다.

(2) '그는 Jane에 의해 쓰인 편지들을 읽고 있다.'라는 뜻이며, 관계대명사 that이 이끄는 절(that were written by Jane)이 선행사 the letters를 꾸며주고 있다. 주격 관계대명사 that과 be동사 were를 함께 생략하여 뒤에 과거분사(written)가 남는 형태로 나타낼 수도 있다.

(3) '탁자 위에 있는 그 책은 내 것이다.'라는 뜻이며, 관계대명사 which가 이끄는 절(which is on the table)이 선행사 the book을 꾸며주고 있다. 주격 관계대명사 which와 be동사 is를 함께 생략하여 뒤에 전치사(on)가 남는 형태로 나타낼 수도 있다.

B. 주어진 문장은 '내 친구는 도심에 위치한 그 집을 지었다.'라는 뜻이다. '도심에 위치한 그 집'은 관계대명사 that이 이끄는 절이 선행사 the house를 수식하는 형태인 'the house that is located in the city center'로 나타낼 수 있다. 따라서 제시된 표현인 'that is'가 들어갈 수 있는 위치는 선행사 the house의 뒷부분인 ②이다.

109 접속사 뒤 주어와 be동사의 생략   p. 405

A. ② **B.** ④

A. ②는 '그녀가 준비되면 우리는 회의를 시작할 수 있다.'라는 뜻이다. 생략은 문맥상 생략을 해도 의미 유추가 가능한 경우에 주로 발생한다. ②의 주절의 주어는 We(우리)이고, 접속사 once(~일단 ~하면)가 이끄는 종속절의 주어는 she(그녀)이다. 이 경우, 주절과 종속절이 주어가 다르기 때문에 종속절의 주어 생략 시 의미 유추가 불가능하다. 따라서 밑줄 친 부분을 생략할 수 없는 문장은 ②이다. ①은 '그(Ben)가 학교에 있는 동안, Ben은 열심히 공부했다.'라는 뜻이다. ①의 주절의 주어(Ben)와 종속절의 주어(he)는 동일한 대상을 나타내며, 종속절의 주어를 생략해도 의미상 유추가 가능하므로

밑줄 친 부분(he was)은 생략 가능하다. ③은 '비록 당신이 긴장하더라도, 당신은 무대에서 잘할 수 있다.'라고 해석된다. ③의 주절의 주어(you)와 종속절의 주어(you)는 동일한 대상을 나타내며, 종속절의 주어를 생략해도 의미상 유추가 가능하므로 밑줄 친 부분(you are)은 생략 가능하다.

B. ④에 쓰인 접속사 though 뒤에는 '주어+동사'의 형태가 필요하지만 주어 없이 동사인 studied로 시작되고 있으므로 문법적으로 옳지 않다. '주어+be동사'인 'they were'이 생략되었다고 본다면, 'Though they were studied~(비록 그것들/그들이 연구되었지만)'로 시작되는 문장이 된다. 하지만 'they were studied'는 수동태로서 의미상으로도 적절하지 않으므로, ④는 틀린 문장이다. ①에서는 접속사 though 뒤에 '주어+be동사'인 'he is'가 생략되었다고 보면, 'though he is young~'이라는 옳은 표현이 된다. ②에서는 접속사 when 뒤에 '주어+be동사'인 'I was'가 생략되었다고 보면, 'When I was asked about my plans~'로 시작하는 옳은 문장이 된다. ③에서는 접속사 when 뒤에 '주어+be동사'인 'she is'가 생략되었다고 보면, 'When she is drinking coffee~'로 시작하는 옳은 문장이 된다.

110 관계부사의 생략 P. 408

A. ③ **B.** ③

A. ③은 '나는 자연을 즐길 수 있는 공원이 정말 좋다.'라는 뜻이며, 선행사 the park를 관계부사 where가 이끄는 절이 꾸미고 있다. 영어에서 생략은 문맥상 생략을 해도 의미 유추가 가능한 경우에 주로 발생한다. 하지만 ③에 쓰인 선행사 the park는 구체적인 특정 선행사로서, 생략할 경우 독자 또는 청자가 유추하기 힘든 단어이므로 생략하면 안 된다. ①은 '이것은 그가 일찍 떠나야 하는 이유이다.'라는 뜻이며, 선행사 the reason을 관계부사 why가 이끄는 절이 꾸미고 있다. the reason은 why와 어울리는 일반적인 선행사이므로 the reason(선행사) 또는 why(관계부사) 둘 중 하나를 생략해도 무방하기에, ①에서의 the reason(선행사)의 생략은

적절하다. ②는 '그녀는 카메라가 작동하는 방법을 설명했다.'라는 뜻이며, 선행사 the way를 관계부사 how가 이끄는 절이 꾸미고 있다. the way와 관계부사 how는 공존할 수 없으므로 선행사 the way 또는 how를 반드시 생략해야 하므로, ②에서 관계부사 how의 생략은 적절하다. ④는 '당신은 우리가 비즈니스 회의를 했던 날을 기억하나요?'라는 뜻이며, 선행사 the day를 관계부사 when이 이끄는 절이 꾸미고 있다. the day는 when과 어울리는 일반적인 선행사이므로 the day(선행사) 또는 when(관계부사) 둘 중 하나를 생략해도 무방하기에, ④에서 when(관계부사)의 생략은 적절하다.

B. the way와 관계부사 how는 공존할 수 없으므로 선행사 the way 또는 how를 반드시 생략해야 하므로 ③에 쓰인 관계부사 how는 반드시 생략해야 한다. ①에 쓰인 관계부사 when이 이끄는 절은 선행사 the day를 꾸미고 있다. 이때 관계부사 when은 생략해도 되고, 하지 않아도 된다. ②에 쓰인 관계부사 where가 이끄는 절은 선행사 our kitchen을 꾸미고 있다. 이때 관계부사 where는 구체적인 특정 선행사 뒤에 있으므로 생략하면 안 된다. ④에 쓰인 관계부사 why가 이끄는 절은 선행사 the reason을 꾸미고 있다. 이때 관계부사 why는 생략해도 되고, 하지 않아도 된다.

111 should의 생략 P. 411

A. ②

B. 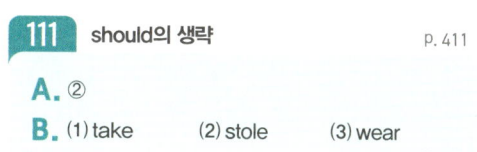 (1) take (2) stole (3) wear

A. ②의 동사 suggest는 '제안하다'라는 뜻이 아니라 '암시하다'라는 뜻으로 사용되었다. 과거 사실에 대한 암시를 나타내는 문장의 종속절에는 should가 생략되어 있지 않다. 따라서 종속절의 시제도 주절의 시제(suggested: 과거 시제)와 동일하게 과거가 되어야 하므로 밑줄 친 walk는 walked로 고쳐야 한다. ①의 동사 demand는 '요구하다'라는 뜻이기에 목적어에 해당하는 that절의 동사(apologize) 앞에 조동사 should가 생략되어 있다고 볼 수 있다. 조동사의 뒤에는 동사원형이 와야 하므로 ①에 쓰인 apologize는 올바른 형태이다.

③에 사용된 necessary는 '필요한'이라는 뜻이기에 진주어에 해당하는 that절의 동사(attend) 앞에 조동사 should가 생략되어 있다고 볼 수 있다. 조동사의 뒤에는 동사원형이 와야 하므로 ③에 쓰인 attend는 올바른 형태이다.

B. (1) 명사 suggestion이 '제안'이라는 뜻으로 사용되었다. 따라서 that절 안의 동사(take) 앞에 조동사 should가 생략되어 있다고 볼 수 있다. 그러므로 괄호 안에는 동사원형인 take를 써야 한다.

(2) 동사 insist가 '(미래에) ~하자고 주장하다.'라는 뜻으로 쓰인 것이 아니라, '(과거 사실에 대해 ~하다고) 주장하다.'라는 뜻으로 사용되었다. 과거 사실에 대한 주장을 나타내는 문장의 종속절에는 should가 생략되어 있지 않다. 그러므로 종속절의 시제도 주절 시제(insisted: 과거 시제)와 동일하게 과거가 되어야 하므로 괄호 안에는 과거 시제 동사인 stole을 써야 한다.

(3) 형용사 essential이 '필수적인'이라는 뜻으로 사용되었다. 따라서 진주어에 해당하는 that절의 동사(wear)는 앞에 조동사 should가 생략되어 있다고 볼 수 있다. 조동사의 뒤에는 동사원형이 와야 하므로 괄호 안에는 동사원형인 wear를 써야 한다.

CHAPTER 18
특수 구문

112 도치 구문: 부정어 및 장소 부사
p. 419

A. (1) do I go out
(2) does she know about me
(3) could he stand up
(4) bloomed many flowers

A. (1) 부정어 Rarely(거의 ~하지 않는)가 문장 맨 앞에 왔기 때문에 주어와 동사의 도치가 발생한다. 주어진 문장의 동사는 일반동사(go)이기 때문에, 도치 구문의 동사 자리에 조동사 do를 쓰고 주어 'I'를 쓰면 완성된 문장은 'Rarely do I go out(나는 거의 외출하지 않는다).'이다.

(2) 부정어 Little(거의 ~않는)이 문장 맨 앞에 왔기 때문에 주어와 동사의 도치가 발생한다. 주어진 문장의 동사는 일반동사(knows)이기 때문에, 도치 구문의 동사 자리에 조동사 does를 써야 한다. 그리고 주어 she를 쓰고, (조동사 뒤이므로) 동사원형인 know를 쓰면 완성된 문장은 'Little does she know about me(그녀는 나에 대해 거의 알지 못한다).'이다.

(3) 부정어 barely(간신히 ~하다)가 문장 맨 앞에 왔기 때문에 주어와 동사의 도치가 발생한다. 주어진 문장에는 조동사 could가 있기 때문에 도치 구문의 동사 자리에 조동사 could를 쓰고 주어 he를 쓰면 완성된 문장은 'Barely could he stand up(그는 간신히 서 있을 수 있었다).'이다.

(4) 방향을 나타내는 부사구 'In the garden'이 문장 맨 앞에 왔기 때문에 주어와 동사를 도치시킬 수 있다. 이때, 일반동사라도 주어(Many flowers)와 동사(bloomed)의 순서만 바꾸면 된다. 따라서 도치된 문장은 'In the garden bloomed many flowers(정원에 많은 꽃이 피었다).'이다. 단, 부사구가 문장 앞에 와도 주어와 동사의 순 그대로 유지하는 문장(In the garden many flowers

bloomed)도 가능하다.

113 도치 구문: 보어 및 가정법 p. 422

A. ①   **B.** ①

A. ①은 'My project was surprisingly successful.'이라는 문장에서 보어(형용사구) 'surprisingly successful'이 맨 앞에 오며 주어(my project)와 동사(was)가 도치된 것이다. 따라서 ①의 해석은 적절하지 않으며 올바른 해석은 '내 프로젝트는 놀랍게도 성공적이었다.'이다. ②는 'If you had arrived on time, you would have caught the train.'이라는 가정법 문장에서 if를 생략하며 주어(you)와 동사(had)가 도치된 것이며 주어진 해석은 올바르다. ③은 'The phone was so expensive that I couldn't afford to buy it.'이라는 문장에서 보어(형용사구) 'so expensive'가 맨 앞에 오며 주어(the phone)와 동사(was)가 도치된 것이다. 'so ~ that …'는 '너무 (형용사)해서 …하다.'라는 의미이므로 ③의 해석은 올바르다.

B. ①은 주어 'Old houses', 동사 were standing, 부사 there로 이루어진 문장으로서 '오래된 집들이 그곳에 서 있었다.'라는 뜻이며 주어와 동사의 도치가 발생하지 않았다. ②는 'If the book were cheaper, I would buy it(그 책이 더 저렴하다면, 나는 그것을 살 텐데).'라는 가정법 문장에서 if를 생략하고 주어(the book)와 동사(were)가 도치된 것이다. ③은 'The exam was so difficult that many students failed(시험이 너무 어려워서 많은 학생들이 떨어졌다).'라는 문장에서 보어(형용사구) 'so difficult'가 맨 앞에 오며 주어(the exam)와 동사(was)가 도치된 것이다

114 도치 구문: there, here p. 425

A. ②   **B.** ③

A. ②는 '나는 이미 그곳에 여러 번 가본 적이 있다.'라는 뜻이며 there는 '그곳에'라는 뜻으로서, 장소를 나타내는 장소 부사이다. ①은 '하늘에 많은 새들이 있었다.'라는 뜻이며 의미상 진짜 주어는 'many birds'이며, there는 주어(many birds)의 존재를 이끌어 내기 위해 주어 자리에 놓이며, be동사인 were와 함께 '~가 있었다.'라고 해석되는 유도 부사이다. ③은 '나는 미래에는 항상 희망이 있다고 생각한다.'라는 뜻이다. 주어는 I, 동사는 think이며, 목적어는 생략된 접속사 that이 이끄는 절인 'there is always hope for the future'이다. 이 절 속의 의미상 진짜 주어는 'hope for the future'이며, there는 주어의 존재를 이끌어 내기 위해 주어 자리에 놓인 유도 부사이다. there는 be동사인 is와 함께 '~가 있다.'라고 해석된다. 따라서 정답은 유도 부사 there가 쓰인 ①, ③과는 다르게 장소 부사 there가 쓰인 ②이다.

B. ③에서 의미상 진짜 주어는 'a sudden noise(갑작스러운 소음)'이며, 주어 자리에 놓인 there는 주어(a sudden noise)의 존재를 이끌어 내기 위해 쓰인 유도 부사이다. 따라서 ③은 there가 be동사 was와 함께 '~가 있었다.'라고 바르게 해석된 문장이다. ①에서 의미상 진짜 주어는 'place like home(집과 같은 곳)'이며, there는 주어(place like home)의 존재를 이끌어 내기 위해 쓰인 유도 부사이다. 'there is no~'는 '~가 없다.'라는 뜻이기 때문에, 주어진 문장은 '집과 같은 곳은 없다.'라고 해석해야 한다. 따라서 there를 유도 부사가 아닌 장소 부사(그곳)로 해석한 ①은 옳지 않다. ②에서 의미상 진짜 주어는 'a rainbow(무지개)'이며, 주어 자리에 놓인 there는 주어(a rainbow)의 존재를 이끌어 내기 위해 쓰인 유도 부사이다. 동사 appeared(나타났다)는 자동사로서 유도 부사 뒤에 쓰일 수 있으며, 'there appeared~'는 '~가 나타났다.'라는 뜻이다. 따라서 주어진 문장은 '어제 무지개가 나타났다.'라고 해석해야 하므로, there를 마치 장소 부사 there(거기에)처럼 해석한 ②의 해석은 옳지 않다.

115 강조 구문: It~that   p. 429

A. (1) I that met my boss in front of the elevator (또는 I who met my boss in front of the elevator)

(2) my boss that I met in front of the elevator (또는 my boss who I met in front of the elevator)

(3) in front of the elevator that I met my boss

B. ②

A. 주어진 문장은 '나는 엘리베이터 앞에서 내 상사를 만났다.'라는 뜻이며 주어 'I', 동사 met, 목적어 'my boss', 부사어(부사구) 'in front of the elevator'로 이루어져 있다. 과거형 동사 met이 쓰인 과거 시제 문장이기 때문에 'It was'와 that 사이에 강조하고자 하는 말을 넣고 that 뒤에 나머지 성분을 쓰면 된다. 이때, 강조하는 대상이 사람(I, my boss)인 경우 that 대신 who를 사용할 수도 있다.

(1) 주어가 'I'이므로 'It was'와 that 또는 who 사이에 'I'를 넣어 'It was I that/who met my boss in front of the elevator(내 상사를 엘리베이터 앞에서 만났던 건 바로 '나'였다).'라고 써야 한다. 다만, 일상 영어에서는 'It was me that~'처럼 목적격인 'me'를 사용하는 경우도 흔히 볼 수 있다.

(2) 목적어가 my boss이므로 'It was'와 that 또는 who 사이에 'my boss'를 넣어 'It was my boss that/who I met in front of the elevator(내가 엘리베이터 앞에서 만났던 건 바로 '내 상사'였다).'라고 써야 한다.

(3) 부사어(부사구)가 'in front of the elevator'이므로 'It was'와 that 사이에 'in front of the elevator'를 넣어 'It was in front of the elevator that I met my boss(내가 내 상사를 만났던 건 바로 '엘리베이터 앞에서'였다).'라고 써야 한다.

B. ②는 '그녀가 내일 늦게 도착할 가능성이 있다.'라는 뜻이다. 진주어인 'that she will arrive late tomorrow'의 길이가 다소 길기에, 문장의 뒷부분에 놓고 가주어 It을 문장 앞에 둔 문장이다. 따라서 정답은 'it~that 강조 구문'이 아닌 가주어 it이 쓰인 ②이다. ①은 '내가 가장 친한 친구로 여기는 사람은 바로 나의 어머니이다.'라는 뜻이며, 'I consider my mother(목적어) my best friend(목적격 보어).'라는 5형식 문장에서 목적어인 my mother를 강조하기 위해 it과 that 사이에 위치시킨 문장이다. ③은 '내가 파티를 계획하고 있는 날은 바로 내일이다.'라는 뜻이며 'I'm planning to have a party tomorrow.'라는 문장에서 부사인 tomorrow를 강조하기 위해 it과 that 사이에 위치시킨 문장이다.

116 재귀대명사   p. 432

A. ③   **B.** ①

A. ③은 '그가 새로운 이웃들에게 그 자신을 소개했다.'라는 뜻이며 재귀대명사 himself는 타동사 introduced의 목적어로 쓰였다. 따라서 himself는 문장 속에서 필수적이며 생략 불가능하다(재귀용법). ①은 '나는 나 스스로 파티를 위해 케이크를 만들었다.'라는 뜻이며 재귀대명사 myself는 주어('I')의 바로 뒤에 쓰여 '나 스스로, 나 자신'이 만들었다는 것을 강조하고 있다. 따라서 myself는 완전한 문장에 추가적인 강조를 위해 쓰인 재귀대명사이므로 필수가 아니며, 생략 가능하다(강조용법). ②는 '그들은 그 문제 자체를 해결하기를 원했다.'라는 뜻이며 재귀대명사 itself는 목적어(the problem)의 바로 뒤에 쓰여 '(문제) 그것 자체'를 해결하길 원한다는 것을 강조하고 있다. 따라서 itself는 완전한 문장에 추가적인 강조를 위해 쓰인 재귀대명사이므로 필수가 아니며, 생략 가능하다(강조용법).

B. 주어진 문장을 재귀대명사 없이 쓰면 'The students create their own class schedules(그 학생들은 스스로 수업 시간표를 만든다).'이다. '그 학생들 스스로'라는 의미를 지니기 위해서 재귀대명사는 주어인 'the students'를 강조해야 하며(강조용법), 'the students'가 복수형이기에 재귀대명사 themselves를 활용해야 한다. 재귀대명사는 주어를 강조하기 위해서 주어 바로 뒤 또는 문장 맨 뒤에 있어야 한다. 따라서 재귀대명사 themselves

를 '③ The students themselves create their own class schedules.'와 같이 주어 바로 뒤에 쓰거나 '② The students create their own class schedules themselves.'와 같이 문장 맨 뒤에 쓸 수 있다.

117 동격 p. 435

A. ③

B. (1) I have the belief that honesty builds trust.
(2) The idea of starting early sounds great.

A. ③에서 'my car'와 'a blue truck'은 같은 대상을 가리키는 동격 표현이다. 쉼표로 나열된 두 명사가 같은 하나의 사물을 설명하는 구조이기 때문에 복수가 아닌 단수로 취급되어야 하고, 실제로 동사도 단수형(needs)이 쓰였다. 따라서 쉼표(,)를 추가적인 항목 나열로 오해하여 '내 차'와 '파란색 트럭'을 별개의 두 대의 차로 해석하는 것은 옳지 않다. ③의 올바른 해석은 '파란색 트럭인 내 차는 고쳐질 필요가 있다.'이다. ①은 동격을 만드는 of를 활용하여 thought의 구체적인 내용을 설명하고 있고, ②는 동격을 만드는 접속사 that을 활용하여 news의 내용을 설명하고 있으며 바르게 해석되었다.

B. (1) 접속사 that은 '~라는'이라는 뜻을 갖고 추상명사인 선행사(the belief)를 설명하는 동격의 that으로 쓰일 수 있다. 이를 활용하여 목적어인 '정직함이 신뢰를 만들어낸다는 믿음'은 'the belief that honesty build trust'라고 나타낼 수 있다. 주어와 동사는 '나는 가지고 있다.'이므로 'I have'를 앞부분에 쓰면 완성된 문장은 'I have the belief that honesty builds trust.'이다.

(2) 전치사 of는 동격을 나타내며 앞에 명사(the idea)의 내용을 명사구로 풀어서 설명할 수 있다. 따라서 주어인 '일찍 시작하자는 생각'은 'the idea of starting early'라고 나타낼 수 있다. '좋게 들린다.'라는 표현은 'sounds great'으로 나타낼 수 있으므로, 이것을 뒷부분에 쓰면 완성된 문장은 'The idea of starting early sounds great.'이다.

118 가주어와 진주어 p. 438

A. ②

B. (1) is important to check the weather
(2) was true that they worked hard every day
(3) is hard to predict whether they will win the game

A. ②는 '그 가방은 가죽으로 만들어졌기 때문에 비싸다.'라는 뜻이다. 여기서 it은 앞 문장의 'the bag'을 가리키는 일반 인칭대명사로 쓰였다. 특정한 사물을 대신하는 대명사이기 때문에 가주어가 아니다. ①은 '규칙을 따르는 것은 중요하다.'라는 뜻이다. 여기서 문장의 진짜 주어는 'to follow rules'이며, it은 자리를 대신한 가주어이다. ③은 '나는 그녀가 다른 나라로 이사한 것이 놀랍다고 생각한다.'라는 뜻이다. 동사 think의 목적어 역할을 하는 that절 안에 가주어 it이 쓰인 구조이며, 종속절 안의 진주어는 'that she moved to a new country'이다. 가주어 it은 이 진주어를 뒤로 보내기 위한 문법적 장치로 사용된 것이다. 따라서 주어 자리의 it이 가주어로 쓰인 ①, ③과 다르게 ②에서만 it이 인칭대명사로 쓰였으므로, 정답은 ②이다.

B. (1) '날씨를 확인하는 것은 중요하다.'라는 뜻이다. 진주어인 'To check the weather'의 길이가 다소 길기에 문장의 뒷부분에 놓고, 가주어 It을 문장 앞에 두면 완성된 문장은 'It is important to check the weather.'이다.

(2) '그들이 매일 열심히 일했다는 것은 사실이었다.'라는 뜻이다. 진주어인 'That they worked hard every day'의 길이가 다소 길기에 문장의 뒷부분에 놓고, 가주어 It을 문장 앞에 두면 완성된 문장은 'It was true that they worked hard every day.'이다.

(3) '그들이 게임에서 이길지 날지는 예측하기 어렵다.'라는 뜻이다. 진주어인 'Whether they will win the game'의 길이가 다소 길기에 문장의 뒷부분에 놓고, 가주어 It을 문장 앞에 두면 완성된 문장은 'It is hard to predict whether they will win the game.'이다.

119 가목적어와 진목적어 p. 441

A. ③

B. (1) risky to invest in the stock market
(2) a joy to dance all night

A. ③은 '모든 사람이 다른 관점을 가지고 있다는 것은 사실이다.'라는 뜻이다. 'That everyone has different perspectives is true.'라는 문장에서 진주어인 'that everyone has different perspectives'의 길이가 다소 길기에, 진주어를 뒤에 놓고 가주어 It을 문장 앞에 두어 완성한 문장이다. 따라서 ③에서 밑줄 친 it은 '가목적어'가 아닌 '가주어'이다. ①은 '나는 그 개념을 이해하는 것이 어렵다고 생각한다.'라는 뜻이며, 주어는 I, 동사는 find이며 진목적어 'to understand the concept'을 뒤로 보내고 가목적어 it을 목적어 자리에 위치시킨 문장이다. ②는 '그녀는 진정한 사랑을 성취하는 것이 가능하다고 믿는다.'라는 뜻이며, 주어는 She, 동사는 believes이며 진목적어 'to achieve true love'를 뒤로 보내고 가목적어 it을 목적어 자리에 위치시킨 문장이다. 따라서 밑줄 친 it이 가목적어로 쓰인 ①, ②과 다르게 ③에서만 it이 가주어로 쓰였으므로, 정답은 ③이다.

B. (1) 진목적어인 'to invest in the stock market'이 다소 길기에, 가목적어 it을 목적어 자리에 두고 진목적어를 뒤에 놓으면 완성된 문장은 'She considered it risky to invest in the stock market.'이다. 참고로 risky는 목적격 보어에 해당한다.

(2) 진목적어인 'to dance all night a joy'가 다소 길기에, 가목적어 it을 목적어 자리에 두고 진목적어를 뒤에 놓으면 완성된 문장은 'This music makes it a joy to dance all night.'이다. 참고로 a joy는 목적격 보어에 해당한다.

120 be to 용법 p. 443

A. (1) 여행할 예정이다
(2) 되길 원한다면 (되고자 한다면)
(3) 납부해야 한다 (지불해야 한다)

B. ④

A. (1) 'is to'는 'be to 용법'으로서, 주어진 문맥에서는 '~할 예정이다.'라고 해석하는 것이 자연스럽다. 따라서 올바른 해석은 '그 소녀는 다음 주에 해외로 여행할 예정이다.'가 된다.

(2) 'are to'는 'be to 용법'으로서, 주어진 문맥에서는 '~을 하고자 한다(~하길 원한다).'라고 해석하는 것이 자연스럽다. 따라서 올바른 해석은 '만약 당신이 작가가 되길 원한다면(되고자 한다면), 당신은 글쓰기를 꾸준히 연습해야 한다.'가 된다.

(3) 'are to'는 'be to 용법'으로서, 주어진 문맥에서는 '~해야 한다(~할 의무가 있다).'라고 해석하는 것이 자연스럽다. 따라서 올바른 해석은 '시민들은 지체 없이 그들의 세금을 납부해야 한다(지불해야 한다).'가 된다.

B. 'am to'는 'be to 용법'으로서, 문맥에 따라 다양한 해석이 가능하다. 주어진 문장에서 'am to'는 맥락상 '~해야 한다', '~할 예정이다', '~하고자 한다'라는 해석 모두 가능하지만 '~할 준비가 되었다.'라는 의미는 'be to 용법'으로 유추해낼 수 없으므로 정답은 ④이다.